à corriger

HISTOIRE
DE LA VILLE
DE SALINS,

AVEC une Diſſertation ſur l'indépendance de la Seigneurie de ce nom, le Nobiliaire de cette Ville, l'Hiſtoire & la Généalogie de ſes Vicomtes, celle de toutes les Maiſons qui ont porté le nom de Salins.

Par M. J. B. GUILLAUME, Prêtre, Aſſocié de l'Académie Royale de Beſançon.

TOME SECOND.

A BESANÇON,
Chez CL. JOS. DACLIN, Imprimeur du Roi, de l'Académie, &c.

M. DCC. LVIII.
AVEC APPROBATION ET PRIVILÉGE DU ROI.

HISTOIRE
DE LA VILLE
DE SALINS.

AVEC une Differtation fur l'indépendance de la
Seigneurie de ce nom, le Nobiliaire de cette
Ville, l'Hiftoire & la Chronologie de fes Vicomtes, celle de toutes les Maifons qui ont
porté le nom de Salins.

PAR M. J. B. GUILLAUME, Prêtre, affocié
de l'Académie Royale de Béfançon.

TOME SECOND.

A BESANÇON,

Chez Cl. Jos. Daclin, Imprimeur du Roi, de l'Académie, &c.

M. DCC. LVIII.

AVEC APPROBATION ET PRIVILEGE DU ROI.

HISTOIRE
DE LA VILLE
DE SALINS.

PREMIÈRE PARTIE.

Contenant l'Abrégé de l'Histoire de cette Ville.

LES Villes qui se glorifient d'une antiquité reculée, sont presque toujours couvertes d'un voile impénétrable sur l'époque de leur origine ; il semble que le sort ait voulu dédommager par cette incertitude celles qui ne jouissent pas d'un avantage semblable. Sans remonter aux siécles où les Gaulois, Habitans de la Séquanie, n'avoient point encore subi le joug des Romains, on peut assurer que les Sa-

lines de Salins étoient connues de ces derniers :
Les monumens de leur religion qu'on a trouvés
dans le terrein que cette Ville occupe aujour-
d'hui, des tombeaux chargés d'inscriptions ro-
maines, des médailles depuis le règne de Tibére
jusqu'à celui de Constantin, découverts au même
lieu, ne laissent aucun doute sur la vérité de
cette opinion.

Mais si ces restes précieux sont pour la Ville
de Salins la preuve la moins suspecte de son
antiquité, le silence des Historiens la réduit à
cette seule prérogative; c'est ce qui fait qu'on
ne peut donner un abrégé de ses annales que
depuis le treizième siécle. Je rassemblerai cependant quelques traits qui la concernent, & qui
sont épars dans les écrits des Auteurs anciens.

Strabon rapporte qu'on envoyoit jusqu'à
Rome les chairs salées du Pays des Séquanois,(1)
& qu'elles y étoient extrêmement recherchées.

Varro,
lib. 2 rei
rustic.
cap. 4.

Mém. sur
la Langue
Celtique,
tom. 1,
pag. 183.

Varron & Pline, parlant en général de la bonté
des viandes salées qui venoient des Gaules, semblent avoir eu en vuë celles qui sortoient de la
même contrée. L'Auteur de la vie de St. Oyan,
écrite au commencement du sixième siécle, ra-
conte que la terre des Hériens, où l'on formoit le sel par le moyen du feu, & qui étoit

---

(1) Strabo Géog. *l. 4. Sequani versùs orientem rheno, diversâ parte arari*
sunt affines ; ex his optima suilla salsamenta Romam perferuntur.

dans le voifinage du Monaftére de Condat, étant fouvent en proye aux incurfions des Allemands, cet Abbé envoya fes Religieux en Tofcane pour y chercher du fel, préférant un long & pénible voyage au danger de la vie auquel il les auroit expofés. Le même Hiftorien, & celui qui a compofé dans le douzième fiécle la vie de Saint Anatoile, nous apprennent que la terre des Hériens étoit cette partie du Pays des Séquanois, où le Val de Salins eft fitué, qu'on nommoit alors le Val d'Héry; le nom en a été confervé par un Village placé à l'entrée de ce vallon du côté des montagnes, appellé encore aujourd'hui le Pont d'Héry.

Les Bourguignons ayant fondé un Royaume dans les Gaules, & ayant compris dans leur nouvelle Monarchie la Province Séquanoife, le Val de Salins & les Salines pafferent fous leur domination; ils en furent détachés, du moins à l'égard des droits utiles, fous le règne de Sigifmond : Ce Prince, dans une affemblée convoquée au Monaftére d'Agaune, en accorda à *Aux preuves,pag. 1* cette Abbaye la partie la plus confidérable; il y joignit le Château de Bracon & le Val de Miége, & retint feulement pour lui & fes fucceffeurs la poffeffion des petites Salines.

L'Abbaye d'Agaune jouit tranquillement du don du Roi Sigifmond pendant l'efpace de quatre siécles. Salins n'eut pas beaucoup d'éclat sous ces Maîtres pacifiques; des ouvriers occupés à la formation des sels en furent les principaux Habitans; d'autres Particuliers s'y établirent à la faveur du commerce, & pour fournir aux étrangers qui y abordoient continuellement, les choses nécessaires à leurs besoins : Il est à présumer que des gens d'une condition plus relevée ne se fixerent point dans un lieu qui n'offroit aucun de ces agrémens qui en font désirer le séjour.

Tel fut jusqu'au dixième siécle l'état de la Ville de Salins, si l'on peut donner ce nom à cet amas d'habitations construites sans ordre autour des Salines, & protégées par une Forteresse qui en faisoit le seul ornement. Un événement imprévu la fit passer sous de nouveaux Maîtres; Albéric, Comte de Macon, occupé du projet de former pour sa postérité un établissement dans le Royaume de la Bourgogne transjurane, jetta les yeux sur cette partie, dont l'acquisition lui paroissoit plus facile; empressé d'en obtenir la possession à quelque titre que ce fût, il la reçut, l'an 942, de Mainier, Prévôt du Monastére d'Agaune, comme un fief qu'il tiendroit de cette Abbaye, & sous la condition d'une jouissance bornée à sa vie & à celle de ses deux fils. Les descendans du Comte Albéric

Tome 1, aux preuves, pag. 5

trouverent trop de difficulté à remplir l'enga-
gement contracté par leurs prédécesseurs ; ils fran-
chirent le terme qui limitoit leurs espérances,
& la Ville de Salins devint entre leurs mains
le siége d'une Souveraineté qu'ils avoient des-
sein de former : Leur demeure qu'ils y fixerent
changea les mœurs de ses Habitans, elle y en attira de nouveaux, & l'on vit des courtisans &
des guerriers dans un lieu qui n'avoit été habité
jusqu'alors que par des ouvriers & des marchands.

Les premiers monumens de la magnificence
de ces Seigneurs furent élevés à la gloire de
la religion. Hugues de Salins, Archevêque de
Besançon, fils de Humbert, II du nom, Sire
de Salins, y établit, avant l'an 1030, un Chapitre en l'honneur de Saint Anatoile. Gaucher
de Salins, II du nom, y fonda sur la fin du
même siécle le Prieuré de Saint Nicolas, & Gaucher de Salins, IV du nom, dota l'Abbaye
de Gouailles dans les environs de cette Ville.
Ce fut vers ce temps que les anciens & magni-
fiques bâtimens des Salines furent construits par
des Négocians Lombards que les Seigneurs de
Salins avoient appellés pour cette entreprise.

Des changemens rapides donnerent à cette
Ville trois nouveaux Maîtres dans un court espace de temps ; Josserand de Brancion, qui en
épousa l'héritière ; Hugues, Duc de Bourgogne,

Tome 1;
p. 14.

Ibid. p.
41.
Ibid. p.
228.

qui l'acquit de Jofferand de Brancion, & Jean,
Comte de Chalon, à qui elle passa à titre d'é-
change. Ce dernier la rendit plus brillante, en
y fixant sa demeure ; il lui accorda des franchises
l'an 1249, dont les principaux articles furent
que les Bourgeois de Salins seroient dans la suite
exempts de toutes servitudes auxquelles ils
étoient assujettis auparavant, sous les noms de
mainmorte, cens, corvées, tailles, ost & chevauchée, & qu'ils auroient le pouvoir d'élire
annuellement quatre personnes qui, conjointément avec le Prévôt nommé par leur Seigneur,
rendroient la justice dans le Bourg de Salins :
Les conditions qu'il leur imposa furent, qu'aucun étranger ne pourroit s'établir en ce lieu sans
lui payer cinq sols estevenans pour le droit d'entrée ; que lorsqu'il auroit guerre, les Bourgeois
jouissans de ses franchises seroient obligés de le
suivre pendant huit jours armés, & à leurs frais ;
que si la guerre duroit davantage, la dépense
en seroit supportée par lui seul ; qu'il pourroit
lever sur eux une fois dans l'année un cens pro-
portionné à leurs revenus ; qu'il percevroit le
droit d'aide dans les cas de voyage d'outre-mer,
de mariage de ses filles ou d'acquisition de Terres
& Baronnies considérables ; enfin que les franchises qu'il leur accordoit ne s'étendroient pas
hors des limites du Bourg, & que ses Officiers

Aux preu-
ves, p. 11.

auroient à l'exclufion de tous autres la connoiffance des délits qui fe commettroient dans l'enceinte des Salines.

La forme du gouvernement de la Ville de
Salins prefcrite par ces franchifes fut la même
après fa réünion au Comté de Bourgogne, com-
mencée par Jean, Comte de Chalon, l'an 1259,
& exécutée après fa mort l'an 1267; unie
dès lors au refte de la Province, elle participa
à tous fes priviléges en confervant ceux qui lui
étoient particuliers. Philippe le Long, Roi de
France & Comte de Bourgogne, les confirma *Aux preu ves, p. 14.*
l'an 1318; Jeanne fa fille, Duchefle de Bour-
gogne, les Ducs Eudes & Philippe, furnommé
de Roure, lui en affurerent la poffeffion par *Arch. de la Ville de Salins.*
leurs Lettres-Patentes des 6 de février 1335
& 13 de janvier 1356.

Ses Salines, fource intariffable de richeffes,
attirerent fur elles toute l'attention de Jean,
Duc de Bourgogne; ce Prince ordonna, l'an
1411, que le Bourg deffus de la Ville de Salins, lequel, fuivant fes termes, *eft le plus no-*
table lieu du Comté de Bourgogne, feroit fermé *Ibidem.*
de murs capables de réfifter aux attaques de l'ennemi; il permit, l'an 1417, au Confeil de *Ibidem.*
cette Ville d'avoir un fceau pour fceller les Sentences qui émanoient de fon Tribunal. Les fortifications entreprifes par les ordres du Duc Jean

n'avoient pu être entièrement achevées ; les fommes qu'il avoit deftinées à cet ouvrage n'avoient pas été fuffifantes , & les Habitans de Salins fe plaignoient des dépenfes auxquelles ils avoient été contraints pour ce fujet par les Officiers du Duc. Philippe le Bon trouva un moyen de les appaifer , & de fuivre en même temps le projet conçu par fon pere ; il leur accorda, l'an 1420, le droit de faire fraper des piéces de monnoie jufqu'à la concurrence de 4500 marcs, & il en affecta le produit à la continuation des ouvrages qui avoient été commencés. L'année fuivante il jura au pied de la Croix, fituée dans la partie inférieure de cette Ville, qu'il conferveroit fes Habitans dans tous leurs priviléges. Ils obtinrent, l'an 1436, de Réné, Duc de Lorraine, la liberté de paffer dans fes terres fans être affujettis aux droits de péage qui y étoient établis.

On voit par le livre des délibérations de cette Ville, en l'année 1452, qu'on y diftribuoit annuellement aux pauvres du drap pour les habiller. En 1454 le Confeil de Salins députa Jean Guierche & Guyot Barbier aux États de la Province convoqués en la Ville de Poligny ; il détermina la même année que les écoles publiques du Bourg deffus & du Bourg deffous feroient unies & placées à une égale diftance des deux Bourgs.

Le

Arch. de la Ville de Salins.

Ibidem.

Ibidem.

Recès des États du Comté de Bourgogne.

Arch. de la Ville de Salins.

Le Duc Charles ayant péri malheureusement devant Nancy l'an 1477, & le Comté de Bourgogne étant menacé d'être le théatre d'une guerre sanglante, plusieurs Bourgeois de Salins firent une association entre eux pour défendre leur Ville contre les François; ils contribuerent beaucoup à la victoire qui fut remportée près de Dornon, l'an 1492, sur Jean de Baudricourt, Gouverneur Général des deux Bourgogne pour la France; victoire qui fit rentrer la Franche-Comté sous son Maître légitime, & qui fut suivie de la reddition du Château de Bracon qui dominoit la Ville de Salins.

Aux preuves, p. 16.

Les deux Bourgs de Salins qui formoient depuis plus de cinq siécles comme deux Villes différentes, qui avoient chacune leur jurisdiction & leurs usages particuliers, furent réünis en une seule Ville par l'Archiduc Philippe, l'an 1497; elle s'attribua dès lors une préséance sur les autres Villes du Comté de Bourgogne, qu'elle disputoit encore à celle de Dole, en 1658, dans l'assemblée des États généraux de cette Province. Cette prétention ne paroit avoir eu d'autre fondement que la translation qui se fit à Salins du Parlement de Dole après le sac de cette Ville par Louis XI; translation qui n'ayant été faite que pour un temps, n'a pu assurer à la Ville de Salins le titre de Capitale dont elle s'est flatée.

Arch. de la Ville de Salins.

Recès des États du Comté de Bourgogne.

b

Je passe à des évènemens qui la rendent plus recommendable qu'une prérogative qui n'avoit rien de réel. Le courage que ses Habitans firent paroître, & la fermeté qu'ils témoignerent, arrêterent les desseins qu'Henri IV avoit sur leur Ville : Après avoir résisté aux invitations & aux menaces de ce Prince, ils surmonterent les obstacles que leur opposoit une Armée toujours victorieuse ; sa défaite fut le signal de la délivrance de leur Ville ; elle fut un monument de leur fidélité & de leur bravoure ; le Parlement de Dole & le Gouverneur de la Province en firent l'éloge le plus glorieux, & Philippe II les en félicita par une lettre conçuë en ces termes :

CHERS ET BIEN AMÉS. *Nous n'avons voulu laisser de vous déclarer combien nous a été agréable d'entendre les devoirs de fidélité qu'avez rendu pour défendre & maintenir notre Ville de Salins des hostiles invasions que les François & autres y ont n'a guères attentées, comme de ce nous ont rendu particulier témoignage par lettres le Connétable de Castille, se trouvant lors en Bourgogne, & le Comte de Champlitte, commis au Gouvernement de notredit Pays, outre ce que notre Procureur fiscal, François Cecile, nous en a bien particulièrement remontré de votre part, tant verbalement que par papiers & enseignemens qu'il en a exhibés, si que ne pouvons sinon vous en sça-*

voir tant bon gré, louer & estimer, avec exhortation de continuer semblable devoir à toutes occasions, dont ne faudrons avoir à tous temps favorable souvenance pour reconnoître si bons & loyaux services, comme l'entendrez, plus amplement par ledit Cecile. CHERS ET BIEN AMÉS. *Notre Seigneur soit garde de vous. De S. Laurent le 9 septembre 1596.* Signé, *PHILIPPE.*

La guerre de 1636 n'eut pas des effets plus funestes pour la Ville de Salins. Exposée pendant près de dix ans à l'avidité de l'ennemi qui tenta plusieurs fois de la surprendre, elle lui échappa par la vigilance du Marquis de Saint Martin & de Claude de Bauffremont, Baron de Scey sur Saône, qui la garantirent des périls dont elle étoit menacée. La gloire de s'en emparer étoit réservée à un Prince honoré par son siécle du nom de Grand : Le Duc de Luxembourg, qui commandoit un détachement de l'Armée que Louis XIV avoit envoyée dans le Comté de Bourgogne en 1668, se rendit maître de cette Ville le 7 de février. Elle fut restituée à l'Espagne, avec le reste de la Province, par le traité d'Aix la Chapelle du 2 de mai de la même année ; enfin ayant été prise une seconde fois le 22 de juin de l'an 1674, elle fut cédée à la France par le traité de Nimégue.

Fin de l'Abrégé de l'Histoire de la Ville de Salins.

DISSERTATION

SUR L'INDÉPENDANCE

DE LA SEIGNEURIE DE SALINS.

LA Seigneurie de Salins a été divisée en deux parties, qui avoient chacune leur Bourg & leur Château. Le Bourg, qui étoit dans la partie supérieure, appartenoit, avec les grandes Salines & le Château de Bracon, aux anciens Sires de Salins : C'est celui qui est appellé dans les titres le Bourg dessus, & *Burgum Valcherii Salinensis*. L'autre Bourg, situé dans la partie inférieure, appartenoit, avec les petites Salines, au Comte de Bourgogne ; il s'appelloit le Bourg dessous, & quelquefois le Bourg le Comte, *Burgum Comitis*. Ces deux Bourgs, renfermés dans une enceinte générale, étoient séparés l'un de l'autre par des Fortifications, dont on voit encore des vestiges. L'espace qui étoit entre ces deux Bourgs étoit nommée le Bourg du milieu, ou l'entre-deux Bourgs; il formoit une place vuide, commune à tous les Habitans de Salins. On y voit aujourd'hui l'Hôtel de Ville, & une Église dédiée à Notre-Dame Libératrice.

L'Abbaye d'Agaune qui jouissoit du Bourg dessus, reconnoissoit à la vérité les Rois de la Bourgogne transjurane ; & je ne prétends point soutenir qu'elle eût jamais tenu la Seigneurie de Salins en Souveraineté. Meinier, Prévôt de cette Abbaye, qui en accorda l'investiture au Comte Alberic, la lui transmit telle que son Monastère la possédoit ; mais dans la

A

décadence du Royaume de Bourgogne les descendans d'Alberic, qui tiroient leur origine des Souverains, trouverent dans les conjonctures qui s'offrirent l'art de se rendre indépendans : Tel est le système que j'embrasse & dont je produis les preuves; elles sont de deux espéces, les unes fondées sur des raisons de convenance, les autres puisées dans les loix fondamentales de l'indépendance.

Premièrement, il est certain qu'en ce temps plusieurs Souverainetés se formerent dans les différentes Provinces qui composoient le Royaume de Bourgogne; ainsi l'on vit les Ducs de Zeringhen dans l'Alsace, les Comtes de Genêve dans la Ville de ce Nom, ceux d'Albon dans la Province de Vienne, les Comtes de Savoye, de Bourgogne, de Forez & d'Arles, se soustraire à l'autorité de leurs Princes légitimes.

Cet esprit d'indépendance se communiqua des grands Vassaux à ceux d'un rang inférieur; chacun se prétendit libre, chacun se regarda comme maître absolu dans son canton; le Comté de Bourgogne comptoit dans l'onzième siécle presque autant de Souverains qu'il y avoit de Seigneurs particuliers; les secours dont ils avoient besoin, & les bienfaits qu'ils recevoient des Comtes héréditaires de ce Pays, les firent entrer insensiblement dans leur hommage. Ce fait est justifié par les anciennes Chartres. Tous ces Seigneurs ne reconnurent pas la supériorité de ces Comtes sur eux, & plusieurs se maintinrent dans leur indépendance; tels furent les Comtes de Montbéliard, qui s'y sont conservés jusqu'à ce jour, l'Archevêque & la Ville de Besançon, les Abbés de Saint Claude, de Luxeul & de Lure, les Seigneurs de Bauffremont dans la Terre de Vauvillers, ceux de Coligny dans le Revermont, & les Sires de Thoire à Montreal.

Si ces Abbayes & ces Seigneurs particuliers ont joui des droits attachés à la Souveraineté, est-il surprenant d'attribuer les mêmes prérogatives aux Sires de Salins, issus de Maisons souveraines, puissans par leurs richesses & le nombre de leurs vassaux, & possesseurs de cette Seigneurie avant qu'il y eût des Comtes héréditaires en Bourgogne ?

Une raison plus forte soutient cette conjecture; elle se tire de l'acquisition de la Seigneurie de Salins faite par Hugues, Duc de Bourgogne, de Josserand de Brancion. Ce Prince si jaloux de son autorité, qui tenta si souvent de se faire rendre hommage par le Comte de Bourgogne, se seroit-il rendu vassal d'un Prince auquel il se croyoit si supérieur ? Si la Seigneurie de Salins n'étoit pas indépendante lorsque ce Duc en devint possesseur, il faudra nécessairement avouer qu'il a été quelque temps vassal de nos Comtes. La fierté & le caractère du Duc Hugues semblent proscrire un pareil aveu.

L'échange de la Seigneurie de Salins, fait l'an 1237, entre ce Duc & Jean, Comte de Chalon, forme une troisième preuve du système que j'embrasse. Le Comte de Chalon abandonne au Duc le Comté de Chalon, la Vicomté d'Auxonne, & la dot de Mahaut de Bourgogne son épouse; il perd une vaste étendue de Pays sur une partie desquels il a des droits absolus, pour en acquérir une qui est beaucoup plus limitée. La Seigneurie de Salins, réduite à la condition d'un simple fief, peut-elle le dédommager d'une cession qui paroît si avantageuse au Duc de Bourgogne ? Ce n'est que l'indépendance qu'elle lui assure qui peut balancer l'inégalité de l'échange.

J'ajoute que si la Seigneurie de Salins avoit relevé des Comtes de Bourgogne, le Comte Otton, à qui cette Province appartenoit, auroit consenti à l'échange qui fut fait de cette Seigneurie entre le Duc de Bourgogne & le Comte de Chalon ; c'est ainsi que Conrard, Roi de la Bourgogne transjurane, confirma la donation qui en fut faite à Alberic, Comte de Macon, par le Prévôt d'Agaune; il n'est cependant fait aucune mention du consentement du Comte de Bourgogne dans le traité d'échange : il n'avoit donc aucun droit de Souveraineté sur la Seigneurie de Salins.

Je joins à ces raisons, 1°. deux chartres de Gaucher de Salins en faveur de l'Abbaye de Rosières, dans lesquelles Gaucher est appellé Seigneur de Salins par la grace de Dieu : *Gualcherius nutu divino Salinensium Dominus, benignâ Dei largitione Salinensis & Borbonii Dominus.* 2°. Les Seigneurs de Salins ont souvent appellé leurs Terres du mot de Domination ; ainsi dans les chartres citées il est dit : *omnia quæ ubicumque in Terra Dominationis nostræ. Usumentum per totam terram dominatura Salinensis.* 3°. Les termes de l'hommage rendu l'an 1246 à l'Abbé d'Agaune par Jean, Comte de Bourgogne, il y est dit qu'il fait hommage-lige pour le fief de Bracon, *pro feudo* iv

de Bracon, hommagium ligium fecimus, non seulement pour Bracon, mais pour toutes ses dépendances : *Bracon, videlicèt cum omnibus appenditiis suis, & omnibus quæ pertinent ad ejus Dominium ;* que quand il plaira à l'Abbé de Saint Maurice d'A-gaune de venir au Château de Bracon, il doit y être reçu avec honneur ; que les clefs du Château doivent lui être remises, & qu'il doit donner l'ordre au Portier. *Quando verò placuerit Abbati ut veniat ad Castellum de Bracon, honorificè debemus eum suscipere, & claves Castelli ei reddere, & ipse debet Portario commendare.*

Un vassal peut-il accorder des droits semblables à un étranger dans la Souveraineté du Prince dont il est vassal ? Les mêmes termes sont employés dans les reprises de fief faites envers ce Monastère par Otton, Comte Palatin de Bourgogne, en 1288 & 1293 ; par Mahaut, Comtesse de Bourgogne, en 1327, & par Jeanne, Reine de France, en la même année.

Enfin une dernière raison est, que nos Comtes n'ont pris la qualité de Sires de Salins qu'après l'échange qui fut fait l'an 1237, & que depuis ce temps leurs Successeurs l'ont toujours conservée ; car alors, dit Gollut, *toutes ces portions étant réünies, le Prince s'appella Seigneur de Salins absolu,* ce qu'il ne pouvoit raisonnablement faire lorsqu'il avoit ses cousins & consorts qui y tenoient leur part, & qui s'en tituloient tout ouvertement.

INTRODUCTION
AU NOBILIAIRE
DE LA VILLE DE SALINS.

LA Ville de Salins a contribué par les richesses qu'elle renferme à former ce grand nombre de Familles nobles qu'on y a vues dans tous les temps, & ces Familles se sont efforcées par reconnoissance de rendre cette Ville célébre; les unes en s'éteignant ont enseveli avec elles toute leur gloire; les autres l'ont fait revivre dans le sang auquel elles se sont mêlées, & celles qui plus modernes, n'en ont point reçue de leurs ancêtres, tachent par des actions louables, d'en transmettre à leurs descendans.

Les Offices attachés à la manutention & à l'économie des Salines ont extrêmement multiplié les Nobles dans cette Ville : C'est de ce point, plus ou moins éloigné, que sont parties plusieurs Familles qui jouissent du privilége de la Noblesse. Il est vrai qu'il ne faut pas considérer ces emplois dans leur état actuel; exercés aujourd'hui par des gens inconnus, les Gentilshommes des siécles passés s'empressoient de les obtenir. Le Maître Moutier, le grand Fasseur ou Garde général des bois, le Prévôt & les Gardiens des puits à muire tenoient autrefois leurs Offices en fief du Comte de Bourgogne : Je ne parle point des autres Charges principales, telles que celle de Par-dessus ou Juge des Salines, possédée pendant longtemps par des Chevaliers, &

A

celles d'Intendant, de Tréforier ou Receveur, qui étoient données aux Nobles comme une récompenfe de leurs fervices.

Le nombre prefque illimité des rentes conftituées fur le produit des Salines de Salins a été auffi une des caufes qui ont rendu cette Ville fi féconde en Nobles. Ces rentes étoient de deux efpèces; elles avoient été inféodées par les Souverains de ce Pays, & par les Seigneurs de la Maifon de Chalon, où elles avoient appartenu dès leur principe à des Particuliers qui s'étoient intéreffés à l'entretien & au rétabliffement des Salines.

Les premières formoient un genre de fief fingulier, que des roturiers pouvoient recevoir fans permiffion, qui leur étoit cependant conféré par le Seigneur fuzerain fous la condition de lui en faire hommage. Ces actes qui diftinguoient les Nobles des Bourgeois, devenant ainfi communs à ces deux ordres, furmonterent infenfiblement l'obftacle qui les féparoit, fuggérerent aux uns des idées d'élevation, & accoûtumerent les autres à les adopter. Jean Grenier, Citoyen de Befançon, reçut en fief, fur la fin du treizième fiécle, de Jean de Chalon, Sire d'Arlay, vingt livres de rente fur le partage de Chalon dans les Salines; fon fils & fon petit-fils en firent hommage à ce Seigneur dans le quatorzième fiécle: ce ne fut que deux fiécles après que leurs defcendans, qui n'avoient point quitté la Cité de Befançon, prirent la qualité de Nobles: Leur habitation dans la Ville de Salins eût rendu leur Nobleffe plus ancienne de trois fiécles; celle de Befançon n'occupoit fes familles les plus confidérables que du commerce & des arts. Raignon Afinier, Marchand Lombard, demeurant à Salins, reprit en fief du Seigneur d'Arlay, l'an 1395, dix livrées de terre fur les Salines, qu'il tenoit de la libéralité de ce Seigneur.

Arch. de la Maifon de Chalon

Ibidem.

Les rentes de la feconde efpèce, moins propres par leur nature que les premières à procurer à leurs poffeffeurs un rang fupérieur à celui que la naiffance leur avoit deftiné, furent celles qui leur en frayerent plus rapidement la route. La fuppreffion des Salines de Grofon, la mauvaife qualité de celles de Lons-le-Saunier, augmenterent l'intérêt de l'argent que les Particuliers avoient fur celles de Salins, leurs richeffes s'accrûrent, & l'ambition qui accompagne l'abondance leur perfuada que le rang qu'ils avoient occupé devenoit au-deffous d'eux; la Nobleffe qui rechercha leur alliance, les confirma dans leur opinion:

unis avec elle par les liens du fang, ils crurent que cette union les affocioit à fes priviléges ; ceux qui auroient pu leur en conteſter la jouiſſance, ſe trouvant intéreſſés à leur en conſerver les honneurs, ils demeurerent Nobles ſans l'avoir été par la naiſſance, ſans en avoir mérité le titre par leurs actions, ſans l'avoir reçu de la faveur de leur Prince. Tels furent dans le quatorzième ſiécle les fondemens de la Nobleſſe des familles de Chambier, Mangerot, Palouſet & Lombard ; de celles de Mercerer, Poupet, Loyte, Vaux, Guierche & Cuſſemenet dans les quinzième & ſeizième ſiécles.

Cette eſpéce de Nobleſſe, qu'on appelle de preſcription, & qu'on devroit qualifier d'uſurpation dans toute la force de ce terme, ne fut pas moins commune à Salins que dans le reſte du Comté de Bourgogne : on y parvenoit en vivant honorablement, en s'adonnant à l'étude des Loix, en exerçant les Charges municipales & celles que la finance n'avoit pas encore multipliées juſqu'à l'excès.

Ce ne fut qu'au ſeizième ſiécle que la Ville de Salins fut remplie de Lettres de nobleſſe ; on n'y en connoiſſoit preſque point auparavant : Celle de Guyon de Montagu & de Gerarde Vauchard ſon épouſe, accordée par Philippe le Hardi au mois de mai 1398, eſt la plus ancienne & la plus modeſte ; on n'y voit aucune énumération d'ancêtres, ni de ſervices rendus ; un aveu ſincére de roture y tient la place du faſtueux étalage qu'on remarque dans les autres : *Licet*, dit le Prince en leur conférant cette grace, *de innobilibus ex utroque latere traxiſſe dicantur originem.* Celles de Humbert Quanteau, Médecin de Philippe le Bon ; de Jean de Chavirey, Conſeiller de Charles Duc de Bourgogne, & de Jean de Gilley, Bourgeois de Salins, ſont des années 1459, 1473 & 1494. Cette dernière précéda d'un court intervalle l'époque où ces Lettres devinrent plus fréquentes. L'Empereur Maximilien & l'Archiduc Philippe ne les répandirent encore qu'avec diſcrétion. Charles V, qui mettoit la diſtribution des Lettres de nobleſſe dans le nombre des plaiſirs qu'il s'étoit permis, crut qu'il étoit de la dignité d'un Empereur de récompenſer par ces ſortes de graces ceux qui lui étoient attachés par quelque emploi que ce fût. Philippe II fut ſon fidéle imitateur en ce point ; & les Archiducs Albert & Iſabelle, qui lui ſuccéderent dans la Souveraineté de cette Province, ne firent jamais de mécontens à ce ſujet.

La Ville de Salins profita abondamment d'une si grande profusion : Les sommes considérables que les Salines produisoient aux Roix d'Espagne, donnoient à ces Princes une haute idée de cette Ville ; il étoit juste que leur étant si chére, elle eût quelque préférence dans leurs faveurs.

Si cette Ville eut dans tous les temps des Familles dont la noblesse étoit nouvelle ou équivoque, elle en eut aussi de celles dont l'origine va se perdre dans les siécles les plus reculés, de celles dont le commencement est souvent plus glorieux que la fin. Les Maisons d'Estavayer & de Salins-la-Tour furent les plus illustres : La première avoit tiré son nom du Bourg d'Estavay, dont elle possédoit la Seigneurie dans le Diocèse de Lausanne ; elle s'étoit établie à Salins sur la fin du treizième siécle. Pierre d'Estavayer, Chevalier, fit des legs à ses deux Écuyers par son testament de l'an 1321, & ordonna que son cheval armé fût offert en l'Église de Saint Maurice de Salins pendant la cérémonie de ses obséques. La seconde fut distinguée par les grandes Terres qu'elle posséda, par la confiance dont les Comtes de Flandre & de Bourgogne l'honorerent, & par ses alliances avec les Maisons de La Roche, Rye, Gransson, Clermont, Vienne & Vergy. Celles de Salins-Vincelles, Citeaux, Yvory, Montrichard, Faletans, Chambenot, Braçon, Vorne & St. Mauris, aussi anciennes que les deux autres, eurent moins d'illustration : les deux dernières, en s'éteignant dans des familles bourgeoises, ou qui étoient encore au premier dégré de leur noblesse, descendirent en quelque façon du rang où elles étoient placées.

HISTOIRE DE LA VILLE DE SALINS.

SECONDE PARTIE,

CONTENANT le Nobiliaire de cette Ville.

A L E P Y.

L y a peu de Familles qui , n'ayant, comme celle-ci, qu'une origine assez moderne, se soient alliées aussi noblement.

I. GUILLAUME ALEPY , qui en est la tige, obtint des Lettres de noblesse de Philippe II, *La Flandre illustrée, pag. 226.*

Roi d'Efpagne, datées de Saint Laurent le Royal le 22 de mai 1592. Il mourut l'année fuivante, laiffant de Jeanne d'Alonval fa femme, 1°. Jean, qui a continué la lignée. 2°. Louife, femme de Noble Gafpard Coquelin de Salins. 3°. Étiennette, alliée à Noble Guyenet Girardot.

Arch. de la Chambre des Comptes de Dole.

Arch. de la Famille d'Alepy.

II. NOBLE JEAN ALEPY époufa, par traité du 28 de novembre 1574, Philiberte de Vaux, fille de Gafpard de Vaux, Écuyer, Seigneur de Marnoz, & de Claudine de Gilley. On voit par fon teftament, publié au Bailliage de Salins le 23 d'août 1607, qu'il eut pour fils, 1°. Gafpard, qui fuit. 2°. Philippe, Lieutenant Colonel dans le Régiment du Bailliage d'Aval.

Ibidem.

III. NOBLE GASPARD ALEPY s'allia, par traité paffé au château de Marnoz le 20 d'octobre 1613, avec Hypolite de Pontalier, fille de Philibert de Pontalier, Seigneur de la Mothe, Chevalier des Ordres de France, & de Marie de Veillant. François de Vaux, Seigneur de Marnoz & Chafoy, fon oncle, lui fit une donation de tous fes biens en faveur de ce mariage, à condition qu'il prendroit fon nom & fes armes, & qu'il les tranfmettroit à fes defcendans. Gafpard Alepy fut convoqué, l'an 1625, aux États du Comté de Bourgogne: Son teftament, publié au Bailliage de Salins le

26 de septembre 1635, lui donne pour fils, 1°. Joachim, qui suit ; 2°. Éléonor, qui a fait branche ; 3°. Pierre, Chanoine de St. Anatoile.

IV. JOACHIM DE VAUX, dit d'Alepy, Écuyer, Seigneur de Marnoz, Bran, &c. épousa, par traité du 12 de juin 1646, Jeanne de Buade, fille de Henry de Buade, Chevalier, Maître d'Hôtel du Roi, Lieutenant de sa Venerie, & d'Euſtache de Courcelles : Elle étoit petite niéce d'Antoine de Buade, Chevalier de l'Ordre du Saint Eſprit. De cette alliance ſortirent Joſeph, qui ſuit, & Jeanne-Françoiſe, mariée, par contrat du 17 mai 1672, à Noble Jean-Baptiſte Richard, Seigneur de Villerſvaudey.

Arch. de la Famille d'Alepy.

V. JOSEPH DE VAUX, dit d'Alepy, Écuyer, Seigneur de Marnoz, Bran, &c. contracta alliance, le 10 de juin 1676, avec Anne-Déſirée Pourtier, fille de Noble Charles Pourtier, & de Didière Mouret, de laquelle il eut, 1°. Jean-Baptiſte de Vaux, dit d'Alepy, mort ſans poſtérité de ſon mariage avec Marie-Armande-Joſéphine de Vallin ; 2°. & 3°. Alexis & Charles, Chanoines de Saint Anatoile de Salins ; 4°. Magdeleine-Gabrielle, mariée, par traité du 31 janvier 1713, à Charles-François Pillot, Écuyer, Seigneur de Chenecey.

Ibidem.

BRANCHE *de la Famille d'Alepy.*

IV. ÉLÉONOR DE VAUX, dit d'Alepy, Écuyer, second fils de Gaspard, contracta alliance, le 13 de septembre 1643, avec Marguerite de Vers, fille de Pierre Merceret, dit de Vers, Écuyer, Seigneur de Montmarlon, & de Catherine Fauche. Il fut convoqué, en 1656 & 1666, aux États du Comté de Bourgogne, & laissa pour fils, 1°. Joachim, Chanoine de Saint Anatoile; 2°. Pierre-Hypolite, qui suit.

Arch. de M. de Marenches.

V. PIERRE-HYPOLITE DE VAUX, dit d'Alepy, Écuyer, Seigneur de Paroy & Montmarlon, épousa, par traité du 11 mai 1688, Anne-Nicole-Françoise de Saint Mauris, fille de Claude-Antoine de Saint Mauris, Seigneur de Faletans & Malange, & d'Antoinette-Philippe Jaquinot de Goux : De ce mariage sortirent, 1°. Ferdinand-Éléonor, Seigneur de Paroy & Montmarlon, mort sans alliance en 1731; 2°. Jeanne-Bernardine, mariée, par contrat du 20 d'août 1714, à Constance de Marenches, Écuyer, Seigneur de Chassey; 3°. Jeanne, épouse de François-Emmanuel Colin.

Ibidem.

Les armes de cette Famille sont d'argent au pin de sinople, chargé de fruits de pourpre,

écartelées

écartelées aux second & troisième de celles
de Vaux, qui sont d'azur à trois bonnets d'Albanois d'or.

ALIX. Famille de Salins qui prenoit la qualité de Noble. Claude Alix fut convoqué à l'arrière-ban des Nobles du Bailliage d'Aval en
1551 & 1561. Il avoit épousé Claire-Claudine Udressier, qu'une mort funeste enleva le
jour de ses nôces. Noble Pierre Alix, Docteur
ès Droits, vivoit, en 1592, avec Jeanne Mo-
niet de Besançon sa femme. Pierre Alix, Chanoine de Besançon, Prieur de Sainte Magdeleine de Salins, fut nommé par le Pape à l'Abbaye de Saint Paul de Besançon en 1632 ; il
mourut en 1676, laissant une histoire ma-
nuscrite de son Abbaye, qu'il avoit gouvernée
pendant quarante-quatre ans.

AMIOT. Famille de Salins Noble par prescription, & éteinte. Ses armes étoient d'azur
au chevron d'or, accompagné de deux trefles
d'or en chef, & en pointe de deux osselets de
morts mis en sautoir.

I. GUILLAUME AMIOT, Secrétaire de l'Empereur, & Lieutenant du Baillif d'Aval au Siége

B

Sur original.

de Salins, testa le 21 de juillet 1544, choisit sa sépulture en l'Église de Saint Anatoile, & institua héritiers ses trois fils. Il avoit épousé Claudine de Vers, fille de Jean de Vers, Écuyer, de laquelle il eut, 1°. Jean, qui suit ; 2°. Jacques, Chanoine de Saint Anatoile & Curé d'Arbois ; 3°. & 4°. Guillaume & Louis ; 5°. Marguerite, femme de Claude Cecile ; 6°. Claudine, mariée, par traité du 25 mars 1549, à Claude Febvre de Salins, Secrétaire de l'Empereur ; 7°. & 8°. Louise & Anne Amiot.

Ibidem.

II. JEAN AMIOT, Écuyer, étoit mort en 1556, laissant de son mariage avec Françoise de Vers Pierre, qui suit, Jacques & Claudine Amiot.

Ibidem.

III. PIERRE AMIOT, Écuyer, fut témoin, l'an 1579, du mariage de Susanne de Vers sa cousine avec Philippe Udressier, Écuyer. Il épousa Nicole, fille de Philippe Marchant de Salins, Écuyer, & de Denise Mouchet de Battefort, de laquelle il eut Denise Amiot, alliée à Noble Denis Boitouset de Quingey, & Claude Amiot, Écuyer, mari de Susanne Udressier.

AULE. Ancienne Famille de Salins éteinte dans le quinzième siécle dans celle d'Éternoz.

Jacques, dit de l'Aule, de Salins, avoit épousé
avant l'an 1341 Isabelle, fille d'Aymon de *Archives de l'Offi-*
Faletans ; il en eut Jacquette, qui testa l'an *cialité de Besançon.*
1398, étant mariée à Ogier, dit Vilain, de
Saint Julien, Damoiseau. Pierre de l'Aule eut
60 florins par le testament de Gerarde, veuve
d'Étienne Merceret, de l'an 1368. Il étoit
Tréforier des Salines de Salins en 1379, & *Ibidem.*
étoit mort en 1400, fuivant le teftament de
Perrenette, femme de Pierre de la Combe. Il
fut pere de Jean de l'Aule, qui de Marie Arnaud eut Anne, George, Henriette, François
& Thomas de l'Aule. Marie Arnaud époufa
en fecondes nôces Pierre de Faletans, Écuyer.
Mathée de l'Aule, licencié en décrets, testa le *Ibidem.*
10 de mai 1415, fit des legs aux enfans de
Gerarde, Claudine & Renaude fes fœurs, époufes
de Jean Robert de Befançon, d'Étienne de Chenecey de Salins & de Jacques Wury de Dole.
Gile de l'Aule fon frere fut fon héritier. Jean *Tit. des Rentiers des Sali-*
d'Éternoz vivoit, en 1465, avec Guillemette *des Sali-*
de l'Aule fa femme. *nes.*

BANCENEL.

Arch. de
la Cham-
bre des
Comptes
de Dole.

IL y a eu deux Lettres de nobleſſe accordées à cette Famille qui ſubſiſte ; la première datée du mois de mai 1408, &
la ſeconde du 28 de janvier 1609 : cette dernière prouve que la Famille à qui elle étoit
accordée, tenoit depuis longtemps un rang diſtingué dans la Ville de Salins. On y voit en
effet qu'Étienne Bancenel, pere de Pierre &
Jacques Bancenel, anoblis par leur Prince,
avoit été pendant l'eſpace de plus de cinquante
ans Échevin & Conſeiller de cette Ville ; que
Pierre, l'aîné de ſes fils, s'étoit adonné à l'étude
des Loix, & que Jacques Bancenel, ſon autre
fils, ayant embraſſé la profeſſion des armes,
s'étoit trouvé aux Siéges de Thunes & de Na-
varrin, ſous le commandement de Dom Jean
d'Autriche ; que dès lors il avoit ſervi en qualité
de Capitaine-Enſeigne, en 1595, temps de

l'invasion des François & des Lorrains dans le Comté de Bourgogne.

Richard Bancenel, dit de Chancey, fils de Guichard Bancenel, fut anobli, en 1408, par Jean, Duc de Bourgogne, qui l'avoit fait entrer dans son Conseil : Il fut pere d'Étienne, qui testa, en 1465, en faveur de Pierre & Jean ses fils. Le premier fut pere de Richard, qui a continué la postérité ; le second n'eut qu'une fille nommée Jeanne, qui fit, l'an 1514, une donation de tous ses biens à Richard Bancenel, son cousin.

Arch. de la Chambre des Comptes de Dole.

Archives de M. de Bancenel.

I. ÉTIENNE BANCENEL, fils de Richard, est qualifié de Noble dans son traité de mariage avec Marguerite d'Orchamps, fille de Noble Antoine d'Orchamps, Citoyen de Besançon, & de Jeanne de Grueres, passé à Salins le 4 de février 1536. Il testa en cette Ville le 2 de mars 1581, élut sa sépulture en l'Église de Saint Jean-Baptiste de Salins, au lieu où son épouse avoit été inhumée ; légua à chacune de ses filles mariées 2600 frans en augmentation de leur dot, 2000 frans à chacune des filles de feu Guillaume Bancenel son fils, & institua héritiers Pierre & Jacques Bancenel ses fils. Étienne Bancenel eut de Marguerite d'Orchamps, 1°. Guillaume Bancenel, qui de son mariage

Ibidem.

avec Chrétienne Belin eut 1°. Noble Pierre Bancenel le jeune, Docteur ès Droits, marié, par contrat paſſé à Salins le 12 d'avril 1586, avec Gaſparine-Françoiſe d'Éternoz, fille de Noble Jean-Frédéric d'Éternoz, & de Marguerite du Moulin; 2°. Antoinette Bancenel, femme de Jean Largeot; 3°. Marguerite Bancenel, alliée à Pierre Bruand, Docteur ès Droits; 4°. & 5°. Magdeleine & Françoiſe Bancenel.

Sur origi-nal.

2°. Léonard Bancenel, Chanoine de Saint Anatoile de Salins.

3°. Guy Bancenel, Chanoine de la même Égliſe.

4°. Pierre Bancenel, Docteur ès Droits, époux de Philiberte Laborey, fille du Conſeiller Laborey.

5°. Jacques, qui a continué la poſtérité.

6°. Françoiſe Bancenel, alliée, 1°. à Noble Léonard Rouſſelot de Montboſon; 2°. à Pierre de Courlon, Écuyer, Capitaine de Saint Laurent de la Roche.

7°. Jeanne Bancenel, femme de Jean Perrin, Docteur ès Droits.

8°. Catherine Bancenel, épouſe de Philibert Belot, Écuyer.

II. NOBLE JACQUES BANCENEL ſe diſtingua dans les armes, comme il eſt rapporté dans la

Lettre de noblesse qui lui fut accordée par les Archiducs en 1609. Il partagea, le 8 de mars 1589, avec Pierre, son frère aîné, les biens provenans de la succession de son pere. Il épousa, 1°, avant l'an 1586, Marie Patornay, fille de Philippe Patornay de Salins, Écuyer, & de Jeanne Prevostet; 2°. Marguerite Musy, fille de feu Noble Anatoile Musy, & de Marguerite Magniet, par contrat passé à Salins le 21 de décembre 1594, en présence de Gerard David, Écuyer, & de Noble Robert Pelet. Du premier mariage naquirent,

Archives de M. de Bancenel.

Ibidem.

1°. Jeanne Bancenel, femme de Noble Marc Girod, Docteur ès Droits, Grand Juge en la grande Judicature de Saint Oyan de Joux.

2°. Anne Bancenel, femme de Léonard Jacques, Écuyer, Seigneur de Nant.

3°. Françoise-Gasparine Bancenel, Religieuse du Tiers-Ordre de Saint François.

Les enfans du second mariage furent,

1°. Isabelle Bancenel, femme de Jean-Baptiste de Mantoche, Écuyer, Citoyen de Besançon.

2°. Jean-Baptiste Bancenel, qui suit.

3°. Étienne Bancenel, Écuyer, Seigneur de Myon, marié avec Charlotte Patornay, fille de Frédéric Patornay, Écuyer, & d'Étiennette Huot, dont il n'eut point de postérité. Tous ces enfans font dénommés dans une donation entre-vifs, qui leur fut faite par leur pere le 28 de janvier 1631, en préfence de François Mufy, Écuyer, & de Jean Perrey, Bourgeois de Salins.

III. JEAN-BAPTISTE BANCENEL, Écuyer, Seigneur de Myon, époufa Jeanne Duprel, fille de Pierre Duprel de Salins, Écuyer, Controlleur pour Sa Majefté des Salines de cette Ville, & d'Antoinette Marchant, par traité paffé à Salins le 27 d'avril 1628, dont Guillaume David, Écuyer, Léonard Jacques, Seigneur de Nant, Jean Duprel, Docteur ès Droits, Antoine Duprel, Écuyer, Étienne Bancenel, Écuyer, Noble Jean Bancenel, Capitaine pour le fervice de Sa Majefté, Quentin Vigoureux, Écuyer, Seigneur de Ruhan, & Noble Pierre Étienne furent témoins. Il fit fon teftament en la même Ville le dernier de feptembre 1660, par lequel il choifit fa fépulture en l'Églife de Saint Jean-Baptifte, dans le tombeau de fes Prédéceffeurs; légua une bague de la valeur de 150 frans à Jeanne Duprel fon époufe, une bague de même prix à Étienne Bancenel fon frere, Seigneur de Myon; à Marguerite-Antoinette Bancenel fa fille, femme de Guillaume Coquelin, Seigneur de Chilley & Germigney,

300

300 livres, indépendamment de ce qu'elle avoit eu en mariage ; institua héritiers Jacques, Pierre & Jacques-François Bancenel ses fils, chacun pour un tiers.

IV. JACQUES BANCENEL, Écuyer, Seigneur de Myon, contracta alliance, le 21 de juillet 1652, avec Geneviéve de Vers, fille de Claude de Vers, Écuyer, Seigneur de Vaudrey, & de Claudine de Reculot, en présence de Pierre Alepy, Chanoine de Saint Anatoile de Salins, & de Noble Guerard Girardot, dit de Noseroy, Seigneur de Beauchemin. Les parens des deux époux qui comparoissent à ce traité, sont Antoine Duprel, Mestre de Camp pour le service de Sa Majesté ; Étienne Bancenel, Seigneur de Myon ; François Merceret, dit de Vers, Seigneur de Vaudrey ; Pierre Merceret, dit de Vers, Seigneur de Montmarlon, & François Boutechoux, Seigneur de Chavanne. *Arch. de M. de Bancenel.*

Jacques Bancenel testa à Salins le 7 de mars 1673, légua l'usufruit de ses biens à son épouse, une somme de 4000 frans à Étienne-Françoise Bancenel sa fille, & institua héritiers ses fils, qui furent, 1.° Claude-Baptiste, mort sans postérité ; 2.° Étienne-Aléxandre, qui suit ; 3.° Antoine-François Bancenel, Écuyer, Seigneur de Myon ; 4.° Jean-Hyacinthe Ban- *Ibidem.*

C.

cenel; 5° & 6° Étienne & François Bancenel.

V. ÉTIENNE-ALEXANDRE BANCENEL, Écuyer, Seigneur de Champagne, Déservillers, &c.

épousa en premières nôces Jeanne-Françoise Billard, fille de Philippe-Louis Billard, Écuyer, Seigneur de Raze, & de Jeanne-Catherine Gollut, Dame de Chalain, par traité passé à Salins le 28 d'octobre 1683, en présence de Jacques-François Bancenel, Écuyer, Seigneur de Myon, Déservillers & Eschay, François Merceret, dit de Vers, Seigneur de Vaudrey, ses oncles; Antoine-François, Jean-Hyacinthe, Étienne & François Bancenel, ses freres, & Jerome Boutechoux, Seigneur de Chavanne, son oncle. Jeanne-Françoise Billard est assistée dans ce contrat de Hugues Billard, Seigneur de Raze & de By, son ayeul paternel; de Béatrix Besançenot, Dame de Raze, son ayeule paternelle; de Claude-François Billard, Prêtre, Doyen de Quingey; François Le Maire, Seigneur de Faletans, premier Conseiller en la Chambre de Justice établie au Comté de Bourgogne, ses oncles, & de Jeanne-Marguerite Billard sa tante, femme de Pierre Vigoureux, dit Bondieu, Seigneur de Poupet.

Étienne-Alexandre Bancenel contracta une seconde alliance avec Marguerite-Silénie de Conflans : Il laiffa des enfans de ces deux mariages. Du premier il eut,

1°. Philibert-Emmanuel Bancenel, mort fans alliance.

2° & 3°. Jeanne-Françoife & Béatrix Bancenel.

4°. Étienne-François Bancenel, qui a continué la poftérité.

5°. Charlotte-Françoife Bancenel, mariée, 1° à N . . . de Serre, Major de la Ville de Salins ; 2°. à Louis-Samfon de Pagan, Lieutenant-Colonel du Régiment de Quercy, Brigadier des Armées du Roi.

6° & 7°. Jean-Pierre & Antoine-François Bancenel, morts fans alliance.

8°. Anne-Thérèf Bancenel.

9°. François-Jofeph Bancenel, qui a fait branche.

10°, 11°, 12°, 13°, 14°. Marie-Hyacinthe, Pierre-Charles, Geneviéve, Marie-Antoinette & Françoife-Charlotte Bancenel.

Du fecond mariage d'Étienne-Aléxandre Bancenel font nés,

1°. Étienne-Emmanuel, qui a fait branche.

2°. Aléxandre-Philibert Bancenel, Chanoine de Saint Anatoile.

3°. Philippe-Sophie Bancenel, Religieufe Tierceline à Salins.

4.° & 5.°· Antoinette-Françoife & Geneviéve Bancenel, mortes fans alliance.

6.°· Michelle-Artemie Bancenel, époufe de N . . . Billard de Raze.

VI. ÉTIENNE-FRANÇOIS BANCENEL, Écuyer, Seigneur de Champagne, a époufé, par traité paffé à Buffard le 23 de novembre 1718, Anne-Jeronime Cecile, fille de Claude-Floris Cecile de Salins, Écuyer, ancien Maire de cette Ville, Capitaine au Régiment de Poitiers, & de Françoife Boitoufet de Poinffon. De ce mariage eft né Antoine-François, qui fuit.

Arch. de M. de Bancenel.

VII. ANTOINE-FRANÇOIS BANCENEL, Écuyer Seigneur de Champagne, s'eft allié, le 29° d'août 1754, avec Marie-Claire-Ifabelle Marchant, fille de Meffire Jofeph-Emmanuel Marchant de la Chatelaine, Seigneur de Bannans, Chevalier d'Honneur en la Chambre des Comptes de Dole, & de Marie-Jeanne de Reinach. Ses enfans font, 1.° Henry-François-Jofeph Bancenel; 2.° Charlotte-Joféphine Bancenel.

PREMIÉRE BRANCHE de la Famille de Bancenel.

VI. FRANÇOIS-JOSEPH BANCENEL, Écuyer, Seigneur de Champagne en partie, 9.ème· fils d'Étienne-Aléxandre Bancenel, & de Jeanne-Françoife Billard, époufa Catherine Petin de Santans, de laquelle il a eu, entre autres enfans, Antoine-François-Xavier Bancenel, Écuyer, Capitaine dans les Grenadiers Royaux, marié à N ... de Blondefontaine.

SECONDE BRANCHE de la Famille de Bancenel.

IV. JACQUES-FRANÇOIS BANCENEL, Écuyer, Seigneur de Myon, 3ème. fils de Jean-Baptiste Bancenel, & de Jeanne Duprel, fut Capitaine de Cavalerie au service du Roi d'Espagne. Il épousa Charlotte de Jouffroy d'Abbans, de laquelle il eut, 1°. Guillaume-Joseph, qui suit ; 2°. Claude-François, Capitaine d'Infanterie ; 3°. Philippe-Ferdinand ; 4°. Geneviéve, femme du Baron de Saint Germain ; 5°. Catherine, épouse de N. ... d'Éternoz.

V. GUILLAUME-JOSEPH BANCENEL, Écuyer, Seigneur de Myon, contracta alliance avec Jeanne-Thérése Boutechoux, fille de Jerome Boutechoux, Écuyer, & de Jeanne La Pie. De ce mariage font nés Charlotte Bancenel, mariée, 1°. à N ... Defarmant, Brigadier des Armées du Roi, Gouverneur de la Citadelle de Valenciennes ; 2°. au Marquis de Germigney. 2°. Étienne-François Bancenel, Lieutenant au Régiment de Quercy, tué à la bataille de Guastalle en 1734. 3°. Marguerite Bancenel.

Les armes de cette Famille font d'azur à trois quintefeuilles d'or, deux en chef, & une en pointe, à une tête de Léopard d'or mife en cœur, timbrées d'un lyon naiffant d'or.

BAUDUIN. La Maifon de Bauduin ou Baul-din, éteinte dans le 15ème. fiécle, étoit ancienne dans la Ville de Salins.

I. N. . . BAUDUIN, Damoifeau, vivant vers l'an 1300, fut pere, 1°. de Roland, qui fuit; 2°. d'Otton Bauduin, Chanoine de Laufanne, Prévôt de Saint Anatoile de Salins, qui tefta

Arch. de l'Officialité de Befançon.

au mois d'avril 1349, élut fa fépulture au cloître de l'Églife de Saint Anatoile, dans le tombeau de fes Prédéceffeurs, légua fon pale-froy à Vauchier Bauduin fon neveu, & infti-tua héritiers Roland & Jean Bauduin fes freres; 3°. de Jean, qui a continué la poftérité; 4°. & 5°. d'Yolande & Jeannette.

II. ROLAND BAUDUIN fit fon teftament au mois de mai 1349, par lequel il voulut être inhumé dans le tombeau de fon pere, au cloître

Ibidem.

de l'Églife de Saint Anatoile, à laquelle il légua la troifième partie d'un quartier de muire dans les Salines de Salins pour la fondation de fon anniverfaire; fit un legs de 25 fols à Jacques

son fils naturel, & un de dix sols à Guyette
sa fille naturelle; disposa du reste de ses biens
en faveur de Jean son frere, de Vauchier &
Isabelle Bauduin ses neveu & niéce, & pria
Guy de Ceyz, Damoiseau, & Étienne Merceret,
Clerc, d'accomplir ses dispositions. Alix Reschet *Arch. de*
son épouse, fille d'Étienne Reschet, Damoiseau, *l'Officiali-*
testa la même année en faveur de Guillemette *té de Be-*
sa sœur, veuve d'Étienne Paloulet, Chevalier. *sançon.*

II. JEAN BAUDUIN, Damoiseau, testa le 4 d'a-
vril 1364, & institua héritier Vauchier son fils.   *Ibidem.*

III. VAUCHIER BAUDUIN, Damoiseau, contracta alliance avec Guye de Beaufort, Dame dud.
lieu, de laquelle il eut Guillaume, qui suit, & Hu-   *Ibidem.*
gues, Religieux en l'Abbaye de St. Oyan de Joux.

IV. GUILLAUME BAUDUIN, Écuyer, Seigneur
de Beaufort, disposa de ses biens, le 8 de décembre 1419, en faveur de l'Église Collé-
giale de Saint Anatoile de Salins; choisit sa sé-   *Ibidem.*
pulture au cloître de cette Église, où Vauchier
son pere & Guye de Beaufort sa mere avoient
été inhumés; fonda une Chapelle en sa maison
du Bourg dessus de Salins; légua à Hugues son
frere, Religieux de Saint Oyan de Joux, la jouissance des Terres d'Ugnat & Meliat, & la propriété
de ces deux Terres à Guyette de Rosoy sa tante,

à Jean de Montagu de Salins la Terre de Beaufort ; nomma exécuteurs de ses volontés Pierre Cordier, Séchal de Saint Anatoile, & Jean Loyte.

Arch. de l'Officialité de Besançon. Par son codicille, du 24 de septembre 1420, il transporta le don de la Terre de Beaufort à Gérarde Vauchard, mere de Jean de Montagu, à qui il l'avoit donnée par son testament.

BILLARCEY, ancienne famille de Salins, annoblie par des emplois qu'elle possédoit dans les Salines, dont Jean Billarcey étoit Trésorier en 1422. Il n'eut qu'une fille morte sans alliance. Ses armes étoient d'or à une épée d'azur mise en pal, la pointe en haut.

BILLARD, famille qui subsiste à Salins, & porte pour armes, d'or au sautoir engrelé de gueules, accompagné de quatre têtes d'aigles arrachées de sable. Elle a été jurée à Malte, & dans les Chapitres nobles du Comté de Bourgogne, tels que celui de Besançon & de Saint Claude, & dans l'Abbaye de Lons-le-Saunier.

Simon Billard, qui en est la tige, obtint des Lettres de noblesse des Archiducs Albert & Isabelle, datées de Bruxelles le 21 de juillet 1618, *Arch. de la Chambre des Comptes de Dole.* enrégistrées en la Chambre des Comptes de Dole

le

le 21 de septembre de l'année suivante. Sa fortune, qui étoit considérable, & les services du
Vice-Président Garnier, son beau-pere, lui méri-
terent cette faveur. Il avoit épousé, par traité
du 22 de novembre 1602, Marguerite Garnier, fille d'Antoine Garnier, premier Conseiller & Vice-Président du Parlement de Dole,
& de Marguerite Le Maire, de laquelle il eut
Hugues, qui suit.

II. NOBLE HUGUES BILLARD leva en 1635
une Compagnie de deux cens hommes de Cavalerie, avec laquelle il concourut l'année suivante à la défense de Dole. Il commandoit,
en 1668, dans la Ville de Salins, dont il étoit
Maire, lorsque cette Place fut assiégée par les
Troupes françoises, auxquelles il la rendit par
une capitulation honorable. Il contracta alliance,
le 22 juin 1634, avec Béatrix Besançenot,
Dame de Raze, fille de Jean Besançenot de
Vesoul, annobli en 1617. Elle le rendit pere
de Philippe-Louis, qui suit; de Claude-François,
Prêtre, Doyen de Quingey, & de Jeanne-Marguerite, épouse de Noble Pierre Vigoureux, dit
Bondieu, Seigneur de Poupet.

III. PHILIPPE-LOUIS BILLARD, Écuyer, Seigneur de Raze, épousa, par contrat du dernier
d'avril 1631, Jeanne-Catherine Gollut, fille

D

Arch. de
M. de
Raze.

Ibidem.

Ibidem.

de feu Noble Jean Gollut, Seigneur de Cha-
lain & Villersfarlay, de laquelle il eut Hugues-
François, qui a continué la lignée, & Jeanne-
Françoise, femme d'Étienne-Alexandre Bancenel,
Écuyer.

IV. HUGUES-FRANÇOIS BILLARD, Écuyer, Seigneur de Raze, By, &c. s'allia le 16 d'avril
1698 à Claudine-Gabrielle Marchant, fille
de Léonard Marchant, Écuyer, Seigneur à Mi-
serey, & de Marie Marchant de la Chatelaine.
Il fut Capitaine, & ensuite Commandant dans
le Régiment de Boulonnois, Infanterie, & a
laissé de son mariage Jean-François Billard,
Écuyer, Seigneur de Raze, By, Mouchard,
&c. qui a épousé, par traité du 13 de décembre 1725, Magdeleine de Glanne, fille de
Jacques-Vincent de Glanne, Écuyer, Seigneur
de Villersfarlay, & de feue Jeanne-Baptiste de
Dornon, & Marc Billard, Écuyer, Commandant un Bataillon des Milices de Franche-Comté,
Chevalier de l'Ordre de Saint Louis.

Arch. de
M. de
Raze.

Ibidem.

BOURRELIER.

LA Maison de ce Nom, qui est titrée aujourd'hui, s'établit à Salins vers le milieu du siècle dernier; elle prouve la possession de sa noblesse depuis Guillaume Bourrelier, qui en est la tige.

I. Il étoit Seigneur de Givry, Conseiller du Duc Philippe le Bon, Maître des Requêtes de son Hôtel, & son Procureur Général en ses Parlemens de Bourgogne en 1434. Il avoit exercé dès l'année 1428 le même Emploi dans la Chambre du Conseil de ce Duc, au nom duquel il transigea, le 14 décembre 1429, avec les Clercs de Châtillon sur Seine au sujet de la taille. Honoré de la confiance de son Souverain, il en reçut plusieurs lettres, que l'on conserve encore. Par une de ces lettres, datées de Douay le dernier jour du mois de mai, ce Prince lui ordonne de faire informer contre les Habitans des Villes de Beaune, Nuys, Auxonne

Palliot,
Hist. du
Parlement
de Bourg.
pag. 19.

Journal
de Paris,
tom. 2, p.
184.

Recueil de
Perard, p.
303.

Arch. de
M. le C.
de Mantry.

D ij

& Pontalier, qui ont accordé le passage à ces perturbateurs du Royaume de France, connus sous le nom de Compagnies ou d'Écorcheurs, & principalement contre ceux de ces Habitans qui, non contens de leur donner un asyle, se sont révoltés, & ont désobéi aux ordres du Comte de Fribourg, son Capitaine Général en Bourgogne; il lui mande de lui envoyer les dépositions qui seront faites contre eux par le Comte de Fribourg, Jean de Vaumarcus, Antoine de Vaudrey, Henry Vallée Baillif d'Aval, Gerard Rolin Baillif de Macon, Jean Mairet Gruyer de Bourgogne, & par les autres personnes qui ont éprouvé leurs excès, ou qui en ont été les témoins. Par une seconde lettre, datée de la même Ville le 6 de juillet, le Duc l'assure qu'il le défendra en toutes occasions contre ceux qui, jaloux du zéle qu'il témoigne pour ses intérêts, s'efforcent de lui susciter des ennemis. Une troisième lettre de ce Prince, datée de Bruxelles le premier de janvier, l'exhorte à aider de ses conseils le Seigneur de Ternant, commis à la garde du temporel de l'Archevêché de Besançon. Enfin une quatrième lettre, datée de Dijon le 31 de mars, lui enjoint de faire délivrer à Jean de Salives, Conseiller du Duc, une somme de 60 frans sur la confiscation des biens de Jean Prevot, accusé de félonie.

Le Duc Philippe le Bon lui donna des témoignages encore plus sensibles de sa protection, en permettant que l'enfant dont l'épouse de cet Officier de son Parlement étoit enceinte, fût tenu en son nom sur les fonts de baptême, au cas que ce fût un enfant mâle : Il en écrivit en ces termes au Comte de Fribourg.

Archives de M. le Comte de Mantry.

DE PAR le Duc de Bourgogne, de Brabant, de Limbourg Comte de Flandre, d'Artois, de Bourgogne, de Hainault, de Hollande, de Zélande & de Namur.

Très cher et féal Cousin : Pour les bons services que nous a fait longuement & fait journellement notre amé & féal Conseiller & Procureur Général de nos Pays de Bourgogne Maître Guillaume Bourrelier, la femme duquel doit prochainement accoucher & gésir d'enfant, Nous avons accordé de faire donner notre Nom audit enfant, ou cas que ce soit un fils, & pour ce, en ce cas voulons & vous mandons que le teniez sur les saints fonts de baptême, & lui mettiez & donniez notre Nom, se vous êtes lors ou lieu où elle accouchera, ou près d'illec ; & se non, le voulons être fait en votre absence par notre Serviteur nommé en la superscription de cestes, & qu'il n'y ait aucune faute. Très-cher & féal Cousin, le Saint Esprit vous ait en sa benoîte garde. Ecrit en notre Ville de Bruxelles le dix-septième jour de février. Signé, PHILIPPE. Et plus bas, BOUESSEAU. 1429.

La superscription porte : *A notre très-cher & féal Cousin Gouverneur & Capitaine Général de nos Pays de Bourgogne le Comte de Fribourg & de Neufchatel, & en son absence, A notre amé & féal Escuyer Guyot de Lambrey.*

LA Ville de Dole recourut vers ce temps à sa protection, pour solliciter auprès du Duc l'établissement fixe & perpétuel de l'Université

Ibidem.

en cette Ville, & pour en augmenter les revenus destinés à l'entretien de ceux qui y enseignoient. Ce Prince, ami des lettres dans un siécle où elles avoient peu de sectateurs, accorda non seulement la grace qui lui étoit demandée ; il y ajouta un nouveau prix, en enjoignant à Guillaume Bourrelier de faire venir de l'Italie Anselme de Marenches, personnage d'une rare science, pour remplir dans cette Université les fonctions de Professeur extraordinaire.

Archives de M. le Comte de Mantry.

Le Duc de Bourgogne récompensa, l'an 1440, les services que ce fidéle Magistrat lui rendoit depuis longtemps dans l'exercice de la Charge de Procureur Général de ses Parlemens, par le don qu'il lui fit de l'Office de Greffier des mêmes Parlemens, vacant par la mort de Jean Bafan. Cet emploi avoit alors la prééminence sur ceux des Avocats fiscaux & du Procureur Général ; il l'avoit même encore en

Arch. du Parlement de Befançon.

1508, comme il se voit par la confirmation du Parlement de Dole faite par l'Empereur Maximilien, & datée de Bruxelles le 12 de février de cette année. Il obtint de ce Duc, le 19 de janvier 1448, la permission de faire exercer cette Charge par Guillaume de Bercy, avec le droit de l'exercer lui-même lorsqu'il le voudroit, & de recevoir la moitié des gages qui y étoient attachés. Il avoit fait hommage, le

25 d'octobre 1444, à Jean de Chalon de la Seigneurie de Givry.

Archives
de M. le
Comte de
Mantry.
Ibidem.

Son alliance fut avec Jeannette de Rosey, sœur de l'Évêque de Tournay. Il fonda, l'an 1449, conjointement avec elle, en l'Église Cathédrale de Chalon sur Saône, une Chapelle en l'honneur de Saint Denis, dont il réserva la présentation à l'aîné de ses descendans mâles. On voit dans cette Chapelle les portraits au naturel de ces deux époux ; Guillaume Bourrelier y est vêtu d'une longue robe rouge ; l'écu de ses armes est auprès de lui, & sa devise *Loyal & gay* y est répétée en différens endroits. Il mourut vers l'an 1460, & fut inhumé dans cette Chapelle sous une tombe élevée de terre de trois pieds, aux quatre coins de laquelle sont ses armes. Sa veuve passa à de secondes nôces avec le Seigneur de Frontenard, de la Maison de Cléron : Elle laissa de son premier mariage les enfans suivans, 1°. Vincent Bourrelier, Licencié en Loix, Conseiller du Duc Philippe le Bon, en 1456, Lieutenant Général du Baillif de Chalon, en 1457 ; 2°. Jean Bourrelier, qui a continué la postérité ; 3°. Simonne Bourrelier, épouse d'Étienne Conrault, Écuyer, Capitaine du Château de Montron ; 4°. Jeannette Bourrelier, alliée à Guyot de Toufu.

Ibidem.

Gollut, *p. 815.*
Ibidem.

II. JEAN BOURRELIER, I du nom, Écuyer du Duc de Bourgogne, épousa, par traité du 20 novembre 1447, Jeanne Drulley, qui portoit pour armes de gueules à trois glands de chênes d'or. Elle étoit fille de Pierre Drulley, Licencié en Loix, & d'Alix Grotebin, & avoit pour ayeule maternelle Jeannette de Poupet. Jean Bourrelier mourut à Besançon en 1478, & y fut inhumé en l'Église de Saint Pierre, dans le tombeau de la Famille de La Fertey, n'ayant eu qu'un seul fils, Jean, qui suit.

Ibidem.

III. JEAN BOURRELIER, II du nom, fut établi Capitaine du Château de Quingey par Marie de Bourgogne, épouse de l'Empereur Maximilien, le 14 de mars 1476. Il obtint de

Ibidem.

la même Princesse, le 18 de janvier suivant, la Charge de Gruyer de Bourgogne, par la faveur de l'Abbé de Saint Pierre de Gand, qui étoit son cousin germain, & en considération de ses services & de ceux de son pere. Il acquit, l'an 1482, la Seigneurie appellée la Motte de Malpas près de Quingey; il est dit dans cet acte fils de feu Noble Homme Jean Bourrelier, & la même qualité lui est donnée. La mort le surprit à Quingey l'an 1494, & il y fut inhumé devant le grand Autel de l'Église de Saint Martin, dont il étoit le Collateur,

teur, droit dont ses descendans jouissent encore.
Il avoit épousé, par contrat du 5 de février
1476, Marie de La Fertey, fille de Guillaume
de La Fertey, Seigneur de Romprey. Cette Dame
vécut longtemps après la mort de son mari;
elle acquit, le 22 de juin 1535, la Seigneurie
de Lisine de Claude de Montfort, pour 1100
frans, & en fit hommage le 11 de juillet de
la même année, tant en son nom que comme
tutrice de ses petits-fils, à Claude de la Baume,
Maréchal de Bourgogne, commis par Sa Majesté pour recevoir les dénombremens de ses
vassaux. Simon de Quingey, Chevalier, Seigneur de Montboillon, avoit aliéné en sa faveur, le 2 de juillet 1522, la Terre de Germigney, dans laquelle Jean de Méligny, Seigneur de Dampierre, époux de Magdeleine de
Quingey, rentra par droit de retrait lignager
le 11 de mai 1538.

Marie de La Fertey testa à Quingey le 20
de janvier 1540, élut sa sépulture dans le
tombeau de son époux, institua héritier dans
la moitié de ses biens Guy Bourrelier son fils,
Prêtre, & dans l'autre moitié les enfans de
feu Renobert Bourrelier son fils. Jean de Boisset,
Trésorier de l'Empereur à Vesoul, & Claude
de La Fertey, Ecuyers, ses neveux, furent les
exécuteurs de ses volontés. Elle eut de son ma-

Archives de M. de Mantry.

Ibidem.

Ibidem.

E.

riage, 1º Jean Bourrelier, mort jeune ; 2.º
Guillaume Bourrelier, Docteur ès Droits, qui
voyagea longtemps en Italie, & difpofa de fes
biens, le 4 d'avril 1508, en faveur de fes
freres ; 3.º Renobert, qui a continué la lignée ;
4º. Guy Bourrelier, Prêtre, Curé d'Éclangeot
& Seigneur de Lifine ; 5.º Simonne Bourrelier, époufe de Nicolas Clerc ; 6.º Ide Bourrelier, qui tefta le 24 de février 1540, étant
mariée à Noble Jacques Bafan de Dole.

I V. RENOBERT BOURRELIER, Seigneur de Malpas & de Germigney, Secrétaire d'État de l'Archiduchefle Marguerite, fut inftitué par cette
Archives de M. de Mantry. Princefle Capitaine du Château de Rochefort,
par Lettres-Patentes datées à Bruxelles le 18
d'octobre 1518. Il fut convoqué, l'an 1519,
avec les Nobles du Bailliage de Dole à l'arrière-
ban. Le livre des délibérations de la Ville de
Dole porte, qu'il avoit refufé, l'an 1521, à
cette Ville l'artillerie du Château de Rochefort,
& qu'on avoit pris la réfolution de s'en plain-
dre à l'Archiduchefle.

Renobert Bourrelier avoit époufé, par con-
Ibidem. trat du 30 de mai 1513, Pierrette de Boiffet,
fille de Guillaume de Boiffet, Conseiller de l'Empereur, Procureur Général du Parlement de
Dole, & de Philiberte Guyot ; elle étoit nièce

de Claude de Boiffet, Abbé de Faverney, Prévôt de Malines, Archidiacre d'Arras, & Chef du Conseil privé de l'Archiduchesse Marguerite. Rénobert Bourrelier fit son testament à Quingey le 1er d'août 1528, choisit sa sépulture en l'Église de ce lieu, dans le tombeau de ses Prédécesseurs, institua héritiers ses seuls enfans mâles, & chargea Guy son frere de l'accomplissement de ses dispositions, il mourut deux jours après. Pierrette de Boiffet sa veuve testa le 22 de décembre 1556 : Elle fut mere,

Archives de M. de Mantry.

1°. De Louis Bourrelier, Écuyer, Seigneur de Malpas, qui comparut armé, & avec deux chevaux, à l'arriere-ban des Nobles du Bailliage de Dole en 1552. Il servit dans les guerres qu'eurent Charles V & Philippe II, fut au Camp de Valanciennes, & à la prise d'Hesdin, en 1553. Il s'allia, par traité passé à Salins le 19 de juillet 1561, avec Chrétienne Trousset, fille de Pierre Trousset, Écuyer, Seigneur de Vauferrand, & de Catherine de Saint Mauris. On voit par la publication de son testament, du 19 de décembre 1566, qu'il n'eut que deux filles de son mariage; Barbe Bourrelier, épouse de Jean de Crosey, Écuyer, Seigneur de Vy, & Henriette Bourrelier, femme de N.... Bertrand.

Ibidem.

2°. De Simon Bourrelier, qui a continué la postérité.

3°. De Renobert Bourrelier, dit de Malpas, Prêtre, Docteur ès Droits, Chanoine de Cambray, Tréforier de l'Églife de Befançon, Grand-Chantre de celle de Malines, Doyen de la Chapelle royale du Château de Quingey, Prieur de Fouchécour, Adminiftrateur de l'Abbaye de Faverney en 1558. Il s'attacha au Cardinal de Granvelle, alors Viceroi de Naples, qui lui donna la Charge de Maître d'Hôtel & de Surintendant de fa Maifon, & lui procura la plus grande partie des Bénéfices dont il fut pourvu. Il affifta au Concile provincial de Malines, & fut choifi pour rédiger le Bréviaire fuivant la forme preferite par le Concile de Trente, dans l'étendue de cet Archevêché. Il mourut à Malines le 4 d'avril 1572, & fut inhumé dans le Chœur de l'Églife Métropolitaine de cette Ville, auprès du tombeau de Claude de Boiffet fon oncle, Chef du Confeil privé de l'Archiducheffe Marguerite. On lui dreffa cette épitaphe :

D. O. M.

C. VIRO D. RENOBERTO DE MALPAS, *Presbytero, in Comitatu Burgundiæ nato, V. I. D. hujus Templi Canonico, qui annum 49 agens, obiit pridiè nonas aprilis 1572, poftquam Ecclefiæ Metropolitanæ Cameracenfis Thefaurarii & hujus Archiepifcopalis Sedis Supremi Cantoris munere functus, & ob novum Breviarii ex decreto Concilii Tridentini reftituti ritum cùm ejus cantu & cæremoniis Illuftriffimi Cardinalis Granvellani Neapolitani Regni Proregis juffu, ingenti labore à fe introductum, non infimam laudem consecutus est.* Joannes DE MALPAS, Frater mœrens. *H. M. E. T. F. C.*

4º. De Nicolas Bourrelier, dit de Malpas, Écuyer, Gentilhomme de la Maison du Roi d'Espagne. Il fit ses premières campagnes en Italie sous le commandement de Fernand de Gonzague, de Gomez de Figarea, du Duc d'Albe & du Marquis de Pescara. Philippe de Bréderode, Baron de Viane, le nomma exécuteur du testament qu'il fit à Asti en Italie le 26 de février 1556; il remit à son choix le lieu de sa sépulture & la pompe de ses obséques, & lui légua tous ses chevaux. Nicolas Bourrelier exerça aussi son courage dans les guerres de Flandre, étant Cornette de la Compagnie de Chevaux-Legers du Seigneur de la Troilliere. Attaqué d'une maladie mortelle au Camp devant Saint Quentin, il se fit transporter en la Ville de Douay, & y mourut le 2 de novembre 1557: Il y fut inhumé dans l'Église de Saint Pierre, sous une tombe qui est dans la nef, & sur laquelle on lit cette épitaphe:

NICOLAO DE MALPAS, *nobili Familia oriundo ex Comitatu Burgundiæ, Aulico & Equiti stipendiato Imperatoris Caroli V Augusti, & Philippi ejusdem filii, Angliæ & Hispaniarum Regis, apud insubrum Præfectum, qui dùm Castra Regis sui in Belgium sequitur Veromanduensi expeditione morbo consumptus, immaturè periit anno à nato Christo 1557, postridie kalendas novembris. Vixit annos 33; militavit annos 8.* Renobertus DE MALPAS Fratri carissimo & bene merenti posuit.

5°. De Jean Bourrelier, dit de Malpas, Écuyer, qui, marchant sur les traces de ses deux freres, se distingua comme eux dans le métier des armes. Il se trouva à la prise de la Forteresse de Duren, au Pays de Julliers, en 1543, & suivit l'Empereur Charles V en son expédition d'Afrique. Il fut chargé à son retour dans le Comté de Bourgogne de porter en Espagne le subside en argent qui avoit été levé dans cette Province ; le Cardinal de Granvelle, qui lui avoit fait donner cette commission, & qui l'honoroit d'une entiere confiance, lui procura, l'an 1574, l'Emploi de Tréforier de Sa Majesté en Bourgogne. Il comparut le 1er. de septembre 1590 à l'arriere-ban convoqué à Dole. La mort le surprit à Quingey le 24 de février 1593, & Il y fut inhumé dans le tombeau de ses ancêtres. Son épitaphe placée contre le pilier du côté de l'Épître est conçue en ces termes :

CE Marbre sert de trophée dressé à la glorieuse mémoire de Jean de Malpas, Écuyer : Dieu l'avoit fait naître de parens qui par le bon Duc Philippe honorés de principales Charges, ont continué par armes & par lettres au service de leurs Princes. La vertu étoit le seul instrument de sa gloire, en l'état de Tréfaurier en ce Pays à lui confié par Sa Majesté, après s'être employé 22 ans en Flandre pour son service aux affaires par lui conduites avec une prudence plus admirée que bien reconnue. La gloire suit le mérite : aussi le Ciel, comme seul repos & juste électeur des belles ames, l'a retiré le 24 feburier 1593.

6°. De Claudine Bourrelier, née le 7 d'août

1518. Elle épousa Louis de Landriano, Écuyer, Seigneur dudit Champagnoulot.

Renobert Bourrelier eut encore de Pierrette de Boisset sa femme sept enfans morts jeunes, nommés Claude, Pierre, Guy, Claude, Léonard, Éléonore & Barbe Bourrelier.

V. SIMON BOURRELIER, dit de Malpas, Écuyer, Seigneur dudit lieu, fit ses études en l'Université de Ferrare, où il reçut le bonnet de Docteur au mois d'avril 1550. Il fut Avocat du Roi au Bailliage de Dole, & ensuite Conseiller au Parlement de cette Ville, par Lettres-Patentes datées à Amsterdam le 18 de septembre 1573. Il contracta alliance, le 6 de novembre 1564, avec Françoise Fauche, fille de feu Noble Étienne Fauche, Seigneur du Chastelet, Conseiller au Parlement de Dole, & de Claudine Michiel. Il mourut le 8 de juillet 1576, & fut enterré en l'Église Collégiale de Dole, dans la nef près de la Chapelle de Saint Antoine. Françoise Fauche mourut le 12 d'avril 1623, & fut inhumée auprès de son mari, dont elle avoit eu les enfans suivans, 1º. Renobert Bourrelier, né le 10ème de juin 1565, mort âgé de sept mois; 2º. Jean Bourrelier, qui suit; 3º. Nicolas Bourrelier, qui a continué la postérité; 4º & 5º Jeanne & Simon Bourrelier, morts jeunes.

Archives de M. le Comte de Mantry.

VI. JEAN BOURRELIER, dit de Malpas, Écuyer, Seigneur dudit lieu, né le 12 de mars 1571, étudia le Droit dans l'Université de Dole, dont il fut fait Recteur magnifique l'an 1592. Henry IV étant entré hostilement dans le Comté de Bourgogne l'an 1595, ce Gentilhomme se joignit avec trois chevaux armés aux Troupes que commandoit le Baron de Sombernon pour la défense de ce Pays ; il se trouva pour la même cause au Camp assemblé devant Vesoul sous les ordres du Connétable de Castille. Il épousa, *Arch. de M. le C. de Mantry* l'an 1596, Françoise Cécile, fille de Pierre Cécile, Conseiller au Parlement de Dole, de laquelle il eut, 1° Françoise Bourrelier, mariée, par contrat de l'an 1616, à Guy Pillot, Écuyer, Seigneur de Chenecey. 2°, 3°, 4° Jean, Claudine & Jean-François Bourrelier, morts jeunes. 5° Aymé Bourrelier, qui entra dans l'Ordre des Jésuites à Rome l'an 1620, & mourut à Avignon au Noviciat au mois de décembre de la même année. 6° Jeanne Bourrelier, alliée, par traité du mois de juillet 1623, à Noble Claude Grivel, Seigneur de Perrigny, Conseiller au Parlement de Dole.

VI. NICOLAS BOURRELIER, dit de Malpas, Écuyer, Seigneur dudit lieu, Mantry, Mauffans, &c. troisième fils de Simon Bourrelier &

de Françoise Fauche, fut élu Maire de la Ville de Dole en 1620. Il mourut le 12 de juin 1631, & fut inhumé dans l'Église de Notre-Dame de cette Ville, dans le tombeau de son pere. Il avoit épousé, par traité passé à Pontarlier le 9 de novembre 1601, Claudine Franchet, fille de Denis Franchet, Écuyer, Seigneur de Noironte, & d'Anne Courbenet. Cette Dame ayant acquis après la mort de son mari la Terre de Chateaurouillaud de Philibert-Emmanuel de Balay, en fit hommage à Ferdinand de Rye, Archevêque de Besançon. Elle eut de son mariage, 1º. Denis, qui suit; 2º. Jeanne Bourrelier, Religieuse de la Congrégation de Sainte Ursule; 3º. Nicolas Bourrelier, qui a continué la lignée; 4º. Claude Bourrelier, né le 26 d'avril 1610. Il servit en Flandre dans le Régiment du Comte de Salazar, & mourut à Rhimberg le 22 de septembre 1629; 5º. Antoine Bourrelier, Officier pour le service du Roi d'Espagne dans le Terce du Baron de Balançon. Il mourut au mois de septembre 1631, étant en garnison à Bréda, & y fut enterré avec pompe dans le Chœur de la principale Église de cette Ville; 6º. Anne Bourrelier, morte jeune; 7º. Françoise Bourrelier, mariée, le 23 d'octobre 1635, à Noble Claude Gollut, fils de Jean-Baptiste Gollut, Conseiller au Parlement

Archives de M. de Mantry.

Ibidem.

Ibidem.

E

de Dole ; 8°. Aymé Bourrelier, né le 9 de
décembre 1617, mort en Italie étant Enfei-
gne de la Compagnie Colonelle du Baron de
Watteville ; 9°. Étiennette Bourrelier, morte
jeune.

VII. Denis Bourrelier, dit de Malpas,
Chevalier, Seigneur dudit lieu & Mantry, prit
le grade de Docteur ès Droits dans l'Univerſité
de Louvain. Étant en cette Ville, il compoſa
un livre intitulé *Imago virtutum*, qu'il dédia
à l'Infante Iſabelle-Claire-Eugénie, de laquelle
il avoit reçu une médaille d'or. Revenu dans
ſa Patrie, il entra dans le Conſeil de la Ville
de Dole au mois de juin 1631. Le Marquis
de Saint Martin lui confia, au mois de février
1638, la garde du Château de la Chaux,
pendant la durée du procès qu'on avoit ſuſcité
au Seigneur de la Charme qui en étoit Gouverneur. Il fut nommé, la même année, Surintendant des magaſins que le Roi formoit à
Pontarlier pour munir les Villes du Comté de
Bourgogne. Dom Diégo de Savédra, Ambaſ-
ſadeur de Sa Majeſté, l'envoya, au mois d'a-
vril 1639, à Saint Claude, & le revêtit de
la Charge de Commiſſaire Général des Troupes
qu'on y aſſembloit ; il accompagna enſuite ce
Seigneur aux quatre Diètes qui ſe tinrent à Lu-
cerne & à Bade.

Il avoit contracté alliance, le 20 de novembre 1632, avec Anne-Françoise de Blyes, fille & héritière de Nicolas de Blyes, Écuyer, Seigneur de Champagnole, & d'Anne de Dombale, de laquelle il eut,

Archives de M. de Mantry.

1°. Nicolas Bourrelier, qui releva le nom & les armes de sa mere. Il se signala dans les guerres des Pays-Bas, étant Cornette dans le Régiment du Commandeur de Villeneuve son oncle; il obtint dès lors une Compagnie de Cuirassiers, & mourut sans postérité.

2°. Jean-Claude Bourrelier, dit de Malpas, né à Fribourg en Suisse le 4 de juillet 1641. Il eut par le partage fait avec ses freres les Seigneuries de Mantry & de Mauffans. Il rendit d'importans services à Dom Francisco d'Alveda, Gouverneur du Comté de Bourgogne, qui le fit pourvoir par le Roi du Doyenné de l'Eglise Collégiale de Poligny. Il mourut en cette Ville le 13 d'août 1695. Il avoit été nommé par le Roi à une Charge de Conseiller-Clerc au Parlement de Franche-Comté.

Ibidem.

3°. Joseph-Ignace Bourrelier, dit de Malpas, né à Besançon le 2 de février 1643. Il fut Officier dans les Troupes du Roi aux Pays-Bas, & mourut dans le temps qu'il se proposoit d'aller continuer ses services en Espagne.

4°. Denis-François Bourrelier, dit de Malpas,

Chevalier de Malte , Commandeur de Sainte Anne en Bourbonnois. Il leva à ſes frais une Compagnie franche de cent hommes , avec laquelle il concourut à la défenſe de la Franche-Comté attaquée par Louis XIV. Il ſe trouva à Beſançon lorſque cette Ville fut aſſiégée ; il y fut fait priſonnier , & conduit au Château de Dijon. Cette Province ayant paſſé ſous l'obéiſſance de la France , il ſe retira à Malte , où il ſervit utilement la Religion.

5°. Hélène-Aymée Bourrelier , dite de Malpas , née à Orbe en Suiſſe le 27 de janvier 1639. Elle fut mariée à Jean Renard de Harding , Gentilhomme Flamand , Capitaine de Cuiraſſiers dans le Régiment du Baron d'Herbez. Elle mourut à Beſançon pendant que ſon mari étoit allé ſervir en Flandre , & y fut inhumée dans l'Égliſe des Cordeliers.

Archives de M. de Mantry.

VII. NICOLAS BOURRELIER , dit de Malpas , Écuyer , Seigneur dudit lieu , Mantry , Mauffans , &c. troiſième fils de Nicolas Bourrelier , dit de Malpas , & de Claudine Franchet , nâquit à Dole le 24 de décembre 1606: Il commença ſes études au Collége de cette Ville , & les finit dans celui de Louvain , ſous le fameux Profeſſeur *Puteanus*. Ayant fait ſon Droit dans la même Univerſité , il voyagea en France

& en Italie. Étant à Rome, il y mérita la protection du Cardinal Barberin, neveu & Nonce
du Pape Urbain VIII, qui le préfenta à ce Souverain Pontife : L'accueil favorable qu'il en reçut, l'engagea à compofer pendant fon féjour
en cette Ville un livre intitulé *Thiara pontifi-
calis*, qu'il dédia à ce Pape. Urbain VIII, touché du zéle que cet étranger témoignoit pour
fa gloire, voulut lui en marquer fa reconnoif-
fance d'une manière éclatante ; l'ayant vu un
jour de Confiftoire à la fuite du Cardinal Barberin, il lui envoya, en préfence de fa Cour,
une médaille d'or qui portoit d'un côté l'em-
preinte de fon effigie, & de l'autre la conférca-
tion de l'Églife de Saint Pierre. Nicolas Bourrelier, pénétré d'une fi grande faveur, fe profterna aux genoux de Sa Sainteté, qui lui donna
fa bénédiction, & lui fit dire par fon Chambrier
de voir le Cardinal Barberin, qui l'inftruiroit
de fes intentions. Il exécuta cet ordre avec promptitude ; mais quelle fut fa furprife, lorfque ce
Cardinal lui déclara que Sa Sainteté lui avoit com-
mandé de s'informer auprès de lui de ce qui lui
plairoit davantage, pour lui accorder cette grace !
Sa réponfe fut, qu'il étoit venu à Rome pour
y admirer la magnificence de la Cour de ce Souverain Pontife, & qu'ayant eu le bonheur de
le voir, & celui d'être comblé de fes dons, il

n'avoit plus rien à défirer. Enfin preffé de nouveau de faire connoître ce qu'il fouhaitoit, il
demanda un Autel privilégié pour fa Chapelle
de Quingey, ce qu'il obtint fur le champ ; avec
cette diftinction que le Pape exigea feulement
qu'on célébrât trois Meffes chaque jour dans
l'Églife où étoit cette Chapelle, exigeant, lorfqu'il accordoit de pareilles graces, la célébra-
tion de dix Meffes par jour, & ne s'étant jamais écarté de cet ufage depuis qu'il étoit fur
la Chaire de Saint Pierre qu'en faveur du Prince
de Pologne, qui n'avoit obtenu ce privilége
que fous la condition qu'on célébreroit chaque
jour cinq Meffes.

Nicolas Bourrelier paffa encore quelque temps
à Rome, pendant lequel il vifita ce qu'il y avoit
de plus curieux dans cette Ville & dans les maifons de campagne des principaux Seigneurs de
ce Pays ; il fit ces différens voyages dans le car-
roffe du Cardinal Barberin qui le protégeoit.
Le moment de fon départ étant arrivé, il alla
prendre congé du Pape, qui étoit au Palais de
Montecavallo ; il fe profterna une feconde fois
à fes genoux, & en obtint les Indulgences plé-
nières à l'heure de la mort pour douze perfonnes,
& deux mille Indulgences extraordinaires pour
en faire part à fa volonté. Il alla enfuite chez
le Cardinal Barberin, fon Protecteur, qui fit

tous ses efforts pour le retenir auprès de lui; n'ayant pu y réussir, il en conserva toujours le souvenir, & entretint avec lui un commerce de lettres qui dura jusqu'à sa mort, arrivée l'an 1681.

Revenu dans sa Patrie, Nicolas Bourrelier y fut choisi pour faire l'Oraison funébre de Clériadus de Vergy, Comte de Champlitte, Gouverneur du Comté de Bourgogne. Il fut nommé, l'an 1674, après la conquête de cette Province par Louis XIV, à une Charge de Conseiller au Parlement, qu'il refusa à cause de son grand âge & de ses infirmités. Il mourut étant revêtu de l'Office de Lieutenant du Baillif d'Aval au Siége de Salins. Il avoit épousé, par traité *Archives* passé à Dole le 15 d'octobre 1633, Clau- *de M. de* dine-Guyonne Cecile, fille de Noble Pierre Ce- *Mantry.* cile, & de Catherine Guillon. Cette Dame étant morte, il contracta une seconde alliance, le 24 de janvier 1654, avec Claudine-Françoise Patornay, fille de feu Noble Antoine Patornay, Grand-Juge de la Terre de Saint Claude, & de Rose Mathon. Du premier mariage nâquirent, 1°. Pierre-Claude Bourrelier, dit de Malpas, Protonotaire apostolique, Prévôt du Chapitre de Saint Maurice de Salins; 2°. Claude-Louis Bourrelier, dit de Malpas, Écuyer, mort en 1663; 3°. Nicolas Bourrelier, mort au berceau; 4°.

5°, 6° Claudine-Denise, Claudine-Guyonne &
Marie-Françoise Bourrelier, mortes jeunes; 7°,
8°, 9° Catherine, Isabelle & Susanne Bourrelier, Religieuses de la Visitation à Salins.

Les enfans du second lit furent, 1° Henry-
François, qui a continué la lignée; 2° Rose-
Françoise Bourrelier, épouse d'Eugéne Cecile,
Écuyer, Seigneur de Valdahon, Capitaine de
Cavalerie dans le Régiment de Belleporte; 3°
& 4° Jeanne & Marie-Agnés Bourrelier, mortes
sans alliance; 5° Nicolas Bourrelier, mort jeune;
6° & 7° Angelique & Anne-Geneviéve Bourrelier, Religieuses Tiercelines à Salins.

VIII. HENRY-FRANÇOIS BOURRELIER, dit de
Malpas, Comte de Mantry, fit ériger en Comté,
l'an 1716, les Terres de Mantry & Mauffans
Archives pour lui & ses descendans mâles. Il avoit épousé,
de M. de par contrat passé le 30 de janvier 1685,
Mantry. Anne-Marie Colombet, fille de feu Noble Antoine Colombet de Salins, & de Catherine Gai-
gnoire, de laquelle il eut François-Joseph, qui
suit.

IX. FRANÇOIS-JOSEPH BOURRELIER, dit de
Ibidem. Malpas, Comte de Mantry, a contracté alliance,
le 3 de novembre 1739, avec Jeanne-Clau-
dine de Saint Mauris, fille de feu Jean-Charles
de Saint Mauris, Seigneur de Verges, Chevalier

lier de Saint George au Comté de Bourgogne, & de Jeanne-Catherine de Varignolle. De ce mariage font iſſus Henry-Joſeph Bourrelier, dit de Malpas, né le 16 d'octobre 1742, reçu Page de Madame la Dauphine le 21 décembre 1756; & Charles-Xavier Bourrelier, dit de Malpas, né le 10 d'octobre 1745.

LES armes de cette Maiſon ſont d'azur à la face d'or, accompagnée de trois trefles d'argent, deux en chef & un en pointe : Supports, deux griffons d'or : Deviſe : *Loyal & gay.*

G

BOUTECHOUX.

L A Famille de Boutechoux, anciennement Botechoux ou Botechoz, originaire de Gray, & reçue dans les Collèges de Noblesse du Comté de Bourgogne, formoit sur la fin du 15ème. siécle trois Branches principales dont la seule qui subsiste se fixa à Salins vers l'an 1525, dans la Personne de Jean Boutechoux, Secrétaire de Philippe, I du Nom, Roi d'Espagne.

I. Il avoit pour troisième ascendant Jean Boutechoux, Bourgeois de Gray, mentionné dans le testament d'Humbelat Gauthiot de Gray de l'an 1415. Celui-ci fut pere de Jacques, qui suit.

Archives de l'Officialité de Besançon.

II. Jacques Boutechoux, Licencié en Loix, est dit fils de Jean Boutechoux dans son traité de mariage avec Guillemette Marmier, fille de feu Hugues Marmier, Bourgeois de Langres, passé à Arc devant Gray le mardi avant la Fête

Archives de M. de chavanne

de la Translation de Saint Mamés, l'an 1443, en préfence de Jean de Saint Mauris, Chanoine de Langres & de plufieurs autres témoins. Il fut Confeiller & Maître des Requêtes de l'Hôtel de Charles, Duc de Bourgogne, par Lettres-Patentes de ce Prince, datées à Bruges le 31 de janvier 1471, & prêta le ferment de fidélité pour cet Office entre les mains du Chancelier de Bourgogne le 9 de février de la même année. Il laiffa les enfans fuivans, 1°. Jacques, qui fuit; 2°. Jean Boutechoux, qui a fait branche; 3°. Nicolas Boutechoux, dont la poftérité n'eft pas connue; 4°. Simon Boutechoux, tige de la branche établie à Salins.

Archives de M. de Chavanne.

III. JACQUES BOUTECHOUX, II du Nom, Licencié en Loix, Seigneur de Ceffey & Batterans, Lieutenant Général du Baillif d'Amont, fut fait Confeiller du Confeil privé de l'Archiduc Philippe par Patentes du 26 de juillet 1500. Il fut témoin, la même année, du traité de mariage de Guy de Bauffremont, Chevalier, avec Catherine de Neufchatel. Il mourut le 23 d'avril 1504, & fut inhumé à l'entrée du Jubé des Freres Mineurs de Gray, où l'on voit fes armes & fon épitaphe conçue en ces termes:

Ibidem.

Arch. de la maifon de Bauffremont.

CY GIST *Noble Homme & fage M^re. Jacques* BOTECHOUZ, *Licencié ez Loix, & Lieutenant Général du Bailliage d'A-*

mont, Seigneur de Cessey & de Batterans, qui fit faire à ses frais le Jubé de l'Eglise de céans, & décéda le 23ème jour d'avril, l'an 1504. DIEU AYE SON AME.

Archives de M. de Chavanne
Il avoit épousé Antoinette Gauthiot, fille de Martin Gauthiot, Licencié en Loix, Bourgeois de Gray, de laquelle il eut,

1°. Guillaume, qui suit.

2°. Jacques Boutechoux, Seigneur de Leucour, Broye & Batterans en partie, Premier Avocat Général du Parlement de Dole, ensuite Ibidem. Président de celui d'Orange. Il testa l'an 1539, & institua héritiers les quatre fils de Guillaume Boutechoux son frere. Il fut inhumé, avec Charlotte Charvot sa femme, & Philiberte Boutechoux sa fille, dans l'Eglise des Freres Mineurs de Gray, sous une tombe élevée, sur laquelle on lit cette épitaphe :

CY GISENT Noble Sr. Mre. Jacques BOUTECHOUX, Docteur ez Droits, Seigneur de Leucour, Conseiller du Roi & son Premier Advocat au Parlement de Dole, aussi Président d'Orange, & Dalle. Charlotte CHARVOT sa femme, avec Philiberte leur fille, qui ont fondé en cette Chappelle ; savoir, led. Sr. trois Messes par sepmaines, le Dimanche du jour, le Lundi des Trespassés, & le Mercredy des Anges ; & lad. Dalle. quatre, le Mercredy de la Trinitey, le Jeudi du Saint Sacrement, le Vendredy des cinq Playes, avec la Passion à la fin de lad. Messe, & le Sambedy de Notre-Dame, & chacunes sepmaines à tel jour quel jour décéda vigiles, neuf pseaumes & neuf leçons, le lendemain une grande Messe de Requiem à Diacre & Sous-

diacre, à la fin desquelles vigiles & grande-Messe se diront les *Libera me* & suffrages communs. Aussi ont lesd. S^r & D^{lle} fondé un chacun jour à l'issue de la grande Messe du Couvent le *Miserere mei Deus*, avec les *Libera*, *Memento*, *De profundis* & Collecte des Trespassés, qui se diront en lad. Chappelle par les Religieux : Lesquels décédarent, savoir, led. S^r le huictième d'octobre 1538, & lad. D^{lle} le premier jour d'avril devant Pasques 1554. DIEU AYE LEURS AMES. Ainsi soit-il.

IV. NOBLE GUILLAUME BOUTECHOUX, Seigneur de Cessey, Apremont, Batterans en partie, Lieutenant Général du Baillif d'Amont au Siége de Gray, eut conjointément avec son frere une maison située en cette Ville, par le testament de Catherine Gaigier sa cousine, femme de Guillaume de Mailleroncour, Écuyer, Chatelain de Gy, de l'an 1497. Il eut, par le partage qu'il fit avec son frere le 5 de mai 1508, la Seigneurie d'Apremont, que son pere avoit acquise de Claude de Pontalier, Seigneur de Flagey, & celle de Cessey par un second partage fait le 23 de mai 1511. Il assista, l'an 1513, au traité de mariage de Jean Boutechoux son cousin, & d'Antoinette Marmier. Sa mort arriva l'an 1530. Il avoit été marié deux fois ; la première, avec Françoise Grenier, fille de Noble Homme Pierre Grenier, Citoyen de Besançon, & de Jeanne de Salives,

Archives de l'Officialité de Besançon.

Archives de M. de Chavanne

Archives de l'Officialité de Besançon.

Archives de l'Officialité de Besançon. la seconde, avec Isabeau Boutechoux, fille de Henry Boutechoux, Licencié en Loix, & de Barbe Charreton. Françoise Grenier le rendit pere de Jacques Boutechoux, Prêtre, Protonotaire apostolique. Ses enfans du second lit furent,

1° Jean Boutechoux, Écuyer, Seigneur de Cessey & Batterans en partie, qui vendit Archives de M. de Montfort. le dernier de juin de l'an 1555, avec ses freres ces Terres à Claude Boutechoux son cousin. Il eut une fille naturelle de Clauda Chevillet sa concubine, nommée Élisabeth, à laquelle il légua 200 livres.

2° Guillaume Boutechoux, qui a continué la postérité.

3° Claude Boutechoux, Seigneur de Mer- Archives de M. de Chavanne cey, qui mourut avant 1584, laissant deux filles, Jeanne & Élisabeth Boutechoux; cette derniere épousa Pierre Vauchard, Conseiller au Parlement de Dole.

4° Charlotte Boutechoux, femme de Jean Bonier de Chaucins, Licencié en Loix.

V. GUILLAUME BOUTECHOUX, Écuyer, Seigneur d'Apremont, Leucour, Cessey & Batterans en partie, eut d'une femme, dont le nom n'est pas connu, Étienne & Jean Boutechoux, Écuyers, morts jeunes; François Boutechoux, Religieux de l'Ordre de Citeaux, mort Curé d'Ancier ; Philiberte, & Claudine Boutechoux,

PREMIÈRE BRANCHE de la Famille de Boutechoux.

III. JEAN BOUTECHOUX, second fils de Jacques Boutechoux, Maître des Requêtes de l'Hôtel de Charles, Duc de Bourgogne, & de Guillemette Marmier, eut en partage les biens que son pere avoit à Gray. Il contracta alliance avec Claudine de Branchette, fille de Jean de Branchette, Écuyer. Il testa le 13 de juillet 1505, en présence de Pierre de Branchette, & de Claude de Saint Seigne, Écuyers, instituant héritiers les enfans suivans, 1°. Jean, qui a continué la lignée ; 2°. Pierre Boutechoux, Chanoine de la Haye en Hollande, & de la Chapelle royale du Château de Gray ; 3°. Nicole Boutechoux, femme de Noble Jean Hugon, Seigneur de Leulley ; 4°. Barbe Boutechoux, épouse de N... Baron de Biefle ; 5°. Adrienne Boutechoux, mariée, par contrat passé à Dole au mois de décembre 1513, à Noble Jean Sauget, fils de Noble Homme Denisot Sauget, & de Claudine Hugon.

Archives de M. de Montfort.

IV. JEAN BOUTECHOUX fut fait Secrétaire d'État de Philippe I, Roi d'Espagne, par Lettres-Patentes datées à Anvers le 3 d'octobre 1505. Il exerça les mêmes fonctions auprès

Archives de M. de Chavanne

Ibidem.

de l'Empereur Maximilien en 1511, après avoir rempli dès l'an 1508 celles de Greffier du Grand Conseil de ce Prince, qui lui fit don, le 25 de janvier de la même année, du droit d'essouage dans ses forêts de Gray, Velesmes, Vellecombe & Apremont. L'Archiduchesse Marguerite l'établit, le 28 de mai 1513, Juge régale en la Cité de Besançon. Ce fut lui qui le premier quitta les armes anciennes de sa Famille, pour prendre celles de sa mere, qui étoient d'or à trois batons noueux tronçonnés de fable, au chef d'azur. Il épousa Antoinette Marmier, fille de Mamès Marmier, Écuyer, Seigneur d'Eschevanne, & de Jeanne Prevot, par traité passé à Gray le 12 de janvier 1513, en présence de Jean Marmier, Abbé de Corneul ; Hugues Marmier, Seigneur de Gastey ; Antoine de Salives, Seigneur de Betoncour ; Claude Marmier ; Guillaume Boutechoux, Seigneur d'Apremont, & Jacques Boutechoux, Seigneur de Batterans. De ce mariage naquirent, 1°. Claude, qui suit ; 2°. Hugues, qui a fait branche.

V. CLAUDE BOUTECHOUX, Seigneur de Cessey, Mercey & Batterans, fut nommé par Philippe II, Roi d'Espagne, le 13 de janvier 1561, à la Charge d'Avocat Général au Parlement de Dole ;

Archives de M. de Chavanne

Ibidem.

Ibidem.

Dole, vacante par la promotion de Fernand Seguin; il l'exerça neuf ans, après lesquels il eut l'Emploi de Conseiller qui vaquoit par la mort de Pierre Vauchard : les Patentes lui en furent données par le même Prince le dernier de juillet 1570. Il succéda, le 13 d'octobre 1575, dans la Présidence de ce Parlement à Pierre Froissard, Seigneur de Broissia. Il obtint, le 12 de décembre 1584, une pension annuelle de 600 frans du Roi d'Espagne en considération des services qu'il lui avoit rendus, & de ceux de ses Prédécesseurs, depuis le temps de Philippe le Bon; cette pension passa après sa mort à sa veuve. Claude Boutechoux testa le 8 de février 1592, & fut inhumé dans l'Église des Cordeliers de Gray, dans le tombeau de sa Famille. Il avoit épousé, par contrat passé à Dole le premier de janvier 1548, Charlotte de Vandenesse, fille de Jean de Vandenesse, Écuyer, Controlleur de la Maison de l'Empereur, & Chatelain de Gray, & de Catherine Cothier. Elle le rendit pere,

1º D'Antoine, qui suit.

2º De Louis Boutechoux, Abbé des trois Rois, qui fut chargé par les États généraux du Comté de Bourgogne de plusieurs commissions importantes. Il mourut en son Abbaye, où l'on voit sa sépulture, sur laquelle

Archives de M. de Chavanne

Ibidem.

Ibidem.

Recès des États du Comté de Bourgogne.

H

il eſt repréſenté avec ſes habits pontificaux. Les armes de ſes quatre lignes ſont ſur ſon tombeau.

3°. De Jeanne Boutechoux, mariée, par contrat paſſé à Gray le 24 de ſeptembre 1579, à Claude de Montfort, Écuyer, Seigneur dud. lieu, Velleguindry & Villerſchemin en partie, en préſence de François de Vergy, Comte de Champlitte, Gouverneur du Comté de Bourgogne; de Henry de Vienne, Baron de Chevreau; Louis Boutechoux, Abbé des Trois Rois; Gaſpard de Mont Saint Ligier, Écuyer, Seigneur dudit lieu, frere utérin de Claude de Montfort; Jean Marmier, Chevalier, Seigneur de Gaſtey; Jean Tricornot, & Adrien Thomaſſin, Seigneur de Mercey. Ce Gentilhomme fut employé fort utilement par Charles-Emmanuel, Duc de Savoye, ſous l'obéiſſance duquel il fit rentrer les Villes de Thonon & de Gex. Députe de ce Prince en Eſpagne, dans les Pays-Bas, & vers le Duc de Wirtemberg, il réuſſit dans toutes les négociations qui lui furent confiées. Revenu dans ſa Patrie, il fut fait Commiſſaire Général des Guerres au Comté de Bourgogne, & envoyé par le Parlement & les États de cette Province auprès de l'Archiduc Albert, pour lui repréſenter les atteintes qu'on portoit chaque jour aux immunités de ce Pays. Il teſta à Dole le 7 de novembre 1606, & fut inhumé en l'Églife Collégiale de Ray : On grava ce Sonnet à fa louange fur fon tombeau :

Si les Sœurs filandrières ouvrent en tout tems la porte,
Ce n'eft en ce reffort ouvrage trop nouveaux ;
Selles efteignent auffitôt le lumineux flambeaux
Ou les pompeux trophées d'une perfonne morte.

Mais hélas ! c'eft malheur quand d'une main trop forte
La mort en confommant d'un corps tout le plus beaux,
Sous le trifte féjour d'un funebre tombeaux,
Laiffe en oubly la gloire & la mémoire emporte.

O Filles de la nuit ! de mon corps inhumé
Vous humez le relief en poudre confumé,
Votre appétit gourmand toutefois encor n'hume,

Pour fe faouler du tout, que la chair & les os ;
Car mon ame eft au Ciel ; mon nom, mes armes & loz
Prendront carrière égale à ce petit volume.

Jeanne Boutechoux, époufe de Claude de Montfort, fit fon teftament à Befançon le 5 de février 1621, par lequel elle inftitua héritier Claude-Réné de Montfort fon fils. *Archives de M. de Montfort*

4° D'Antoinette Boutechoux, femme de Nicolas Vauchard, Confeiller au Parlement de Dole.

5° D'Anne-Reine Boutechoux, alliée à François de Marenches, Grand-Juge pour le Roi en la Cité de Befançon.

6º· De Claudine-Françoise Boutechoux, mariée, par traité du 21 de novembre 1588, à Jean de Chaucins, Seigneur de Chavanne.

VI. Antoine Boutechoux, Chevalier, Seigneur de Batterans, Cessey, Choisey, &c. quitta les lettres que ses Prédécesseurs avoient suivies, pour embrasser la profession des armes, dans laquelle il acquit une grande réputation. Il servit quinze ans sous le commandement de Dom Jean d'Autriche, & deux ans sous Aléxandre Farnése. Il se trouva aux Batailles de Gemblours, Rossendal & Stenberg, à la prise de Louvain, aux Siéges de Bergh, Gam, Anvers & Saint Vinocq ; étant à ce dernier, il combattit contre un Capitaine François, qui défioit tous les Officiers du Camp Espagnol, & en demeura victorieux : Ces faits sont détaillés *Archives de M. de Montfort.* dans les Lettres-Patentes de Chevalerie qui lui furent accordées par Philippe II, Roi d'Espagne, en récompense de ses services, & qui sont datées de Madrid le 8 de juin 1590. Ce Prince lui donna encore des marques de sa protection, en le nommant Capitaine d'une Compagnie de Lances entretenue pour son service, en le mettant au nombre des Gentilshommes de sa Maison, & en lui confiant, le 3 de février 1596, le gouvernement de ses Châteaux de Saint Asne,

Montmahou & Chalamont. L'Archiduc Albert lui donna, l'an 1607, une pension annuelle de mille frans en considération de la victoire qu'il avoit remportée sur le Capitaine François, de ce qu'il s'étoit signalé à la tête d'une Compagnie de 82 Cuirassiers au Siége de Rhimberg, de ce qu'il avoit été cause de la prise du Comte de Fleix, & de ce qu'il avoit secouru Gronloo avec quatre Escadrons qu'il commandoit; il le mit aussi dans son Conseil de guerre par Lettres datées à Bruxelles le 1er d'avril 1619. Antoine Boutechoux mourut sans alliance, & fut inhumé en l'Abbaye des Trois Rois auprès de son frere, sous une honorable sépulture, sur laquelle ses quatre lignes sont gravées, qui sont pour les paternelles, BOUTECHOUX & MARMIER; & pour les maternelles, VANDENESSE & COTHIER.

SECONDE BRANCHE de la Famille de Boutechoux.

V. HUGUES BOUTECHOUX, second fils de Jean, & d'Antoinette Marmier, fut institué par Philippe II, Roi d'Espagne, Grand-Juge de la Cité de Besançon, par Lettres-Patentes du 2 de mars 1560. Il fut nommé Conseiller & Maître des Requêtes du Conseil privé de ce Prince pour les affaires de Bourgogne, le 28 de juin 1578. Il eut de son mariage avec

Archives de M. de Chavanne

Ibidem

Louise Le Veau, fille de Quentin Le Veau, Conseiller, Maître des Requêtes de l'Hôtel de l'Empereur Charles V, & d'Étiennette de Chaſſagne, 1°. Claude, qui a continué la lignée; 2°. Aymé Boutechoux, qui fut pendant huit ans Chapelain & Prédicateur de Dom Jean d'Autriche; il fut pourvu, le premier d'avril 1587, du Doyenné de l'Église de Dole, & le 6 d'avril 1602, d'une Charge de Conseiller Clerc au Parlement de cette Ville; 3°. Antoinette Boutechoux, femme de Noble Jean Guyot de Maiches.

Archives de M. de Chavanne

VI. CLAUDE BOUTECHOUX, Écuyer, ſervit en Flandre dans l'Armée du Roi d'Eſpagne en qualité de Gendarme de la Compagnie du Seigneur de Chiſſey; il en fut fait peu de temps après Lieutenant. Étant revenu en Bourgogne, il fut pourvu de l'Emploi de Capitaine-Enſeigne des Troupes du Roi dans la Ville de Gray, & enſuite de celui de Lieutenant-Gouverneur de la même Ville. Il épouſa Marie de Vandeneſſe, fille de Jacques de Vandeneſſe, Seigneur de Nazareth, Aide de Chambre du Roi d'Eſpagne, & Tréſorier de ſes épargnes, & de Philippote de Grimtere, de laquelle il eut, 1°. Marc-Antoine Boutechoux, qui ſuit; 2°. Claude Boutechoux, Chanoine de Beſançon; 3°, 4°,

Ibidem.

5°. Marie, Paul & Jeanne Boutechoux ; 6°. Jean Boutechoux, Prévôt de la Chapelle royale du Château de Gray. Les États du Comté de Bourgogne le députerent plusieurs fois auprès du Gouverneur & du Parlement de cette Province, pour y traiter avec eux de ce qui concernoit la neutralité de ce Pays ; il fut aussi nommé par la Chambre de l'Église Président des neuf Personnes qu'elle avoit choisies pour faire des réglemens tendans au bien des États généraux.

Retès des États du Comté de Bourgogne

VII. MARC-ANTOINE BOUTECHOUX, Écuyer, suivit les armes, à l'exemple de son pere, & se trouva dans les guerres du Piémont. Ayant été fait Lieutenant-Gouverneur de la Ville de Gray, il eut commission, l'an 1627, du Comte de Champlitte, Gouverneur du Comté de Bourgogne, de faire mettre aux arrêts le Baron de Scey & le Seigneur de Tramelay, qui vouloient terminer par un combat particulier le différend qu'ils avoient ensemble. Il avoit contracté alliance avec Françoise Buson, fille du Seigneur d'Auxon : Elle le rendit pere, 1°. de Claude-Antoine Boutechoux, mort dans les Pays-Bas étant Cornette de Cavalerie ; 2°. de Jean-Claude Boutechoux, Capitaine d'une Compagnie d'Infanterie Vallonne dans le Terce du Baron d'Arkens, par brevet de Léopold, Archi-

Archives de M. de Chavanne

Ibidem.

duc d'Autriche, du 7 de mai 1656. Il mourut
sans postérité; 3°. d'Oudette Boutechoux,
femme de Maximilien Roz, Écuyer, Capitaine-
Enseigne de la Garnison de la Ville de Gray;
4°. d'Emmanuelle Boutechoux, morte jeune.

TROISIÈME BRANCHE de la Famille de Boutechoux.

III. SIMON BOUTECHOUX, quatrième
fils de Jacques Boutechoux, & de Guillemette

Marmier, fut un des héritiers institués par le
testament de Catherine Gaigier sa niéce, femme
de Guillaume de Mailleroncour, Écuyer, Chatelain de Gy, du 17 de mars 1497. Il s'é-
tablit à Besançon par le mariage qu'il y con-

tracta avec Parise l'Espard, fille de Jean l'Espard de Tichey, Citoyen de Besançon, & de
Jeannette Rouhier. Il rappelle Jacques Boutechoux son pere, Licencié en Loix, dans une

quittance d'une somme de 200 frans qu'il donna
le 22 d'août 1491 à Noble Homme Jean
d'Azu, Licencié en Loix, qui l'avoit promise
à son épouse. Jean d'Azu en avoit épousé la
mere en secondes nôces; n'en ayant point eu
d'enfans, il disposa de ses biens, le 7 de mai

1491, en faveur de Parise & Catherine l'Espard, filles nées du premier mariage de sa femme.
Simon Boutechoux mourut à Besançon, & fut
inhumé dans l'Église de Saint Maurice de cette
Ville : Il laissa les enfans suivans.　　　1°.

1°. Jean, qui a continué la postérité.

2°. Antoinette Boutechoux, femme de Noble Claude Despotots, Citoyen de Besançon. Elle mourut en cette Ville le 2 de novembre 1547, & y fut inhumée dans l'Église des Cordeliers, où on lit cette épitaphe, qui est sans date :

CY GIST Noble Homme Claude DESPOUTOTZ, & Damoiselle Antoinette BOTECHOUX sa femme.

3°. Catherine Boutechoux, épouse de Noble Homme & sage Humbert Jantet, Docteur ès Droits, Conseiller de l'Empereur, & Juge de la Régalie de Besançon. *Archives de M. de Chavanne*

IV. Noble Jean Boutechoux eut pour parrein Jean d'Azu, second mari de son ayeule maternelle, qui, par son testament de l'an 1491, ci-devant cité, lui fit un legs de cent frans. Jean Boutechoux y est appellé Jean d'Azu, peut-être par une disposition secrette du testateur, qui étant fils unique d'Huguenin d'Azu, Écuyer, & de Jeannette d'Alanjoye, voulut perpétuer dans le fils de Simon Boutechoux le nom de sa Famille dont il étoit le dernier mâle.

Jean Boutechoux fut fait Secrétaire de Charles, Roi d'Espagne, par Lettres-Patentes datées à Middelbourg en Zélande le 14 de juillet 1517. *Ibidem.*

I

il fut auffi Receveur du partage de Chalon dans les Salines de Salins. Il fut marié deux fois ; fon premier mariage fut célébré en l'Églife de Saint Anatoile de Salins, le 13 de novembre 1526, avec Claudine de Vers, fille de Noble Hugues de Vers, & de Marguerite de Noféroy. Cette femme étant morte fans enfans, le 6 de juillet de l'année fuivante, il paffa à

Archives de M. de Chavanne

de fecondes nôces, le 7 de janvier 1527, avec Antoinette d'Anvers, fille de Noble Homme Denis d'Anvers, co-Gouverneur de Befançon, & de Marguerite Grenier, & niéce de Jean d'Anvers, Chanoine de Befançon, & Évêque de Salonne. Il mourut à Salins *ab inteftat*, le 5 de janvier 1548, & y fut inhumé dans l'Églife de Saint Anatoile. Antoinette d'Anvers fa veuve mourut le 15 de novembre 1558 : Elle le rendit pere,

1°. De Louis, qui fuit.

2°. De Parife Boutechoux, née le 19 de

Ibidem.

feptembre 1530, mariée, le 12 de mars 1559, à Noble Homme Thomas Sonnet de Vefoul, Docteur ès Droits, par traité paffé à Vefoul, en préfence de Louis Boutechoux, Écuyer, fon frere ; de Nobles Hommes & fages Claude Sonnet, Seigneur à Auxon, Lieutenant Général du Baillif d'Amont, François Terrier, Humbert Jantet, Simon d'Anvers, Docteurs ès Droits, & Louis d'Anvers, Seigneur de Moncey. De ce mariage naquit une fille unique, alliée à Claude Martin, Docteur ès Droits.

3°. De Marguerite Boutechoux, née le 3 de mars 1531, mariée à Noble Jean Maref- *Archives* chal le jeune, Citoyen de Besançon. *de M. de* *Chavanne*

4°, 5°. De Barbe Boutechoux, née le 14 d'août 1534; d'Anne Boutechoux, née le 10 d'octobre 1535, mortes sans alliance.

6°. De Jean Boutechoux, Écuyer, né le 27 de février 1537. Il testa, conjointement *Ibidem.* avec Louis son frere aîné, en la Ville de Bru- xelles, le 25 d'août 1556, & mourut en Flandre sans alliance.

7°. D'Alix Boutechoux, née le 10 de juillet 1541, morte la même année.

8°. De Chrétienne Boutechoux, née le 25 de novembre 1543, morte l'année suivante.

9°. De Jacques Boutechoux, né le 20 de février 1545, mort la même année.

10°. De Simon Boutechoux, né le 2 de septembre 1547, mort sans postérité.

11°. De Pierre Boutechoux, né le 28 de juillet 1548, mort le même jour.

Jean Boutechoux eut encore une fille natu- relle nommée Simonne, mariée à Jean de Wury de Salins; elle fut légataire d'une somme de dix frans dans le teſtament conjoint de Louis & Jean Boutechoux ſes freres, de l'an 1556.

V. LOUIS BOUTECHOUX, Écuyer, né le 16 de mars 1528, voyagea en Flandre pendant ſa jeuneſſe ; il étoit en la Ville de Bruxelles, le 25 d'août 1556, avec Jean ſon frere ; ils y teſterent conjointément, en préſence de Nicolas du Chatelet, Jean de Ronchaux, Antoine Sarron, Penſionnaire de Sa Majeſté, Pierre Farod de Salins, & Jean Poly de Meneſtru ; léguerent l'uſufruit de leurs biens à Antoinette d'Anvers leur mere, cinquante frans à chacune de leurs trois ſœurs, Pariſe, Marguerite & Barbe Boutechoux, & s'inſtituerent réciproquément héritiers. Louis Boutechoux, revenu dans le Comté de Bourgogne, y exerça l'Office de Controlleur de la grande Saline de Salins, & fut admis dans le Conſeil de cette Ville. Il épouſa, par traité paſſé à Dole le 4 d'octobre 1558, Claudine Colin, fille de Noble Homme Henry Colin, Premier Conſeiller & Vice-Préſident du Parlement de Dole, & de Nicole de Vers. Il mourut le 28 de ſeptembre 1585. Claudine Colin ſon épouſe étoit morte le 3 de décembre 1569 : Il en eut les enfans ſuivans,

1°. Nicole Boutechoux, née le 14 de mai 1559, morte le 16 du même mois.

Archives de M. de Chavanne

Ibidem.

2.º Henry, qui a continué la lignée.

3º Susanne Boutechoux, née le 7 de février 1561, mariée à Jean Cecile le vieil, *Sur original.* fils de Poncet Cecile, & de Jeanne Nouveau, par traité du 25 février 1582, passé en présence de Claude Nouveau, Écuyer; de Pierre & Jacques Bancenel.

4º Louis Boutechoux, Écuyer, né le 21 de juin 1563. Il servit sept ans le Duc de Savoye, en qualité de Cornette de Cavalerie, dans la Compagnie du Baron de Watteville. Ayant passé ensuite dans les Pays-Bas, il y fut Capitaine de Cavalerie. Il entra, en 1605, *Archives de M. de chavanne* comme Gentilhomme dans la Maison de Philippe-Guillaume de Nassau, Prince d'Orange, qui l'envoya avec François d'Arsens à la Cour de France, pour demander en mariage Léonore de Bourbon, qui fut accordée à ce Prince. Louis Boutechoux revint au Comté de Bourgogne en 1608, avec la promesse de remplacer le premier des Capitaines des Châteaux de Saint Asne, Arguel ou Bletterans, dont la mort laisseroit cet Emploi vacant; il mourut à Besançon, le 10 de février 1630, sans avoir pu obtenir ce qui lui avoit été promis. Il fut inhumé en l'Église des Dominicains de cette Ville, sous une tombe sur laquelle on voit ses armes timbrées d'un bras naissant, tenant deux palmes;

aux quatre coins de la tombe font fes quatre
quartiers, qui font Boutechoux & Anvers
pour les paternels, Colin & Vers pour les maternels; au milieu eft une cartouche relevée en
pierre, dans laquelle on lit cette épitaphe:

*Cy gist Noble Sr· Louis Boutechoux de Salins, Efcuyer,
qui trépaffa le 10 de février 1630.* Dieu aye son ame.

*Archives
de M. de
Chavanne*
Il avoit fait fon teftament le 10 d'octobre
1619, par lequel il avoit choifi fa fépulture
en l'Églife de Saint Anatoile de Salins dans le
tombeau de fes ancêtres, & avoit inftitué héritier François Boutechoux fon neveu.

5°. Anne Boutechoux, née le 13 de feptembre 1565, mariée à Pierre Pochard de Pontarlier, morte en 1600.

6°. Sidrac Boutechoux l'aîné, né le premier
de novembre 1566, mort jeune.

7°. Jerôme Boutechoux, né le pénultième
de février 1567. Il fut Chanoine régulier de
Saint Auguftin, & Prieur de Lantenans.

8°. Sidrac Boutechoux le jeune, né en 1569.
Il fut Chanoine & Veftiaire en l'Abbaye de St.
Paul de Befançon, & Prieur de Dannemarie.

VI. Henry Boutechoux, Écuyer, Seigneur
de Chavanne, né le 5 de février 1560, re-
Ibidem.
prit en fief de Sa Majefté, le 22 de décembre
1586, entre les mains du Comte de Cham-

CY GIT NOBLE Ŝ LOUIS BOUTECHOU
DE SALINS ESCUYER QUI
TREPASSA LE 10 FEBVRIER
1630 DIEU AYE SON AME

plitte , Gouverneur du Comté de Bourgogne , dix charges de sel qu'il avoit acquises d'Antoine de Faletans, Écuyer. Il comparut , le 9 de juillet 1589 , à l'arrière-ban convoqué par Jean de Bauffremont , Grand Baillif & Colonel d'Aval. Il épousa , par traité du 14 de septembre 1586 , Danielle Girardot, fille de Noble Guyenet Girardot de Salins , & d'Étiennette Alepy , de laquelle il eut ,

Archives
de M. de
Chavanne

1°. Guyenet Boutechoux , né le 24 de juin 1587 , mort âgé de trois ans.

2°. Nithier-François Boutechoux , né le 3 de juillet 1592 , mort sans alliance.

3°. Jean Boutechoux , né le 8 de novembre 1594. Il fut Coadjuteur du Prieuré de Lantenans , & mourut d'hydropisie le 29 de novembre 1630 ; il est inhumé en l'Église de Saint Paul de Besançon.

4°. Louise Boutechoux , née le 3 de septembre 1596.

5°. Philiberte Boutechoux , née le 4 de juillet 1599. Elle fut mariée à Antoine Bouton de Chamblay , Lieutenant Général au Bailliage de Salins , ensuite Conseiller au Parlement de Dole.

6°. François , qui a continué la lignée.

7°. Guillaume Boutechoux , né le 30 de septembre 1603. Il fut Chanoine de Saint Anatoile de Salins, Prieur de Saint Étienne de

Pontarlier & de Lantenans. Il mourut en 1668, & fut inhumé en l'Église de Saint Paul de Besançon.

8°. Susanne Boutechoux, née le 30 d'avril 1606.

VII. FRANÇOIS BOUTECHOUX, Écuyer, Seigneur de Chavanne, né le 20 de juin 1601, *Archives de M. de Chavanne* fut institué héritier par le testament de Louis Boutechoux, Écuyer, son oncle, de l'an 1619. Il fut convoqué aux États du Comté de Bourgogne *Ibidem.* en 1625 & 1654. Il contracta alliance, le 9 de septembre 1630, avec Marguerite de Vers, fille de feu François Merceret, dit de Vers, Écuyer, Seigneur de Vaudrey, Montmarlon, &c. & d'Antoinette Huot. Il mourut à Dole le 6 de décembre 1656, laissant les enfans suivans,

1°. Antoinette Boutechoux, née le 11 de mai 1632, mariée, par contrat de l'an 1655, à Noble Antoine Mareschal, Seigneur d'Audeux, co-Gouverneur de Besançon.

2°. Guillaume Boutechoux, né le 8 de novembre 1633. Il succéda à Guillaume Boutechoux son oncle dans son Canonicat de St. Anatoile, & dans ses Prieurés de Saint Étienne de Pontarlier & de Lantenans. Il mourut en ce dernier le 29 de novembre 1712, & y fut inhumé.

3°.

3°. François Boutechoux , Écuyer , né le 30 d'octobre 1635 , mort sans alliance à Lantenans en 1657.

4°. Danielle Boutechoux , Religieuse Ursuline à Salins , née le 21 de janvier 1637.

5°. Jerôme Boutechoux , qui a continué la postérité.

6°. Claude-Philippe Boutechoux , né le 27 de mars 1643 , mort jeune.

VIII. JERÔME BOUTECHOUX , Écuyer , né le 2 de mai 1638 , épousa, le 13 de septembre 1660 , Jeanne La Pie , fille de feu Noble George La Pie de Salins , Seigneur de Cramant, & d'Éléonore de La Vigne. Il fut convoqué aux États du Comté de Bourgogne en 1656 , 1658 & 1662. Il eut de son mariage, *Archives de M. de Chavanne*

1°. Guillaume Boutechoux , né le 27 de décembre 1662. Il fut Chanoine de Besançon en 1687 , Prieur de Lantenans , & mourut le 24 d'août 1737.

2°, 3°, 4°, 5°, 6°. Antoine-Philibert , Louise , Nicolas-Antoine , François & Vincent-Joseph Boutechoux , morts jeunes.

7°. Claudine-Marie Boutechoux , Religieuse Tierceline.

8° & 9°. Marguerite-Françoise & Jacqueline Boutechoux , mortes sans alliance.

K

10°. Jeanne-Théréfe Boutechoux, née le 5 d'octobre 1680, mariée en 1705 à Guillaume-Jofeph Bancenel, Écuyer, Seigneur de Myon.

11°. Charles-Guerard Boutechoux, qui a continué la poftérité.

12°. Marie-Hipolite Boutechoux, née le 3 de mars 1684, mariée en 1717 à Jacques-François Pourtier, Écuyer, Seigneur d'Aiglepierre, Capitaine au Régiment de la Serre.

Archives de M. de Chavanne

IX. CHARLES-GUERARD BOUTECHOUX, Écuyer, Seigneur de Chavanne & Vilette, né au mois de décembre 1682, a époufé, par contrat du 2 de février 1712, Magdeleine de Montrichard, fille d'Edme-Adrien de Montrichard, Chevalier, Seigneur de Fertans, Colans, &c. & de Gabrielle de Bar. De cette alliance font nés,

1°. Jeanne-Claudine-Gabrielle Boutechoux, mariée à N... Soüet, Directeur des Salines de Salins.

2°. Marguerite-Françoife Boutechoux, Religieufe en l'Abbaye de Lons-le-Saunier.

3°. Gabrielle Boutechoux, morte jeune.

4°. Guillaume-Éléonor Boutechoux, Prieur de Lantenans, Chanoine de l'Églife Métropolitaine de Befançon, dans laquelle il a été reçu comme Gentilhomme.

5°. Marie-Éléonore Boutechoux, morte jeune.

6°. Susanne-Françoise Boutechoux, Religieuse en l'Abbaye de Lons-le-Saunier.

7°. Jerôme-François-Éléonor Boutechoux, qui suit.

8°. & 9°. Deux fils, morts jeunes.

10°. Henriette-Gabrielle Boutechoux.

X. JERÔME-FRANÇOIS-ÉLÉONOR BOUTECHOUX, Écuyer, Seigneur de Vilette & Chavanne, né le 22 de mai 1720, a épousé, par contrat passé au Château du Pont d'Ain le 5 de février 1755, Henriette-Silvie de Grosslier, fille d'Antoine-Philibert, Marquis de Grosslier & de Treffort, & de Claude-Gabrielle de Colbert de Villasser. Il a été reçu en la Confrérie de Saint George en l'assemblée générale du mois d'avril 1757. *Archives de M. de Chavanne*

La Famille de Boutechoux porte pour armes coupé d'argent & d'azur, l'argent chargé de trois losanges de gueules mises en face, & l'azur d'un soleil d'or sans visage, timbré d'une main tenant deux palmes.

BRACON. Le Nom de cette Maison, qui étoit d'une ancienne Noblesse, paroit venir du

Château de Bracon, qui étoit le lieu de la ré-
fidence des Seigneurs du Bourg deffus de Salins,
& dans l'enceinte duquel cette Maifon pouvoit
avoir poffédé un fief.

Archives de ladite Abbaye.
I. JEAN DE BRACON fit hommage, l'an 1 2 8 2,
à l'Abbé de Mont Sainte Marie du cens annuel
de cent fols qu'il devoit à cette Abbaye. Il
fut pere fuivant le temps de Huguenin qui fuit.

Archives de l'Offi-cialité de Befançon.
I I. HUGUENIN DE BRACON, Damoifeau, Chatelain de Dole pour le Comte de Bourgogne,
tefta l'an 1 3 3 2 ; élut fa fépulture en l'Églife
de Saint Anatoile de Salins, où fes pere & mere
avoient été inhumés, au cas qu'il fût furpris
de la mort en cette Ville, ou dans l'Églife
de Dole, auprès de Bonete fa première femme,
s'il décédoit dans ce dernier lieu ; inftitua héritiers Jean de Bracon fon fils, & les autres
enfans qu'il pourroit avoir dans la fuite d'Agnés
de Bracon fon époufe ; chargea de l'accompliffement de fes volontés Jean Morel, Étevenin
Ruillard fon neveu, & Odin de Bracon fon beau-
frere.

Ibidem.
I I I. JEAN DE BRACON, Damoifeau, eut un
legs dans le teftament d'Étevenin Ruillard fon
coufin, de l'an 1 3 3 9. Il fut pere de Hugues,
qui fuit, & de Guillaume, Chanoine de Befançon,
& Prévôt de Saint Anatoile de Salins.

IV. HUGUES DE BRACON, Chevalier, surnommé Perceval, fut l'un des héritiers de Jacques de Monnet, Damoiseau, l'an 1361. Il eut pour fils, 1°. Guillaume, qui suit ; 2°. Perrin, pere de Jeanne de Bracon, femme de Jean de Chavirey de Salins ; 3°. Colombe, alliée à Guillaume Mareschal de Salins, Damoiseau.

Archives de l'Officialité de Besançon.

V. GUILLAUME DE BRACON, Damoiseau, testa le 3 de mai 1396, étant prêt à suivre le Comte de Nevers dans son expédition de Hongrie. Il eut de Huguenette son épouse, fille de Humbert de Pupillins, Antoine, qui suit.

Ibidem.

VI. ANTOINE DE BRACON, Écuyer, prit le surnom de Simard, & fut Chatelain de Bracon. Il contracta alliance avec Claudine de Chenecey, fille d'Étienne de Chenecey de Salins, Licencié en Loix, & de Renaude de l'Aule, de laquelle il eut Étiennette, héritière, en 1428, de Jean de Chenecey son oncle. Il paroît qu'elle épousa Jacques Guillemin, Écuyer, Conseiller de Charles, Duc de Bourgogne, & Lieutenant du Pardessus des Salines de Salins, & qu'elle eut pour fils Jean Guillemin, Seigneur de Montilly & Montvernoy, Maître Moutier dans les Salines de Salins, qui releva le nom de Bracon. Il contracta alliance, avant l'an 1532, avec Denise de Chassagne, & testa le 17 de février

Ibidem.

Ibidem.

Archives de Mr. Drouin de Chassagne.

1576; institua héritiers François Guillemin,

dit de Bracon, Protonotaire apostolique, Chanoine de Besançon, Claudine, femme de Philippe de Sagey, Antoinette, femme de Guillaume Marchant, Écuyer, Nicole & Guillemette de Bracon ses enfans.

Les titres font mention de plusieurs autres Gentilshommes de la Maison de Bracon. Jac-

ques de Bracon, Chevalier, testa le 20 de septembre 1354; choisit sa sépulture en l'Église de Saint Anatoile; légua ses meubles à Alix son épouse; institua héritiers Anselmette du Say, femme de Jean Broignenet, Jacques & Alix, enfans de Humbert de Monnet, & Jeannette, fille de Catherine de Thisy. Guy de Bracon,

Chevalier, fut exécuteur des dernières dispositions de Jean de Chancey, Damoiseau, en 1357.

Pierre de Bran, Damoiseau, institua héritière Jeannette sa niéce, fille de Perrenet de Bracon, demeurant à Chaucins, par son testament de l'an 1374. Perrin de Bracon, Chevalier, fut pere de Jeanne, mariée dans le 15ème. siécle à Jean de Chavirey.

BRETON. Les chartres fournissent peu d'éclaircissemens sur cette Maison, qui demeuroit à Salins dans les 13 & 14èmes. siécles.

GUILLAUME BRETON de Salins , Chevalier, entra , l'an 1 2 6 3 , dans l'hommage de Laure de Commercy , Comtesse de Bourgogne , par les ordres de Jean , Comte de Chalon. Guy Breton , Damoiseau, testa l'an 1 3 3 0 ; élut sa sépulture en l'Église de l'Abbaye de Gouaille , dans la Chapelle de Notre-Dame ; ordonna que les corps de ses pere , ayeul & bisayeul, de Vauthier & Henry Breton ses oncles, inhumés dans le Cloître de cette Abbaye , fussent transportés dans son tombeau ; légua à Guillaume Breton son frere dix livres , à Guillaume & Huguenette , ses enfans naturels , la jouissance de quelques vignes ; institua héritier Guy de Montron , Damoiseau , son parent , fils d'Aymé de Montron , Chevalier, & lui substitua à défaut de postérité les fils de Henry de Chaffoy , Damoiseau , son parent. Guillaume Breton , Chevalier, frere de Guy, eut pour fille Guyette , qui disposa de ses biens , au mois de novembre 1 3 3 6 , en faveur de Roland Bauduin son allié.

Arch. de la Maison de Chalon

Archives de l'Officialité de Besançon.

Ibidem.

CECILE. Cette Famille , originaire de la Terre de Frasné en montagne , s'établit à Salins dans le 16ème siécle. Poncet Cecile y exerçoit, en 1 5 7 0 & 1 5 8 0 , la fonction de Moutier

Flandre illuftrée, pag. 230. des grandes Salines. Il obtint des Lettres de no-bleffe, datées de Saint Laurent le Royal le 4 de feptembre 1596. Il fut marié deux fois; la première avec Richarde Sachet; la feconde avec Jeanne Nouveau. Du premier mariage nâquit François Cecile, Procureur fifcal au Bailliage de Salins, mari de Sufanne Colin : Il fut Ibidem, pag. 227. annobli par Lettres datées de Saint Laurent le Royal le 8 de feptembre 1593. Les enfans nés du fecond lit furent, 1°. Jean, qui fuit; 2°. Guyon; 3°. Jean Cecile le jeune, qui a fait branche; 4°. Bonnet Cecile.

Sur original. II. JEAN CECILE l'aîné époufa, par contrat du 25 de février 1582, Sufanne, fille de Louis Boutechoux, Écuyer, & de Claudine Colin, de laquelle il eut Guy, qui fuit.

III. GUY CECILE, Écuyer, eut de Claudine Maillot de Willaffans Jean-Claude, qui fuit.

IV. JEAN-CLAUDE CECILE époufa Marie-Jeanne Cecile, & fut pere de Claude-Floris, qui fuit.

V. CLAUDE-FLORIS CECILE, Écuyer, Capitaine au Régiment de Poitiers, ancien Maire de la Ville de Salins, eut de fon mariage avec Françoife Boitoufet, 1°. Pierre-Jofeph, Chevalier de Saint Louis; 2°. Jeanne-Françoife, alliée

alliée à N.... de Sagey, Écuyer; 3°. Anne-Jeronime, femme d'Étienne-François Bancenel, Écuyer.

BRANCHE *de la Famille de Cecile.*

II. JEAN CECILE le jeune, troisième fils de Poncet Cecile, épousa Philiberte Girardot, de laquelle il eut Simon, qui suit, & Jeanne, femme de Guyon d'Eternoz, Écuyer.

III. SIMON CECILE, Seigneur à Rennes, contracta alliance avec Marie de Vanvauré, fille de Floris de Vanvauré, Gouverneur d'Enghien, & de Marie Venderende, de laquelle il eut Marie-Jeanne Cecile, Dame de Scaillemont, épouse de Jean-Claude Cecile son cousin issu de germain.

Il y avoit encore plusieurs autres branches de cette Famille, dont l'une étoit issue de Jean Cecile, époux de Danielle Franchet. De cette branche étoit Pierre Cecile, Conseiller au Parlement de Dole en 1586. Cette Famille porte pour armes bande de gueules & d'argent de sept pieces, timbré d'une licorne naissante de gueules.

CHAMBENOT. Maison du Bourg dessus de Salins, éteinte depuis près de quatre siecles.

L

I. PERRIN DE CHAMBENOT, Chevalier, frere de Hugues, aussi Chevalier, est mentionné dans un titre de la Maison de Chalon de l'an 1272. Il donna par ses dernieres dispositions cent sols pour le secours des Chrétiens de la Terre sainte. Il eut pour fils Hugues, qui suit.

II. HUGUES DE CHAMBENOT, Damoiseau, vendit, l'an 1303, à Jean de Chalon ce qu'il avoit à Eschay, & fut pere, 1°. de Jeannette, femme de Humbert de Fraisans; 2°. de Jeanne, alliée à Jean Merceret de Salins, & en secondes nôces à Guyon d'Arbois : Elle resta au mois de septembre 1333; 3°. de Jean, pere de Hugues, mort sans postérité; 4°. de Guillaume, qui suit; 5°. d'Odon; 6°. de Pierre, Chanoine de Lausanne, qui fit son testament l'an 1350, dont il nomma exécuteurs Berard d'Yvory, Simon de Vypens, Chanoines de Lausanne, Renaud Palouset, Damoiseau, & Etienne Merceret son neveu.

III. GUILLAUME DE CHAMBENOT, Damoiseau, eut pour fils Perrin & Otton, qui furent héritiers de Pierre de Chambenot leur oncle l'an 1350. On ignore s'ils ont laissé des descendans.

CHAMBIER. Cette Maison, qui portoit indifféremment les noms de Chambier, Chambrier & Morel, étoit une des plus anciennes de la Ville de Salins ; elle y étoit établie avant que cette Ville & son territoire passassent sous la domination de Jean, Comte de Bourgogne.

I. ULRIC CHAMBIER s'est nommé dans une donation faite à l'Abbaye de Gouaille par Gaucher, IV du Nom, Sire de Salins, l'an 1219. Il ne prend d'autre qualité que celle de Bourgeois de Salins dans un don de cinq portions de muire au puits de Salins, qu'il fit, l'an 1224, à l'Abbaye de Mont Sainte Marie. Il eut pour fils Henry, qui suit, & Pierre, Curé de la Chapelle, qui testa en 1275.

Tome 1, pag. 232.

Archives de ladite Abbaye.

II. HENRY CHAMBIER, Chevalier, nommé dans le testament de Pierre son frere, fit hommage, l'an 1300, à Gérard de Molprey de ce qu'il tenoit de son fief, & fut pere d'Étienne & Willaume.

Archives de l'Offi-cialité de Besançon.

Archives de la Mai son de cha lon.

III. ÉTIENNE CHAMBIER, dit Morel, Écuyer, assista, l'an 1308, à la reprise de fief du Château de Montrivel envers Jean de Chalon, Sire d'Arlay, par Marguerite de Bellevèvre, veuve de Gauchet de Commercy. Il testa au mois de juin de la même année ; choisit sa sé-pulture en l'Église de Notre-Dame de Salins, dans le tombeau de ses ancêtres ; fonda deux

Ibidem.

Archives de l'Offi-cialité de Besançon.

Chapelles dans cette Église, dont il donna la collation à son fils Odet; institua héritiers ses enfans mâles, & nomma, pour accomplir ses volontés, Gerard de Ceyz, Hugues de Citel, Chevaliers, Jean de Ceyz, Damoiseau, Jean & Odon Chambier ses fils. Il eut de Renaude son épouse, 1°. Jean, Chanoine de Saint Ana-toile; 2°. Odon, qui a continué la postérité; 3°. Otton, Chanoine de Lincolne & de Saint Anatoile, qui testa en 1343; 4°., 5°., 6°., 7°. Mayeul, Jean, Hugues & Guillaume, morts sans lignée; 8°. Étiennette, femme de Guy de Salins, Chevalier; 9° & 10°. Alix & Marguerite.

Archives de l'Offi-cialité de Besançon.

IV. ODON CHAMBIER, dit Morel, Damoi-seau, fit son testament l'an 1343, par lequel il institua héritier Otton son fils; en donna la tutelle à Otton son frere, qu'il nomma pour accomplir ses dispositions avec Guy de Ceyz & Roland Bauduin. Il avoit épousé Guillemette de Cromary, fille de Hugues de Cromary, Che-valier, & d'Agnés de Meriner; il en eut, 1°. Otton, mort en 1370, suivant le testament de Guillemette sa sœur, laissant une fille uni-que nommée Jeannette; 2°. Renaude, femme du Seigneur de Navilley, & mere de Jeannette de Navilley; 3°. Béatrix, alliée à Jean de Tho-

Ibidem.

Ibidem.

raise, Damoiseau ; 4°. Jeanne, mariée à Jacques Lalemant, Chevalier ; 5°. Étiennette, épouse de Jean de Naisey, Damoiseau. Elle testa le 23 d'août 1360, étant veuve, & *Archives* disposa de ses biens en faveur d'Othenin, Pierre *de l'Offi-cialité de* & Jean de Naisey ses fils ; 6°. Guillemette, al- *Besançon.* liée, 1°. à Guillaume Porcelet de Besançon, Chevalier ; 2°. à Étienne de Beaufort, Chevalier, Seigneur de Beaulieu. Elle étoit veuve de ces deux époux, lorsqu'elle fit son testa- *Ibidem.* ment le 21 de novembre 1370, par lequel elle voulut être inhumée en l'Église des FF. Mineurs de Salins ; institua héritière Guillemette de Beaufort sa fille, femme de Richard de Montsaugeon, Chevalier ; lui substitua à défaut de postérité Othenin de Naisey, Damoiseau, fils d'Étiennette sa sœur, & Jeannette de Navilley, fille de feue Renaude sa sœur ; nomma exécuteurs de ses dispositions Étienne de la Baume, Chanoine de Saint Anatoile, Odon de Salins, Chevalier, Renaud Palouset, & Ogier, dit Vilain, de Saint Julien, Damoiseaux.

CHAPUIS. Famille de Salins éteinte ; portoit pour armes d'azur à un bâton noueux d'argent mis en face, chargé en chef d'une aigle éployée d'argent, & accompagné en pointe d'un levrier courant de même. Jean Chapuis fut fait Conseiller au Parlement de Dole, l'an 1575, par la faveur du Cardinal de Grandvelle, & malgré tous les efforts du Prince d'Orange. Il mourut dans le temps que des Alcades, envoyés par le Roi Philippe II pour examiner la conduite des Gens de Justice du Comté de Bourgogne, faisoient des recherches sur la sienne. Il laissa une fille fort riche, mariée à l'Intendant de la Maison d'Elbœuf.

CHAUDET. Famille établie à Salins, qui paroit avoir tiré son origine de Besançon. Noble Aléxandre Chaudet de Salins eut de Marguerite Pillot sa femme Antoine Chaudet, Écuyer, & Alix Chaudet, légataires dans le testament de Guillaume Merceret, Seigneur de Vaudrey, de l'an 1563. Nicolas Chaudet, Écuyer, étoit gardien du puits à muire du Bourg dessous de Salins, en 1605. Pierre Chaudet, Écuyer, fut témoin, l'an 1645, du testament de Frédéric Patornay, Écuyer.

CHAVIREY

JEAN DE CHAVIREY de Salins fut le premier de cette Famille qui mérita par ses services d'être annobli. Charles, Duc de Bourgogne, lui accorda ce titre par ses Lettres, datées de Luxembourg au mois de septembre 1473 : Jean de Chavirey étoit alors dans le Conseil de ce Prince, qui le nomma le 22 de février de la même année, pour assister en ses Parlemens de Beaune & de Saint Laurent, aux gages d'un écu par jour. Il fut marié deux fois ; la première avec Jeanne, fille de Perrin de Bracon, Chevalier ; la seconde avec Marguerite, fille de Guillaume de Noseroy, Trésorier de la Maison de Chalon : Il eut de cette dernière Jean, qui suit.

Archives de M. de Lezay.

II. JEAN DE CHAVIREY, II du Nom, Licencié en Loix, Seigneur de Vaucelles & d'Yvory, épousa, 1°. Guyette Loyte, qui le rendit pere de Marguerite, femme de Nicolas de

Lalye, Écuyer; 2.° Barbe Bonvalot, de laquelle il eut, 1.° Claude, qui suit; 2.° & 3.° Nicolas & Simon; 4.° Antoine, qui de son mariage avec Bernardine de Saint-Mauris eut Jean de Chavirey, Seigneur d'Yvory, marié avec Antoinette Ferlin, de laquelle il eut Anne de Chavirey, femme de Claude du Pin, Seigneur de la Chasnée, & Jeanne-Bernardine, femme de Nicolas de Montrichard, Seigneur de Verges; 5.°, 6.° Jean & Louis; 7.° Claudine, épouse de Louis de Marenches; 8.° Jeannette, femme de François Drouhot, Docteur ez Droits.

III. CLAUDE DE CHAVIREY, Écuyer, Seigneur de Vaucelles, Échanson héréditaire de l'Archevêché de Besançon, & co-Gouverneur de cette Cité, contracta alliance avec Antoinette, fille de Claude Grenier, Écuyer, Échanson héréditaire de l'Archevêché de Besançon, & de Parise Despotots; il en eut, 1.° Frédéric, qui suit; 2.° Louis, Prieur de Grandecour, & Chanoine de Besançon : On lit sur sa sépulture, qui est en l'Église Métropolitaine de Besançon, cette épitaphe :

Ibidem.

D. O. M.

LUDOVICO DE CHAVIREY, hujus Ecclesiæ Canonico, in eadem Archidiacono Salinensi, Priori Commendatario Grandicuriensi,

qui

qui acceptum à Majoribus nominis splendorem, pietate ergà Deum, beneficentiâ in homines, ingenii & doctrinâ laude auxit. Obiit die 6 martii anno 1628.

3.º & 4.º Charles & Aléxandre, morts à la guerre; 5.º Marguerite, mariée, l'an 1586, à Constance de Marenches, Écuyer.

IV. FRÉDÉRIC DE CHAVIREY, Seigneur de Recologne, Chaucenne, Vaucelles, Rozay, la Corne de Chaux, Échanson héréditaire de l'Archevêché de Besançon, créé Chevalier par le Roi Philippe II, épousa, par traité du 20 de novembre 1595, Anne, fille de Pierre Cointet, Écuyer, Seigneur de Chatelvert, & de Claudine de La Tour Saint Quentin. Les enfans nés de ce mariage furent, 1.º Thomas, Prieur de Grandecour; 2.º Louis, qui a continué la lignée; 3.º Antoinette, femme de Mathieu de Lezay, Seigneur de Moutonne; 4.º Frédéric, Seigneur de Vaucelles, qui de son mariage avec Marguerite de Moustier eut, entr'autres enfans, Désiré, Moine à Gigny; 5.º Claude-Louis, Grand Chambrier de Gigny; 6.º & 7.º Claudine & Marguerite, Religieuses à Migette; 8.º Héléne, Religieuse en l'Abbaye de Lons-le-Saunier.

V. LOUIS DE CHAVIREY, Seigneur de Réco-

M

logne , &c. Échanfon héréditaire de l'Archevêché de Befançon , Meftre de Camp pour le
Archives fervice du Roi d'Efpagne , époufa , par contrat
de M. de
Lezay. paffé à Befançon le 4 de mai 1633 , Magdeleine , fille de François de Scey , Seigneur de
Buthier , & d'Anne de Chaftenay , de laquelle
il eut , 1°. Frédéric , qui fuit ; 2°. Jean-Baptifte , Grand Chambrier de Gigny ; 3°. Anne-
Françoife , Religieufe à Migette ; 4°. Alexandre ,
Chevalier de Malte , marié enfuite en Efpagne ,
& mort fans poftérité.

VI. FRÉDÉRIC DE CHAVIREY , Seigneur de
Recologne , &c. Échanfon héréditaire de l'Archevêché de Befançon, Chevalier de Saint George,
Ibidem. contracta alliance avec Louife Le Compaffeur ,
fille de N . . . Le Compaffeur , Seigneur de
Terfu , & de Marguerite de Cereleyria , de laquelle il eut Claude-Éléonor , Capitaine d'Infanterie , Claude-Louis , mort au fervice de l'Empereur , & Jean-Baptifte , Capitaine d'Infanterie ,
tous trois morts fans poftérité. Les biens de cette
Famille ont paffé par droit de fucceffion dans
la Maifon de Lezay.

Il y avoit une autre branche iffue de Jean
de Chavirey & de Jeanne de Villers ; elle s'é-
teignit dans les Familles de David & de Girardot.

Chavirey portoit pour armes d'azur à la face d'or, chargée d'un lion rampant, de fable, accompagnée de trois feuilles de chêne d'argent, deux en chef & une en pointe, timbré d'une tête d'aigle arrachée d'or.

CHENECEY. Ancienne Famille de Salins, distinguée par l'étude des Loix, & alliée aux Maisons nobles de cette Ville.

JEAN DE CHENECEY, Bourgeois de Salins, frere de Jeannette, femme de Jean Marefchal, Damoifeau, eut de Jeanne fon époufe, qui tefta l'an 1379, Edmond & Étienne. Edmond fut pere, par fon mariage avec Marguerite, fille d'Aymonin Votne, Écuyer, d'Étienne, Licencié en Loix, mort fans poftérité de fon alliance avec Jeanne de Plainne, & d'Aymé de Chenecey. Étienne, Licencié en Loix, fecond fils de Jean, époufa Renaude de l'Aule, de laquelle il eut, Claudine, femme d'Antoine de Symard, Écuyer, Chatelain de Bracon, & Jean de Chenecey, qui tefta le 14 d'octobre 1428, choifit fa fépulture en l'Églife de Notre-Dame de Salins, en la Chapelle où Jean de Chenecey fon ayeul avoit été inhumé, & inftitua héritière Étiennette de Symard fa niéce.

Archives de l'Offi-cialité de Befançon.

Ibidem.

Ibidem.

M ij

CITEAUX. La Maison de Citeaux, ou Citel, étoit établie à Salins dès la fin du 13eme siécle.

I. HUGUES DE CITEAUX, Chevalier, vendit, l'an 1306, à Jean de Chalon, Sire d'Arlay, un cens annuel de trois sols assigné sur les revenus du Bourg communal de Salins. Il fut

exécuteur, l'an 1307, du testament d'Etiennette sa sœur, femme de Jean de Belne, Citoyen de Besançon. Il fit le sien l'an 1328, par lequel il choisit sa sépulture en l'Église de Saint Anatoile de Salins, en la Chapelle de Sainte

Catherine, & disposa de ses biens en faveur de ses fils. Il eut de Sibille de La Grange sa femme, 1°. Jean de Citeaux, qui fut témoin, l'an 1323, de l'acte par lequel Philippe de

Vienne, Sire de Pimont, reconnut tenir en fief de Jean de Vienne, Sire de Pagny, les Terres de Vadans & Bosjan : Il étoit mort en 1428 sans postérité ; 2°. Othenin, mort sans alliance ; 3°. Pierre, qui suit ; 4°. Jacquette alliée à Guy de Montrond, Damoiseau.

II. PIERRE DE CITEAUX, Écuyer, eut pour fils Aymé, qui suit.

III. AYMÉ DE CITEL, surnommé le Vert, Chevalier, fut pere de Marie, qui testa le 11 de février 1379 , institua héritiers dans ses biens paternels Guillaume Ferroux, Damoiseau son neveu, & dans les maternels Othenin Paloufet & Jean de Montagu, aussi ses neveux; elle fonda par le même acte une Chapelle en l'honneur de Saint Martin dans l'Église de Notre-Dame de Salins, & chargea de l'accompliffement de ses volontés Othenin Paloufet & Étienne de Saint Mauris, Damoiseaux.

Archives de l'Offi-cialité de Befançon.

COLIN.

A Famille de ce Nom, originaire de Pontarlier, y étoit connue dès le 14ème. siécle.

Archives de l'Officialité de Besançon. Jean Colin de Pontarlier, Clerc, fut exécuteur, l'an 1349, du testament de Marguerite de Bannans. Un autre Jean Colin de Pontarlier, Prêtre, fut témoin, l'an 1353, des *Ibidem.* dernières dispositions de Guye de Bevilley, femme de Hugues de Pontarlier, Damoiseau.

Henry Colin, Seigneur d'Arçon, premier Conseiller, & Vice-Président du Parlement de Dole, s'établit à Salins par le mariage qu'il y contracta, avant l'an 1544, avec Nicole de Vers; il y attira ses freres Hugues & Guillaume, Prêtre, Protonotaire apostolique, qui fut depuis Recteur de l'Hôpital de Bracon, & les fils de Nicolas Colin son frere aîné, mort depuis *Archives de Mr. Colin de Valloreilles.* plusieurs années. Henry Colin avoit été annobli, avec Hugues son frere, par Lettres de l'Empereur Charles V, datées à Barcelonne au mois de mai 1535. La postérité de ces deux freres subsiste aujourd'hui dans le Pays d'Ajoye : Celle de Nicolas, qui étoit l'aîné, se fixa à Salins, & y acquit par prescription la qualité de Noble.

I. NICOLAS COLIN, mort avant 1535, est rappellé comme Noble dans des actes passés *Archives* après sa mort, & datés des années 1553, *de Mr.* 1571 & 1591. Il eut de Henriette Fauche, *Colin de* 1°. Marc, qui a continué la postérité ; 2°. *Montigny* Pierre Colin, Prêtre, Chanoine de Saint Michel de Salins, Curé de l'Église de Notre-Dame, & Recteur de l'Hôpital de Bracon de la même Ville ; 3°. Catherine, femme de Jean Udressier, Écuyer ; 4°. Marguerite, épouse de Claude Berard, Bourgeois de Pontarlier.

II. MARC COLIN est qualifié d'Écuyer dans *Ibidem.* la publication du testament de Guillaume Colin son oncle, Recteur de l'Hôpital de Bracon, de l'an 1583. Il eut de Jeanne Bolle sa femme, 1°. Aléxandre, qui suit ; 2°. Jerôme ; 3°. Étienne, Prêtre, Chanoine de Saint Michel de Salins, Curé de l'Église de Notre-Dame, & Recteur de l'Hôpital de Bracon de la même Ville ; 4°. Catherine, femme de Claude Perriet de Salins ; 5°. & 6°. Claudine & Henriette ; 7°. Pierrette, femme de Pierre-François Guignoire de Salins ; 8°. Marguerite, femme de Guyon Pourtier de Salins.

III. ALÉXANDRE COLIN, Écuyer, prend cette
Archives qualité dans son traité de mariage avec Blanche
de M. Perrey, fille de Pierre Perrey de Salins, & de
Colin de Claudine Le Maire, passé à Salins le 1er d'a-
Montigny vril 1607, & y stipule suivant la Coûtume
du Comté de Bourgogne gardée entre les Nobles. Guillaume de Poitiers l'avoit nommé Lieutenant de son Château de Vadans, par Lettres
Ibidem. du 20 de décembre 1595. Il testa le 9 de
décembre 1623, laissant pour enfans & héritiers, 1°. Claude, qui a continué la lignée;
2°, 3° & 4°. Marguerite-Baptiste, Pierrette
& Bernardine Colin.

IV. CLAUDE COLIN, Écuyer, Capitaine
d'une Compagnie d'Infanterie pour le service du
Ibidem. Roi d'Espagne, épousa, par traité passé à Montfort le 29 de janvier 1642, Philiberte de
Cambaron, fille de Noble Seigneur François de
Cambaron, & de feuë Denise Loriot. Il fut
Ibidem. convoqué, l'an 1666, aux États du Comté
de Bourgogne, & eut pour fils, 1°. Pierre-
Prosper, qui a continué la lignée; 2°. Charles-
François Colin, Écuyer, Seigneur en partie
de Champagne, mort sans postérité de son mariage avec Jeanne Masson d'Yvrey, contracté
le 8 de février 1691.

V. PIERRE-PROSPER COLIN, Écuyer, Seigneur
de

de Montigny, Champagne, &c. contracta al- *Archives de M. Colin de Montigny* liance, le 6 de juin 1697, avec Claude-Françoise de Crecy, fille de Gerard de Crecy, Écuyer, Seigneur de Chaumergy, & de Claudine Laborey : Ces deux époux testerent conjointément le 19 d'octobre 1718, & instituerent héritier Philippe-Emmanuel leur frere aîné. Les autres enfans nés de leur mariage sont Charles-Antoine Colin, Écuyer, Capitaine au Régiment de Rosnivinen, mort à la guerre de 1734 ; François-Emmanuel Colin, qui n'a point eu d'enfans de Jeanne d'Alepy de Vaux son épouse ; Claude-François Colin, Lieutenant de Grenadiers au Régiment de Rosnivinen, mort à la guerre de 1743 ; Jeanne-Françoise & Marie-Françoise Colin.

VI. PHILIPPE-EMMANUEL COLIN, Seigneur de Montigny & Champagne, a épousé, par traité *Ibidem.* passé à Rennes le 1er de juin 1729, Susanne Boitouset de Poinsson, fille de Claude-Joseph Boitouset de Poinsson, Chevalier, Capitaine de Dragons pour le service du Roi, & de Susanne-Philippe Fillotte. De cette alliance sont nés, 1º. Claude-Joseph Colin, Cornette dans le Régiment du Roi Dragons, tué à l'affaire de l'Assiéte ; 2º. François-Jerôme ; 3º. François-Joseph ; 4º. Charles-François ; 5º. Jerôme-Charles-François.

N

Les armes de cette Famille font d'or à trois têtes d'aigles arrachées de fable, pofées 2 & 1.

COLOMBET. Famille de Salins, reconnue noble par Arrêt du Parlement de Befançon, rendu contradictoirement le 28 de juillet 1739: Porte pour armes d'azur à trois colombes d'argent.

I. ANTOINE POULX, dit COLOMBET, en eft la *Tit. de M.* tige. Il étoit Capitaine, pour le fervice du Roi *Colombet.* d'Efpagne dans les Pays-Bas, d'une Compagnie d'Infanterie Vallonne fous les ordres du Comte Octavio de Mansfelt, en l'an 1582, auquel il époufa Jeanne Pelot, fille de feu Noble François Pelot de Salins, Docteur ès Droits, *Ibidem.* & de Perrenette Maginet. Il fut pourvu, le 28 d'août 1586, par Philippe II, Roi d'Efpagne, de l'Office de Maître Moutier de la grande Saline de Salins, en confidération de fes fer- *Ibidem.* vices. Il tefta le 6 de mars 1593; élut fa fépulture en l'Églife de Saint Anatoile de Salins, au lieu où fon pere & fa mere avoient été inhumés; légua 1200 frans à chacune de fes filles, Alixant, qui fut femme du Sieur Saulget de Pontarlier, Clauda & Marguerite, & inftitua héritier Claude fon fils. La qualité d'Écuyer lui fut donnée dans la publication de fon teſtament, faite devant le Lieutenant Général du Bailliage de Salins le 28 de juillet de la même année.

II. NOBLE CLAUDE POULX, dit COLOMBET, eſt qualifié d'Écuyer dans un acte du 26 d'a- *Tit. de M* vril 1614, par lequel il promet de payer an- *Colombet.* nuellement le cens de quarante ſols pour la fondation de l'anniverſaire de Jeanne Pelot ſa mere dans l'Égliſe de Saint Anatoile de Salins. Il étoit mort en 1633, laiſſant de Louiſe Vauldry ſa femme, 1°. Pierre-François, Religieux Capucin; 2°. Antoine, qui a continué la lignée; 3°. Simon, Capitaine d'Infanterie pour le ſervice du Roi d'Eſpagne; 4°. Jeanne.

III. NOBLE ANTOINE COLOMBET fut inſtitué *Ibidem.* héritier par le teſtament de Marguerite Colombet ſa tante, de l'an 1639. Il contracta alliance avec Catherine Guignoire, de laquelle il eut, 1°. Jacques, Chanoine de Saint Anatoile; 2°. Claude-Louis, qui ſuit; 3°. Denis, Lieutenant d'Infanterie dans le Régiment de Poitiers; 4°. Anne-Marie, femme de Henry-François Bourrelier de Malpas, Comte de Mantry.

IV. NOBLE CLAUDE-LOUIS COLOMBET fut nommé par Charles, Roi d'Eſpagne, Coad- *Ibidem.* juteur de l'Abbaye de Corneul, le 16 de jan-

vier 1674. La Franche-Comté ayant été con-
quife la même année par Louis XIV, & cette
nomination n'ayant pas eu lieu, il quitta l'État
eccléfiaftique, & entra dans les Chevaux-Legers
de la garde du Dauphin, où il fervit jufqu'en

Tit. de M.
Colombet. 1685. Il fe maria, par traité du 31 de mai
1693, avec Jacqueline, fille de Claude Pajot,
ancien Maire de la Ville de Lons-le-Saunier :
De cette alliance font nés, 1°· Claude-Alexis,
mort à Strafbourg âgé de 17 ans, étant Lieutenant dans le Régiment de la Chenelaye, Infanterie ; 2°· Ignace-François, qui fuit ; 3°·
Claude-Marie, Lieutenant dans le Régiment
de Pecquigny, enfuite Capitaine dans les Troupes de l'Empereur, tué en Hongrie dans une
Bataille livrée aux Turcs le 22 de juillet 1639 ;
4° Henry-François, Capitaine dans le Régiment de la Marine, Chevalier de Saint Louis.

V. IGNACE-FRANÇOIS COLOMBET, Écuyer, a
Ibidem. époufé, par contrat paffé à Salins le 15 d'a-
vril 1741, Marie-Louife du Montet, fille de
François du Montet, Écuyer, Sieur de la Co-
longe, Commiffaire ordinaire des Guerres au Dé-
partement de Salins, & de Théréfe-Louife Carnot.
De ce mariage font nés, 1° Jacquette-Marie-Thé-
réfe-Hypolite ; 2°· Henry-Marie, Lieutenant dans
le Régiment de la Marine ; 3°· Élifabeth-Fran-
çoife ; 4°· Marie-Louife ; 5°· Claude-Ignace.

COQUELIN.

FAMILLE de Salins, anoblie, l'an 1592, par Philippe II, Roi d'Espagne, dans les Personnes de Guillaume & Jean-Baptiste Coquelin, pere & fils : Porte pour armes d'azur à deux licornes, affrontées d'or, armées d'argent, les cornes passées en sautoir, timbré d'une tête de licorne de même, & pour devise : *En attendant mieux, Germigney.*

I. GASPARD COQUELIN, pere de Guillaume, est qualifié de Noble dans des actes des années 1582, 1583 & 1588. Il épousa Louise Alepy, fille de Guillaume Alepy, anobli en 1592, & de Jeanne d'Alonval. Cette femme étant veuve, acquit, conjointément avec son fils, les Terres de Chilley, Germigney & du Perret; Thomas de Pontalier, Baron de Vaugrenans, lui permit, le 27 de mars 1582, de prendre possession de la première de ces Terres,

Archives de M. de Germigney

Ibidem.

qui relevoit de lui, fans danger de commife.
Archives de M. de Germigney Elle fit fon teftament à Salins le 24 de mai
1602; il y fut publié le 10 de février 1604.
Elle eut pour fils, 1°. Guillaume, qui a continué la poftérité; 2°. Jean, Chanoine de Saint
Anatoile; 3°. Louife, femme de François Som-
barde; 4°. Perrenette, époufe de Jean Maffon
de Noferoy; 5°. Jeanne, époufe de Jean Duc
de Salins; 6°. Etiennette, alliée à Noble Jean
Froiffard de Poligny; 7°. Philiberte.

II. NOBLE GUILLAUME COQUELIN, Seigneur
du Perret, Chilley, Germigney, &c. fervit en
qualité de Volontaire dans le Terce du Baron
Ibidem. de Rye, en 1589. Il reprit de fief de Sa Majefté la Terre du Perret, le 20 de novembre
1599, & fut convoqué aux États du Comté
de Bourgogne en 1614. Il mourut le 6 de
juillet 1619, & Catherine Jaquinot fon époufe
le 20 de juillet 1611, fuivant leur épitaphe,
gravée en lettres d'or fur un marbre noir en
l'Églife de Saint Anatoile de Salins, dans la
Chapelle de Sainte Barbe, & conçue en ces
termes:

EN cette Chapelle giffent les Corps de Damoifelle Louife Alepy,
à fon vivant Dame de Chilley, & femme de Noble Gaspard
Coquelin; & de Guillaume Coquelin, Écuyer, leur fils & hé-
ritier univerfel; & de Damoifelle Catherine Jaquinot fa femme,
en leur vivant Seigneur & Dame du Perret. Germigney,

Aresches, & qui ont fait faire ce monument, & décédèrent ;
sçavoir, ladite Dame de Chilley le premier février 1603 ; led.
Seigneur de Germigney le 6 juillet 1619, & ladite Dame Ja-
quinot le 20 juillet 1611. DIEU AYE LEURS AMES. AMEN.

Du mariage de ces deux époux sortirent,
1°. Jean-Baptiste, qui suit ; 2°. Louise, femme
de Claude Udreffier, Écuyer.

III. JEAN-BAPTISTE COQUELIN, Seigneur de
Germigney, Chilley, Aresches, &c. obtint,
l'an 1633, des Lettres-Patentes de Philippe
III, Roi d'Espagne, qui lui permettoit, en considération de ses services militaires, & de ceux
de son pere, de quitter le nom de sa Famille,
& de prendre celui de Germigney. Il épousa,
par contrat du 29 d'août 1617, Anatoile-
Susanne Duchamp, fille de Claude-François-Ana-
toile Duchamp, Écuyer, Seigneur de Parthey,
& de Claudine-Gerarde Laborey : Il en eut
Guillaume, qui suit.

Archives
de M. de
Germigney

Ibidem.

IV. GUILLAUME DE GERMIGNEY, Écuyer, Seigneur dud. lieu, Aresches, &c. épousa, par traité
du premier de juin 1660, Marguerite Bancenel,
fille de Jean-Baptiste Bancenel, Écuyer, Seigneur de Myon, & de Jeanne Duprel, de laquelle il eut Jacques-François, qui suit.

Ibidem.

V. JACQUES-FRANÇOIS DE GERMIGNEY, Écuyer,

Seigneur defdits lieux , Capitaine de Cavalerie
dans le Régiment de Saint Mauris , obtint du
Roi, au mois de décembre 1717, l'érection
en Marquifat , fous le nom d'Arefches , des
Terres d'Arefches, Chilley , Germigney , l'Abergement & du Perret , en confidération de fa
Nobleffe & de l'ancienne poffeffion de ces Terres
Archives dans fa Famille. Il avoit contracté alliance , le
de M. de 4 de février 1691 , avec Françoife-Bonaven-
Germigney ture de Saint Mauris , fille de Jean-Simon de
Saint Mauris , Seigneur d'Augerans , Chevalier
de Saint George , & d'Anne de Saint Martin.
De ce mariage font nés , 1°. Françoife-Clau-
dine de Germigney , reçue , l'an 1708 , en
l'Abbaye de Lons-le-Saunier ; 2°. Claude-Fran-
çois , qui a continué la lignée ; 3°. Claudine-
Bernardine, Religieufe Urfuline à Salins ; 4°.
Jean-Charles , reçu Chevalier de Malte en 1705,
Capitaine dans le Régiment de la Marine ; 5°.
Jeanne-Françoife, Cordelière à Salins ; 6°. Jean-
Claude - Yoland , Religieux en la noble Ab-
baye de Baume.

VI. CLAUDE-FRANÇOIS DE GERMIGNEY , Seigneur defdits lieux , fit ériger , au mois de juillet
1740 , la Terre de Germigney & fes dépendances , & celle de Rennes en Marquifat , fous
le nom de Germigney ; la première érection
faite

faite en 1717 étant devenue caduque par l'aliénation de la Terre d'Areſches, à laquelle ce titre avoit été attaché. Il a épouſé en premières nôces Marie-Roſalie d'Eſſalle, fille de Louis, Comte d'Eſſalle, & de Deniſe-Agathe de Louviers; & en ſecondes nôces, Charlotte Bancenel de Myon : Du premier mariage ſont nés, 1°. Jacques-François de Germigney, Capitaine dans le Régiment du Roi, Infanterie, Chevalier de Saint Louis, reçu en la Confrérie de Saint George le 28 d'avril 1738; 2°. Claude-Yolande, Religieuſe en l'Abbaye de Lons-le-Saunier; 3°. Charles-Joſeph, Capitaine dans le Régiment du Roi Dragons; 4°. Toinette-Bonaventure, Religieuſe en l'Abbaye de Migette.

CUSSEMENET. Cette Famille, qui ſubſiſte dans la Flandre françoiſe & à Salins, & qui a quitté ſon nom pour prendre celui de Dornon, tire ſon origine de la Ville de Salins. Guyenet Cuſſemenet, qui en eſt la tige, eſt qualifié ſimplement Bourgeois de cette Ville dans des actes des années 1497 & 1520. Il eut deux fils; Marc, qui fut Abbé de Bellevaux, & Nicolas, qui de Jeanne de Champagne eut Nicolas, Marc & Thomas Cuſſemenet,

O

qui ont fait la division des branches de cette
Famille, dont le transport des titres dans les
Pays étrangers empêche de donner une Généalogie suivie.

Claude-Louis **Cuffemenet**, Seigneur de Montrichief, étoit Prévôt des Archers au Comté
de Bourgogne, en 1648. Noble Antoine Cuffemenet, dit de Dornon, étoit, en la même
année, Maître d'Hôtel de Claude de Bauffremont, Gouverneur de cette Province.

LES armes de cette Famille font de gueules
au chevron d'argent, accompagné de trois croiffans montant d'argent, deux en chef & un en
pointe. Ses alliances ont été avec celles de Vers,
Champagne, Servel, Alepy, Lalye, David,
Bretenois, Andelot, Courbeffein, Marchant,
Chavirey, Maranches, &c.

DAVID.

IL y avoit à Salins sur la fin du 15ème siécle plusieurs branches de cette Famille, toutes issues de Claude David, Bourgeois de Salins, qui vivoit en 1431 avec Jeanne Vauchard sa femme.

I. JEAN DAVID, petit-fils de Claude, & Chef de l'une de ces branches, fut anobli par Lettres-Patentes datées à Bruxelles au mois de mars 1504 ; il étoit frere de Guy David, Chanoine & Prévôt du Chapitre de Saint Maurice de Salins, Recteur de l'Hôpital du Saint Sépulchre de la même Ville, Conseiller-Clerc au Parlement de Dole avant 1508. Jean David épousa Claudine de Chavirey, de laquelle il eut Guillaume, qui suit, & Philippe, qui a fait branche.

II. NOBLE GUILLAUME DAVID épousa Jeanne, fille de Claude de Fontettes, Écuyer, qui le *Sur original.*

Q ij

rendit pere, 1°· de Barbe David, femme de Louis de Noſeroy, Écuyer ; 2°· de Claude, allié à Marguerite Cuſſemenet ; 3°· d'Anne, épouſe de Noble Jean Mairot de Peſmes ; 4°, 5°, 6°, 7°· de Henriette, Marguerite, Magdeleine & Nicole ; 8°· de François, qui ſuit ; 9°· de Guillaume David.

III. FRANÇOIS DAVID, Écuyer, Seigneur de Miſerey, eut de Marguerite de Noſeroy Guillaume, qui continua la lignée.

IV. GUILLAUME DAVID, Écuyer, Seigneur de Miſerey, contracta alliance avec Marguerite, fille de Jean Berard, Écuyer, Seigneur de Mérona, dont il eut, 1°· Anatoile David, qui, après avoir ſervi longtemps comme Capitaine dans les Troupes du Roi d'Eſpagne en *Sur ori-* Italie, entra ſur la fin de ſes jours dans l'Ordre *ginal.* des Carmes déchauſſés, & y mourut en odeur de ſainteté ; 2°· Antoinette David, Dame de Miſerey, alliée à Noble Aléxandre Marchant.

II. PHILIPPE, ſecond fils de Noble Jean *Archives* David, épouſa, le 28 mai 1531, Gene- *de M. de* *Courbou-* viéve de Fontettes, ſœur de Jeanne, femme *zon.* de Guillaume ſon frere aîné. Il comparut en 1551 & 1562 à l'arrière-ban des Nobles du Bailliage d'Aval. Il eut pour fils, 1°· Jean

David, Écuyer, dont la postérité n'est pas connue; 2°. Maurice, qui suit.

III. MAURICE DAVID, Écuyer, épousa, par contrat du 18 d'avril 1570, Christine Beugne, dont il eut Claude, qui suit.

Archives de M. de Courbouzon.

IV. CLAUDE DAVID s'établit à Louans, & y contracta alliance le 16 de novembre 1602, avec Claire de la Michaudiere, fille de Noble Paul de la Michaudiere, de laquelle il eut Bertrand, qui a continué la lignée.

Ibidem.

V. BERTRAND DAVID étudia le Droit dans l'Université d'Orléans, & y prit le Grade de Docteur en 1641. Il avoit épousé, le 14 d'août 1639, Gasparde Boulay de Sagy, qui le rendit pere de Bertrand, qui suit; d'Élisabeth, femme de Claude de Joux, Écuyer, Seigneur de Layer, & de Claire David, épouse d'Emmanuel de Calamard, Écuyer.

Ibidem.

VI. BERTRAND DAVID, Écuyer, Seigneur d'Ardignat, Secrétaire du Roi par Patentes du 13 de juin 1681, épousa, le 26 de mai de l'année suivante, Marie Joly, fille de N... Joly, Lieutenant Général du Bailliage de Chatillon, Conseiller d'État de Sa Majesté, dont il a eu Claire David, mariée, par traité passé à Louans le 8 de mai 1706, à Claude-Antoine

Ibidem.

de Boquet, Baron de Courbouzon, Conseiller, ensuite Président à Mortier au Parlement de Besançon.

Les Armes de la Famille de David étoient d'argent au sautoir engrelé de sable, timbrées d'une aigle naissante de même.

DUPREL, Famille noble de Salins, jurée dans les Chapitres nobles du Comté de Bourgogne, & à Malte : Porte pour armes de gueules au chevron engrelé d'or, accompagné de trois étoiles rayonnantes de même.

I. Noble Guillaume Duprel eut de Simonne Gerard Jean, qui suit.

II. Jean Duprel, Écuyer, épousa, le 7 de septembre 1562, Antoinette Le Moine, de laquelle il eut, 1°. Pierre, qui suit ; 2°. Jeanne, femme de Claude Portier de Salins, Écuyer.

III. Pierre Duprel, Écuyer, contracta alliance, le 23 de juin 1591, avec Antoinette Marchant, qui le rendit pere, 1°. d'Antoine, qui suit ; 2°. de Jean, Docteur ez Droits, mort sans enfans de Louise de Chassagne sa femme ; 3°. de Jeanne, épouse de Jean-Baptiste Bancenel, Écuyer.

IV. Antoine Duprel, Chevalier, Seigneur d'Arlos, Meftre de Camp d'un Terce d'Infanterie pour le fervice du Roi d'Efpagne, Gouverneur de Saint Hyas, & des Ville & Château de Bletterans, époufa, par traité paffé au Château du Pin le 2 d'octobre 1645, Marguerite du Pin, fille de Claude du Pin, Écuyer, Seigneur de la Chafnée, de laquelle il eut Claude, qui fuit.

V. Claude Duprel, Écuyer, Seigneur de Chappoy, s'allia, par contrat du 20 de mars 1694, avec Antoinette de Vers; il a eu pour fils N ... Duprel, Écuyer, Seigneur de Mérona, & Charles-Jofeph-Marie Duprel, Chevalier de Malte, Commandant au Régiment d'Enghien, Gouverneur du Château de Joux.

ESTAVAYER.

LA Maison de ce Nom, qui portoit pour armes, pallé d'or & de gueules de six piéces, à la face d'argent, chargée de trois rofes de gueules, poffédoit la Terre de ce nom dans le Diocéfe de Laufanne. Elle s'établit à Salins fur la fin du 13.ème. fiécle.

Archives de l'Offi- cialité de Befançon.

I. PIERRE D'ESTAVAYER, I du nom, Chevalier, Sire dudit lieu en partie, refta à Salins l'an 1321; pria tous les Prêtres & Religieux de cette Ville d'affifter à fes obféques, qui fe feroient en l'Églife de Saint Maurice, pendant lefquels fon cheval armé pour la pompe de fes funerailles feroit offert, fuivant la coûtume & le droit des Chevaliers; ordonna qu'auffitôt après cette cérémonie fon corps fût conduit en l'Églife des Dames d'Eftavayer, pour y être inhumé; fit des legs à Humbert de Willaffans, à Pierre, dit Petit Pas d'Ufies, fes Écuyers, & à Pierre Saget, fon Chapelain; inftitua héritier Pierre fon fils, & chargea de l'accompliffement

plissement de ses volontés Guillaume son frere,
Renaud d'Estavayer & le Recteur de l'Hôpital
de Montjeu.

II. PIERRE D'ESTAVAYER, II du nom, Chevalier, Sire dudit lieu, étoit mort en 1360.
Guillemette de Salins sa femme, fille de Dimanche de Salins, Chevalier, le rendit pere,
1°. de Guillaume d'Estavayer, Chevalier, Sire
dudit lieu, mari de Nicolette; 2°. de Jean,
qui suit.

*Archives
de l'Offi-
cialité de
Besançon.*

III. JEAN D'ESTAVAYER, Chevalier, Sire dud.
lieu en partie, de Gorgier & de Curtaillon,
contracta alliance avec Mahaut de Salins, fille
d'Odon de Salins, Chevalier. Cette Dame testa
le 18 de février 1385, choisit sa sépulture
en l'Église de Saint Anatoile de Salins, & institua héritiers les trois enfans suivans, 1°. Pierre
d'Estavayer, III du nom, Damoiseau, qui
eut un fils naturel nommé Aymé d'Estavayer,
pere de Louis, Jacques & Marguerite d'Estavayer, alliée, 1°. à Michel de Saint Mauris,
Écuyer; 2°. à Guillaume le Grand, Chevalier,
Seigneur de Charchilla; 2°. Anselme, qui a
continué la postérité; 3°. Nicolette, femme
de Nicolet Palouset, Écuyer.

Ibidem.

IV. ANSELME D'ESTAVAYER, Écuyer, Seigneur

P

dudit lieu, en partie & de Curtaillon, vendit
cette dernière Terre à Jean de Neufchatel, Seigneur de Vaumarcus. Il avoit épousé Guyette
Paloufet, de laquelle il eut, 1°· Jacques,
qui fuit; 2°· Jeanne, femme de Gerard Loyte,
Écuyer; 3°· Jean d'Estavayer, Seigneur dud.
lieu en partie, qui tefta le 2 de juin 1465,
choifit fa fépulture en la Chapelle du cimetière
neuf de Salins, où fon pere & fes prédécesseurs
avoient été inhumés; inftitua héritier Jean fon
fils, dont il confia la tutelle à Henriette de
Chiffey fa femme; lui fubftitua Louis & Philippe Loyte fes neveux dans les deux tiers de
fes biens, & Jacques, fils d'Aymé, bâtard d'Eftavayer, dans l'autre tiers, & à leur défaut
Guyon, fils de feu Jacques d'Estavayer fon
frere; nomma Jean de Saint Mauris & Claude
David pour exécuter fes volontés.

Sur ori-
ginal.

Archives
de l'Offi-
cialité de
Befançon.

V. JACQUES D'ESTAVAYER, Écuyer, Seigneur
dudit lieu en partie, vendit conjointément avec
fon pere, l'an 1433, à Jean de Neufchatel,
Seigneur de Vaumarcus, la Seigneurie de Cur-
taillon, & ce qu'il avoit dans la Baronnie de
Gorgier. Il étoit mort en 1465, laiffant de
Jeanne Poncy fa femme, fille de Noble Jean
Poncy de Salins, Guyon, qui fuit.

Ibidem.

VI. GUYON D'ESTAVAYER, héritier fubftitué

dans le teſtament de Jean d'Eſtavayer ſon oncle de l'an 1465, eut pour fils Jacques, qui ſuit, Jeanne, femme de George d'Uſie, Écuyer, & Guillemette, alliée à Guy de Vaudrey, Écuyer.

VII. JACQUES D'ESTAVAYER, Écuyer, épouſa Marie du Larderet, & en eut pour fille unique Jeanne d'Eſtavayer, héritière de ſa branche, mariée vers 1490 à Jean de Montfort, Chevalier, Seigneur dudit lieu.

ÉTERNOZ.

ON ne peut douter que la Maison d'É-
ternoz, qui vint s'établir à Salins dans
le 15ème. siécle, ne fût une branche issue
des anciens Seigneurs d'Éternoz, connus dès le
13ème. siécle : Les titres que cette Maison en
conserve encore à ce jour, prouvent une succession non interrompue, & la possession des
mêmes biens donne une nouvelle force à ces
actes.

I. ÉTIENNE & GUY D'ÉTERNOZ, Chevaliers,
& WILLENC D'ÉTERNOZ, Prêtre, freres, vivoient
vers l'an 1240. Le premier engagea vers ce
temps à l'Abbaye de Balerne, de l'Ordre de
Citeaux, des héritages situés près de la source
du Lison, qu'il avoit acquis de Thorinbert &
Hugues de Mulner pour la moitié d'un marc
d'argent. Il donna, l'an 1242, au Monastére
de Billon, du même Ordre, ce qu'il percevoit
dans les revenus des Églises de Colans & d'É-

Archives
de l'Ab-
baye de
Billon.

Ibidem.

ternoz à caufe du droit de patronage de ces Églifes, qu'il céda dans la fuite à cette Abbaye : Mélifane fon époufe, Willemette & Clemence fes filles approuverent ce don.

Guy d'Éternoz, Chevalier, frere d'Étienne, & nommé dans la Chartre de l'an 1242, continua la lignée ; il fut pere fuivant le temps de Jean, qui fuit, & d'Eudes, qui a fait branche.

II. JEAN D'ÉTERNOZ, Chevalier, eut pour fils, 1°. Gerard d'Éternoz, qui fit hommage de fes hommes de Bolandoz à Jean de Chalon, Sire d'Arlay, l'an 1286. Il contracta alliance avec Oudette de Chiffey, qui, étant veuve, reprit en fief, l'an 1304, de Jean de Bourgogne ce qu'elle poffédoit à Chiffey ; 2°. Richard d'Éternoz, Chevalier, qui fut témoin de l'acte par lequel Étienne de Coligny, Seigneur d'Andelot, promit, l'an 1331, de faire hommage de fon château d'Andelot à Philippe de Vienne, Seigneur de Pimont. Il fut préfent, l'an 1337, lorfque Jean de Rougemont, Écuyer, fe rendit vaffal de Jean de Chalon, Sire d'Arlay, & s'engagea de le fervir contre toutes perfonnes, à l'exception de Guillaume de Rougemont fon coufin. Il fut nommé, la même année, tuteur de Jean d'Éternoz, fils de Richard d'Éternoz, Écuyer, fon coufin,

Archives de la Maifon de chalon.

Archives de la Maifon de Bauffremont.

Du Bouchet, preuves de la Généal. de Coligny, pag. 130.

Archives de la Maifon de Chalon.

Archives de M. le Comte d'Éternoz.

auquel il rendit compte de sa tutelle le dimanche après la Fête de Saint Hilaire de l'an 1342,
en présence de Jean de la Grange, de Guillaume d'Éternoz, Chevaliers, & de Jean de
Archives Montrichard, Écuyer. Il avoit épousé Guille-
de M. le mette, fille de Jean de Montrichard, Damoi-
Comte
d'Éternoz. seau, dont il n'eut pas d'enfans.

Première Branche *de la Maison d'Éternoz.*

II. EUDES D'ÉTERNOZ, Chevalier,
second fils de Guy d'Éternoz, aussi Chevalier,
Ibidem. reçut, au mois de septembre 1259, de Jean,
Comte de Bourgogne, dix livres de rente annuelle, assignées sur le produit des Salines de
Salins, en augmentation du fief qu'il tenoit de
ce Comte, qui lui ordonna, en 1260 & 1263,
Arch. de d'en faire hommage aux fils qu'il avoit eus de
la Maison.
de Chalon la Comtesse Laure ; il étoit, en cette dernière
année, Chatelain de Montmahou. Il reprit de
Ibidem. fief, l'an 1278, ce qu'il possédoit dans cette
Chatellenie à cause de Nicole sa femme, &
dans la Terre d'Éternoz envers Jean de Chalon,
Ibidem. Sire d'Arlay. Il apposa son sceau, l'an 1287,
à la vente faite à ce Seigneur par Willemin
de Dornon, Damoiseau, de ce qu'il avoit à
Déservillers. Il avoit contracté alliance avec Nicole de Ceyz, fille de Raald, II du nom,
Sire de Ceyz, & de Jeanne, Dame de Fertans.

Cette Dame étant veuve, passa à de secondes nôces avec Humbert, dit Borrelet, Écuyer; elle vivoit avec Guillaume, Sire de Champrougeroux, son troisième époux, lorsqu'elle testa, l'an 1335, en faveur de Guy d'Éternoz son fils aîné. Les enfans de son premier mariage furent, 1°. Guy, qui suit; 2°. & 3°. Richard d'Éternoz l'aîné, & Richard d'Éternoz, surnommé le jeune, qui ont fait branche; 4°. Pierre d'Éternoz, Religieux & Chambrier de l'Abbaye de Baume, qui fut présent à l'hommage de la Seigneurie de Chateauvilain, rendu à Philippe de Vienne par Jaquemet du Quart, l'an 1328. Pierre d'Éternoz fut élu peu de temps après Abbé de son Monastére, où l'on voit son tombeau.

Archives de l'Officialité de Besançon.

Arch. de la Maison de Chalon.

III. GUY D'ÉTERNOZ, Chevalier, nommé Guillaume dans plusieurs titres, obtint, au mois de septembre de l'an 1299, d'Étienne de Chalon, Sire de Vignory, la jouissance de dix livres de rente annuelle sur les Salines de Salins, que Jean, Comte de Bourgogne, avoit données à Eudes d'Éternoz son pere. Il fut témoin, l'an 1311, de la reprise de fief du Château de Montmartin, faite envers Jean de Chalon, Sire d'Arlay, par Thiebaud de Neufchatel. Il fit hommage à Thiebaud de Ceyz de sa Sei-

Archives de M. le Comte d'Éternoz.

Arch. de la maison de Chalon.

Arch. de la Maison de Scey.

gneurie d'Éternoz, l'an 1 3 3 5 , & renouvella
ce devoir, l'an 1 3 3 9 , en préfence de Guyor

de Gennes, Écuyer. Il fit fon teftament au mois
de décembre de l'an 1 3 4 1 , par lequel il élut
fa fépulture en l'Églife d'Éternoz, auprès du
tombeau de Richard d'Éternoz, Damoifeau,
fon frere ; fonda une Chapelle en cette Églife
fous l'invocation de la Vierge, qu'il dota de
cent foudées de terre de rente en franc aleu,
dont il donna le droit de patronage aux enfans mâles de fes héritiers ; difpofa de fes biens
en faveur de Jeannette fa fille, fous la charge
qu'elle fe conformeroit à fes intentions ; & dans
le cas contraire, il inftitua héritier Thiebaud de
Ceyz, Chevalier, fon Seigneur & fon ami, le
privant de fa fucceffion s'il n'exécutoit pas fes
volontés, & la tranfportant à Noble puiffant &
redoutable Seigneur Jean de Chalon, Sire d'Arlay.

Il nomma exécuteurs de fes difpofitions Richard
& Guillaume d'Éternoz, Chevaliers, & Jean,
Seigneur de Marigny, Damoifeau. Il avoit
époufé Guillemette de Vaudrey, fille de Jean
de Vaudrey, Chevalier, de laquelle il eut,

        1°. Jeanne d'Éternoz, alliée à Renaud d'Ar-

lay, Écuyer, qui reprit en fief, au mois de février 1 3 4 2 , au nom de fa femme, envers Thiebaud de Ceyz, ce qu'il poffédoit à Éternoz, Aman-
cey & Fertans, tant en fiefs qu'en arrière-fiefs.

                                                    2°.

2.° Isabelle d'Éternoz, épouse de Hugues, dit Espagnol, Damoiseau. Elle testa le 2 de novembre 1337; choisit sa sépulture en l'Église de Chateauchalon, dans la Chapelle de Saint Jean-Baptiste, auprès du tombeau de feu Hugues, dit Espagnol, Chevalier, pere de son mari; institua héritiere Jeanne sa sœur, & chargea Guillaume d'Éternoz, Damoiseau, & Jean de Molain d'Arbois d'accomplir ses volontés. Elle fit un codicille l'année suivante, par lequel elle fit un legs de 40 sols à l'Hôpital d'Arbois, où Guillaume de Vaudrey son oncle avoit été inhumé; un autre de 30 sols à Étiennette de Champvent, sa Demoiselle, fille de Guillaume de Champvent, Écuyer; un autre de cent sols à Jean d'Éternoz son parent, fils de Richard d'Éternoz, Chevalier; donna sa Terre de Vecour à Guy, dit Espagnol, son beau-frere, & à Hugues son époux ce qu'elle possédoit dans la Châtellenie de Vignory.

Archives de M. le Comte d'Esternoz

Ibidem.

SECONDE BRANCHE *de la Maison d'Éternoz.*

III. RICHARD D'ÉTERNOZ, ou ESTERNO, (le nom de cette Maison commença à s'écrire ainsi dès lors) Chevalier, surnommé le Vieil, second fils d'Eudes d'Esterno, Chevalier, & de Nicole de Ceyz, fut exécuteur du testament de Guy d'Esterno, Che-

Ibidem.

Q

valier, l'an 1341. Il contracta alliance avec Isabelle, fille de Henry de Tripotey, Chevalier.

Archives de M. le Comte d'Esterno.
Cette Dame testa, l'an 1317, le mardi avant la Fête de Saint Thomas, Apôtre; voulut être inhumée dans l'Église d'Esterno; légua à Fromond son fils, Religieux, cent sols; à Guillemette sa fille ce qu'elle possédoit dans la Terre de Charnay, pour accomplir la somme de 200 livres qu'elle lui avoit promise en la mariant; à Guy d'Esterno son beau-frere deux familles de ses sujets avec leurs meix, pour en jouir pendant sa vie seulement; institua héritiers Richard, Jean & Perrin ses fils, & nomma exécuteurs de ses dernières dispositions l'Official de la Cour de Besançon, Pierre de Montbozon & Guy d'Esterno, Chevaliers. Richard d'Esterno ne mourut qu'en l'année 1349, suivant son épitaphe qu'on voit en l'Église d'Esterno, & qui est conçue en ces termes:

HIC JACET Dominus Richardus D'ESTERNOL, miles, qui obiit die primâ aprilis anno Domini M°· CCC°· XL°· nono.

Ses armes, qui sont gravées sur sa tombe, sont les mêmes que la Maison d'Esterno porte aujourd'hui.

Ibidem.
Richard, fils aîné de ce Gentilhomme, mourut sans alliance. Il vivoit en 1360, suivant un acensement qu'il fit en cette année d'un meix à Esterno à Étienne, dit Morelat.

Jean d'Esterno, second fils de Richard, continua la postérité.

Perrin d'Esterno, cadet de ces trois freres, ne laissa point de descendans connus.

IV. JEAN D'ESTERNO, I du nom, Chevalier, Seigneur audit lieu, étoit mort en 1410, au temps du testament de son fils. Il paroît par cet acte qu'il avoit eu pour femme Jeannette d'Amondans, qui le rendit pere, 1°. de Jean qui suit; 2°. de Guy d'Esterno, Prêtre, Curé de Colans, qui fonda, vers l'an 1412, une Église Collégiale à Esterno, à laquelle il donna le fief qu'il possédoit dans cette Terre, & une partie considérable de ses autres biens patrimoniaux. Ce Chapitre fut uni quelques années après à celui que Jean de Chalon, Prince d'Orange, & Marie des Baux son épouse établirent à Nozeroy. Guy d'Esterno fut aussi le Fondateur d'une Chapelle sous l'invocation de la Vierge & des trois Rois de Cologne dans l'Église d'Esterno. Il disposa de ses biens, le 23 de juillet 1429, en faveur de Pierre d'Esterno son neveu; de Guy d'Esterno, fils de feu Jean d'Esterno son neveu; de Marguerite d'Esterno sa niéce, femme de Pierre Grenier, Citoyen de Besançon; de Jean de Marnay, Chanoine d'Esterno, &, des autres Chanoines de

Archives de M. le Comte d'Esterno.

Gilberti Cognati descriptio Comitat. Burgund. p. 29.

Archives de M. le Comte d'Esterno.

Q ij

Archives
de M. le
Comte
d'Esterno.
cette Collégiale. Il fut inhumé dans l'Église de l'Abbaye de Migette, suivant qu'il l'avoit ordonné par son codicille.

V. JEAN D'ESTERNO, II du nom, Chevalier, Seigneur audit lieu, testa le 21 de septembre 1410; choisit sa sépulture en l'Église d'Esterno, dans la Chapelle de Saint Julien, Ibidem. dans laquelle il fonda un prestimoine qu'il dota de cent sols estevenans de rente; augmenta les revenus que Jean d'Esterno, Chevalier, son pere, avoit destinés pour l'entretien de l'huile des lampes de l'Eglise d'Esterno; enjoignit aux personnes chargées de ses obséques de convoquer quarante Prêtres pour le jour de cette cérémonie; fit une cession à ses débiteurs de la dixième partie de leurs dettes; légua à Marguerite, jeanne, Huguette & Guillemette ses filles, à chacune cent frans, à condition qu'elles ne se marieroient que du consentement de leurs parens; institua héritiers Jean & Pierre ses deux fils, & chargea de l'accomplissement de ses volontés Guy d'Esterno son frere, & Jean d'Amondans, Prêtres.

Jean d'Esterno, fils aîné de Jean, continua la lignée.

Pierre d'Esterno, son second fils, fut pere de Jean, mort sans postérité de Guillemette de l'Aule sa femme, & de Jeanne d'Esterno, mariée en Bourgogne à Noble Guyot Couthier.

Marguerite d'Esterno épousa Pierre Grenier, Citoyen de Besançon, Échanson héréditaire de l'Archevêché.

VI. JEAN D'ESTERNO, III du nom, Damoiseau, Seigneur audit lieu, fut le premier qui s'établit à Salins. Il y possédoit une maison située au Bourg dessus en l'année 1413, en laquelle, conjointément avec Pierre d'Esterno son frere, il acquit de Huguenin d'Usie, Écuyer, un cens annuel de cent dix-sept sols six deniers portant lods, amende & Seigneurie. Il est rappellé dans cet acte comme fils de feu Jean d'Esterno, Chevalier, & il y agit de l'autorité de Guy d'Esterno, Prêtre, son oncle & son tuteur. Ce fut sous lui que sa Maison commença à déchoir de son ancienne splendeur ; laissé pupille par son pere, il vit consommer la plus grande partie des biens de ses ancêtres dans la fondation de l'Église Collégiale d'Esterno, faite par Guy d'Esterno son oncle. La mort qui l'enleva à la fleur de son âge, ne lui permit pas de réparer par ses soins domestiques le désordre de sa fortune. Il eut de Guillemette sa femme, Guyot, qui a continué la postérité.

Archives de M. le Comte d'Esterno.

VII. GUYOT D'ESTERNO, Écuyer, Seigneur

Archives
de M. le
Comte
d'Efterno. audit lieu, fut l'un des héritiers inftitués par le teftament de Guy d'Efterno fon grand-oncle, de l'an 1429. Il époufa, vers l'an 1450, Gerarde de Nozeroy, fille de Jean de Nozeroy & de Bonne Guierche. Il étoit mort en 1482,

Ibidem. fuivant un mandement obtenu par fa veuve contre Gerard & Jean Aleman de Montmahou, qui avoient envahi des biens qui lui apparte-noient. Guyot d'Efterno fut inhumé dans le cloître des Freres Mineurs de Salins, où l'on voit fur fa tombe l'écu de fes armes qui eft tra-verfé par une épée. Gerarde de Nozeroy mourut avant l'an 1510, dans un âge fort avancé;

Ibidem. elle avoit fait fon teftament à Efterno le 17 d'avril 1505, par lequel elle avoit choifi fa fépulture en l'Églife de ce lieu, dans le tom-beau des prédéceffeurs de fon époux, & inftitué héritiers fes trois fils; Jean, qui fut Prêtre; Marc, qui fuit, & Antoine, qui a fait branche.

VIII. MARC D'ESTERNO, Écuyer, Seigneur audit lieu, eut en partage de la fucceffion pa-ternelle l'ancien fief d'Efterno, indivis avec le Chapitre de Nozeroy; il fe fixa à Befançon par l'alliance qu'il y contraĉta avec Richarde Poifier, fille de Noble Homme Humbert Poi-fier, Licenĉié en Loix, Citoyen de Befançon, Ibidem. & de Jeanne de Grammont. Il étoit mort en

1510, au temps de la publication du testament de Gerarde de Nozeroy sa mere. Sa veuve étoit remariée dès l'an 1508 à Guillaume Sachet de Salins, dont elle eut Pierre Sachet, Conseiller & Maître des Requêtes d'Éléonore d'Autriche, Reine de France. De son premier mariage nâquirent, 1°. Antoine, qui suit; 2°. Jeanne, épouse de Jean Simonin; 3°. Claudine, alliée à Noble Guillaume Maginet de Salins; 4°. Jeanne d'Esterno la jeune, femme d'Othenin Chaffignet, Citoyen de Besançon.

IX. ANTOINE D'ESTERNO, Écuyer, Seigneur audit lieu, fut tué à la bataille de Pavie, où François I fut fait prisonnier. L'inventaire de ses biens, fait en 1528, porte qu'il avoit épousé Bernardine de Monterans, d'une Maison noble du Pays de Vaud, sœur de Marguerite de Monterans, femme de Jean de Saint Mauris, Gouverneur de Pontarlier, & fille de Jean de Monterans & de Marguerite de Dully; & qu'il en eut, 1°. Simon, qui suit; 2°. Pierre d'Esterno, qui servoit dans l'Armée de Philippe II dans les Pays-Bas; il y fut blessé à l'assaut du Fort de l'Écluse, ce qui l'obligea de s'en revenir au Comté de Bourgogne l'an 1583, où il mourut de ses blessures peu de temps après son arrivée. Il n'eut point d'enfans de Ca-

Archives de M. le Comte d'Esterno.

Ibidem.

therine Guierche fa femme, qui avoit époufé
en premières nôces Pierre de Canod, Écuyer;
3° Simonne d'Efterno, alliée à Noble Jean
Merceret de Poligny.

X. SIMON D'ESTERNO, Écuyer, Seigneur
audit lieu, refta avec fon frere fous la tutelle
de Jean de Saint Mauris & de Jean d'Efterno
Archives fes oncles. Il fut Écuyer d'écurie de l'Empe-
de M. le reur Charles V, qui lui donna le commande-
Comte ment du Château d'Ufies, par Lettres-Patentes
d'Efterno. datées à Bruxelles le 4 de juillet 1549. Il
Ibidem. reçut, le 10 de feptembre 1556, de Philippe II, Roi d'Efpagne, une penfion de quatre
fols par jour en confidération de fes fervices. Il
Ibidem. reprit en fief, le 4 de mars 1556, de Guillaume de Naffau, Prince d'Orange, ce qu'il
avoit acquis de Jean de Villeneuve, Chevalier,
à Défervillers, Efterno, Montmahou, l'Abergement & Malant, & l'an 1569 il fit hommage entre les mains de François de Vergy,
Gouverneur du Comté de Bourgogne, de ce
qu'il poffédoit dans la Terre de Saint Afne à
Ibidem. caufe de fon époufe. Il avoit été fait, l'année
précédente, Lieutenant de la Compagnie des
gens de guerre que Jean d'Achey leva pour conduire dans les Pays-Bas. Étant à Béfançon en
l'hôtellerie du Soleil, il eut un démêlé avec
Philibert

Philibert de Rye, Seigneur de Balançon, qui le tua dans un combat singulier. Son corps fut inhumé dans l'Église des FF. Mineurs de cette Ville. Ses héritiers poursuivirent en Justice le Seigneur de Balançon, qui, dans la grace qu'il obtint, fut condamné à fonder des Messes pour le repos de l'ame de Simon d'Esterno, & à donner une somme d'argent à trois enfans naturels qu'il laissoit. Il n'en eut point de légitimes de Gasparde Merlet sa femme, Dame de Goux-lés-Vercel, veuve de Pierre de Montrichard, Seigneur de Fertans, & fille de Gautier Merlet, Écuyer, Seigneur de Goux.

Troisième Branche de la Maison d'Esterno.

VIII. ANTOINE D'ESTERNO, Écuyer, troisième fils de Guyot d'Esterno, Écuyer, Seigneur audit lieu, & de Gerarde de Nozeroy, épousa, par traité passé à Besançon le jeudi après la Fête de la Nativité de Notre-Seigneur de l'an 1492, Clauda Poisier, sœur de Richarde Poisier, alliée à Marc d'Esterno son frere, & niéce d'Étiennette de Grammont, femme de Noble Homme Nicolas Bonvalot, Citoyen de Besançon. Elle le rendit pere de Jean, qui suit.

Archives de M. le Comte d'Esterno.

IX. JEAN D'ESTERNO, IV du nom, Écuyer,

R

contracta alliance à Salins, le 16 de mars 1521, en préſence d'Étienne de Faletans, Prêtre ; Jean de Gilley, Seigneur d'Aiglepierre ; Pierre des Barres & Jean de Chavirey, avec Catherine Coytand de Salins, de laquelle il eut, 1°. Pierre, qui a continué la lignée ; 2°. Clauda d'Eſterno, mariée, 1°. à Étienne Oudin, Seigneur de Salegret, anobli par l'Empereur Charles V en 1541 ; 2°. à Noble Homme Gerard Gentil, Docteur ez Droits : Elle fut héritière de ſon premier époux, & fut inhumée en l'Égliſe de Saint Jean de Salins, où l'on voit ſon épitaphe, qui lui fut dreſſée par Pierre d'Eſterno ſon neveu ; 3°. Jean-Frédéric d'Eſterno, Écuyer, qui, après avoir voyagé longtemps en Italie & en Allemagne, s'adonna à l'étude des Loix, & laiſſa de ſon mariage avec Marguerite du Moulin deux filles, l'une épouſe de François de Darbonnay, Écuyer, Seigneur de Villersfarlay, & l'autre, nommée Gaſparine-Françoiſe, alliée à Noble Pierre Bancenel de Salins.

Jean d'Eſterno eut encore un fils naturel, appellé Jean d'Eſterno, qui fut pere de Gerard, qui s'établit à Naples, & de Simon, qui ſe fixa à Salins. Ce dernier eut pour enfans Humbert d'Eſterno, Notaire, mort ſans poſtérité ; Anne, épouſe de Nicolas Bouſ-

TRANSIIT GLORIA MUNDI

B.R

LVLIER
FECIT
1669

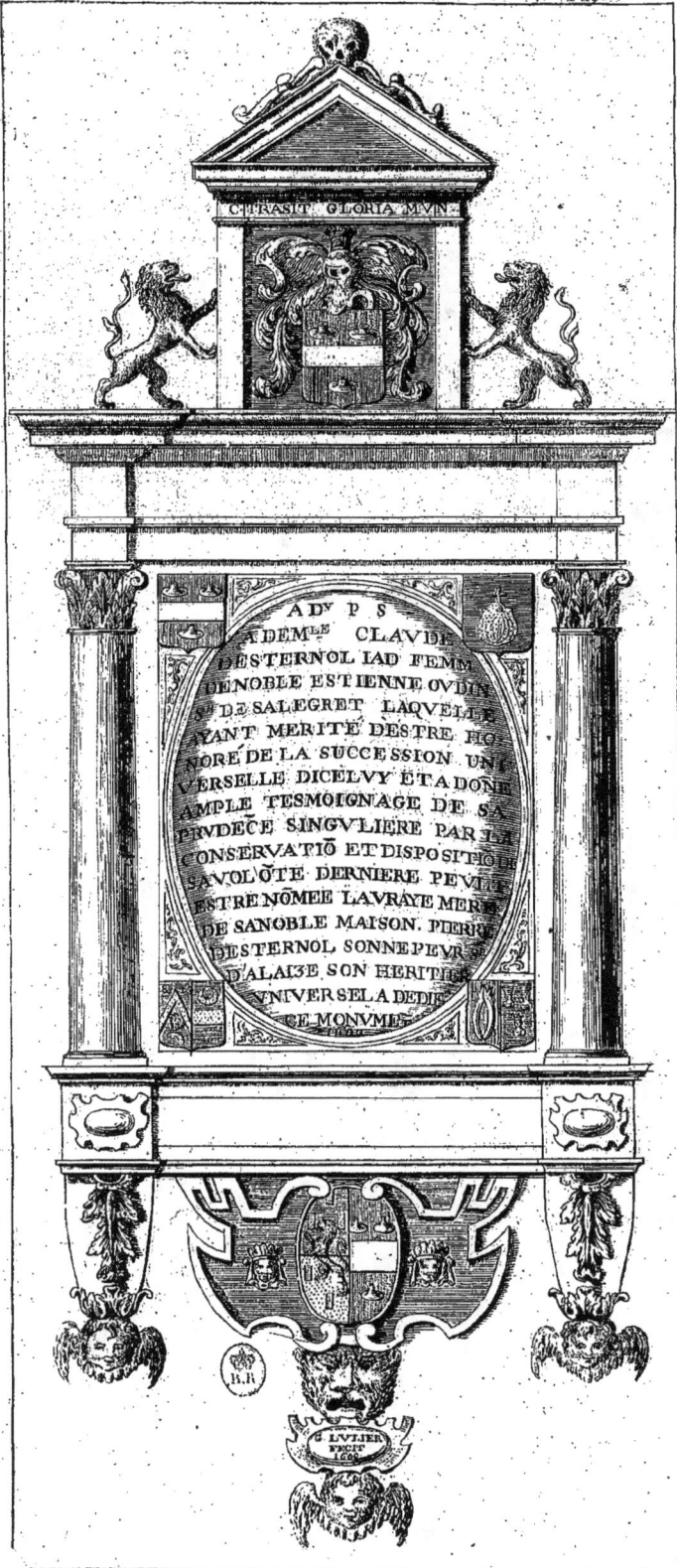

NON RASIT GLORIA MVND

AD P S
A DEM LE CLAVDE
DESTERNOL IAD FEMM
DE NOBLE ESTIENNE OVDIN
DE SALEGRET LAQVELLE
AYANT MERITE DESTRE HO
NORE DE LA SVCCESSION VNI
VERSELLE DICELVY ET A DONE
AMPLE TESMOIGNAGE DE SA
PRVDECE SINGVLIERE PAR LA
CONSERVATIŌ ET DISPOSITIOE
SA VOLŌTE DERNIERE PEVLT
ESTRE NŌMEE LAVRAYE MERE
DE SA NOBLE MAISON. PIERR
DESTERNOL SONNE PEVR
D'ALAIZE SON HERITIER
VNIVERSEL A DEDIE
CE MONVMET

B.R

LVIIEN
FECIT
1606

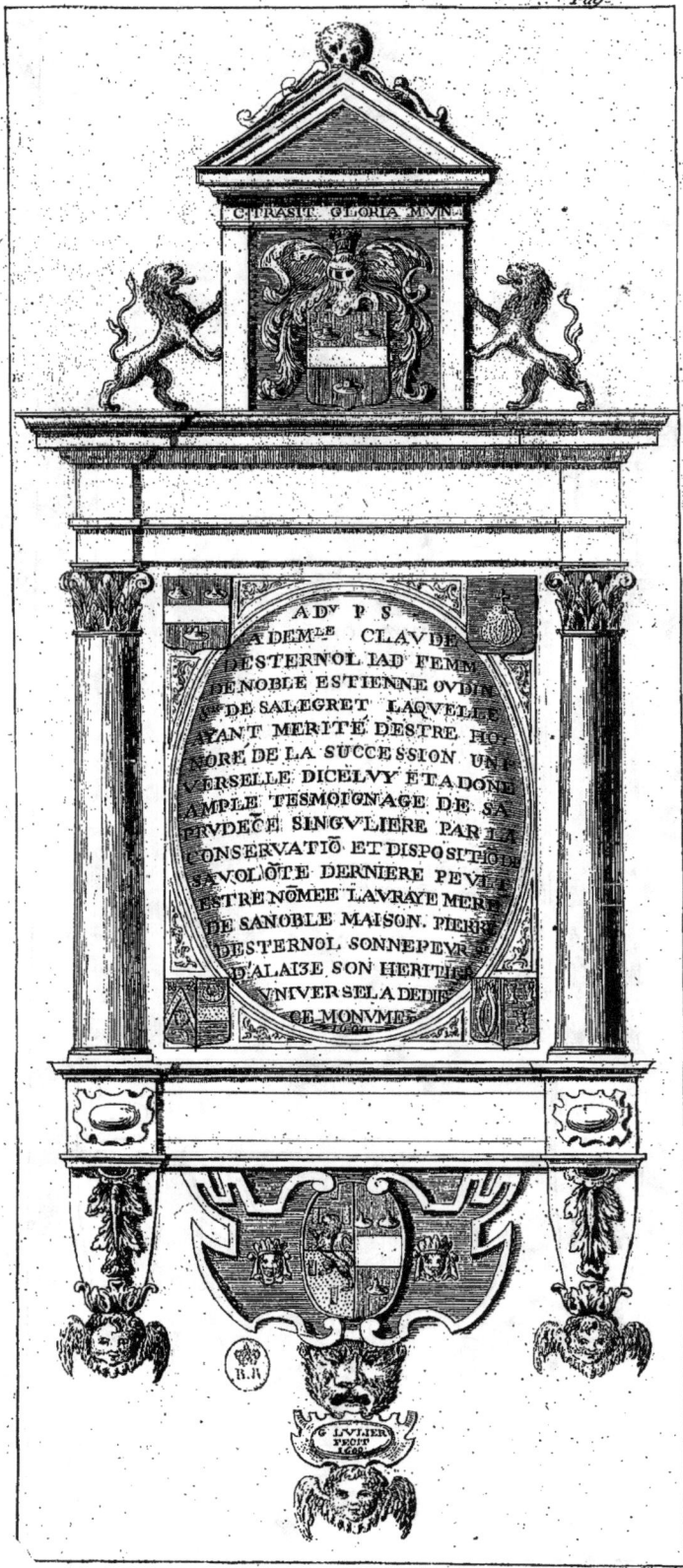

C TRASIT GLORIA MVNDI

AD V P S
A DEM.LE CLAVDE
D'ESTERNOL IADIS FEMM
DE NOBLE ESTIENNE OVDIN
S. DE SALEGRET LAQVELLE
AYANT MERITE D'ESTRE HO
NORE DE LA SUCCESSION VNI
VERSELLE D'ICELVY ET A DONE
AMPLE TESMOIGNAGE DE SA
PRVDECE SINGVLIERE PAR LA
CONSERVATIO ET DISPOSITIO
SA VOLOTE DERNIERE PEVLT
ESTRE NOMEE LA VRAYE MERE
DE SA NOBLE MAISON. PIERRE
D'ESTERNOL SONNEPEVR
D'ALAIZE SON HERITIER
VNIVERSEL A DEDIE
CE MONVMEE

B.R

G. LVLIER
FECIT
1600

fon, & une autre fille, mariée à Quingey.

X. PIERRE D'ESTERNO, Écuyer, Seigneur dudit lieu par l'acquisition qu'il fit de cette Terre de Simonne d'Esterno sa cousine, servit longtemps en Flandre dans les armées de Philippe II ; il mourut au Comté de Bourgogne des blessures qu'il avoit reçues à l'assaut de l'Écluse. Il s'étoit allié, par traité passé à Salins le 20 d'octobre 1552, avec Antoinette Grant, fille de feu Étienne Grant de Salins, Écuyer, & de Claudine de Varennes. Cette Dame avoit pour ayeule maternelle Marguerite de Bauffremont, femme d'Antoine de Varennes, Écuyer, Seigneur dudit lieu : Elle eut pour fils unique Pierre, qui suit.

XI. PIERRE D'ESTERNO, Écuyer, Seigneur dudit lieu & de Salegret, eut cette dernière Terre de la succession de Clauda d'Esterno sa tante, qui le mit en état d'acquerir celles d'Alaise & Refranche, & une partie de celles de Malans & de Lisine. Il entra fort jeune au service de son Prince, & se trouva dans les guerres de Flandre & d'Espagne. Revenu dans sa Patrie, il s'y distingua dans ces momens orageux où elle fut en proye aux incursions de ses ennemis. Il exerça l'Office de Lieutenant du Gouverneur de la Ville de Salins dans le temps que

Archives de M. le Comte d'Esterno.

Ibidem.

Ibidem.

Archives de la Ville de Salins.

d'Auffonville & Tremblecour, Chefs des Lorrains, firent des courfes jufqu'aux portes de cette Ville, qu'ils vouloient furprendre. Il marcha enfuite, avec une Compagnie de deux cens hommes, au fecours de celle de Poligny, fur les ordres qu'il reçut du Seigneur de Bauffremont, Colonel des Troupes du Bailliage d'Aval. Il fe rendit maître en même temps du Bourg de Chateauchalon, dont les François s'étoient emparés. Le calme ayant été rétabli dans cette Province, il y jouit de la réputation qu'il s'é-*Archives de la Ville de Salins.* toit acquife par fes belles actions, & eut une part principale dans l'adminiftration de la Ville *Archives de M. le Comte d'Efterno.* de Salins. Il affifta en 1614 & 1616 à l'affemblée des États généraux du Pays dans la Chambre de la Nobleffe. Il mourut à Efterno, & y fut inhumé fous une tombe chargée des blafons de fes alliances, parmi lefquels on remarque les armes de la Maifon de Bauffre-*Ibidem.* mont. Il avoit époufé, par contrat du 28 de juillet 1591, Élifabeth Quanteau, fille & héritière de feu Noble François Quanteau de Salins ; il en eut, 1.º Claude, qui fuit ; 2.º Guy, qui a fait branche ; 3.º Marguerite, femme de Laurent Marrelet.

XII. Claude d'Efterno, Écuyer, Seigneur d'Alaife, Refranche, Malans & Lifine, fuivit, à l'exemple de ses prédécesseurs, le métier des armes. Le courage qu'il y fit paroître lui procura le gouvernement du Château d'Ornans, poste dont la garde n'étoit confiée qu'à des personnes d'une valeur reconnue. Il mourut de la peste à Salins, après avoir dissipé la plus grande partie de ses biens, & aliéné la Terre d'Alaise, dont il ne se réserva que le nom, le cours d'eau & le droit d'instituer les Officiers de Justice. Il s'étoit allié à Françoise de Vesoul, fille de George de Vesoul, Écuyer, Seigneur de Raincour, & de Philippote de Saint Belin, de laquelle il eut, 1°. George d'Esterno, mort aux guerres d'Espagne; 2°. Louis-Humbert, qui suit; 3°. & 4°. Claude & Antoine, morts au service de leur Prince; 5°, 6°, 7°, 8°. Toussaint, Jean, Marguerite & Philippa d'Esterno.

XIII. LOUIS-HUMBERT D'ESTERNO, Écuyer, Seigneur d'Alaise & Refranche, acheva de dissiper le reste des biens de sa branche. Il fit un mariage d'inclination, duquel naquit François d'Esterno, Seigneur de Refranche, qui, après la conquête du Comté de Bourgogne par Louis XIV, passa en Allemagne, & entra dans les Troupes de l'Évêque de Munster. Il est mort en ce Pays vers l'an 1718, étant Lieutenant Colonel des Gardes de l'Électeur de Cologne, Évêque de Munster.

Archives de M. le Comte d'Esterno.

QUATRIÈME BRANCHE *de la Maison d'Esterno.*

XII. GUY D'ESTERNO, Écuyer, Seigneur dudit lieu & de Salegret, second fils de Pierre d'Esterno, Écuyer, & d'Élisabeth Quanteau,

Archives fut institué Capitaine d'une Compagnie de cent
de M. le hommes dans le Terce du Commandeur de Saint
Comte Mauris par Charles, Duc de Lorraine, Capi-
d'Esterno. taine général en Bourgogne, le 26 d'avril
Ibidem. 1638. Il fut convoqué aux États de ce Pays en 1643, 1656 & 1662. Il acquit la Terre de Refranche au décret fait sur les biens de Louis-Humbert d'Esterno son neveu. La mort le surprit dans le temps qu'il venoit d'être désigné Gouverneur du Fort de Saint André sur
Ibidem. Salins. Il laissa de son mariage avec Jeanne Ce-cile, fille de Jean Cecile le jeune, Écuyer, Ca-pitaine pour leurs A A. SS. du Château de Vennes, & de Philiberte Girardot, 1°, 2°. Jean & Simon, tués à la guerre; 3°. Alexandre, qui a continué la lignée.

XIII. ALEXANDRE D'ESTERNO, Écuyer, Sei-gneur dudit Lieu, Refranche, &c. Capitaine d'Infanterie dans le Régiment de Bourgogne, concourut avec valeur à la défense de la Ville de Salins attaquée par l'Armée de Louis XIV; il y fut fait prisonnier dans le Fort de la Ratte, où il commandoit, après avoir eu un cousin germain tué auprès de lui. Il épousa, par traité passé à Pesmes le 2 de juin 1672, Claudine Aubert, fille de feu Noble Pierre Aubert, Seigneur des grandes & petites Resies, & de Françoise l'Allemand, fille de Henry l'Allemand, Chevalier, Seigneur d'Augerans. Il testa le 16 de mars 1702 en faveur de ses trois fils, à l'aîné desquels il prélégua la Seigneurie de Refranche. Il mourut la même année, & fut inhumé en l'Église d'Esterno dans le tombeau de ses ancêtres. Il eut pour fils, 1°. Lambert, qui suit ; 2°. Jacques-Philippe, qui a fait branches ; 3°. Pierre-François, Abbé Commendataire de Saint Rigaud en Mâconnois, Prieur de Jussa-Moutier & de Saint Renobert ; 4°. Susanne, femme de Richard du Val, Seigneur d'Essertenne ; 5°. & 6°. Claudine & Anne-Magdelaine d'Esterno. Alexandre d'Esterno eut encore une fille naturelle, nommée Jeanne-Baptiste, alliée à Guillaume Borvine de Salins.

XIV. LAMBERT D'ESTERNO, Chevalier, Seigneur dudit lieu, Refranche, &c. entra au Service en qualité d'Officier des l'âge de seize ans. Il étoit Chevalier de Saint Louis & Lieutenant-Colonel du Régiment de Grosbois, lorsqu'il épousa à Saint Omer, le 17 de janvier

Archives de M. le Comte d'Esterno.

Ibidem.

Ibidem.

1708 , Jeanne-Alexis de la Haye de Werp , Dame de Pitgam , Ames , Herbellerie , Lattre & le Perroy , fille de feu Marc-Pierre de la Haye , Chevalier , Seigneur defdits lieux , & d'Anne-Marie-Jeanne de Winterfeldt : Cette dernière avoit pour pere Charles-Frédéric de Winterfeldt , Colonel d'Infanterie Allemande dans les Troupes de l'Empereur , elle étoit fœur d'Erneft , Comte de Winterfeldt , Gouverneur de Dendermonde , Capitaine de la Garde-Noble Flamande de l'Empereur Charles VI , & grand'tante du Général de Winterfeldt , qui commande aujourd'hui les Armées du Roi de Pruffe. Lambert d'Efterno eft mort en 1733 , au moment qu'il alloit être fait Brigadier des Armées du Roi. Il avoit obtenu , l'an 1724 , l'érection de la Terre de Pitgam en Comté , en confidération du zéle qu'il avoit témoigné dans toutes les occafions pour la gloire du Roi, & de l'ancienne Nobleffe de fa Maifon , connue dès le 13ᵈᵐᵉ fiécle. Les enfans nés de fon mariage font , 1°· Philippe-Jofeph, qui fuit ; 2°· Erneft-Jofeph , Capitaine de Dragons , mort à l'âge de 24 ans, le 3 d'avril 1745 , au Camp de Simmeren dans le bas Palatinat ; 3°· Françoife d'Efterno , mariée à Philippe-Wiric-Laurent, Comte de l'Allemand , morte en 1752.

XV.

XV. PHILIPPE - JOSEPH, COMTE D'ESTERNO, Seigneur dudit lieu, Refranche, Colans, Pitgam, Ames, Herbeilerie, Lattre, le Perroy, Lavans, &c. ancien Capitaine de Dragons dans le Régiment de la Suze, a épousé, par contrat passé à Dole le 20 d'octobre 1738, Gabrielle d'Arvisenet, fille puînée de Ferdinand d'Arvisenet, Chevalier, Président en la Chambre des Comptes de Dole, Seigneur de Lavans, Nam, Auxanges, Bertotanges, Montrichard, &c. & d'Antoinette - Philiberte Jacques de Nam. Cette Dame est morte en 1744, laissant de son mariage, 1°. Antoine-Philippe-Régis d'Esterno, Chevau-Leger de la Garde du Roi, né le 28 de mai 1741 ; 2°. Ferdinande-Gabrielle d'Esterno.

Archives de M. le Comte d'Esterno.

CINQUIÈME BRANCHE de la Maison d'Esterno.

XIV. JACQUES-PHILIPPE D'ESTERNO, Écuyer, second fils d'Aléxandre d'Esterno, servit en Allemagne dans le Régiment des Gardes de l'Électeur de Cologne ; il revint ensuite en France, où il obtint une Compagnie d'Infanterie. Il a eu de son mariage, contracté l'an 1710, avec Catherine-Thérése Bancenel, fille de Jacques-François Bancenel, Écuyer, Seigneur de Myon, & de Charlotte de Jouffroy d'Abbans, 1°. Charles-Joseph d'Esterno, Che-

S

valier de Saint Louis , Capitaine de Grenadiers
au Régiment de la Marine ; 2°. Aléxandre-Her-
menfroid d'Efterno , Prêtre , Coadjuteur des
Prieurés de Juffa-Moutier & Saint Renobert ;
3°. Claude-Joſeph d'Efterno , Capitaine dans le
Régiment de Champagne ; 4°. Joſeph d'Efterno,
Lieutenant au même Régiment ; 5°. Jeanne-
Aléxis d'Efterno.

SIXIÈME BRANCHE de la Maiſon d'Efterno.

III. RICHARD D'ESTERNO , Écuyer, ſur-
nommé le jeune, troiſième fils d'Eude d'Efterno ,
Chevalier , & de Nicole de Ceyz , contracta
alliance avec Guillemette de la Grange. Par ſon
teſtament , daté du ſamedy après la Fête de St.

Archives de M. le Comte d'Efterno. Luc de l'an 1337 , il choiſit ſa ſépulture en
l'Égliſe d'Efterno , ſous la tombe de ſon pere ;
fonda dans cette Églife une Chapelle en l'honneur de la Vierge , pour la dotation de laquelle
il aſſigna ſes biens de Liſine & cent ſoudées de
terre ; inſtitua héritier Jean ſon fils , qu'il mit
ſous la tutelle de Richard d'Efternoz , Chevalier, ſon couſin ; chargea de l'accompliſſement
de ſes diſpoſitions ledit Richard , Guillaume
d'Efterno ſon neveu , & Jean de l'Épée , Écuyers.

Sur ori-ginal. IV. JEAN D'ESTERNO , Chevalier , fut exécuteur du teſtament de Comteſſe de la Grange,

femme de Jean de Saint Quentin, Damoiseau, en 1359. Il eut de Bonne de Marigny sa femme, fille de Guillaume de Marigny, Chevalier, 1°. Simonne, alliée à Guillaume de Villeneuve, Écuyer; 2°. Jean d'Esterno, Damoiseau, pere de Jeanne; 3°. Guillaume, mort sans postérité; 4°. Jeanne, Religieuse en l'Abbaye de Battant.

Archives de M. le Comte d'Esterno.

Plusieurs autres Seigneurs de la même Maison sont nommés dans des chartres du 14ème siécle.

Guillaume d'Esterno, Écuyer, fut témoin, l'an 1332, d'une reconnoissance faite par Simonin, Sire de Vaudrey, Damoiseau, à Thiebaud de Ceyz, Chevalier. Un autre Guillaume d'Esterno, Chevalier, fut arbitre du différend qui étoit entre Jean de Chauvirey, Écuyer, & Louis de Joux, au sujet de la Forteresse de Chateauvilain.

Sur original.

Archives de la Maison de Chalon.

Richard d'Esterno, Écuyer, assista, l'an 1323, à l'hommage de la forte Maison de Malarée, rendu par Guillaume de Malarée, Écuyer, à Philippe de Vienne, Sire de Pimont.

Ibidem.

Renaud de Saint Louthain, Damoiseau, fils de feu Simon de Saint Louthain, Chevalier, institua héritière, par son testament de l'an 1333, Jeannette sa fille, épouse de Guyenard, fils de Richard d'Esterno, Écuyer.

Archives de l'Officialité de Besançon.

Étienne Lochardet de Salins, Prêtre, rap-

Archives de l'Officialité de Besançon. pelle dans ses dernières dispositions de l'an 1 3 3 7 Richard, dit Bidaul, d'Esterno, Chevalier, & Willaume d'Esterno, Damoiseau.

Archives de M. le Comte d'Esterno. Étienne de Beaufort, Chevalier, Seigneur de Beaulieu, fit un legs de cent florins, par son testament de l'an 1 3 6 8, à Guillemette sa fille, veuve de Gilet d'Esterno, Damoiseau, remariée à Étienne d'Arbon, Seigneur de la Chaux. Il fit mention dans le même acte de Claudine d'Esterno, fille de Gilet, & de Guillemette de Beaufort sa fille.

Archives de l'Officialité de Besançon. Jean d'Esterno, Damoiseau, fut témoin, l'an 1 3 8 7, des dernières volontés de Pierre, dit Raiselin, de Rochefort, Damoiseau.

Les armes de cette Maison sont de gueules, à la face d'argent, accompagnée de trois arrêts de lance de même, deux en chef & un en pointe.

EXPARTE. Ancienne Maison de Salins, de laquelle étoit Guillaume d'Exparte, Chevalier, *Chartul. de l'Abbaye de Balerne.* qui fut témoin d'un traité fait l'an 1 1 8 4 entre l'Abbaye de Balerne & Roger, Sire de Monnet. Il assista, l'an 1 1 8 9, à l'acte par lequel Gaucher, *Ibidem.* IV du nom, Sire de Salins, cautionna le même Seigneur envers les Religieux de ce Monastére.

FALETANS.

FALETANS.

CETTE Maison, établie à Salins dès le commencement du 14ème siécle, paroit avoir tiré son nom de la Terre de Faletans, située dans le ressort du Bailliage de Dole, & possédée jusqu'au 15ème siécle par la branche aînée de cette Maison.

I. LE plus ancien Seigneur de cette Terre, rappellé dans les titres, est Renaud de Faletans, Chevalier, Seigneur dudit lieu, de l'Étoile & de Saule, qui fit hommage, le jour de la Fête de Saint Vincent de l'an 1269, à Laure de Commercy, veuve de Jean, Comte de Bourgogne, du bois de la Sale & de ce qu'il avoit dès le château de Pymont jusqu'à Saule. Il vendit, l'an 1291, à Perrenet de Rochefort le meix d'un de ses sujets à Faletans. Il eut de Sibille sa femme Étienne, qui suit, & Amey, auteur de la branche établie à Salins.

Archive de la Maison de Chalon.

Arch. de la Chambre des Comptes de Dole.

T

II. ÉTIENNE DE FALETANS, Chevalier, Seigneur dudit lieu, contracta alliance avec Marguerite Cornu, mentionnée dans le teftament de Perrenin, dit Cornu, de la Loye, Damoifeau, fon pere, de l'an 1342, & dans celui d'Étienne, dit Cornu, Damoifeau, fon frere, de l'an 1355; il en eut Jean, qui a continué la lignée, Jacques & Beatrix.

Archives de l'Officialité de Befançon.

III. JEAN DE FALETANS, Damoifeau, Seigneur dudit lieu, eft nommé dans le teftament de Humbert de Rye, Chevalier, de l'an 1361. Il eut de Beatrix d'Aubigny fon époufe Jean, qui fuit.

Sur original.

IV. JEAN DE FALETANS, Damoifeau, Seigneur dudit lieu, tranfigea, l'an 1367, avec Jean de Rye, Seigneur de Balançon. Il vivoit, en 1384, avec Catherine fa femme, fille de feu Étienne Cuenet, Écuyer, fuivant une chartre de la Chambre des Comptes de Dole : Il en eut une fille unique, Gillette de Faletans, qui tefta le 15 de juillet 1407, étant veuve du Seigneur d'Aubigny; choifit fa fépulture en l'Églife de Pefmes dans la Chapelle de Saint Nicolas, & inftitua héritiers Jean & Marguerite, enfans de feu Guy d'Aubigny fon fils.

Archives de la Maifon de Poitiers.

Archives de M. de Faletans.

PREMIÈRE BRANCHE de la Maifon de Faletans.

II. AMEY DE FALETANS, Écuyer,

second fils de Renaud, Seigneur de Faletans, Chevalier, se fixa à Salins. Il aliéna, l'an 1317, en faveur d'Amey de Montagu, Chanoine de Besançon, un quartier & demi de muire qu'il percevoit sur les Salines. Il avoit épousé une Dame, nommée Marguerite, qui passa à de secondes nôces avec Gerard Palouset de Salins; étant veuve de ses deux maris, elle fit son testament le jeudi après la Fête de la Toussaints de l'an 1341, par lequel elle élut sa sépulture en l'Eglise de Saint Maurice de Salins, institua héritiers dans la moitié de ses biens Humbert de Faletans, Guillemette de Faletans, femme d'Etienne dit Ferroillat, Gerarde de Faletans, épouse de Jean Vauchard, & Isabelle de Faletans, veuve de Jacques de l'Aule, ses enfans, & dans l'autre moitié Renaud Palouset son fils.

III. HUMBERT DE FALETANS, Chevalier, nommé avec cette qualité dans des Lettres-Patentes de Marguerite, Comtesse de Flandre & de Bourgogne, du 18 de février 1377, étoit mort en ce temps, suivant les mêmes Lettres, qui font mention des biens féodaux qu'il avoit possédés, lorsqu'il vivoit, à Salins & à la Loye près de Dole. Il fut pere, suivant le temps, de Moroux qui suit.

Tit. des Rentiers des Salines.

Archives de l'Officialité de Besançon.

Archives de M. de Faletans.

T ij

Archives de l'Officialité de Besançon. Tom. 1er. page 228.

IV. MOROUX DE FALETANS, Écuyer, fut témoin, l'an 1348, du testament de Jean de Myon, Damoiseau. Il laissa de son mariage avec Marie, fille de Jean de Malpertuis, Écuyer, & d'Isabeau Palouset, 1° Étienne, qui a continué la lignée ; 2° Hugues, qui a fait branche ; 3° & 4° Guillaume & Marguerite de Faletans.

Archives de l'Officialité de Besançon.

V. ÉTIENNE, ou ETEVENIN DE FALETANS, Damoiseau, fut exécuteur, l'an 1394, des dernières dispositions de Jean de Naisey, Écuyer. Il épousa en premières nôces Anne de la Chaux, fille de Jean de la Chaux, Seigneur dudit lieu, & de Jeanne d'Usie, après la mort de laquelle

Ibidem.

il contracta une seconde alliance avec Marie Quanteau, fille de Jean Quanteau de Salins, & de Jeannette Lanternier : Du premier mariage naquirent, 1° Étienne, qui suit ; 2° Jean, qui a fait branche ; 3° Gerarde, épouse de Jean de Poupet, qui fut à cause d'elle Seigneur de

Ibidem.

la Chaux : Elle testa le premier de septembre 1440, & fut inhumée dans l'Eglise de Saint Étienne de Besançon. Jean de Poupet, Évêque de Chalon sur Saône, fut l'un de ses fils ; 4° Jean, Chevalier de Rhodes ; 5° Bienavantureux de Faletans, Chanoine de Saint Michel de Salins. Il fit son testament le 20 d'août 1469, par lequel il choisit sa sépulture en l'Eglise de Notre-

Dame de Salins, près du tombeau de ses pere & mere ; fit des legs à tous les enfans de ses freres & sœurs ; institua héritier Frery de Faletans son neveu, & chargea de l'accomplissement de ses volontés Jean Rolz, Chanoine de Saint Michel, & Jean Guierche, Bourgeois de Salins. Étienne de Faletans eut de sa seconde femme Frery de Faletans, Écuyer, allié à Marguerite, fille de Huguenin Vauchard.

VI. ÉTIENNE DE FALETANS, Damoiseau, épousa Jeanne, fille de Thiebaud de la Rochelle, dit de Neufchâtel, Chevalier, & de Jeanne de la Verpillière. Cette Dame est nommée avec son mari dans le testament de Marguerite d'Échenoz-le-Sec, son ayeule, veuve de Gerard de la Rochelle, Damoiseau, du 7 de janvier 1421. De cette alliance naquirent, 1°. Ferry, qui suit ; 2°. Gerarde, femme de Henry de Bannanz, Écuyer ; 3°. Nicole, épouse de Jean Jouard, Docteur en Loix, Chevalier en Armes, Président des Parlemens de Bourgogne ; 4°. Jeanne, alliée à Huguenin Saiget de Salins ; 5°. Huguette, femme de Guillaume de Monflans, Écuyer ; 6°. Simonnette, mariée à Jean Marmier, & mere de Hugues Marmier, Chevalier, Président du Parlement de Dole ; 7°. Philiberte, Religieuse en l'Abbaye de Migette; 8°. & 9°. Pierre & Jean de Faletans.

VII. FERRY DE FALETANS, Écuyer, fut du tournois de Valladolid en 1500, & eut de son mariage avec Jeanne Bonvalot de Besançon, Bienaventureux qui suit.

VIII. BIENAVENTUREUX DE FALETANS, Écuyer, fut légataire dans le testament de Bienaventureux de Faletans son grand-oncle, Chanoine de Saint Michel de Salins, de l'an 1469. Il fut

député par la Ville de Salins vers Louis XI, pour le détourner du projet qu'il avoit conçu de détruire cette Ville qui lui avoit résisté. Il avoit épousé Claudine de Gilley, fille de Noble Jean de Gilley, & de Jeanne de Noseroy. Cette Dame testa le 8 de novembre 1536,

étant veuve de Noble Nithier Patornay son second mari. Elle laissa du premier, 1°. Philippe de Faletans, Écuyer, Seigneur de Montaine, qui se distingua au tournois que Philibert de Chalon, Prince d'Orange, donna en son

château de Noseroy l'an 1519. Il testa à Salins le 27 de juin 1540; ordonna que son corps fut inhumé en l'Eglise de Notre-Dame dans la Chapelle des onze mille Vierges, auprès

de son pere & de ses Prédécesseurs ; fit un legs de
sa Terre de Montaine à Érard de Faletans son ne-
veu, auquel il substitua Antoine de Faletans,
frere d'Érard ; fit d'autres legs en argent à César,
Étienne & Jeanne, ses enfans naturels ; disposa
du reste de ses biens en faveur de Jean de
Faletans son frere ; 2°. Jean de Faletans, qui
a continué la postérité ; 3°. Pierre, Chanoine de
Saint Michel & de Saint Maurice de Salins ; 4°.
Jeanne, femme de Noble Claude Patornay ; 5°.
Jeannette, femme de Pierre Trousset, Ecuyer,
Seigneur de Vauferrand.

IX. JEAN DE FALETANS, Écuyer, Seigneur de
Villeneuve, Saint Cyr, le Serron, Bouhans &
Faletans en partie, fut du Conseil de l'Empereur Charles V, dont il mérita la confiance
par son zéle & son attachement. Il reprit en
fief de ce Prince, le 26 de juin 1532, dix
charges de sel qu'il percevoit sur les Salines
de Salins, & l'an 1538, la moitié de la Terre
de Saint Cyr. Il fit son testament dans son château de Villeneuve, le 13 d'octobre 1545,
par lequel il institua héritiers ses deux fils, &
commit l'exécution de ses dernieres volontés
à Claude de la Villette, Chevalier, Seigneur
dudit lieu ; Pierre Moureaul, Écuyer, Seigneur
de Beauregard ; Pierre Trousset, Écuyer, Sei-

*Archives
de M. de
Faletans.*

*Archives
de la
Chambre
des Comp-
tes de Do-
le.*

*Archives
de M. de
Faletans.*

gneur de Vauferrand, fes beaux-freres, & à Philippe Guierche, Écuyer, Seigneur de Chenevre, fon coufin. Il avoit été marié deux fois ; la première avec Marguerite de Guigonnard ; la feconde avec Marguerite de la Villette, de laquelle il eut, 1° Érard qui fuit ; 2° Antoine ; 3°, 4°, 5° Marguerite, Louife & Anne de Faletans.

X. ÉRARD DE FALETANS, Écuyer, Seigneur de Montaine, eut cette Terre avec des fiefs aux Arfures, Chaux, Charcenne & Areiche, par le teftament de Philippe de Faletans fon oncle, de l'an 1540. Il fit le fien à Salins le 13 de mars 1579, par lequel il élut fa fépulture en l'Eglife de Saint Maurice de cette Ville, dans le tombeau de fes Prédéceffeurs ; legua l'ufufruit de fes biens à Claudine de Grofpain fon époufe ; à Marguerite & Danielle de Faletans fes filles, à chacune 1500 frans ; inftitua héritier univerfel Jean-Baptifte de Faletans fon fils, & commit le foin de faire exécuter fes volontés à Jean de Gilley, Chevalier, Seigneur de Marnoz.

Archives de M. de Faletans.

XI. JEAN-BAPTISTE DE FALETANS, Écuyer, Seigneur de la Tour de Faletans, Montaine, Bufy, Larnoz, &c. époufa, par traité du 29 mai

Ibidem.

1593,

1593, Françoise de Saint Mauris, veuve de Marc d'Aigremont, Seigneur de Busy, & fille de Nicolas de Saint Mauris, Écuyer, & de Marguerite de Champenois. Cette Dame fut héritière d'Antoine-François d'Aigremont son fils, mort sans postérité vers l'an 1607. Elle laissa de son second mariage les enfans suivans ; 1° Jean-Baptiste, qui a continué la lignée ; 2° Marguerite, alliée à Benigne de Montureux, Écuyer, Seigneur de Menotey ; 3° Anne, femme de Noble Claude-Cecile de Pontarlier ; 4° Christine, épouse de Jean-Baptiste de Montureux, co-Seigneur à Menotey.

XII. JEAN-BAPTISTE DE FALETANS, surnommé le jeune, Seigneur de la Tour de Faletans, Busy, &c. contracta alliance, le 22 de février 1622, avec Françoise de Jouffroy, fille de Thomas de Jouffroy, Écuyer, Seigneur de Marchau, & d'Anne de Jouffroy. Il testa le 27 de janvier 1630, étant attaqué de la peste, dont il mourut peu de temps après. Ses enfans furent, 1° Claude-Louis, qui suit ; 2°, 3° Antoine & Jean-Baptiste ; 4° Claude-Françoise, morte jeune ; 5° Claire, femme de Claude-Joseph Guilloz, Écuyer, Seigneur de Montmirey.

Archives de M. de Faletans.

Ibidem.

XIII. CLAUDE-LOUIS DE FALETANS, Chevalier, Seigneur de Thiefrans, Busy, Larnod, &c. rendit de grands fervices au Roi d'Efpagne dans le temps de la guerre que les François porterent au Comté de Bourgogne. Il fut pourvu, par Lettres-Patentes datées à Bruxelles le 16 de juin 1651, de la Charge de Commiffaire Général des Troupes dans cette Province, vacante par la mort de Jean-Charles du Tartre, Chevalier. Il fut nommé, le 16 de janvier 1674, Quartier-Meftre-Général de Camp dans la même Province. Il mourut étant Gouverneur de la Confrérie de Saint George. Il avoit époufé, par traité du 17 d'avril 1646, Charlotte-Françoife d'Ifelin Dame de Thiefrans, fille de Raymond d'Ifelin, Chevalier, Seigneur de Lanans, & de Marguerite-Sufanne de l'Aubefpin : Il en eut, 1°. Philippe-Jofeph, qui a continué la poftérité ; 2° Ferdinand, Capitaine d'Infanterie dans le Terce du Comte de Grammont.

XIV. PHILIPPE-JOSEPH, Marquis de Faletans, Chevalier de Saint George, Capitaine de cent Cuiraffiers pour le Service du Roi d'Efpagne, Seigneur de Thiefrans, Bufy, Fontenelles, &c. obtint, au mois de mars de l'an 1712, l'érection de ces Terres en Marquifat, fous le nom de Faletans. Il époufa, par contrat paffé à Befançon le 22 de décembre 1687, Jeanne

Archives de M. de Faletans.

Ibidem.

Ibidem.

Ibidem.

Bonaventure Froiſſard de Broiſſia, fille de Jean Froiſſard de Broiſſia, Seigneur de Molamboz, Rantechaux, &c. & de Françoiſe-Théréſe de Thon. Il teſta le 22 de mars 1726, laiſſant de ſon mariage, 1º. Jeanne-Théréſe, femme de Hardouin-François de Romanet, Seigneur de Roſay, Capitaine de Dragons dans le Régiment de Saint Mauris; 2º. Bernardine, Chanoineſſe à Baume; 3º. Jean-Proſper, qui ſuit; 4º. Théréſe-Proſpére, alliée à Étienne-Joſeph-Marie de Moyria, Chevalier, Comte de Maillac; 5º, 6º. Bernard, Seigneur de Dampierre, Chanoine de Beſançon, & Charles, Religieux en l'Abbaye de Baume, freres jumeaux; 7º. Jeanne-Françoiſe, Chanoineſſe à Châteauchalon; 8º. François Grand, Prieur de l'Abbaye de Gigny; 9º. Théréſe-Proſpére, Religieuſe du Refuge à Beſançon, & 15 autres enfans morts jeunes.

XV. JEAN-PROSPER, Marquis de Faletans, Seigneur de Thiefrans, Buſy, Digoine, &c. a contracté alliance au château de Digoine, le 14 de janvier 1732, avec Marie-Nicole de Loriol, fille de Paul de Loriol-Chandieu, Chevalier, Comte de Digoine, Baron de Couche, Seigneur de Morey, Saint Mauris, &c. & de Louiſe-Éléonore de Saux-Tavannes. Il a pour

Archives de M. de Faletans.

Ibidem.

V ij

fils unique Paul-Bonaventure de Faletans, Cornette dans le Régiment de Bourbon-Busset Cavalerie.

SECONDE BRANCHE *de la Maison de Faletans.*

VI. JEAN DE FALETANS, Damoiseau, second fils d'Étienne de Faletans, & d'Anne de la Chaux, épousa Yolande de la Rochelle, sœur de Jeanne, alliée à Étienne de Faletans son frere : Elle le rendit pere, 1° d'Étienne, qui suit ; 2°. de Marguerite, femme de Claude de Vaivre, Écuyer ; 3° & 4°. de Jean & Antoine de Faletans.

Archives de M. de la Rochelle.

VII. ÉTIENNE DE FALETANS, Écuyer, Seigneur de Genevrey & Saux en partie, Écuyer-tranchant de Charles, Duc de Bourgogne, fut reçu en la Confrérie de Saint George en 1465. Il vivoit encore en 1501, & vendit en cette année à Hugues & Jean Marmier, freres, les cens qu'il avoit à Jussey, à cause de son partage de la Rochelle, & ceux qu'il y avoit acquis de Pierre & Jean de Faletans ses cousins. Il eut de Marie de Neuville, sa femme, fille d'Émard de Neuville, Écuyer, & de Marguerite de Trezette, 1°. Jean de Faletans, Doyen de l'Église Cathédrale de Chalon-sur-Saône, & Vicaire Général de l'Évêque Jean de Poupet

Journal de Paris, tome 2, page 232.
Gollut. pag. 954.

Archives de M. de Faletans.

son parent ; 2°. Thibaud de Faletans , Chevalier, Seigneur de Colombe , Cernay & Villers-le-Sec , reçu en la Confrérie de Saint George en 1494 , marié , 1°. à Anne de Mont-Saint-Ligier ; 2°. à Anne du Vernoy. Il fut père de Jeanne de Faletans, femme d'Étienne Guilloz de Montmirey, Écuyer ; 3°. Jean, mort sans enfans de son mariage avec marie du Flez ; 4°. Hugues, qui suit ; 5°. Anne , alliée , 1°. à Pierre de Velleguindry , Écuyer de Maximilien, Roi des Romains ; 2°. à Pierre Garin , Écuyer, Seigneur de Crual ; 6°. Jeanne , épouse d'Étienne de Sagey , Écuyer.

*Gollut ;
page 957.
Arch. de
la Chambre des
Comptes
de Dole.*

VIII. HUGUES DE FALETANS , Écuyer, Seigneur de Genevrey, Colombe , Essernay, &c. fit hommage, l'an 1534 , au Seigneur de Faucogney , des sujets qu'il avoit aux Villages de Servigney & Saux. Il s'acquitta du même devoir envers le Comte de Bourgogne pour les Terres de Genevrey, Colombe & Essernay, en 1538. Il contracta alliance avec Étiennette, fille de Jean du May , Écuyer , de laquelle il eut , 1°. Jean, qui a continué la lignée ; 2°. Philippe ; 3°. Jean, dit le jeune, Prêtre, Docteur en Décrets ; 4°. 5°. 6°. Pierre , François & Marc de Faletans ; 7°. Jeanne , épouse d'Anatoile de Vy , Écuyer, Seigneur de Mercey ; 8°. Blaise , femme de

Ibidem.

Jean de Leugney, Écuyer; 9°. Barbe, alliée, 1°. par traité du 2 de février 1548, à Simon Thomaffin, Écuyer, Seigneur de Goux; 2°. l'an 1562, à Guillaume de Vaux, Seigneur de Chaloy; 10°. & 11°. Anne & Sufanne de Faletans.

Archives de M. de Mouftier.

IX. JEAN DE FALETANS, Écuyer, Seigneur de Genevrey, fut exécuteur, l'an 1590, du teftament de Guillaume de Vaux fon beau-frere. Il eut pour fils Guillaume, qui fuit.

Archives de M. de Crofey.

X. GUILLAUME DE FALETANS, Écuyer, Seineur de Melins, Saint-Julien, Gevigney, Mercey, Combaufontaine, contracta alliance avec Françoife l'Allemand de Vaitte, de laquelle il eut, 1°. Alexandre de Faletans, Seigneur defdits lieux, qui époufa au château de Menoux, le 29 de janvier 1633, Marie de Color de l'Indempt, fille de feu Nicolas de Color de l'Indempt, Seineur de Baumont, & de Louife de Triconville. Il mourut fans poftérité; 2°. Antoinette, femme de Humbert-Louis de Vefoul, Seigneur de Raincour; 3°. Jeanne-Baptifte, alliée à Claude-François Lullier, Écuyer, Seigneur de Chauvirey.

Arch. de M. de Jouffroy-Novillars.

Ibidem.

Ibidem.

TROISIÈME BRANCHE de la Maifon de Faletans.

V. HUGUES DE FALETANS, Écuyer,

second fils de Moroux de Faletans, épousa N...
Belin, sœur de Jean Belin de Pontarlier, Chanoine
de Besançon, & Archidiacre de Salins, de laquelle il eut, 1.° Jean, qui suit ; 2.° Guillaume,
légataire dans le testament de Jean Belin son
oncle, de l'an 1410. Il eut de Jeannette Deschamps une fille unique, Jeanne de Faletans,
mariée à Thibaud Portier de Lons-le-Saunier,
Ecuyer ; 3.° Alix, femme de Jean Nyellier de
Salins, Licencié en Loix.

VI. JEAN DE FALETANS, Écuyer, fut témoin du
testament de Guy Nyellier de Salins, en 1422.
Il eut pour fils, 1.° Pierre de Faletans, Écuyer,
qui vivoit en 1484 avec Marie Arnaud sa
femme, veuve de Jean de l'Aule, Écuyer ; 2.°
Humbert, mentionné avec ses freres dans un
Arrêt du Parlement de Dole de l'an 1460 ;
3.° Jean de Faletans.

LES armes de cette Maison sont de gueules
à l'Aigle éployée d'argent, timbrées d'une tête
d'Aigle de même, supportées par deux Griffons
aussi d'argent. Sa devise est : *une fois Faletans.*

Archives de l'Offi-cialité de Besançon.
Ibidem.
Archives de M. de Faletans.
Archives de l'Offi-cialité de Besançon. Tit. des Rentiers des Salines.

FERRIER, FRERRIER ou FERROILLAT.

Noms qu'une ancienne Maison de Salins prenoit indifféremment. Hugues de Salins, dit Ferroillat, Chevalier, fut pere de Jean, qui suit; de Renaud, qui a fait branche établie dans la Châtellenie d'Arbois, & de Simonnette, alliée à Guy de Fertans.

Chartul. de l'Abbaye de Balerne.

II. JEAN, dit FERRIER, Chevalier, nommé dans l'hommage du Château de Saint Afne, rendu par Jacques, Seigneur de Rans, à Jean de Chalon, Sire d'Arlay, l'an 1277, eut pour fils Renaud, qui suit.

Arch. de la maison de Chalon.

III. RENAUD FERRIER, Chevalier, étoit mort en 1294, suivant le testament d'Alix son épouse, par lequel elle choisit sa sépulture dans l'Église de Saint Maurice de Salins, & institua héritieres ses trois filles, Blanche, femme de Gerard de Ceyz, Damoiseau; Comtesse, femme de Renaud de Bonnay, Damoiseau, & Marguerite, alliée à Pierre de Saint Quentin, aussi Damoiseau.

Archives de l'Officialité de Besançon.

GAY.

GAY

L A Famille de ce nom, originaire de la Ville de Poligny, s'est établie à Salins sur la fin du 16ème siécle. Ses armes sont d'azur à deux chevrons d'or, accompagnés de de deux étoiles d'argent en chef, d'un croissant de même en cœur, & d'une étoile de même en pointe; elle a pour devise ces mots : *En tout temps Gay.*

NOBLE ODOT GAY, Seigneur de Montafroy, étoit Maire de la Ville de Poligny en 1584, & en ce nom il fit un traité avec Claudine Fauquier, Dame de Monbardon.

I. NOBLE MARC GAY, qui paroit avoir été son frere, fut Seigneur de la Buchille & de Villey-les-Bois, & fixa sa demeure dans la Ville de Salins. Il reprit en fief de Sa Majesté, le 9 de novembre 1584, entre les mains du Comte

Archives de M. Gay de Marnoz.

X

de Champlitte , Gouverneur du Comté de Bourgogne , des cens féodaux qu'il avoit acquis
d'Anne d'Orchamps ; & le 11 de mars de l'an
Archives
de M.
Gay de
Marnoz. 1590 , il lui fit hommage de la Seigneurie
de Villey-les-Bois , qui lui avoit été vendue par
Charles du Pin , Seigneur du Fied , Guillaume
de Vaugrenant , Seigneur de Mouchard , &
Louise du Pin. Il fut fait Conseiller-Maître en
la Chambre des Comptes de Dole , par Patentes de l'an 1587. Il fit son testament , le 7 de
Ibidem. juin 1596 , institua héritiers les deux fils nés
de son premier mariage , & l'enfant dont sa
seconde femme étoit enceinte , au cas que ce
fût un enfant mâle. Il mourut le lendemain ,
& fut inhumé en l'Église de Saint Anatoile de
Salins , avec cette épitaphe :

C Y   G I S T   Noble   M A R C   G A Y   de   Salins ,   Seigneur de
Villey-les-Bois ,   Conseiller de Sa Majesté ,   Maître en sa Cham-
bre des Comptes à Dole ,   qui trespassa le V I I Ième. jour du
mois de juin M. D. XCVI.

Il avoit eu deux femmes ; la première fut
Claudine Bergeret , fille de Philibert Bergeret
& d'Alix Brun. Cette épouse étant morte , il
Ibidem. contracta une nouvelle alliance , le 3 d'octobre 1594 , avec Jeanne - Susanne Bon-
dieu , fille de Noble Jean Bondieu de Salins , &
de Louise Udressier. Les enfans de son pre-

mier mariage, furent, 1°. Philibert Gay, Écuyer, Seigneur de la Buchille & Villey-les-Bois, qui obtint, le 24 de janvier 1616, des Archiducs Albert & Isabelle, le droit d'établir un Tabellion dans sa Terre de Villey-les-Bois ; il fut pere d'Étienne, mort sans alliance ; 2°. Nicolas Gay, Écuyer, mort sans postérité ; 3°. Anne, femme de Noble Isaac Matal ; 4°. Alix, femme de Guillaume Roux de Menestru, Écuyer.

Archive de M. Gay de Marnoz.

Du second mariage de Marc Gay nâquit Pierre, qui suit.

II. PIERRE GAY, né après la mort de son pere, eut la Seigneurie de Villey-les-Bois par la mort d'Étienne Gay son neveu. Il reprit en fief de Sa Majesté, le 3 de décembre 1601, conjointément avec sa mere, une rente sur les Salines, qui avoit été acquise en son nom de Claudine Sachet, veuve du Président Froissard. Il fut pourvu dès lors de l'Office de Juge des Sauneries de Salins, & fut convoqué comme Noble aux États du Comté de Bourgogne en 1678. Il mourut en 1682, dans un âge fort avancé. Il avoit épousé, par contrat du 4 de juillet 1628, Marguerite, fille de Simon Vigoureux de Salins, Écuyer, & d'Étiennette Merceret, de laquelle il eut, 1°. Pierre-Fran-

Ibidem.

Ibidem.

Ibidem.

çois, qui a continué la poſtérité ; 2°· Suſanne, femme de Claude-Antoine Roy , dit Régis , Écuyer , Baillif de Noſeroy ; 3°· Anne, épouſe de Noble Jean-Baptiſte Arviſenet de Gray.

III. PIERRE-FRANÇOIS GAY, Écuyer, Seigneur de Villey-les-Bois , Marnoz , Saint Michel , Juge des Sauneries de Salins , contracta alliance , le 13 de ſeptembre 1665 , avec Marie , fille de Noble Claude Pourtier & de Marie Valle. Elle le rendit pere , 1°· de Pierre-François-Xavier , qui ſuit ; 2°· de Marie, alliée, le 12 de janvier 1693, à Claude-François, Comte d'Udreſſier ; 3°·, 4°· de Marie-Théréſe & Théréſe , Carme-lites ; 5°· de Claudine, femme d'Anatoile Girod , Lieutenant Criminel au Bailliage de Salins ; 6°· de Claudine-Agnès.

Archives de M. Gay de Marnoz.

IV. PIERRE-FRANÇOIS-XAVIER GAY, Seigneur de Marnoz , Villey-les-Bois , Saint Michel , ob-tint, le 30 de juin 1738 , un Arrêt de la Chambre des Comptes de Dôle , qui le maintint dans la poſſeſſion de ſa Nobleſſe depuis Odot Gay & Marc Gay ſon biſayeul. Il fut pourvu d'un Office de Préſident en la même Cour , par Patentes du 9 de mars 1736. Il épouſa, le 22 de janvier 1704, Françoiſe-Gabrielle Mathe-rot , fille d'Antoine Matherot , Seigneur de Deſnes , & de Théréſe Mareſchal de Longeville.

Ibidem.

Ibidem.

Il en a eu, 1°. Charles-Antoine Gay, Seigneur de Marnoz, &c. Préſident en la Chambre des Comptes de Dole ; 2°. Marie-Françoiſe-Théréſe, Religieuſe de la Viſitation ; 3°. Pierre-François, Capitaine de Cavalerie dans le Régiment de Grammont, Chevalier de Saint Louis ; 4°. Marie-Charlotte, Religieuſe en l'Abbaye de Montigny ; 5°. Claude-Antoine, Capitaine dans le Régiment de Nice Infanterie, Chevalier do Saint Louis ; 6°. Claude-Ignace ; 7°. François-Xavier, Capitaine au Régiment de Nice.

G I L L E T.

A Famille de ce nom, originaire de Salins, a été anoblie dans la Personne de Jean de Gilley, par Lettres-Patentes de l'Empereur Maximilien, datées à Vienne le 2 de février 1494.

I. JEAN DE GILLEY étoit fils d'un autre Jean de Gilley, Bourgeois de Salins, époux de Guillemette Correctier. Il eut trois femmes ; la première fut Jeanne de Noseroy ; Claudine Lalye fut la seconde ; la troisième fut Guillemette le Goux. Du premier mariage nâquirent Guillaume, qui suit, Claudine, alliée, 1°. à Bonaventure de Faletans, Écuyer ; 2°. à Noble Nithier Patornay, & Jeanne, femme de Pierre Nardin, Citoyen de Besançon.

I I. NOBLE HOMME GUILLAUME DE GILLEY, Seigneur d'Aiglepierre, Andelot, &c. épousa,

1°. Adrienne de Saint Mauris ; 2°. Henriette de Bernaud. Il eut de la première, 1°. Nicolas, qui a continué la lignée ; 2°. François, Seigneur de Port & Chatelay, qui de son mariage avec Françoise Merceret eut Marguerite de Gilley, femme de Claude de la Vilette, & Claudine de Gilley, alliée à Gaspard de Vaux, Seigneur de Chasoy. Du second lit nâquirent, 1°. Guyon, Seigneur d'Andelot ; 2°. Marguerite, épouse de N . . de Cinqcens. 3°. Jeanne, mariée à François de Remilly, 4°. Claudine, femme de Jacques Choux, Seigneur de Rochefort.

III. NICOLAS DE GILLEY, Chevalier, Baron de Franquemont, obtint de l'Empereur, l'an 1538, l'érection de cette Terre, qu'il avoit acquise de Gerard d'Aroz, en Baronie d'Empire pour lui & sa postérité, mâle & femelle. L'Archiduchesse Marguerite le pourvut de la Charge de son Échanson, le 24 de may 1530. Il fut depuis Gentilhomme de la Maison de l'Empereur, & son Ambassadeur en Suisse & en Savoye. Il renouvella, l'an 1542, le traité de neutralité des deux Bourgognes avec Philippe Chabot, Amiral de France. Il se retira sur la fin de sa vie dans sa Terre de Marnoz, & y composa plusieurs ouvrages en prose & en vers, qui sont restés manuscrits. Il avoit épousé, l'an

1 5 2 6, Jeanne de Marnix, Dame de Crilla, dont il eut, 1°. Jean de Gilley, Chevalier, Seigneur de Marnoz, qui de son mariage avec Anne de Saint Mauris, Dame de Mathay, eut Claude-Philibert, mort jeune, & Anne-Ursule, mariée à François de la Tour-Saint-Quentin; 2°. Jean de Gilley le puîné, qui a continué la lignée; 3°. François, Protonotaire Apostolique; 4°. Claude, Seigneur d'Aiglepierre, Pardessus des Salines de Salins, Capitaine de la même Ville, mari, 1°. de Dorothée de Montfort; 2°. de Clauda de Fouchiers, & pere de Marguerite-Alexandrine de Gilley, épouse de François de Chastenoy, Baron de Saint Vincent; 5°. Marguerite, alliée à Claude Gaillard de Saint Claude, Écuyer; 6°. Étiennette, femme de Dom Pedro de Sosa-de-Castro, Commandeur d'Avis en Portugal.

I V. JEAN DE GILLEY, Baron de Franquemont, Capitaine de la Ville de Salins, épousa, l'an 1 5 6 7, Éve d'Aubonne. Il prend la qualité de souverain Seigneur de Franquemont, dans son testament de l'an 1 5 7 6. Il eut pour fils, 1°. Gaspard, mort sans alliance; 2°. Jean-Claude, qui a continué la postérité.

V. JEAN-CLAUDE DE GILLEY, Baron de Franquemont, contracta alliance, le 2 5 de juin 1 6 1 9

1 6 1 6, avec Jeanne-Perronne de Vaudrey, de laquelle il eut Jean-Babtiste, qui suit, & Marie-Thérése, mariée, 1.° à Cleriadus, Comte de la Tour-Saint-Quentin; 2.° à Marc de Montagu, Seigneur de Boutavant.

VI. JEAN-BAPTISTE DE GILLEY, Baron de Franquemont, fut reçu en la Confrérie de Saint George en 1 6 5 0 ; il laissa une fille unique de Susanne du Châtelet sa femme, fille d'Antoine, Marquis de Trichâteau. Les armes de cette Famille étoient d'argent, à un arbre de sinople.

GRANT. Famille de Salins, anoblie, l'an 1 5 0 3, par Philippe, Archiduc d'Autriche, Comte de Bourgogne, dans la Personne de Jean Grant, Gardien de l'un des Puits à muire des Sauneries. Elle s'est éteinte dans la Maison d'Éternoz. Ses armes étoient de gueules au chevron de sable, chargé de quatre tourteaux d'argent, accompagné d'un tourteau de même en chef. *Archives de M. le Comte d'Éternoz.*

GUIERCHE. Cette Famille, qui étoit l'une des plus considérables dans la Bourgeoisie de Salins, possédoit déja des Fiefs dans le 15.ème siécle. Le Seigneur de Neufchatel saisit, l'an 1 4 5 9, celui que les fils de feu Othenin Guierche de *Arch. de la Maison de Bauffremont.*

X

Salins tenoient à Liefle, dont l'hommage ne
lui avoit pas été rendu. Nicolas Guierche fut
le dernier mâle de cette Famille; il mourut fans
poftérité, & fes biens pafferent à Françoife fa
fœur, qui avoit époufé, l'an 1607, Hardouin
Gaspard de Beaujeu, Seigneur de Montot,
Gentilhomme de la Maifon de l'Archiduc
Albert. Guierche portoit pour armes de gueules
à la face d'azur, accompagnée de trois cignes
nageans d'argent, deux en chef & un en pointe.

GUILLAME. Famille éteinte dans celle
d'Udreffier, portoit pour armes tranché d'or
& de gueules, à deux lions armés & lampaffés
de l'un à l'autre. Elle rapporte fa Nobleffe à
Jean Guillame de Salins, Controlleur dans les
grandes Sauneries, anobli, avec Simon fon fils,
par Philippe II, Roi d'Efpagne, le 23 d'avril
1598. Le premier avoit époufé Perrenette
du Fourg, & le fecond Anne-Marie de Villeneuve, de laquelle il eut Ignace & Louife, alliée
à Philippe Udreffier, Écuyer. Ignace Guillame,
Chevalier, Seigneur de Pontamougeard & Saint
Thiebaud, fe diftingua dans le métier des armes,
& concourut vaillamment à la défenfe de fa
Patrie. Il fut fait Meftre-de-Camp d'un Terce
d'Infanterie le 22 décembre 1672, & pourvu

Archives de M. le Comte d'Udreffier.

Ibidem.

par le Roi d'Espagne, l'an 1674, du Gouvernement de la Ville & des Châteaux de Salins. S'étant retiré en Flandre après la conquête du Comté de Bourgogne par Louis XIV, il fut envoyé, l'an 1678, par le Duc de Villahermosa, Gouverneur des Pays-Bas, vers le Duc de Luxembourg, pour négocier un traité avec lui. Charles II, Roi d'Espagne, le nomma Général de Bataille, le premier de mars 1685; il fut depuis envoyé par ce Prince aux Cours de Dusseldorp & de Munster, le 19 de mai 1689; il étoit mort avant le 27 d'octobre de la même année, jour auquel son testament fut publié au Bailliage de Salins.

Archives de M. le Comte d'Udressier.

J U N E T.

LA Famille de ce Nom, originaire de la
Rivière, s'est établie à Salins au commencement de ce siécle : ses armes sont
d'hermines à la face de gueules, chargée d'une
quintefeuille percée d'or, timbrées d'un maure
naissant vêtu d'hermines.

I. JEAN JUNET de la Rivière, Procureur-
Général des Terres de la Maison de Chalon au
Comté de Bourgogne, mérita d'être anobli
par son Prince. Philippe II, Roi d'Espagne, lui
accorda des Lettres de noblesse, datées de Madrid
le 27 d'avril 1598, en récompense de ses
services, de ceux de Pierre & Philibert ses fils,
& de feu Gratian Junet son pere, Châtelain
de Chalamont, & Lieutenant du Baillif de la
Rivière. Ceux de Jean Junet, rappellés dans ces
Lettres, sont autant de preuves de sa fidélité &
de son courage. En 1568 il fut chargé de
conduire à l'armée du Roi les gens de cheval

Arch. de la Chambre des Comptes de Dole.

que le Sieur d'Éclans avoit levés au Comté de
Bourgogne. Il alla en France en 1570, étant
Officier dans la Compagnie du Sieur de Nance,
qui marchoit avec d'autres Troupes au secours
des Catholiques de ce Royaume ; il en fut rappellé la même année par le Sieur d'Andelot,
pour s'opposer à l'incursion du Duc des deux
Ponts. Il eut peu de temps après le commandement d'une Compagnie de cent Arquebusiers,
avec laquelle il assiegea le Château de l'Étoile,
& en chassa les ennemis qui s'en étoient emparés.
Étant en détachement il fut fait prisonnier par
les François ; mais ayant trouvé le moyen de
s'échapper, il revint en sa Patrie, animé d'un
nouveau zéle ; il le témoigna principalement
lorsque la Cité de Besançon ayant été surprise
par les Protestans, il eut ordre du Comte de
Champlitte, Gouverneur du Pays, de les pour-
suivre & de leur fermer les passages. Ces marques
d'une fidélité si constante lui procurerent les
charges honorables de Procureur Général des
Terres de la Maison de Chalon & de Secrétaire
du Roi Philippe II ; & par la même considération le Duc de Parme, Gouverneur Général
des Pays-Bas, lui permit d'acquerir des fiefs dans
le Comté de Bourgogne, jusqu'à la valeur de
300 livres de rente.

Jean Junet avoit épousé Claudine Rouhier,

de laquelle il eut , 1°. Pierre qui suit ; 2°. Philibert Junet , Capitaine du Château de la Rivière, qui servit longtemps dans les Pays-Bas. Il épousa , 1° Marguerite Franchet , fille de Nicolas Franchet, Écuyer, Seigneur d'Osse & de Marguerite Pierrard ; 2°. Anne de Pra, qui

étant veuve de lui en 1650 , fit une donation de ses biens à Antoine & Gaspard de Pra, Seigneurs de Bessey, ses neveux. Il n'eut de son premier mariage qu'une fille unique , nommée Claudine , alliée à Simon Marchant , Écuyer, Seigneur de la Chatelaine.

II. Noble Pierre Junet fut institué, le 3 de

juin 1595 , par Claude de Vergy , Comte de Champlitte , Gouverneur du Comté de Bourgogne , Capitaine d'une Compagnie de cent hommes de sa garde , tant Arquebusiers que Mousquetaires , avec les mêmes appointemens que les Officiers des Troupes du Roi. Il obtint la même année une Compagnie de 200 hommes de pied dans le Terce d'Infanterie qui fut levé pour la défense du Pays , attaqué par Henry IV. Guillaume de Nassau , Prince d'Orange , le nomma Gouverneur du Château de Saint Asne ,

par Patentes datées à Bruxelles le 11 de mai 1611 : Il s'étoit marié , le 21 de septembre 1596 , avec Françoise Besard , fille d'Antoine

Befard, Citoyen de Befançon, de laquelle il eut,
1°. Jean-Baptiste Junet, Écuyer, Capitaine de
200 hommes d'Infanterie, par Patentes de
l'Archiduchesse Isabelle du 12 d'avril 1625.
Il passa dès lors avec sa Compagnie dans le Terce
du Baron de Balançon, & y servit dans les Pays-
Bas jusqu'en 1632; il mourut sans postérité;
2°. Pierre-François, qui a continué la lignée;
3°. Étienne-François Junet, Écuyer, Capitaine
dans le Terce du Chevalier de Saint Mauris.
Il eut ordre, l'an 1636, du Baron de Watteville, Général de Bataille au Comté de Bourgogne, de lever une Compagnie de Dragons de
cent hommes, avec laquelle il servit en Comté
jusqu'en 1639, que Dom Diego de Savedra,
Commissaire Général des Troupes du Roi d'Efpagne, lui manda de former une Compagnie
d'Infanterie, par lettres datées à Fribourg le 30
d'avril de la même année, ce qu'il exécuta avec
tant de promptitude qu'il mérita les applau-
dissemens de cet Officier Général.

Archives de M. de Courbeffein.

III. PIERRE-FRANÇOIS JUNET, Écuyer, Seigneur de Bouverans, entra en 1629, en qualité de Volontaire, dans la Troupe commandée
par Jean-Baptiste Junet son frere: Il fut pourvu
par le Duc de Feria, Gouverneur de Milan,
d'une Compagnie de 200 hommes de pied,

Ibidem.

dans le Terce du Comte d'Arberg, levé pour
la défense du Comté de Bourgogne, par Patentes
datées à Milan le 23 de février 1633. Il
époufa, par traité paffé à Vefoul le 17 de no-

Archives de M. de Courbef- fein.

vembre 1638, Marguerite de la Palud, Dame
de Remiremont, fille de feu Claude de la Palud,
Chevalier, Baron de Chaudenay, & d'Elifabeth
de Salives, Dame de Monjuftin, en préfence
d'Elifabeth de Lutzbourg, Dame d'Haraucour,
tante de fa future époufe, & de Jean-Adrien de
Salives, Seigneur de Cerf, Sergent-Major d'un
Terce pour le fervice de Sa Majefté. Il eut de
ce mariage Pierre-François qui fuit.

IV. PIERRE-FRANÇOIS JUNET, Écuyer, Seigneur
de Bouverans, contracta alliance, le 24 d'août

Ibidem.

1666, avec Jeannette de Courbeffein, fille de
feu Noble Seigneur Antoine de Courbeffein,
Écuyer, & de feue Anne Cuffemenet : Il en eut,
1°. Pierre-Claude, qui a continué la poftérité;
2°. Nicolas-François Junet, Écuyer.

V. PIERRE-CLAUDE JUNET, Écuyer, Seigneur
de Bouverans, fut chargé de relever le nom
de fa mere par le teftament de cette Dame.

Ibidem.

Il époufa, par contrat paffé à Salins le 4eme.
d'octobre 1710, Jeanne-Antoine Marchant,
fille de feu Leonard Marchant, Seigneur à Miferey, & de Marie Marchant de la Chatelaine :
Elle

Elle le rendit pere de Pierre-François-Joseph qui fuit.

VI. PIERRE-FRANÇOIS-JOSEPH JUNET de Courbeffein, Écuyer, Seigneur d'Aiglepierre & Bouverans, ancien Capitaine dans les Milices du Comté de Bourgogne, a épousé, par contrat passé à Salins le 20 de mai 1745, Marie-Anne-Désirée Portier, fille de Jacques-François Portier, Écuyer, Seigneur d'Aiglepierre, ancien Capitaine au Régiment de la Serre, & de Marie-Hyppolite Boutechoux, de laquelle il a, 1° Philibert-Marie Junet, né le 2 de mars 1746; 2° Jacques-Antoine-François Junet, né le 22 d'octobre 1747; 3° Marie-Hyppolite-Désirée, née le 6 de janvier 1753; 4° Marie-Anne-Josephe, née le 5 de juillet 1754; 5° Frédéric-François-Marguerite Junet, né le 5 de janvier 1757.

LALYE. Famille de Salins Noble par prescription, portoit d'argent à trois aigles éployées de fable. Nicolas & Charles de Lalye parurent à l'arrière-ban des Nobles du Bailliage d'Aval, *Sur original.* en 1562; cette Famille s'éteignit dans celles d'Udreffier & de Patornay, par les mariages de Barbe de Lalye avec Philippe Udreffier, Écuyer, & d'Anne de Lalye avec Nithier Patornay, auffi Écuyer. Z

LOMBART. Famille originaire de Montener en Piemont, établie à Salins sur la fin du 14ème. siécle. Elle y subsista pendant trois générations, & s'éteignit dans la Maison d'Usie.

LOYTE ou LŒTE. La Famille de ce Nom, l'une des principales Familles Bourgeoises de Salins, passa dans l'ordre de la noblesse en la *Archives* personne de Jean Loyte, vivant au commen- *de l'Offi-* cement du 15ème. siécle : Il eut de son mariage *cialité de Besançon.* avec Alix Mangeroz Gerard qui suit.

II. GERARD LOYTE, Écuyer, eut par le tes- Ibidem. tament d'Ottenette Simonet sa tante, de l'an 1421, la Tour de la Fontaine-Bénite à Salins, & le jardin adjacent. Il étoit, en 1455, Écuyer-Tranchant de Philippe le Bon, Duc de Bour- Ibidem. gogne, & laissa de son mariage avec Jeanne d'Estavayer, Louis, qui a continué la lignée, & Philippe Loyte, Chevalier, Seigneur d'Aresches, *Mémoire* qui étoit en 1475, en l'armée de Charles, Duc *pourservir* de Bourgogne ; il combattit à la tête d'un Es- *à l'Hist.* *de Bourg.* cadron qu'il commandoit à la Bataille gagnée *pag. 361.* par ce Prince contre le Duc de Saxe & les Allemands. Après la mort funeste du Duc Charles, il s'attacha à l'Empereur Maximilien, qui, vou-lant récompenser ses services, le mit au rang

des Maîtres de son Hôtel, & lui donna la charge
de Par-dessus des Salines de Salins : Il est nommé
avec ces deux qualités dans le testament d'Ottenin de Chassagne, Écuyer, fait à Wormes en
Empire, le 24 de novembre 1495. Il fut
appellé le Chevalier sans reproche, à cause de
sa fidélité & de son courage. Il mourut sans
postérité, l'an 1511, & fut inhumé dans l'É-
glise des Cordeliers de Salins en la Chapelle de
Sainte Anne, où l'on voit son épitaphe conçue
en ces termes.

CY GIST Messire Philippe LOYTE, Chevalier sans reproche,
jadis Maistre d'Hostel de l'Empereur Maximilien, & Par-
dessus en la Saulnerie de Salins, lequel trespassa le XX jour
de mars, l'an XV^C & XI. DIEU AIT SON AME.

III. LOUIS LOYTE, Écuyer, fut héritier subs-
titué dans le testament de Jean d'Estavayer son
oncle, de l'an 1465. Il fut pere de Denis, qui
suit, & de Guyette, femme de Jean de Chavirey,
Licencié en Loix.

Archives
de l'Offi-
cialité de
Besançon.

IV. DENIS LOYTE, Écuyer, Seigneur d'A-
resches, épousa Catherine de Vaudrey, qui étant
veuve contracta une seconde alliance avec Guillaume de Visemal, Écuyer. Il testa, l'an 1518,
& institua héritières son épouse, & Marguerite
de Chavirey sa niéce, femme de Nicolas de
Lalye, Écuyer.

Sur origi-
nal.

Z ij

Les armes de cette Famille étoient d'azur à un agneau paschal d'argent onglé d'or ; armes analogues à son ancien Nom qui étoit Hostie.

***

MAITRE. Famille Bourgeoise de Salins, élevée dans l'ordre de la noblesse dans la personne de Jean-Louis Maitre, Seigneur d'Aresches, Colonel de Cavalerie en Catalogne, créé Chevalier le 10 de décembre 1646. Le fameux Marquis de Bay, Général des Troupes d'Espagne, si connu dans l'histoire de ce siécle, a beaucoup illustré cette Famille, dont les armes sont écartelées au 1er & 4eme d'azur, à une colombe d'argent becquée & membrée de gueules ; au 2 & 3eme de gueules à un griffon d'or, armé & lampassé de sable.

***

MALPERTUIS. Voyez tom. 1er pag. 227 à la noite.

***

MANGEROZ. Cette Famille qui existoit déja à Salins dans le 13eme siécle, n'y étoit point encore réputée Noble en ce temps : Elle y étoit employée dans les Salines où elle avoit une berne en propriété, dont le produit se partageoit entre plusieurs particuliers qu'elle avoit associés à cette entreprise. Les Salines de Grozon étoient gouvernées quelques années après par Richard & Wuillemin Mangeroz, issus d'une Branche de la même Famille, établie à Poligny.

I. NICOLET MANGEROZ, Damoiseau, petit-fils de Guy, acquit vers l'an 1384, avec Isabelle Lombart son épouse, la Prévôté & la Seigneurie des muires du puits de Salins, de Jean grand Louvet, & Jean petit Louvet d'Arbois, Écuyers. Il fut pere d'Étienne, qui suit ; d'Othenin, qui eut postérité d'Étiennette de Saint Aîne ; de Jean, Licencié en Loix, époux d'Alix de Salins ; de Renaude, alliée à Guillaume Mareschal de Salins, Damoiseau, & d'Alix. *Archives de l'Officialité de Besançon.*

II. ÉTIENNE MANGEROZ, Damoiseau, contracta alliance avec Jeanne de Saint Hilaire, Dame d'Andelot, qui étant veuve, passa à de secondes nôces avec Pierre d'Usie, Chevalier. Du premier mariage naquit Michel, qui suit. *Ibidem.*

III. MICHEL MANGEROZ, Écuyer, Seigneur d'Andelot, épousa, 1°. Jeanne de Chaveyria ; 2°. Marie, fille de Jacques Mouchet, Chevalier, Citoyen de Besançon. Celle-ci le rendit pere, 1°. de Philippe, qui a continué la lignée ; 2°. & 3°. de Léonard & Michel ; 4°. de Guillaume, Religieux en l'Abbaye de Saint Paul de Besançon ; 5°. de Jeanne, femme de Guillaume de la Tour Saint Quentin. *Ibidem.*

IV. PHILIPPE MANGEROZ, Écuyer, Seigneur d'Andelot & Myon, eut deux femmes, N.... Dame de Myon & Jeanne de Poligny: De la première naquit Guyon Mangeroz, Écuyer, qui époufa Catherine, fille de Guyot de Poligny, Seigneur de Coges. Cette Dame tefta, l'an 1505, en faveur de Pierre Mangeroz fon fils, auquel elle fubftitua Antoine, Pierre & Hugues de Poligny fes freres.

Arch. de la Maifon de Poligny.

Les armes de cette Famille étoient d'or, frettées de fable, au chef d'azur.

MARCHANT.

L Y a eu cinq Familles nobles de ce Nom au Comté de Bourgogne, dont deux ont tiré leur origine de la Ville de Salins. Celle de Marchant de la Chatelaine, qui subsiste, & porte pour armes d'or à trois têtes de pan arrachées de sinople, paroit avoir une source plus éloignée que l'autre. Sa noblesse a été jurée à Malte, en 1666, par Joachim de Benoit, arrière petit-fils de Parise Marchant.

I. ENGUERRAND MARCHANT de Salins, frere de Guillaume, reçut en don, le 17 de mai 1479, de Maximilien, Archiduc d'Autriche *Archives de M. de Bannans.* & depuis Empereur, une somme de 2600 livres, en considération des services qu'il avoit rendus à Charles, Duc de Bourgogne, dans ses voyages de Lausane & de Morat, & des emprunts qu'il avoit faits pour la conservation du Comté de Bourgogne pendant les guerres. Il fut pere, suivant le temps, de Nicolas, qui suit.

II. Nicolas Marchant, qualifié de Noble dans des actes des années 1532 & 1553, épousa Marguerite Vauchard; il mourut le 27 d'avril 1529, & fut inhumé dans l'Églife de Notre-Dame de Salins. Il eut pour fils Philippe qui fuit; Marc, Docteur ès Droits, Chanoine de Befançon, Recteur de l'Hôpital du Saint Sépulchre de Salins; Claudine, Anceline & Beatrix.

Archives de M. de Bannans.

III. Philippe Marchant, Écuyer, ainfi qualifié dans un Arrêt du Parlement de Dole de l'an 1556, fut Confeiller de l'Empereur, fon Tréforier Général en Bourgogne, Receveur du Domaine de Chatelbelin & des Exploits de la Cour du Parlement de Dole, & Maire de la Ville de Salins. Il fut pourvu, le 4 de juin 1555, par l'Empereur Charles V de l'Office de Châtelain de la Chatelaine, vacant par la réfignation d'Antoine de Canoz. Il reprit en fief, le 2 de mai 1557, entre les mains de Claude de Vergy, Gouverneur du Comté de Bourgogne, la rente annuelle de 157 frans fur le partage de Vignory. Il fut marié deux fois, la première le 9 d'octobre 1550, avec Danielle Mouchet, fille de feu Jean Mouchet, Écuyer, Seigneur de Toulongeon, Receveur Général en Bourgogne, & de Louife de Batteffort, Dame d'Arinthoz;

Ibidem.

Ibidem.

d'Arinthoz; la feconde, le 20 de février 1573,
avec Guillemette de Citey, veuve de Jean de
Seroz, Écuyer, & fille de feu Étienne de Citey,
Seigneur dudit lieu, & d'Antoinette de Cuin-
ghien : Il mourut d'une apoplexie à Salins le
16 de janvier 1581, laiffant des enfans de fes
deux femmes. Il eut de la première, 1°. Nicole,
mariée à Pierre Amiot, Écuyer; 2°, 3°. Philiberte & Claudine, mortes fans alliance; 4°.
Parife, alliée, par traité paffé à Poligny le 5 de
novembre 1585, à Jean de Berard, Écuyer,
Seigneur de Méronna; 5°. Philippe, qui a continué la poftérité; 6°. Léonel & douze autres
enfans morts jeunes. Ceux de fa feconde femme
furent Louife, Antoinette & Benigne Marchant.

  IV. PHILIPPE MARCHANT, Écuyer, Seigneur
de la Chatelaine, Gentilhomme de la Maifon
de l'Archiducheffe Ifabelle, obtint cette Terre
des Archiducs en dédommagement de ce qui
reftoit dû à fon pere fur la recette du Comté
de Bourgogne : Il en fit hommage en 1600 *Archives de M. de Bannans.*
& 1620 entre les mains de Claude & Cle-
riadus de Vergy, Gouverneurs de cette Province.
Il époufa, 1°. le deux de juillet 1591, Antonia *Ibidem.*
Nouveau, fille de Claude Nouveau, Écuyer,
& de Clauda Amiot; 2°. Marguerite Gagnefin,
fille de Simon Gagnefin de Salins, Écuyer, &

de Nicole Tournon. Il eut de ce second mariage,
1°. Antoinette, alliée à Pierre Dunans, Seigneur
de Verhons & Valliége en Chablay; 2°.
Claude, Capitaine de 200 hommes d'Infanterie Bourguignonne; 3°. Simon, qui suit; 4°.
Alexandre, mort en 1629, étant Alphere dans
le Terce du Baron de Moncley, & quatre autres
enfans morts jeunes.

V. SIMON MARCHANT, Écuyer, Seigneur de
la Chatelaine, Bannans, &c. Prévôt héréditaire
de Malpertuis, fut pourvu, le 15 de septembre
1624, d'une Compagnie de 200 hommes
d'Infanterie Bourguignonne. Le Marquis de Saint
Martin, commandant les Troupes dans cette Province, l'établit Chef de celles qui s'étoient réti-
rées dans les montagnes à l'approche de l'Armée
Archives Suédoise. Il fut nommé, l'an 1638, Sergent-
de M. de Major du Terce du Commandeur de Saint
Bannans. Mauris, & obtint du Roi d'Espagne un brevet
de Meftre-de-Camp en Bourgogne, daté de Sar-
ragoffe le 21 d'octobre 1642. Il fut convoqué aux États du Comté de Bourgogne en
Ibidem. 1654, 56 & 58. Il avoit épousé, par contrat
passé à la Rivière le 2 de septembre 1634,
Claudine Junet, fille de feu Philibert Junet,
Écuyer, Capitaine de la Rivière, & de Marguerite Franchet, de laquelle il eut, 1°. Pierre-

Claude, mort fans alliance; 2°. Charles-Antoine, qui a continué la lignée ; 3°. Benigne, mariée, l'an 1665, à Philippe Merceret, Seigneur de Mont-fous-Vaudrey; 4°. Marie, alliée, en 1674, à Léonard Marchant, Seigneur de Miferey ; 5°. Antoinette, femme de Philippe Colin, Seigneur de Chaffoy; 6°, 7°. Louife & Sabine; 8°. Claude-Françoife, Cordelière à Salins.

VI. CHARLES-ANTOINE MARCHANT, Écuyer, Seigneur de la Chatelaine, Bannans, &c. Capitaine d'Infanterie dans le Régiment de Poitiers, époufa, par traité paffé à Saint Claude le 15 de juillet 1709, Nicole-Henriette du Saix, fille de Pierre-Jofeph du Saix, Seigneur de Virechatel & de Jacques-Benoîte de l'Epinette, de laquelle il eut Jofeph-Antoine-Emmanuel, qui fuit; Claudine-Céfarine, Jeanne-Baptifte & Anne-Henriette.

Archives de M. de Bannans.

VII. JOSEPH-ANTOINE-EMMANUEL MARCHANT de la Chatelaine, Seigneur de Bannans, pourvu d'une Charge de Chevalier d'honneur en la Chambre des Comptes de Dole, le 22 de novembre 1731, à époufé, par contrat paffé au Château de Fouffemagne le 22 de novembre 1736, Marie-Jeanne de Rénach, fille de feu François-Jofeph-Ignace, Comte de Rénach, Seigneur de Fontaine, &c. & de Marie-Claire de Rénach, Comteſſe de Fouſſemagne, Granvelle, & ſœur de N. ... de Rénach, Dame de Remiremont. De cette alliance ſont nés, 1°. Marie-Claire-Iſabelle, née le 21 de ſeptembre 1737, mariée le 29 d'août 1754 à Antoine-François Bancenel, Écuyer, Seigneur de Champagne; 2°. N. ... Marchant, mort deux mois après ſa naiſſance; 3°. Henry-Sigiſmond-Joſeph, né le 21 de mars 1743; il a eû pour parrein Jacques-Sigiſmond de Rénach, Prince de Porentru, Evêque de Baſle, ſon grand oncle maternel, & pour marreine Nicole-Henriette du Saix, ſon ayeule maternelle; 4°. Charles-Benoit, né en 1744.

L'autre Famille du même nom, éteinte dans celle de Vers, tiroit ſon origine de Louis Marchant, anobli en 1531. Ses deſcendans ayant dérogé, furent réhabilités dans leur nobleſſe par Lettres-Patentes, datées à Madrid le 6 d'avril 1629.

MARESCHAL. Ancienne Maiſon de Salins, éteinte depuis environ trois ſiécles. Guillaume Mareſchal de Salins, Damoiſeau, vivant vers l'an 1320, fut pere de Marguerite, épouſe de Gerard de Myon, & de Jean, qui eut de Renaude de Chenecey Guillaume Mareſchal, Damoiſeau,

Archives de l'Offi-cialité de Beſançon.

qui contracta alliance avec Renaude Mangeroz; il en eut Jean & Perrin, qui n'eut qu'une fille mariée, 1°· à Jean du Chatel; 2°· à Louis de Venne, Damoiseau : Elle testa en 1449 en faveur d'Étiennette du Chatel sa fille.

Archives de l'Officialité de Besançon.

MATHON. Famille de Salins, anoblie, l'an 1613, dans la personne de Désiré Mathon, Docteur en Médecine; éteinte dans celle de Bonaventure Mathon sa fille, femme de Louis Portier de Salins, Écuyer. Il y a eu une autre branche de la même Famille, dont un Conseiller au Parlement de Dole. Ses armes étoient d'argent à un palmier de sinople, entrelassé en forme de sautoir.

MERCERET.

ETTE Famille exiftoit déja à Salins fur la fin du 1 3.ème fiécle ; & quoiqu'elle n'y fût pas encore comptée en ce temps parmi fes Familles nobles, elle y avoit un rang qui la rendoit prefque leur égale ; elle ne tarda pas à acquerir un titre qui l'éleva bientôt au deffus des autres.

I. Jean Merceret, Bourgeois de Salins, étoit *Archives* mort en 1 3 3 3, fuivant le teftament de Jean- *de l'Offi- cialité de* nette de Chambenot fa femme, remariée à *Befançon.* Guyon d'Arbois, par lequel elle fonda deux Chapelles en l'Églife de Saint Anatoile ; inftitua héritiers Philippe, Étienne, Marguerite & Jeanne Merceret fes enfans, & nomma exécuteur de fes volontés Pierre de Chambenot fon frere, Cha- noine de Laufanne.

II. Étienne Merceret fonda l'Hôpital de la Trinité à Salins. Il avoit époufé Gerarde, qui

tefta l'an 1 3 6 8 ; légua en préciput à Hugues, *Archives de l'Officialité de Besançon.*
fon fils aîné, fa maifon d'Argental, & le moulin
appellé de Plantevigne, & inftitua héritiers fes
enfans, qui furent, 1°. Hugues, qui fuit ; 2°,
3°, 4°. Philippe, Renaud & Étienne, morts fans
alliance ; 5°. Guillaume Merceret, qualifié
d'honorable homme dans le teftament d'A- *Ibidem.*
medée Aifelin, Damoifeau, de l'an 1 3 9 6, &
d'Écuyer dans un acte de 1 4 2 9. Il avoit époufé
Gerarde de Rofoy, qui fut maintenue dans les *Sur original.*
priviléges de la noblefle par Lettres-Patentes
de Philippe le Bon, Duc de Bourgogne, datées
à Bruxelles le 1 9 de novembre 1 4 2 9, fur
l'expofé qu'elle avoit trois filles mariées à trois
Chevaliers ; fçavoir, Étiennette Merceret, à
Guy d'Amange, Baillif d'Amont ; Marguerite,
à Guillaume de Varax, Seigneur de Marcilly ;
Guillemette, à Othe Paloufet ; & une quatrième
nommée Gerarde, à Henry de la Tour Saint
Quentin, Écuyer du Duc ; 6°. Marguerite,
époufe de Guillaume de Montrichard, Damoifeau ; 7°. Ifabelle, femme, 1°. de Jacques de *Archives de l'Officialité de Besançon.*
Monnet, Damoifeau ; 2°. de Hugues de Binant,
Seigneur de Chamberia ; 8°. Étiennette, alliée
à Guy Loyte de Salins ; 9°. Perrenette, qui
tefta l'an 1 3 6 9, étant mariée à Gilet Joffroy
d'Orgelet.

III. HUGUES MERCERET exerçoit en 1 3 7 9, *Ibidem.*

la Charge de Tréforier du Comté de Bourgogne;
il eut pour fils Étienne, qui fuit.

IV. ÉTIENNE MERCERET, Écuyer, eut de fon
mariage avec Guyette Guierche, Michel, qui
a continué la lignée ; Étienne, Chanoine de
Saint Michel ; Guyon ; Guillemette, femme de
Jean de Belvoir, Seigneur de la Roche, &
Jeanne, épouse de Jean Vauchard.

Archives de l'Officialité de Befançon.

V. MICHEL MERCERET, Écuyer, contracta
alliance, avant l'an 1461, avec Béatrix, fille
de Jean le Blanc, Citoyen de Befançon, de laquelle, il eut Nicole, qui fuit ; Étienne, Chanoine de Saint Anatoile, & Marguerite, femme
de Jacques Bonvalot, Écuyer, Citoyen de
Befançon.

Archives de M. le Marquis de Mouf-tier.

VI. NICOLAS MERCERET, Écuyer, Seigneur
de Montmarlon, Remeton, Vaudrey, Ufie,
&c. tefta, l'an 1519, en faveur de Simon,
fon fils aîné, & légua fa Terre de Montmarlon
à Claude fon autre fils. Il avoit époufé Marguerite, fille de Claude Pillot, Écuyer, Seigneur
de Chenecey, & de Marguerite de Binant, de
laquelle il eut, 1°. Simon, qui a continué la
lignée ; 2°. Claude, Seigneur de Montmarlon,
Gruyer de Bourgogne, qui eut de fon mariage
avec Claudine de Blicfterfwic François, Gruyer
de

Archives de M. de Vers.

de Bourgogne , mort fans poftérité de Jeanne de Granval fa femme , & Anne , femme de Pierre de Jouffroy , Seigneur de Gonffans ; 3° Béatrix , mariée , 1° à Claude de Cléron , Seigneur de Saffre ; 2° à Jacques de Jouffroy , Seigneur d'Abbans ; 4° Marguerite , femme de Gafpard Defpotots , Seigneur de Miferey ; 5° Jeanne , époufe de Claude du Tartre ; 6° Françoife , alliée à François de Gilley ; 7° Louife , époufe d'Antoine de Montrichard ; 8° Alix , mariée 1° à Paris de Vaux , Seigneur de Chafoy , 2° à Antoine Barangier , Seigneur d'Aubigny ; 9° Philippe , femme de Nicolas de Vers , Écuyer.

Archives de M. de Vers.

VII. Simon Merceret , Seigneur de Vaudrey , Monnet , Ufie , &c. Grand-Gruyer de Bourgogne , époufa , l'an 1527 , Françoife , fille de Charles de Clermont , Seigneur de Poupet , premier Chevalier d'honneur au Parlement de Dole , & de Thomaffe de Plainne : Il en eut Guillaume , qui fuit , & Chriftine , femme de Guillaume de Chiffey , Seigneur de Vannod.

Ibidem.

VIII. Guillaume Merceret , Seigneur de Vaudrey , &c. époufa , l'an 1553 , Claudine , fille de Jean de Grammont , Chevalier , Seigneur de Chatillon-Guyotte , & d'Anne de Plainne : Il mourut fans enfans après avoir fait fon teftament le 13 de février 1563 , par lequel il

Ibidem.

B b

inſtitua ſes héritiers Claudine de Grammont ſon épouſe, Claude de Jouffroy, Seigneur de Marchaut, & François de Vers, ſes couſins, à condition que ce dernier porteroit ſon nom & ſes armes.

Les armes de cette Famille étoient d'or à deux perroquets adoſſés de ſinople, becqués, accollés & membrés de gueules.

MONTAGU. Cette Famille différente d'une autre de même nom au Comté de Bourgogne, étoit originaire de la Ville de Lons-le-Saunier, & portoit pour armes de gueules à trois trefles d'argent. Pernet de Montagu, inhumé au cloître de Saint Déſiré de Lons-le-Saunier, fut pere de Guy, qui s'établit à Salins par le mariage qu'il y contracta avec Gerarde Vauchard. Il fut anobli par Philippe le Hardi, Duc de Bourgogne, par Lettres datées à Arras au mois de mai 1398. Il teſta l'an 1417. Jean de Montagu ſon fils, & ſeul héritier, fonda, le 5 de mai 1431, l'Hôpital du Saint Sépulcre à Salins, & mourut en 1455 ſans poſtérité de Marguerite ſon épouſe, fille de Jean-Guilloz de Chenecey, Chevalier.

Arch. de M. Gay de Marnoz.

Archives de l'Officialité de Beſançon.

MONTRICHARD. La Maison de ce nom, l'une des plus anciennes du Comté de Bourgogne, a formé dix branches, toutes éteintes à l'exception d'une seule. Guillaume de Montrichard, Damoiseau, dont la postérité s'est divisée en neuf branches, s'établit à Salins par le mariage qu'il y contracta, l'an 1352, avec Marguerite Merceret ; il avoit pour pere Jean de Montrichard, Écuyer, pour ayeul Guillaume de Montrichard, Chevalier, époux de Guyette d'Andelot, & pour bisayeul Gerard, Sire de Montrichard, Chevalier, qui testa l'an 1285. La postérité de Guillaume de Montrichard, & de Marguerite Merceret, subsiste dans les personnes de Laurent-Gabriel, Marquis de Montrichard, époux de Catherine-Paule-Françoise de Jaucour, & de Pierre-Joseph de Montrichard, allié à Jeanne-Charlotte de Rougrave. Les armes de cette Maison sont vairées à la croix de gueules, timbrées, couronnées d'or, surmontées d'un buste de maure, supportées par deux Anges. Elle s'est alliée aux Maisons d'Andelot-Coligny, de Salins, de Groson, d'Éternoz, de Merceret, de Viremont, de Quingey, de Falerans, de Lantenne, d'Usie, d'Arlay, de Trieste, de Tournon, de Visemal, du Saix, de Scey, de Flamerans, de Vaudrey, de Poligny,

Guiche-non , Généalogie d'Andelot. Archives de M. de Montrichard.

de Saint Belin, de Digoine, de Bar, de Saint Mauris, de Brancion, de Précipiano & autres.

MOURET. Cette Famille qui a donné deux Préſidens à Mortier au Parlement de Beſançon, a des Lettres de nobleſſe datées du 20 de juillet 1672 : Elles furent accordées par le Roi d'Eſpagne à Denis Mouret de Salins, qui fut chargé au ſiécle dernier de pluſieurs négociations en Suiſſe pour la conſervation du Comté de Bourgogne. Il mérita, par la fidélité avec laquelle il s'en acquitta, les bienfaits de ſon Prince & l'eſtime de ſes Concitoyens. Antoine Mouret, pere de Denis, exerçoit l'Office d'Avocat du Roi dans les Salines de Salins en 1613, & avoit épouſé Françoiſe d'Onans, d'une Famille noble; il prenoit lui-même cette qualité. Elle a été reconnue en ſa perſonne dans les preuves faites en l'Abbaye de Lure par Claude-Alexis Pillot de Chenecey, en 1735. Les armes de cette Famille ſont d'or à un arbre de ſinople, placé ſur une terraſſe de même, accompagné au côté gauche d'un levrier attaché de ſable.

NOZEROY. Il y a eu une Maiſon de ce nom à Salins, qui s'eſt éteinte au ſiécle dernier dans les perſonnes de deux filles nommées Marguerite, mariées l'une à Noble Louis Girardot, & l'autre à Simon Vernier, Écuyer. Cette Maison, différente d'une autre de même nom, étoit issue d'Alexandre de Nozeroy, Écuyer, Trésorier de la Maison de Chalon, vivant au commencement du 15ème siécle : Ses armes étoient d'azur à trois colombes d'argent becquées de gueules, posées 2 & 1.

PALOUSET. Cette Famille qui portoit pour armes de gueules à trois losanges d'or mises en face, tiroit son origine d'Étienne Palouset, Bourgeois de Salins, qui vivoit en 1306 ; il fut pére de Renaud, qualifié Damoiseau, qui contracta alliance avec Sibille d'Yvory : Celle-ci fut mere d'Estard Palouset, Chevalier, époux de Willemette Reschay. Othenin Palouset, Damoiseau, fils d'Estard, s'allia avec une Dame nommée Jeannette, qui étoit niéce de Guillaume d'Estavayer, Chevalier ; de ce mariage naquirent, 1°. Othe Palouset, Chevalier, qui n'eut point d'enfans de Guillemette Merceret son épouse ; 2°. Nicolet, Damoiseau, tué à la Bataille de Nicopolis, & pere par son mariage avec Nicolette d'Estavayer de Jeanne, femme de Pierre de Saint Mauris, Écuyer ; & de Nicolette Palouset ; 3°. Jean Palouset, Chevalier ; 4°. Marie, alliée à Jean Lombard, Écuyer ; 5°. Marguerite, mariée à Guillaume de Willaffans, Damoiseau ; 6°. Nicolette, promise en mariage à Henry, Seigneur de la Tour Saint Quentin.

Archives de l'Officialité de Besançon.

Ibidem.

PATORNAY.

C ETTE Famille, qui porte pour armes d'azur à trois croiffans d'argent, deux en chef & un en pointe, & une quinte-feuille d'or en cœur, tire fa noblesse & son origine de Nithier Patornay de Salins, que Charles le Hardi, Duc de Bourgogne, mit au nombre de fes Conseillers par fes Lettres du 25 de juillet 1476. Après la mort de ce Duc il fut député par fes Concitoyens vers Louis XI qui venoit occuper le Comté de Bourgogne ; ce Prince le reçut favorablement, lui conferva l'emploi dont il jouiffoit, & lui donna celui de Maître des Requêtes de fon Hôtel par Patentes du 21 d'avril 1482. L'Archiduc Philippe, Souverain de cette Province, le nomma Avocat Fifcal du Parlement qu'il rétablit à Dole l'an 1500. Nithier Patornay eut deux femmes ; la première fut Pernette Marchant, dont il eut Claude, qui fuit ; la feconde fut Clauda de Gilley, veuve de Philippe de Faletans, Écuyer.

Arch. de la Famille de Patornay.

II. CLAUDE PATORNAY fut employé avec succès dans les plus importantes affaires de la Ville de Salins. Il contracta alliance avec Jeannette de Faletans, qui le rendit pere 1°. de Jeanne, épouse de N.... de Menous ; 2°. de Claudine, mariée à Claude Blanchod de Saint Claude, Seigneur de Maizod ; 3°. de Claude, Bénédictin ; 4°. de Nithier, qui de Françoise de Vers eut Louise Patornay, alliée, l'an 1572, à Jean Chapuis, Lieutenant Général au Bailliage de Salins ; 5°. de Philippe, qui suit ; 6°. de Pierre, qui a fait branche.

Arch. de la Famille de Patornay.

Ibidem.

III. PHILIPPE PATORNAY, Écuyer, épousa, l'an 1548, Jeanne, fille de Hugues Prevostet de Salins, Écuyer ; il testa en 1566, laissant pour enfans, 1°. Jeanne, femme de Jean Puget de Clervaux ; 2°. Claudine, alliée à Noble Louis Martin de Saint Claude ; 3°. Marie, femme de Jacques Bancenel, Seigneur de Myon ; 4°. Denise, mariée à N.... Prevost, Lieutenant Général au Bailliage de Quingey ; 5°. Nithier, qui a continué la postérité ; 6°. Philippe, qui eut deux filles de son mariage avec Catherine-Donnée de Vergy, & deux autres fils morts sans alliance.

Ibidem.

IV. NITHIER PATORNAY, Écuyer, Controlleur des Sauneries de Salins, épousa Anne de

Ibidem.

Lalye, de laquelle il eut, 1°· Antoine, qui fuit;
2°· Philippe, qui fut Religieux dans l'Ordre des
Minimes, enfuite Evêque d'Andreville, & Suf-
fragant de Ferdinand de Rye, Archevêque de
Befançon; 3°· Denis, Prêtre de l'Oratoire; 4°·
Jeanne, femme de Noble Juft Pacoutet d'Arbois; 5°· & 6°· Anne & Geneviève, Tiercelines à Salins.

V. ANTOINE PATORNAY, Écuyer, Grand-Juge
en la Grande-Judicature de Saint Claude, s'allia,
l'an 1619, avec Rofe Mathon, de laquelle il
eut, 1°· Hugues-François; 2°· Philippe, Chanoine de Saint Anatoile; 3°· Anne-Guyonne,
femme de Jean Michel, Procureur Fifcal au
Bailliage de Salins; 4°· Claudine-Françoife, alliée
à Nicolas Bourrelier de Malpas, Lieutenant
Général au même Bailliage; 5°· Agnés, époufe
de François Le Maire, Seigneur de Faletans,
Profeffeur de l'Univerfité de Dole.

V I. HUGUES-FRANÇOIS PATORNAY, Écuyer,
Seigneur du Fied, eut de fon mariage avec Antoinette-Françoife Richier, Dame de Varras,
1°· Bernard-François, qui fuit; 2°· Nicolas-
Jofeph, Capitaine de Cavalerie dans le Régiment
de Saint Mauris; 3°· Jeanne-Claudine, Religieufe; 4°· George-François, Doyen de Saint
Michel de Salins, & Prévôt de l'Églife de Saint
Maurice

Maurice de la même Ville ; 5°. François-Phi-
lippe , mort jeune.

VII. BERNARD-FRANÇOIS PATORNAY fut fait
Conseiller au Parlement de Besançon en 1695,
& s'allia , l'an 1698 , avec Jeanne-Philippe
Boy , Dame de Saubief ; il a eu pour fils , 1°.
Charles-Emmanuel , Seigneur du Fied & de
Varras, né en 1700 ; 2°. Antoine-Marie, Cha-
noine de Saint Anatoile ; 3°. George-François ;
4°. Claudine-Philippe ; 5°. Jacques-Françoise,
épouse de Pierre-Ignace-Jannin de l'Étoile,
Écuyer ; 6°. Jeanne-Claudine , Religieuse du
Tiers-Ordre de Saint François.

BRANCHE de la Famille de Patornay.

III. PIERRE PATORNAY, Écuyer, 4ème. fils
de Claude & de Jeannette de Faletans, fut pourvu,
l'an 1561 , de la Charge de Trésorier du Roi
à Dole ; il épousa à son retour de France, où
il avoit accompagné le Seigneur de Chantonay ,
Ambassadeur du Roi d'Espagne , Denise Doros ,
dite Pelerin, qui le rendit pere de Frédéric, qui
suit, & de Léonard , qui fut Jésuite & Auteur
de plusieurs ouvrages contre les Protestans.

Archives de M. Pa-tornay.

IV. FRÉDÉRIC PATORNAY, Écuyer, servit le
Roi d'Espagne dans ses Armées en Flandre. Ce
Prince lui donna, l'an 1592 , la Charge de

Gruyer des forêts des Salines de Salins : Il s'allia, l'an 1599, avec Étiennette, fille de Philippe Huot, Écuyer, Seigneur d'Ambre, & de Claudine du Pin, de laquelle il eut, 1° Anne ; 2° Pierre, qui a continué la lignée ; 3° Charlotte, femme d'Étienne Bancenel, Seigneur de Myon ; 4° Claudine-Françoise, alliée, 1° à Noble Jean-Baptiste Girod de Saint Claude ; 2° à Jean Gollut, Seigneur de Chalain.

V. Pierre Patornay, Écuyer, servit en Allemagne dans la Compagnie des Cuirassiers du Baron de Vaugrenant ; à son retour il fut fait, l'an 1636, Capitaine de 200 hommes d'Infanterie dans le Régiment d'Aval : Sa Compagnie ayant été envoyée à Quingey pendant le Siége de Dôle, y fut entièrement défaite par le Maréchal de Gassion ; il en obtint une autre en 1638 dans le Terce du Commandeur de Saint Mauris. Il avoit épousé, le 27 de septembre 1633, Marie Boitoufet, qui le rendit pere de Claude-Charles, qui suit ; de Claude-Antoine, Chanoine de Saint Maurice de Salins ; de Jean-François & Gaspard, Prêtres de la Congrégation de l'Oratoire ; de Frédéric & Étienne-Denis, Capucins.

VI. Claude-Charles Patornay, Écuyer, servit six-ans en Flandre dans l'Armée du Roi d'Espagne, dans le Terce du Comte de Saint Amour; il y fut bleffé, enfuite fait prifonnier, & conduit au Château de Vincennes; il obtint dès-lors une Compagnie dans le Régiment d'Aval. Il contracta alliance, le 3 d'août 1670, avec Bonne-Ignace de Montereux, fille de Jean de Montereux, Seigneur de Chevigney, & de Chriftine de Faletans, de laquelle il eut, 1°. Adrien-François, mort fans poftérité de Jacquette-Théréfe Pecaud fa femme; 2°. Philippe-Alexis, qui fuit; 3°. Marie-Charlotte, époufe de Remy Pecaud, Chevalier d'honneur en la Chambre des Comptes de Dole.

Archives de M. Patornay.

VII. PHILIPPE-ALEXIS PATORNAY, Écuyer, a eu de fon mariage avec Théréfe-Alexis Willin, 1°. Jean-François, Prêtre, Curé de Quingey; 2°. Juft-Charles, Chanoine de Saint Anatoile de Salins; 3°. Frédéric-François, Capitaine au Régiment de Champagne; 4°. & 5°. Pierre & Charles, & cinq filles, dont trois Religieufes.

POLY.

E nom, qui eſt commun à pluſieurs Familles du Comté de Bourgogne, quoique d'une origine bien différente, s'eſt ſoutenu avec éclat dans la Maiſon dont on parle ici. Sa nobleſſe a été prouvée à la Chambre des Comptes de Dole depuis le 15ᵉᵐᵉˢ ſiécle : On y a juſtifié que Jacques Poly, I du nom, & Jean poly de Menetruz ſon pere, étoient qualifiés d'Écuyers dans tous les actes. La diſperſion des titres plus anciens a empêché de remonter à une tige plus éloignée. On trouve un traité fait, l'an 1289, entre Hugues de Vienne, & Renaud Poly, dit de Chaſſal, fils d'Amédée Poly de Menetruz, Chevalier, au ſujet de la conſtruction d'une tour. La veuve d'un Gentilhomme du même nom teſta à Salins, l'an 1375, en faveur de Jean & Pierre ſes fils. Hugues & Claude, fils de feu Étienne Poly de Menetruz, Écuyer, ſont nommés dans un Arrêt du Parlement de Dole,

Archives de M. de Poly.

Ibidem.

Ibidem.

de l'an 1451. Ce n'eft donc pas fans fondement qu'on peut affurer que l'origine de la Maifon de Poly qui fubfifte eft commune avec celle dont ces actes anciens font mention. Ses armes font d'azur à la face d'or chargée d'une quinte-feuille percée de même, l'écu placé fur le cœur d'une aigle éployée, échiquetée d'or & de fable, couronnée d'argent.

I. JEAN POLY de Menetruz, Écuyer, vivoit vers le milieu du 15ᵉᵐᵉ fiécle, avec Claude fon frere. Il fut pere de Jacques, qui fuit; de Jeanne, morte fans alliance, & d'une autre fille, qui fut mere de Guillaume de Mouron, Écuyer. *Archives de M. de Poly.*

II. JACQUES POLY, I. du nom, Écuyer, inftitué héritier par le teftament de fon pere de l'an 1520, eut pour fils Guillaume, dont la branche s'eft éteinte au fiécle dernier dans la Maifon de Le Goux de la Berchere, & Jacques, qui a continué la lignée. *Ibidem.*

III. JACQUES POLY, II du nom, mérita par fes rares talens pour les négociations la confiance du Cardinal de Granvelle, avec lequel il fut en commerce de Lettres jufqu'à fa mort; il s'adonna à l'étude des Loix, & fut fait Con-feiller au Parlement de Dole, par Patentes de l'an 1556. Il mourut *ab inteftat* en 1564, & *Ibidem.*

fut inhumé en l'Église des Freres Mineurs de Dole, où l'on voit sa sépulture sur laquelle ses armes sont gravées. Il eut, entre plusieurs enfans, Hugues, qui suit.

IV. HUGUES POLY, Écuyer, servit dans les armées de son Prince. Il s'allia, par traité du 5 d'octobre 1590, avec Anne de Branchette, fille de Nicolas de Branchette, Écuyer, Seigneur de Borey, & de Jeanne de Rupt, de laquelle il eut Guyon, qui a continué la lignée.

Archives de M. de Poly.

V. GUYON POLY, Écuyer, servit, à l'exemple de son pere, dans les armées de son Souverain. Il épousa, le 27 de janvier 1616, Claudine du Pasquier, fille de Simon du Pasquier, Écuyer, & petite-fille de Claudine de Vaudrey ; il mourut jeune & avant son pere, laissant pour fils Antoine-Gaspard, qui suit.

Ibidem.

VI. ANTOINE-GASPARD POLY, Écuyer, Seigneur de Saint Thiebaud, Commandant du Château de Saint Asne dans les guerres de 1668 & 1674, fut convoqué, en 1662 & 1666, aux États du Comté de Bourgogne. Il contracta alliance, le 7 de novembre 1652, avec Jeanne-Baptiste Maillot, fille de Noble Luc Maillot de Willaffans, & d'Anne-Cecile. Il testa, le 13 d'octobre 1685, en faveur de ses enfans, qui

Ibidem.

furent Jacques, qui fuit; Jean-Baptiste, Religieux Bénédictin; Jean-Claude, Capitaine au Régiment de Poitou, tué à la bataille de Malplaquet; Claire & Christine, mortes sans enfans.

VII. JACQUES POLY, III du nom, Seigneur de Saint Thiebaud, Chevalier d'honneur en la Chambre des Comptes de Dole, épousa, le 31 de juillet 1698, Anne-Alexandre de Chaffoy, fille de feu Philippe-Adrien de Chaffoy, Seigneur de Munans, &c. & de Françoise de Rahon. Il mourut en 1731, laissant pour fils, 1° François-Gaspard, qui suit; 2° Jean-Charles, d'Église; 3° Jean-Joseph, Capitaine de Cavalerie au Régiment de Poly; 4° Gaspard, Religieux en la noble Abbaye de Gigny, ensuite Vicaire Général à Nantes, & Abbé Commendataire de la Chaume, & quatre filles, dont deux mariées, & deux Religieuses en l'Abbaye de Migette.

Archives de M. de Poly.

VIII. FRANÇOIS-GASPARD, Comte de Poly, Seigneur de Saint Thiebaud, Pleure, Saint Martin, Colonne, Vaivre, Biefmorin, Chefabois, Montholier, Ratier, Neuvilly, les Milières, Brenans, Viseney, Bersaillin, Bouchot, la Charme, Champrougier, Chemenot, Chateley, Pont-du-Bourg, Truges, &c. Chevalier d'honneur en la Chambre des Comptes de Dole, ci-devant Colonel d'un Régiment d'Infanterie, à présent

Meftre-de-Camp d'un Régiment de Cavalerie de fon nom, s'eft allié, par traité paffé à Paris le 30 d'avril 1743, figné du Roi, & de la Famille Royale, avec Théréfe-Charlotte Narciffe de Durfort, fille de Nicolas, Comte de Durfort, Commandant de Colliouvre, & d'Agnés de Bourdeville. De ce mariage font nés trois enfans morts jeunes, & une fille, née en 1754.

PORTIER.

PORTIER.

CETTE Maison, originaire de Bourgogne, y a tenu, ainsi qu'en Savoye, un rang considérable, suivant le témoignage de Guichenon. Hugues Portier, dit de Frelois, Chevalier, fut le premier Seigneur de ce nom qui s'établit à Lons-le-Saunier : Il y testa l'an 1 3 5 0 ; ordonna qu'il seroit inhumé, s'il mouroit en Bourgogne, dans l'Abbaye de Fontenay, dans le tombeau de Pierre & Hugues de Frelois, Chevaliers, ses pere & ayeul ; ou dans l'Église des Freres Mineurs de Lons-le-Saunier, s'il décédoit en ce lieu ; légua en préciput à Jean, son fils aîné, ce qu'il avoit en Savoye du chef d'Alix Portier sa mere, & l'institua héritier conjointément avec Philibert & Thiebaud, ses deux autres fils nés de son mariage avec Jacquette de Duretal. La postérité de Jean se fixa en Savoye ; celle de Philibert fit branche au Comté de Bourgogne.

Archives de l'Officialité de Besançon.

Recueil de Palliot.

II. PHILIBERT PORTIER, dit de Frelois,

D d

Damoiſeau , eſt nommé avec Alix de Choiſeul ſa femme , fille de Renaud de Choiſeul , Seigneur de Molonne , & avec Thiebaud ſon fils , dans le teſtament de Guy de Montagu , dit de Colombles , Damoiſeau , parent de ſon épouſe , de l'an 1380.

III. THIEBAUD PORTIER , dit de Frolois , Damoiſeau , fut exécuteur , l'an 1429 , du teſtament d'Étienne Fauquier de Poligny , Écuyer, ſon beau-frere ; il le fut , en 1431 , de celui de Jean de la Rochelle. Il fut envoyé par le Duc Philippe le Bon à Berne & à Thonon auprès du Duc de Savoye , l'an 1434. Il eut de ſon alliance avec Marguerite Fauquier Hugues , qui ſuit ; Guy, Religieux à Baume ; Étienne & Thiebaud.

Ibidem.

Arch. de M. de la Rochelle.

Arch. de M. de St. George.

IV. HUGUES PORTIER , dit de Frolois , ſuivit les Armées de Philippe le Bon & du Duc Charles , & fut bleſſé à la Bataille de Morat ; il avoit pris pour deviſe ces mots : *Deus fortitudo mea.* Il épouſa Jacquette de Voiteur , héritière d'une branche de cette Maiſon , & il teſta à Lons-le-Saunier , le 3 de mai 1482 , en faveur de Thiebaud ſon fils ; fit des legs à Antoinette & Louiſe ſes filles , Religieuſes à Lons-le-Saunier & Migette , à Henry ſon fils & à Gauthier ſon autre fils, Chanoine de Beſançon.

Archives de l'Offi-cialité de Beſançon.

Traité de la nobleſſe par la Roque.

V. THIEBAUD PORTIER , Écuyer, eſt ainſi qualifié dans une reprise de fief de l'an 1499, envers Jean de Chalon, Prince d'Orange, de plusieurs biens qu'il possédoit à cause de Jeanne de Faletans sa femme. Il est encore rappellé parmi les Nobles dans le recès des États du Comté de Bourgogne tenu en 1484. Il quitta les anciennes armes de sa Maison, qui étoient bandées d'or & d'azur à la bordure dentelée de gueules, pour prendre celles de sa mere qui étoient d'or à la bande de sable chargée de trois fusils de Bourgogne d'or, il y joignit deux clefs à l'antique de sable. Il fut pere de Guillaume, qui suit ; de Jean & Pierre, nommés dans le partage qu'ils firent en 1518 des biens de leurs pere & mere.

Archives de M. de Faletans.

Archives des États du Comté de Bourgogne.

Guichenon, Généalogie de Bresse,

Arch. de M. de St. George.

VI. GUILLAUME PORTIER, Écuyer, Capitaine de 200 hommes à cheval, fut convoqué aux États du Comté de Bourgogne en 1523 & 1528. L'Empereur le chargea par un écrit de sa main d'une commission en Flandre auprès de l'Archiduchesse sa tante, qui n'a d'autre date que celle du 9 de novembre ; la fidélité avec laquelle il s'en acquitta lui mérita le titre de Comte Palatin, que ce Prince lui accorda par ses Lettres du 30 d'octobre 1530, & le droit pour lui personnellement de timbrer ses armes d'une Couronne à la Royale. Il eut du mariage

Ibidem.

Archives du Parlement de Besançon.

D d ij

Arch. de
M. de St.
George. qu'il avoit contracté l'an 1506, avec Per-
ronne, fille de Jacques d'Eſtival, Écuyer, 1.°
Thiebaud, qui mourut ſans poſtérité; 2.° Louis-
Philibert, qui ſuit; 3.°, 4.°, 5.°, 6.° Philibert,
Marguerite, Suſanne & Jeanne.

VII. LOUIS-PHILIBERT PORTIER OU POURTIER,
Archives
du Par-
lement de
Beſançon. (ce nom s'écrivoit indifféremment alors) fut
chargé de pluſieurs négociations importantes en
Suiſſe, pour la conſervation du Comté de Bour-
Arch. de
M. de St.
George. gogne: Il fut convoqué, en 1556, aux États de
cette Province, & parut la même année à l'arrière-ban du Bailliage d'Aval. Il eut trois femmes,
Louiſe Marchant de Dole, Jeanne Vermet de
Salins, & Alix Guillon auſſi de Salins. La première le rendit pere de Claude-Philibert, qui
ſuit. Il eut de la ſeconde Pierre, Louis & Clement, qui ont fait branche; & de la troiſième,
Claude, mort ſans lignée, Philibert, Chanoine
de Beſançon, & Vicaire Général de Ferdinand
de Rye, Archevêque de cette Égliſe, & Hugues,
Doyen de la Collégiale de Saint Michel de Salins.

VIII. CLAUDE-PHILIBERT PORTIER, Écuyer,
Ibidem. ainſi qualifié dans des actes judiciels, parut, en
1579, 1598 & 1606, aux États du Comté de
Bourgogne. Il s'allia, par contrat de l'an 1588,
avec Jeanne Duprel, fille de feu Jean Duprel,
Écuyer, de laquelle il eut, 1.° Philibert; 2.°

Hugues, mort fans alliance; 3°. Louis, qui fuit;
4°. Marguerite, femme de Philippe Peliffonnier,
Écuyer; 5°. Étiennette, femme de Noble Jean
Chevalier.

IX. LOUIS PORTIER, Écuyer, né le 7 de
novembre 1606, fut convoqué en 1632, *Arch. de*
54 & 56, aux États du Comté de Bourgogne. *M. de St.*
Il obtint, le 22 de décembre 1656, de Philippe *George.*
IV, Roi d'Espagne, une déclaration de son ancienne nobleffe; il exposa dans la demande qu'il
en fit à ce Prince, l'enlévement & la difperfion *Arch. de*
de fes titres dans les guerres, & les motifs qu'il *la Cham-*
avoit d'empêcher que des Familles du même *bre des*
nom, *qui néanmoins n'auroient pas la même naif-* *de Dole.*
fance, ni les mêmes prérogatives de nobleffe, (ce
font les termes de la déclaration) s'attribuaffent
une origine commune. Cette déclaration fut
enrégiftrée en la Chambre des Comptes de Dole.
Louis Portier s'allia, par traité de l'an 1633, *Arch. de*
avec Bonaventure Mathon de Salins, de laquelle *M. de St.*
il eut, 1°. Défiré, qui a fait branche, éteinte *George.*
dans la famille de Junet de Courbeffein; 2°.
Jacques, Chanoine de Saint Anatoile; 3°. Philibert, qui fuit; 4°. Antoinette, époufe de N....
Chevannay des Daniels, Écuyer, Citoyen de
Befançon; 5°. Bonaventure, Religieufe de la
Vifitation à Salins.

X. PHILIBERT PORTIER, Écuyer, Seigneur de

Saint George, a eu de son mariage, contracté

le 9 de février 1691, avec Marie-Christine

d'Orchamps, 1°· Louis, Prêtre; 2°· Jeanne-
Françoise; 3°· Françoise-Gabrielle, épouse de
Philibert de Vancay de Conflans, Chevalier de
Saint Louis, Commandant de la Ville & des
Forts de Peccais en Languedoc; 4.° Étienne-
Adrien, qui suit; 5°· Marie-Thérése, Ursuline
à Arbois.

XI. ÉTIENNE-ADRIEN PORTIER, Écuyer, Seigneur de Saint George, a épousé, par traité du
22 novembre 1725, Jeanne-Christine Poly,
fille de Jacques Poly, Chevalier d'honneur en
la Chambre des Comptes de Dole, & d'Anne-
Alexandrine de Chaffoy. De cette alliance sont
nés, 1°· Pierre-François, qui suit; 2°· Philibert-
François-Xavier; 3°· Louis.

XII. PIERRE-FRANÇOIS PORTIER, Écuyer,
Seigneur de Saint George, s'est allié, le 22
d'octobre 1750, avec Marie-Jeanne-Françoise
Garnier, fille de Pierre-François Garnier, Écuyer,
Seigneur de Parthey, Choisey, &c. & de Marie
de Monnier, de laquelle il a Josephe-Gabrielle,
& Jeanne-Charlotte-Désirée Portier de Saint
George.

Arch. de M. de St. George.

Branche de Chaucenne.

VIII. CLEMENT PORTIER, 3eme fils de Louis-Philibert Portier, & de Jeanne Vermet, fut pere, par son mariage avec N ... Nouveau, de Guyon, qui suit; de Simon, Colonel d'un Régiment de Hauts-Allemands, Gouverneur de Vanlo, du Conseil de guerre du Roi d'Espagne, & de Marc, Chanoine de Saint Anatoile.

IX. GUYON PORTIER contracta alliance avec Marguerite Colin, de laquelle il eut Clement, qui a continué la lignée; Claude l'aîné, Lieutenant Colonel de Cavalerie; Claude & Jean, Chanoines de Saint Anatoile.

X. CLEMENT POURTIER, Capitaine d'une Compagnie de deux cens hommes d'Infanterie dans le Terce du Seigneur de Maisières, épousa, l'an 1635, Claudine-Antoinette, fille de Noble Jean Huot, Citoyen de Besançon, de laquelle il eut Pierre, qui suit, & Simon.

XI. PIERRE POURTIER, Seigneur de Chaucenne, fut Capitaine d'Infanterie, & Major dans le Terce du Marquis de Meximieux; il fut nommé par le Gouverneur Général des Pays-Bas pour Commandant du Fort de Chatel-Belin sur Salins, en 1673; il s'allia l'année suivante avec Anne Nazey, de laquelle il eut Louis, qui suit; Claude, Chanoine de Sainte Magdelaine de Besançon;

Jean-Claude, Lieutenant d'Infanterie; Jean-Baptiste, mort sans alliance, & Marguerite, épouse de Pierre-François Clement, Conseiller au Présidial de Besançon.

XII. Louis POURTIER, Seigneur de Chaucenne, a eu d'Anne Siruguet Louis, qui suit, & Jean-Antoine, qui de Claude-Françoise Foyet son épouse a eu deux filles, Claude-Louise & Claude-Françoise.

XIII. Louis POURTIER, Seigneur de Chaucenne, a eu de son mariage avec Jeanne-Antoine Willemey, 1°. Claude-Louis; 2°. Jean-Denis; 3°. Anne-Pierrette; 4°. Anne.

La branche de Pierre Portier, frere de Clement, s'est éteinte dans la Famille de Gay de Marnoz, & il en est sorti Pierre Pourtier, Capitaine d'Infanterie, tué à la Bataille de Nortlingue. Celle de Louis s'est éteinte dans les personnes de trois filles, l'aînée mariée à Désiré Portier, Seigneur d'Aiglepierre; la seconde à N . . . d'Alepy de Vaux, & la 3ème nommée Jeanne-Magdelaine, à Étienne-François-Simon, Président au Parlement de Besançon.

POUPET. Les Généalogies manuscrites de cette Famille, & celle qu'en a donné feu M. Dunod dans son Nobiliaire du Comté de Bourgogne, s'accordent à soutenir qu'elle étoit originaire de

Pag. 157.

la

la Ville de Poligny, & qu'elle devoit son élevation à Jean Fruin, élu Archevêque de Besançon, dont Jean de Poupet avoit épousé la sœur. La vérité contraire à cette opinion m'empêche de l'adopter : La découverte de plusieurs titres ignorés de ceux qui m'ont précédé me la fait connoître.

I. LE NOM DE POLIGNY étoit celui que cette Famille portoit anciennement. Pierre, dit de Poligny, Bourgeois de Salins, vivoit au commencement du 14ᵉᵐᵉ siécle : Il fut inhumé, avec Nicolette son épouse, dans l'Église de Notre-Dame de cette Ville, avant l'an 1345 ; il eut pour fils, 1° Guy, dit de Poupet, époux de Nicolette, fille de Richard de By, Chevalier ; 2° Hugues, dit de Poligny, Curé de Notre-Dame de Salins, qui testa, l'an 1345, en faveur de ses freres ; 3° Jean, qui a continué la lignée ; 4° Jeannette, femme de Guy de Vereux, d'Arbois.

Archives de l'Officialité de Besançon.

Ibidem.

II. JEAN DE POUPET, I du nom, Clerc, quitta le nom de sa Famille pour prendre celui de Poupet, sous lequel il est rappellé dans le testament de Guyette Afferel de Salins de l'an 1340. Hugues son frere lui légua ses granges de Saizenay par ses dernières dispositions de l'an 1345. Jean de Poupet avoit épousé

Ibidem.

E e

Yolande, fille de Jean Loyte, de laquelle il eut Jean, qui suit.

Mémoire de Bourg. page 136.

III. JEAN DE POUPET, II du nom, exerça la Charge d'Huiffier d'Armes de Jean, Duc de Bourgogne : Il prit le premier de fa Famille la qualité d'Écuyer, & laiffa du mariage qu'il avoit contracté, l'an 1393, avec Nicole, fille de Jean Saiget de Salins, 1°· Jean, qui a continué la lignée ; 2.° Poinçard, qui a eu poftérité ; 3.° Nicolette, femme de Jean, dit Villain de Saint Jullien, Damoifeau ; 4° Jeanne, alliée, 1.° à Guy Poncy de Salins ; 2.° à Étienne Naifey, Citoyen de Befançon.

Tit. des Rentiers des Salines.

Archives de l'Officialité de Befançon.

IV. JEAN DE POUPET, III du nom, époufa Gerarde de Faletans, Dame de la Chaux, qui tefta le 1er. de feptembre 1440, inftitua héritiers fes enfans, & nomma Bonaventure de Faletans fon frere exécuteur de fes difpofitions. De fon alliance avec Jean de Poupet nâquirent, 1°· Guillaume, qui fuit ; 2°· Jean de Poupet, Prévôt du Chapitre de Saint Anatoile de Salins, Doyen de l'Eglife Métropolitaine de Befançon. Il fuccéda, l'an 1460, à Jean Germain, dans l'Evêché de Chalon-fur-Saone. Il fut le chef de la députation que les États de Bourgogne envoyerent, l'an 1470, à Charles le Hardi, après la mort de Philippe le Bon, Duc de Bour-

Ibidem.

Illuftre Orbandale, tom. 2. pag. 506,

gogne, son pere. Il se démit de son Evêché,
l'an 1480, en faveur d'André de Poupet, fils
naturel de son frere, & mourut le 16 de mars
1491 au château de la Salle où il s'étoit retiré.
Son corps fut inhumé dans l'Église Cathédrale
de Chalon, & son cœur fut déposé dans celle de
Saint Loup de Maisières, dans la Chapelle de
Saint Blaise, qu'il y avoit fondée : On y lit cette
épitaphe.

> Hæc cor Joannis generosum petra Popeti
> Contegit : Hoc Cabilon Præsule læta fuit.
> Claruit Antistes multâ pietate beatus,
> Justitiâ Populum rexit & ipse suum.
> Inclita perpetua meruit cognomina laudis,
> Pontificem dixit publica fama bonum.
> Hoc Altare tibi pro voto ritè sacravit,
> Dive Blasi, & proprium, nobile corque dedit.

V. GUILLAUME DE POUPET, Écuyer, Seigneur
de la Chaux, commença l'illustration de sa Famille par les Charges de Commissaire, & Receveur Général des Finances de Philippe le Bon,
dont il fut revêtu : Ce Duc lui fit présent le jour
de ses nôces d'onze tasses d'argent, du poids de
30 marcs. Il fut depuis Maître d'Hôtel du Duc
Charles, au nom duquel il reçut Marguerite
d'York, qui venoit d'Angleterre pour épouser
ce Prince. Il eut d'une Dame nommée Louise,
1°. Charles, qui a continué la lignée ; 2°. Jeanne,

Mém. de
commines.

Mémoire
pour servir
à l'Hist.
de Bourg.
tom. 2.
pag. 190.

Palliot,
Généal. de
la Maison
de Bouton
aux Pr.
pag. 99.

E e ij

épouse du Seigneur de Brion ; 3°. Charlotte ; 4°.
Louise, femme du Seigneur de Montjeu ; 5°.

Illustre
Orban-
dale, tom.
2, pag.
514.
Jean, Evêque de Chalon, en 1503, mort au
château de la Salle le 18 de décembre 1531.
Guillaume de Poupet eut encore un fils naturel
appellé André, que sa rare science plaça sur le
Ibidem.
page 507.
siége de l'Église de Chalon, l'an 1480, après
avoir été légitimé par le Pape Sixte IV. Charles
VIII, Roi de France, le nomma Maître des Requêtes au Parlement de Dijon l'an 1483 ; il
lui fit donner l'Abbaye de Saint Pierre de Chalon, & le choisit pour négocier plusieurs affaires
Ibidem.
Pag. 508.
importantes dans l'Aquitaine, & dans d'autres
Provinces de son Royaume. Il résigna son Evêché l'an 1494, & mourut l'an 1506 ; il fut
inhumé dans son Église sous un tombeau qu'il
avoit fait construire, & sur lequel on lit cette
épitaphe :

HIC jacet Andreas clausus sub mole Popetus,
　Antistes generis gloriâ magnâ sui,
Qui primis olim virtuti deditus annis
　In jure est Doctor factus utroque micans ;
Post hæc ingenio præstans linguæque lepore,
　Urbem adiit Romam Romulidumque decus :
Et mox Pontifici clarâ virtute Supremo
　Dilectus Francis Regibus indè fuit.
Namque inservivit tribus idem Regibus, hosque
　Consilio juvit tempora longa suo :
Sicque hujus vixit Præsul meritissimus ædis

Pervigil, ut proprias qui refoveret oves.
Quemque avus hæredem Thiaræque pedique reliquit
Illa hæc germano reddidit atque suo.
Hoc igitur tandem requiescit marmore carmen,
Qui supplex vestras flagitat ille preces.

VI. CHARLES DE POUPET, Chevalier, Seigneur de la Chaux, Châteauvilain, & Grand Baillif d'Aval, fut Chambellan, & premier Sommelier du Corps du Roi de France, à l'âge de vingt cinq-ans, & eut les mêmes emplois dans les Cours de Philippe I, & de l'Empereur Charles V son fils. Il accompagna en Espagne le Roi Philippe, qui le nomma pour exercer l'Office de Châtelain de Villevorde. Ce Seigneur, plus connu dans les Histoires de son temps sous la qualité de Seigneur de la Chaux, que sous le nom de Poupet, eut toute la confiance de ce Prince : Il acquit celle du fils par les mêmes voies qu'il avoit employées pour gagner celle du pere. Nommé pour être l'un des Conseillers de la Régence établie en Flandre pendant la minorité de Charles V, associé à celle du Cardinal Ximenés, & d'Adrien, Doyen d'Utrecht, cet Empereur se souvint des services qu'il en avoit reçus, & le nomma son Ambassadeur à Rome. Ce fut par ses soins qu'Adrien Florent, qui avoit été Précepteur de ce Prince, franchit les obstacles qui s'opposoient à son élévation

fur la Chaire de Saint Pierre ; ce Pape , qui prit
le nom d'Adrien VI , n'ufa pas de reconnoif-
fance envers fon bienfaiteur , qui ne put en
obtenir peu de temps après une legére grace
qu'il lui avoit demandée , ce qui attira quelques
lettres de reproches de la part du Seigneur de
la Chaux , dont on trouve les copies parmi les
papiers de la Maifon de Poupet. Ce fut encore
ce même Seigneur qui fut chargé de conclure
le mariage de fon Maître avec Ifabelle de Portugal , & qui fut choifi en 1529 pour ratifier
le traité de Cambray.

Charles de Poupet retourna au Comté de
Bourgogne comblé d'honneurs , mais en même
temps accablé d'infirmités : Il y tefta le 15 de
mai 1529 , & y termina fa carrière peu de
jours après. Sa mort fut également une perte
pour l'État & pour les Lettres ; il les aimoit &
les cultivoit : Ce penchant l'avoit engagé à former une bibliothéque dans fon château de la
Chaux , d'où l'on a tiré les Mémoires d'Olivier
de la Marche , & la chronique anonyme de
Flandre. Il recommanda avant que de mourir
à fes fils , qu'il avoit fait élever à Paris , de s'ap-
pliquer aux fciences , & d'honorer ceux qui en
faifoient profeffion : Une inftruction fi fage eut
tout l'effet qu'il s'en étoit promis. Charles de
Poupet avoit époufé , l'an 1498 , Philiberte

de la Baume, fille de Philibert de la Baume, Chevalier, Seigneur de Perez, de laquelle il eut, 1°. Jean, qui suit; 2°, 3°. Philibert & Amey de Poupet; 4°. Guillaume de Poupet, Abbé de Baume, Gouaille & Balerne, qui ayant recueilli les biens de sa Famille, testa, le 8 d'octobre 1579, en faveur de Louis de la Baume, Comte de Saint Amour, son neveu; 5°. Perronne de Poupet, mariée à Philibert de la Baume, Seigneur de Perez.

Guichenon, *Généalogie de Bresse*, *pag. 29.*

VII. JEAN DE POUPET, Chevalier, Seigneur de la Chaux, Châteauvilain, &c. Maître d'Hôtel de Philippe II, Roi d'Espagne, Grand Baillif d'Aval, n'eut de son mariage avec Antoinette de Montmartin qu'une fille unique, Anne de Poupet, qui épousa Jean de Bauffremont, Baron de Clervaux. De cette alliance nâquit Philippe-Chrétienne de Bauffremont, qui eut pour parrein le Roi Philippe II, & pour marreine Chrétienne de Dannemarck. Elle mourut peu de mois après.

Archives de la maison de Bauffremont.

Les armes de la Famille de Poupet étoient d'or au chevron brisé d'azur, accompagné de trois perroquets de sinople, becqués & membrés de gueules.

QUANTEAU. Famille de Salins, anoblie par Philippe le Bon, Duc de Bourgogne, le 6 de mai 1459, en la personne de Humbert Quanteau son Médecin. Ses descendans ayant dérogé, furent réhabilités dans leur noblesse l'an 1592. Les armes de cette Famille sont de gueules à la croix d'or, ayant en cœur un écusson d'argent, chargé de trois bandes d'azur.

SACHET. Cette Famille, anoblie dans les personnes de Louis, Pierre & Jean Sachet, par l'Empereur Charles V, l'an 1536, a été illustrée par les emplois que Pierre Sachet, Conseiller & Maître des Requêtes de la Reine Éléonore d'Autriche, veuve du Roi François I, a exercés. Elle s'est éteinte dans celles de Crecy & de Boquet. Cette dernière en a relevé les armes qui sont pallées d'argent & de sables de six pièces, à une emmanchure d'or chargée d'un aigle de sable à deux têtes.

SAINT MAURIS. Cette Maison, éteinte dans celle de Gilley, s'établit à Salins sur la fin du 14ème siécle. Elle étoit d'ancienne noblesse, & tiroit son origine & son nom de la Terre de St. Mauris dans le ressort du Bailliage d'Orgelet.
Ses

Ses armes étoient de gueules au chevron d'argent, accompagné de deux étoiles de même en chef, & d'une rose aussi d'argent en pointe, timbrées d'un homme naissant élevant sa main droite.

TROUSSET. Famille éteinte qui portoit de gueules à un léopard d'argent. Elle a possédé la Terre de Vauferrand, & a été distinguée par ses alliances.

VAUX. Cette Famille, qui reconnoissoit pour sa tige Jean de Vaux de Salins, Conseiller, Maître en la Chambre des Comptes de Bourgogne en 1496, s'est éteinte au siécle dernier dans celle d'Alepy. Ses armes étoient d'azur, à trois chapeaux d'albanois d'or.

Ff

UDRESSIER.

LA Famille de ce nom, qui subsiste aujour-d'hui, étoit déja établie à Salins en 1384: Les Lettres-Patentes de Comte, accordées en 1712 à Claude-François d'Udressier, portent que dans le temps de la recherche de la noblesse du Royaume, il avoit justifié de la sienne jusqu'en l'année 1439, en laquelle vivoit Étevenin Udressier.

Archives de l'Officialité de Besançon. I. CE dernier avoit pour pere Guy, dit Udressier, nommé dans le testament d'Isabelle de Fraisans, de l'an 1384.

Arch. de M. d'U-dressier. II. ÉTEVENIN UDRESSIER épousa, l'an 1439, Jeannette d'Oiseley, de laquelle il eut Philippe, qui a continué la lignée, & Gerard, Chanoine de Saint Anatoile & Curé d'Yvory.

Ibidem. III. PHILIPPE UDRESSIER fut fait Secrétaire de Philippe le Bel, Roi d'Espagne, par Patentes de l'an 1496. Il époufa, l'an 1485, Jeanne Guierche, qui le rendit pere de Jean, qui fuit, de Guy & Hugues, Chanoines de Saint Anatoile.

IV. JEAN UDRESSIER, Écuyer, Secrétaire de l'Empereur Charles V, contracta alliance avec Anne Vigoureux ; Il mourut vers l'an 1540, & fut inhumé fous le portail de l'Église de Saint Anatoile. Il eut pour fils Jean, mari de Catherine Colin ; Philippe, qui fuit ; Anatoile, Blanche & Antoinette, & Louife, femme de Noble Jean Bondieu. *Arch. de M. d'Udreffier.*

V. PHILIPPE UDRESSIER, Écuyer, Prévôt du puits à muire de Salins, fit hommage de cette Prévôté à Philippe II, Roi d'Efpagne, l'an 1584. Il fut marié deux fois ; la première avec Barbe de Lalye ; la feconde avec Sufanne de Vers. Du premier mariage nâquirent, 1°. Jean, qui fuit ; 2°. Claire-Claudine, qui mourut en 1576, le même jour qu'elle avoit époufé Claude Alix, Docteur ès Droits. Ce tendre époux, pénétré de la plus vive douleur, voulut inftruire la poftérité de fon infortune, & s'acquitter en même temps de ce qu'il devoit à fa compagne, en gravant fur le marbre les vertus dont elle étoit douée, & les regrets que fa perte lui caufoit : L'épitaphe qu'il lui dreffa fe voit à l'entrée de la porte de l'Église de Saint Anatoile ; elle eft conçue en ces termes : *Ibidem.*

F f ij

IN PORTU NAUFRAGIUM.

D. M. S.

Antiquo generis splendore & virtutum decentioribus ornamentis CLARÆ-CLAUDIÆ UDRESSIER , chariffimæ sponsæ , luc decimum octavum adhuc egens annum absumptæ , ipsoque thalaffione tàm dolendo & immaturo obitu in nenias funebres & jalemonem verso , CLAUDIUS ALIX , Juris utriufque Doctor conjux aliàs futurus , nimio luctu & squalore percitus , monumento piè hic dicato parentat juxtàque persolvit. Obiit anno Domini 1 576 , augufti 17ᵃ. die. SIT ANIMA EJUS COLLIGATA IN FASCICULO VIVENTIUM. Amen.

Du second mariage de Philippe Udreffier fortirent Claude , qui a fait branche ; Pierre, Sufanne , femme de Claude Amiot , Écuyer , & Anne , époufe de Charles Marchant , Seigneur de Miferey.

VI. JEAN UDRESSIER , Écuyer , Seigneur de Charchillat, Arefches, &c. obtint, l'an 1 6 1 0, des Archiducs Albert & Ifabelle , la permiffion de relever le nom & les armes de la Famille de Lalye, en confidération de fes fervices militaires, & principalement de la défenfe de la Ville de Gertrudemberg , dans laquelle il commandoit en l'abfence du Baron de Balançon, lorfqu'elle fut affiégée par les ennemis. Il s'étoit allié, l'an 1 5 8 7 , avec Charlotte Le Grant , Dame de

Archives de M. de Salans.

NIHIL DEEST TIMENTIBUS DEUM

DEVANT LE MAITRE
AUTEL DE CETTE EGLISE
GISSENT LES CORPS DE NOBLES SIEUR
ET DAME JEAN DE LALLIER DIT DUDRESSIER
ESCUYER CAPITAINE D'INFANTERIE POUR LE
SERVICE DU ROY QUI DECEDA LE 12 juillet 1625
ET D CHARLOTTE LEGRAND DAME DE
CHARCHILLAT CRENANS COULOUVRE ET MUSSIA
ELLE MOURUT LE 21 OCTOBRE 1656
POUR PERPETUELLE MEMOIRE DES SIEURS SES
PERE ET MERE DAME MARGUERITE DE LALLIER
DAME DE CHARCHILLAT ET FEMME DE MESSIRE
CHARLES JULE DE LABOREY CHEVALIER SEIGNEUR
ET BARON DE SALANS CHEVIGNEY FRASNE
OFLANGE OURS BARTHELANGE &c.
A FAIT METTRE LE PRESENT
EPITAPHE

LUDIBRIA MORTIS

B.R.

Charchillat. Il fut inhumé avec elle dans l'Église des Freres Mineurs de Salins, suivant leur épitaphe gravée sur un marbre contre le pilier qui est près de l'Autel principal de cette Église. Il n'eut qu'une fille nommée Marguerite, mariée, l'an 1640, à Charles-Jules Laborey, Seigneur de Salans.

Branche qui subsiste.

VI. CLAUDE UDRESSIER, Écuyer, fils de Philippe & de Susanne de Vers sa seconde femme, s'allia, l'an 1608, avec Louise Coquelin, de laquelle il eut Pierre-Philippe, qui suit, & François. *Arch. de M. d'Udressier.*

VII. PIERRE-PHILIPPE UDRESSIER, Écuyer, contracta alliance, l'an 1646, avec Louise, fille de Simon Guillame, Écuyer, Seigneur de Pontamougeard. Elle le rendit pere de Claude-François, qui suit; de Philippe, Chanoine de Saint Anatoile, & de Jeanne-Françoise, alliée à Dominique de la Robinière, Brigadier des Armées du Roi. *Ibidem.*

VIII. CLAUDE-FRANÇOIS UDRESSIER, Seigneur de Cramant, Lemuy, Arc, &c. obtint du Roi, au mois d'août 1712, le titre de Comte, en considération de l'ancienne noblesse de sa Famille, des services du Baron de Roch son oncle, Général *Ibidem.*

de Bataille & Gouverneur d'Ypres, & des Dignités de Léon de Villeneuve, fon grand oncle, Maréchal de l'Ordre de Malthe, & Grand Baillif de Lyon. Il fut pourvu l'année fuivante d'une Charge de Chevalier d'honneur au Parlement de Befançon. Il époufa, le 12 de janvier 1693, Marie Gay de Marnoz. Il fit fon teftament l'an 1720, par lequel il inftitua héritier fon fils aîné, & fubftitua à perpétuité aux mâles de fon nom les Terres de Cramant, Efcleux & Lemuy. Ses enfans furent, 1°· Charles-Philippe-Ignace, qui fuit; 2°· Claude-François-Xavier, mort jeune; 3°· Dominique-Bonaventure, Seigneur de Pontamougeard, ancien Officier dans le Régiment de la Marine; 4°· Claude-François-Xavier, Seigneur de Montenot, qui de Marie-Armande-Jofephine de Vallin a eu deux filles, dont l'une eft Chanoineffe à Neufville.

IX. CHARLES-PHILIPPE-IGNACE, Comte d'Udreffier, Seigneur de Cramant, &c. Chevalier d'honneur au Parlement de Befançon, a époufé, le 6 d'octobre 1723, Marie-Anne-Éléonore-Urfule d'Andlau, fille d'Antoine d'Andlau, Seigneur dud. lieu, Lieutenant Colonel de Cavalerie, Directeur de la nobleffe de la Baffe-Alface, & de Marie-Anne de Klinglin. De cette alliance font nés, 1°· Marie-Anne-Françoife-

Théréfe-Gabrielle ; 2.° Marie-Philippe-François ,
Capitaine de Cavalerie dans le Régiment de
Bourbon-Buffet ; 3.° Béatrix-Bonaventure, époufe
de N. . . . . Girod, Seigneur de Miferey ; 4.°
Louis-Armand-Gafton ; 5.° Marie-François-
Xavier, Cornette dans le Régiment de Bourbon-
Buffet ; 6.° Marie-Urfule-Éléonore.

Les armes de cette Famille font d'argent à
deux rameaux entrelaffés de finople , chargés
de fruits de pourpre.

VERNIER.

CETTE Famille est du nombre de celles qui ont acquis la noblesse par prescription. Étienne Vernier de Salins, fils de Philippe, est qualifié de Noble dans son traité de mariage passé le 4 de septembre 1520 avec Claudine du Four, & la clause de la coûtume du Comté de Bourgogne, gardée entre les Nobles y est stipulée : Il étoit neveu de Jean Vernier, Chanoine de Saint Anatoile, & Chapelain de Louis XI, Roi de France, en 1478.

Archives de M. de Bians.

Archives du Chap. de Saint Anatoile.

II. JEAN VERNIER son fils, qualifié de Noble & d'Écuyer dans plusieurs actes judiciels des années 1550, 53, 55 & 56, épousa, le 2 de juin 1548, Claudine, fille de feu Noble homme Michel le Noble d'Arnay le Duc, & de Claudine Picouteau ; il en eut Jean, qui suit.

Archives de M. de Bians.

III. JEAN VERNIER, institué Capitaine & Gouverneur du château de Vennes, par Philippe

Ibidem.

II,

II, Roi d'Espagne, l'an 1579, fut convoqué, l'an 1596, aux États du Comté de Bourgogne; il s'allia avec Henriette du Moulin, d'une Famille noble, & jurée dans les Colléges de noblesse de cette Province; il mourut en 1610, suivant une épitaphe qui se voit à l'entrée du Chœur de l'Église de Saint Jean de Salins, & qui est conçue en ces termes.

Archives de M. de Biant.

CY GIST Noble Jehan VERNIER, qui trépassa le 6 de décembre 1610, & Demoiselle Henriette DU MOULIN sa femme, le 21 mai 1644; Noble Claude VERNIER, qui décéda le 26 août 1638; Noble Simon VERNIER, qui décéda le 28 novembre 1661, & Demoiselle Marguerite DE NOSEROY sa femme, qui mourut le 22 mai 1638.

Jean Vernier, fut pere de Claude, qui suit; de Ferdinand, Chanoine de Saint Maurice, ensuite Carme déchaussé; de Simon, qui a fait branche; de Françoise, alliée à Noble Désiré Mathon; de Marguerite, femme de N. . . . . Bole, Lieutenant Général au Bailliage de Pontarlier, & de Bonaventure, épouse de N. . . . Bressand d'Argilly.

IV. CLAUDE VERNIER eut de son mariage avec Anne Camus de Dole, Philippe, qui suit; Marin, Chanoine de Saint Anatoile, & Thérése, femme de N. . . . . Dusillet de Dole.

V. PHILIPPE VERNIER s'allia avec Claudine Gerard, de laquelle il eut Denise, épouse de

Gg

N..... Simonin, Lieutenant Criminel au Bailliage d'Ornans; Théréfe, femme de Guillaume
de la Garde, Écuyer, Capitaine d'Infanterie au
Régiment de Breffe, & deux autres enfans morts
fans alliance.

BRANCHE *qui fubfifte.*

IV. SIMON VERNIER, Écuyer, eut
de fon mariage avec Marguerite de Noferoy,
héritière d'une branche de cette Maifon, Laurent, qui fuit, & quatre filles.

V. LAURENT VERNIER, Écuyer, époufa Cathe-
rine Morelli, qui le rendit pere, 1°. de Charles-
Antoine, Chanoine de Saint Anatoile, Recteur
de l'Hôpital du Saint Sépulchre à Salins; 2°. de
Théréfe, alliée, 1°. à Claude-François Parafan,
Écuyer, Seigneur à Chenecey; 2°. à N.....
Clement, Confeiller au Préfidial de Befançon;
3°. de Magdelaine, femme de Claude-Jofeph
Maffon, Confeiller au Préfidial de Salins; 4°. de
Denis-Bonaventure, qui fuit; 5°. de Hugues-
François, Chanoine à Saint Michel; 6°. de Fran-
çois, Lieutenant d'Infanterie dans le Régiment
de Breffe, mort à Mantoue; 7°. de Marin, Capi-
taine dans le Régiment de Grofbois.

VI. DENIS-BONAVENTURE VERNIER, Écuyer,
Seigneur de Bians, Ufie, &c. Lieutenant des

Archives de M. de Bians.

Ibidem.

Maréchaux de France, a épousé, le 17 de juillet 1731, Denise-Thérése, fille de Guillaume de la Garde, Écuyer, & de Thérése Vernier. De ce mariage sont nés Charles-Alexis, mort jeune, & Charles-Guillaume. *Archives de M. de Bians.*

Les armes de cette Famille sont d'azur à la face d'or, accompagnée en chef de deux têtes d'aigles arrachées de sable, elle les écartele au 2ème. & 3ème. de celles de Noseroy.

VERS. Cette Famille ancienne à Salins a formé plusieurs branches : Celle qui subsiste descend de Hugues de Vers, Receveur Général de la Maison de Chalon : Il avoit épousé Marguerite de Noseroy, de laquelle il eut Nicolas, qui suit, & Nicole, femme de Henry Colin, vice-Président du Parlement de Dole. *Archives de M. de Vers.*

II. NICOLAS DE VERS, Écuyer, s'allia avec Philiberte Merceret, qui le rendit pere de François, de Claude, de Louis, de Susanne, femme de Philippe Udressier, Écuyer, & de Marguerite, femme de Louis Marchant, Secrétaire de l'Empereur. *Ibidem.*

III. FRANÇOIS DE VERS, Écuyer, fut chargé de relever le nom & les armes de la Famille de Merceret, par le testament de Guillaume Mer- *Ibidem.*

G g ij

ceret, Seigneur de Vaudrey, son cousin, de l'an 1563. Il eut du mariage qu'il avoit contracté, l'an 1592, avec Antoinette Huot, Claude, qui suit, & Marguerite, femme de François Boutechoux, Seigneur de Chavanne.

IV. CLAUDE MERCERET, dit de Vers, Écuyer, épousa Claudine de Reculot, de laquelle il eut François, qui suit, & Geneviéve, femme de Jacques Bancenel, Seigneur de Myon.

Archives de M. de Vers.

V. FRANÇOIS MERCERET, dit de Vers, Écuyer, Seigneur de Vaudrey, fut reçu en la Confrérie de St. George en 1655. Il s'allia, l'an 1651, avec Françoise du Saix, de laquelle il eut, entre autres enfans, Charles-Humbert, qui suit, & deux filles, Chanoinesses en l'Abbaye de Chateau-chalon.

Ibidem.

VI. CHARLES-HUMBERT MERCERET, dit de Vers, Seigneur de Vaudrey, reçu en la Confrérie de Saint George en 1680., laissa, entre autres enfans, de Susanne de Balay son épouse Guerard-Gabriel, qui suit, & François, Chevalier de Malthe.

Ibidem.

VII. GUERARD-GABRIEL MERCERET, dit de Vers, Seigneur de Vaudrey, &c. Chevalier de Saint George, a eu de son mariage avec Marguerite Marchant, Jean-Étienne, Capitaine d'In-

Ibidem.

fanterie, Guerard & deux filles, Religieuses en l'Abbaye de Lons-le-Saunier.

Les armes de cette Famille font d'or au fautoir d'azur, chargé d'une coquille d'or

---

VIGOUREUX. Cette Famille, dont les armes étoient d'azur à trois poires arrachées d'or, a été anoblie par Philippe, Archiduc d'Autriche, au mois de février de l'an 1503, dans la perfonne de Jean Vigoureux de Salins; elle s'eft éteinte au fiécle dernier dans celles de Bondieu, de Gay & de Gruffet. La première fut chargée d'en relever le nom & les armes.

VIRON. Cette famille, qui porte pour armes d'azur à un palmier arraché d'or au chef de même, chargé d'une aigle de fable à deux têtes, a été anoblie par l'Empereur Charles V, le 28 de juillet 1541, dans les perfonnes de Guillaume & Odot Viron de Salins, pere & fils. Ce dernier fut Secrétaire d'État d'Éléonore d'Autriche, veuve du Roi François I. Cette Princeffe l'honora de plufieurs commiffions importantes. Les Mémoires du Cardinal de Grandvelle, confervés dans la bibliothéque de l'Abbaye de St. Vincent de Befançon, parlent de lui d'une

manière fort avantageufe. Il avoit épousé Catherine de Gillis, avec laquelle il eft enterré en
l'Églife des Dominicains de Bruxelles, fuivant
leur épitaphe qui porte qu'il mourut le 23 de
mars 1577. Il en eut 17 enfans; Maximilien
Viron, qui en étoit l'aîné, fe fixa en Flandre, où
fa poftérité s'eft diftinguée; elle y fubfifte encore,
& y poffède la Baronnie d'Oifquerque. Catherine Viron, troifième fille d'Odot, s'allia au
Comté de Bourgogne avec Marin Courtot de
Lons-le-Saunier, Écuyer, en 1570, Noble Philibert David, en 1572, & Claude Boquet,
Lieutenant Général au Bailliage de Montmorot,
en 1593. De fon fecond mariage nâquit Catherine David, qui époufa Noble Claude Boquet,
fils de fon troifième mari, dont les defcendans fe
trouvent appellés par cette alliance à la fubftitution de la Baronnie d'Oifquerque.

_____

VORNE. Il y a eu deux Maifons de ce nom,
l'une qui tiroit fon nom de la Terre de Vorne,
dans le Marquifat de Chaucins, l'autre originaire du Village d'Yvory près de Salins.

I. AIMÉ VORNE D'YVORY, Écuyer, fils de
Jean, tefta à Salins, l'an 1403, conjointément
avec Alix Ferroux fa femme, en faveur de Jean
& Guillaume fes fils.

Archives de l'Officialité de Befançon.

II. GUILLAUME VORNE, Écuyer, s'allia, l'an 1439, avec Alix Vauchard, de laquelle il eut Guillaume, qui suit.

III. GUILLAUME VORNE, Écuyer, eut deux femmes, Marguerite de Gilley, & Jacquette du Tartre ; la seconde le rendit pere de Henry, de Jean & de Henriette, femme de Noble Claude Romanet de Muffia. Cette Famille portoit pour armes d'azur à cinq besans d'argent placés en sautoir.

YVORY. Cette Maison, qui tiroit son nom du Village d'Yvory près de Salins, étoit établie dans cette Ville dès le 14ᵉ siécle. Étienne d'Yvory, Chevalier, testa, l'an 1306, en faveur de Henry, Renaud & Guillaume ses fils, & des enfans de feu Viennet d'Yvory son fils aîné. Viennet d'Yvory fut pere de Jean & Guillaume d'Yvory, Damoiseaux, & de Fromond d'Yvory, Chanoine de Saint Michel de Salins. Guillaume d'Yvory, Chevalier, épousa Henriette de Saignie, qui testa le 4 d'octobre 1360. De ce mariage nâquit Guillaume d'Yvory, Écuyer, qui reprit en fief, l'an 1384, du Duc & Comte de Bourgogne, ce qu'il possédoit en la Châtellenie d'Arbois. Il fit hommage à Jean de Chalon, Prince d'Orange, de ce qu'il tenoit à Dornon,

Archives de l'Officialité de Besançon.

Ibidem.

Arch. de la Cham-Comptes. de Dole.

l'an 1400, & de ce qu'il poſſédoit en la Terre de Willaffans, l'an 1402. Antoine d'Yvory, ſon petit-fils, fut inſtitué héritier par Jacquette de Buvilley ſa mere, l'an 1452.

On trouve pluſieurs autres Gentilshommes de cette Maiſon rappellés dans divers titres. Jeannette, fille de feu Hugues d'Yvory, inſtitua héritière, l'an 1324, Guyette ſa ſœur. Perrin d'Yvory, Écuyer, fut exécuteur, l'an 1367, des dernières diſpoſitions de Jean de Montron, Écuyer. Jean de Malpas ſubſtitua, l'an 1371, à ſon héritier les enfans de Fromond d'Yvory ſon couſin, fils de feu Nicolet d'Yvory, Écuyer. Jean d'Yvory, Prieur de Chaux, eſt rappellé dans un titre de l'an 1374. Amé de Mantry, Damoiſeau, avoit épouſé, vers l'an 1400, Guyette d'Yvory.

FIN de la ſeconde Partie.

HISTOIRE DE LA VILLE DE SALINS.

TROISIEME PARTIE,

Contenant *un Mémoire sur la Vicomté de cette Ville ; la Généalogie des Sires de Monnet, qui en ont été les premiers Vicomtes ; la Succession chronologique des Seigneurs qui après eux ont été décorés de ce titre ; les Généalogies des Maisons qui ont porté le nom de Salins.*

LA Vicomté de Salins étoit autrefois un fief considérable par ses prérogatives, & qui avoit des droits assez singuliers. Les Seigneurs de Monnet, puissans dans les

A

1 2 & 1 3 emes fiécles, en furent les premiers poffeffeurs, foit par une inféodation qui leur en
avoit été faite par les anciens Sires de Salins,
foit par une donation en leur faveur des Comtes
de Bourgogne. Guillaume de Monnet en vendit
la moitié, au mois de feptembre 1 2 8 0, à Otton,
Comte Palatin de Bourgogne, pour le prix de
fept cens livres : Ce Comte en fit un échange,
l'an 1 3 0 4, avec Jeanne de Joux, Dame d'Eftavayer, & Jean Ferrier, Chevalier, fon mari,
contre dix livres de rente fur les Salines de
Salins. Richard de Monnet retira cette portion
qui avoit été aliénée par fon pere, & prit, à
l'exclufion de tous autres, le titre de Vicomte
de Salins. Jean fon fils obtint, en 1 3 6 1, un mandement de la Comteffe Marguerite, pour jouir
paifiblement des droits qui dépendoient de lad.
Vicomté, & fpécialement pour empêcher les
troubles qu'on lui fufcitoit lorfqu'il s'emparoit
des fucceffions des bâtards qui mouroient à Salins
pendant le temps qu'il y exerçoit fa Juftice.
Antoine de Monnet, petit-fils de Jean, fit condamner, l'an 1 4 3 6, par le Baillif d'Aval un
Particulier de Salins, pour avoir vendu du vin
publiquement dans les limites & pendant les
jours de la Vicomté : Il plaidoit, en 1 4 3 8,
contre les Archers & les Arbalétriers de Salins,
qu'il vouloit obliger de le fuivre avec leurs ha-

Aux preu-
ves, p.
20.

Ibid. p.
21.

Arch. de
la Maifon
de Bauf-
fremont.

Ibidem.

Ibidem.

bits & arbalètes en sa chevauchée du mois de mai. Catherine de Monnet, fille & héritière d'Antoine, légua cette Vicomté à Hugues de la Palud son neveu, par son testament de l'an 1482. Laurent de Gorrevod en fit l'acquisition, l'an 1520, pour la somme de trois mille cinq cens frans, de Jean-Philibert de la Palud, Comte de Varax, qui la déclara de franc-aleu ; elle passa à ses héritiers jusqu'à Philippe-Eugéne de Gorrevod, mort sans postérité en 1686, & fut adjugée avec les biens de la Maison de Gorrevod à Louis-Benigne, Marquis de Bauffremont, par Arrêt du Parlement de Paris de l'an 1712.

Arch. de la Maison de Bauffremont.

On voit par le mandement de la Comtesse Marguerite, obtenu en 1361 par Jean de Monnet, que le Vicomte de Salins avoit le droit de faire exercer sa Justice deux fois par an dans les Bourgs de Salins, dix-sept jours vers la fête de Saint André, & trois jours au mois de mai. Suivant un recueil des droits de la Vicomté, fait en 1473, ces trois jours les plus solemnels commençoient le dimanche le plus prochain du quinzième du mois de mai ; un Trompette, accompagné de deux ou quatre Sergens, parcouroit les rues à l'heure de Vêpres en criant : *Le dimanche aux plaids de Madame la Vicomtesse ; lundi, mardi & mercredi les plaids généraux.*

Ibidem.

Aux preuves, p. 21.

A ij

Cette cérémonie se répétoit trois fois le jour, chacun des trois jours suivans. Le Vicomte ou son Lieutenant avoit la liberté de choisir une maison dans le Bourg dessous de Salins pour y tenir ses journées ; il prononçoit des peines afflictives, & faisoit exécuter ses Sentences nonobstant appel : Celui qui rompoit l'Arrêt auquel il avoit été condamné, étoit amendable de soixante sols. Si quelqu'un vouloit désavouer la Justice de la Vicomté, il devoit le faire le dimanche, lorsqu'elle commençoit, avant qu'on eût entendu sonner la trompette ; son désaveu une fois fait, il ne pouvoit plus reconnoître cette Justice, ni aller coucher dans son lit ; si par hazard il y alloit, celui qui tenoit la Justice avoit le droit d'aller faire du bruit à sa porte, & de la rompre si on refusoit de la lui ouvrir ; & si les gens du Vicomte trouvoient le lit de celui qu'ils alloient chercher encore chaud, ils pouvoient l'emporter ; outre cette perte, il encouroit une amende de dix sols.

Le mardi, second jour de la Vicomté, tous les Particuliers vendant du vin, pour eux ou pour les autres, depuis la porte dite de Malpertuis jusqu'à l'Hôtel du Seigneur de la Chaux, & depuis la grande porte devant les Salines, en remontant la rue qui va à l'Église de Saint Anatoile, & celle où étoient situés les Hôtels appellés anciennement des Lombards, jusqu'au ruisseau, étoient obligés de donner chacun trois sols à celui qui tenoit la Justice de ladite Vicomté, sous une peine de semblable valeur. Le mercredi le Trompette annonçoit la chevauchée du Vicomte, & invitoit tous les Sujets de la Vicomté de se rendre à sa suite, à peine de soixante sols d'amende contre ceux qui ne s'y rencontreroient pas; il publioit en même temps que si quelqu'un se plaignoit de la construction de quelque édifice nouveau sur le communal de la Ville, il n'avoit qu'à s'adresser au Vicomte ou à son Lieutenant lorsqu'il chevaucheroit, & qu'il y auroit égard. S'il arrivoit qu'on portât des plaintes à cette occasion, & qu'elles fussent trouvées justes, selon la déposition de deux ou trois témoins, le Vicomte ou son Lieutenant descendoit de cheval, & frapoit de sa baguette le bâtiment dont il étoit question; aussitôt ceux qui l'accompagnoient devoient le démolir, sous peine de soixante sols d'amende, & malgré les oppositions de celui qui l'avoit fait construire. Le même jour, pendant le temps de la chevauchée du Vicomte, chaque Maréchal étoit obligé de lui apporter quatre fers garnis de leurs cloux : Il y avoit procès sur cette prétention en 1473.

Les revenus de la Vicomté de Salins consistoient dans le produit d'une maison située à Salins, dans des cens & héritages, dans des droits sur tout ce qui se vendoit au Bourg deſſous de Salins durant les trois jours du mois de mai, & les dix-sept jours des mois de novembre & décembre, & dans le tiers des amendes qui s'adjugeoient au profit du Comte de Bourgogne dans le cours de l'année au Bourg de Salins, appellé le Bourg du Comte. Ces droits & ces priviléges souffrirent beaucoup d'altération dans *Aux preuves, p. 26.* le 16ème siécle. Les derniers actes de la chevauchée sont des années 1561 & 1562: Il y a apparence qu'elle fut supprimée dès lors, plutôt par la négligence de ceux qui en étoient en possession & par le non usage, que par une autre cause. Charles-Emmanuel de Gorrevod, Vicomte de Salins, obtint, en 1614, des Archiducs Albert & Isabel des lettres de relief contre *Arch. de la maison de Bauffremont.* la prescription de ces droits, mais il ne les fit valoir qu'à l'égard de ceux qui lui étoient de quelque utilité; ils diminuerent de plus en plus entre les mains de ses successeurs, qui, pour conserver le peu qui leur en restoit, oublierent jusqu'au nom de ceux qui étoient perdus.

GÉNÉALOGIE
DES SEIGNEURS
DE MONNET.

LA Maison de Monnet a tiré son nom d'un Bourg situé dans le Bailliage de Poligny proche de la rivière d'Ain, où il y avoit un Château dont on voit encore les vestiges. Dès le commencement du 14ème siécle ces Seigneurs prirent indistinctement le nom de Monnet ou de Montsaugeon d'une de leurs Terres voisines de Monnet, qui étoit de la mouvance du Château de Montrivel, appartenant à la Maison de Chalon. Ce dernier nom leur est donné dès lors plus communément dans les actes.

I. ROGER, Vicomte de Monnet, vivoit sur la fin de l'onzième siécle, qu'il confirma aux Religieux de Clugny la permission qui leur avoit été donnée par Étienne, Comte de Bourgogne,

Tome 1. page 48.

d'avoir un banc en leur maison de Bracon pour la vente de leur sel. Il eut pour fils Hugues qui suit.

Ibidem, aux preuves, p. 34.
II. HUGUES, Sire de Monnet, consentit à la donation faite par son pere à l'Église de Clugny. Il eut pour fils selon le temps,

1°. Guy, qui a continué la lignée.

2°. Willaume de Monnet, témoin de la ra-
Ibidem, p. 65.
tification faite par Gaucher de Salins, II du nom, du traité passé entre Humbert, Sire de Salins, son fils, & les Religieux de Saint Benigne de Dijon.

III. Guy, Sire de Monnet, Seigneur de Mont-
Aux preuves, p. 28.
faugeon, Nay & Doucyé, contribua par ses libéralités à la fondation de l'Abbaye de Balerne, située au milieu de ses Terres : Il la dota de ce qu'il possédoit à Poligny, Glanne & Doucyé, & d'une certaine quantité de sel dans la portion qu'il avoit aux Salines de Salins. Il est regardé comme le Fondateur de ce Monastére. Il laissa les enfans suivans.

1°. Roger, qui a continué la postérité des ainés.

2°. Rodolphe, qui a fait la branche des Seigneurs de Nay, rapportée ci-après.

3°. Gaucher, qui fut témoin de l'accord fait entre Roger son frere & l'Abbaye de Balerne vers l'an 1184.

IV.

IV. ROGER, II du nom, Sire de Monnet, Montſaugeon, Doucye, Mont, tranſigea avec les Religieux de Balerne vers l'an 1184, & déclara qu'il n'avoit aucuns droits ſur les biens & ſur les Sujets de cette Abbaye fondée par ſes Prédéceſſeurs, à l'exception de ceux qu'il exerçoit ſur les Habitans du Village de Mont, qui devoient la garde en la Fortereſſe de Monnet lorſque le Seigneur partoit pour quelque entrepriſe militaire ; & quand ce Seigneur, revenu de ſon expédition, rentroit par une des portes dans ſon Château, ces Habitans devoient en ſortir par l'autre : Cet accord fut fait à la Cour de Gerard, Comte de Vienne, Sire de Salins, devant pluſieurs Chevaliers, & le Seigneur de Monnet ſe ſoumit aux excommunications de l'Égliſe, & permit au Comte de ſaiſir ſes Terres s'il refuſoit de le maintenir ; ou ſi l'ayant enfreint, il ne réparoit ſon tort après un délai de quatorze jours : Humbert, Hugues & Guy ſes fils donnerent leur conſentement à ce qui venoit d'être conclu en préſence de Rodolphe & Gaucher de Monnet leurs oncles, de Gaucher de Voiteur, Roland & Aymé de Vertamboz, Hugues fils de Fromond de Salins, Albéric de Binant, Guy de la Baume, Hugues fils de Rodolphe de la Rochette, Humbert de Chaſſaut & Gauthier ſon frere. Le même Roger déclara

Tome I, aux preuves, p. 73

Ibidem.

B

à ſes vaſſaux, aſſemblés devant l'Égliſe de Monnet,
que s'ils cauſoient du dommage à l'Abbaye de
Balerne, ils ſeroient obligés de le réparer, &
de remettre les choſes dans le même état : Ceux
qui ſe trouverent préſens à cette déclaration furent Hugues de Monnet Chevalier, Gaucher
fils de Guy de Monnet, Guillaume fils d'Aymé
d'Exparte, Lambert de Bletterans Chevalier,
Guy de Saint Louthain, Humbert de la Rochette, Ponce de Siroz Chevalier, Guillaume
Paſſequoy & Ardouin ſon fils, Girard d'Arbois
Chevalier, Humbert Prevot de Monnet & pluſieurs autres. L'an 1189 étant attaqué d'une
Tome 1, maladie dangereuſe, touché des maux qu'il avoit
aux preu-
ves, p. 84 faits à cette même Abbaye, & dont l'idée ſe
préſentoit ſans ceſſe à ſon eſprit, il renouvella
devant Gaucher, Sire de Salins, qui étoit venu
le voir en ſon Château de Monnet, les traités
qu'il avoit faits autrefois avec elle, en préſence
du Comte Gerard & de Théodoric, Archevêque de Beſançon, traités qu'il avoit ſi mal exécutés; il lui confirma en même temps les biens
qu'il lui avoit donnés, dans le nombre deſquels étoit le Lac de Nerlay, & exhorta ſes fils
à ne pas contrevenir dans la ſuite à ſes pieuſes
intentions, & à celles de ſes Prédéceſſeurs. Les
témoins de cette promeſſe furent Rodolphe de
Monnet, Joſſe de Neublans, Pierre de Molprey,

Humbert Prevot de Monnet, Guy de Saint Lou-thain, Bernard de Monnet, Pierre, Guy & Humbert, ces quatre derniers Religieux de Balerne; & Gaucher, Sire de Salins, se rendit sa caution. Il fut témoin vers ce temps de l'immunité de péage accordée à cette Abbaye par Guillaume, Comte de Vienne & de Mâcon, & des priviléges qui lui furent donnés l'an 1199 par Otton, Comte Palatin de Bourgogne. Ce Seigneur avoit épousé Pétronille, qui le rendit pere *Chartulaire de l'Abbaye deBalerne*

Ibidem.

1°. De Humbert, qui suit.

2°. De Hugues, mentionné aux traités faits avec l'Abbaye de Balerne en 1184 & 1189.

3°. De Guy, qui approuva les mêmes actes, ce qui ne l'empêcha pas de troubler dans la suite cette Abbaye dans ses possessions; il lui rendit la paix l'an 1210, & la jura sur les Reliques *Ibidem.* qui reposoient dans la Chapelle de Bracon, en présence de Gaucher, Sire de Salins, de Pierre, Abbé de Balerne, du Prieur d'Arbois, Pierre de Molprey, Hugues dit Ferrod de Marigny Chevalier, & Pierre de Miege surnommé le Blanc.

V. HUMBERT, Sire de Monnet, termina, l'an 1202, les différends qu'il avoit avec les Reli-gieux de Balerne, dont il détenoit injustement *Aux preuves, p. 29.*

les biens; il renonça à ce qu'il exigeoit d'eux, & s'engagea de maintenir leurs droits de tout son pouvoir. Pour prévenir de semblables violences, on stipula dans l'acte dressé à cet effet que si le Seigneur de Monnet s'emparoit de nouveau de ce qu'il venoit de restituer, on lanceroit des excommunications sur sa personne, & on mettroit sa Terre en interdit, si toutefois les choses retenues montoient à la somme

*Chartu-
laire de
l'Abbaye
de Balerne*

de dix sols. Il apposa son sceau, l'an 1209, à l'accord fait à Montagu entre l'Abbaye de Baume & celle de Balerne, en présence d'Étienne, Comte de Bourgogne, Raimbaud de Voiteur, Renaud de Saint Martin, Hugues de Champagnole, George de Neufchatel, Hugues

*Tome 1,
aux preu-
ves, p. 97*

de Doubs & Humbert de Pra. Il promit, l'an 1216, de rendre l'hommage qu'il devoit à l'Abbé de Balerne à cause des fiefs qu'il tenoit de lui, & réitera la parole qu'il avoit donnée de ne plus inquiéter son Monastère. L'an 1224

*Arch. du
Chapitre
de Saint
Claude.*

il fit un traité avec les Chanoines réguliers de Grandvaux, par lequel il se désista de ses prétentions contre eux, à l'exception de certains héritages qui devoient s'adjuger à la Partie dont le droit paroîtroit le mieux établi. Il est représenté à cheval en son sceau mis en cet acte, tenant de la main gauche un bouclier; on ne peut plus distinguer ce qu'il portoit à la main droite, parce que cet endroit du fceau eft rompu.

Il fit une donation, l'an 1228, du confentement de fa femme & de fes fils, à l'Abbaye
de Balerne de la part qu'il avoit dans les dîmes
de la Paroiffe de Connoz, & du moulin de la
Lafcére, pour la dédommager des torts qu'il
lui avoit caufés, & pour la fondation de fon
anniverfaire. Il laiffa les enfans fuivans.

    1°. Hugues, qui a continué la poftérité.

    2°. Guyette, femme de Pierre dit Élevace
de Salins, Damoifeau.

    VI. Hugues, Sire de Monnet, Montfaugeon,
&c. eft dénommé dans l'accord que Humbert
fon pere fit avec l'Abbaye de Balerne, l'an
1216, par la médiation de Gaucher, Sire de
Salins; il eft auffi rappellé dans le traité qui
fut fait, l'an 1224, avec les Chanoines réguliers de Grandvaux, en préfence de Pierre,
Prieur de Bonlieu, de Jean de Monnet, Robert
Seigneur de Bornay, Hugues de Champagnole
& autres. Il fut témoin, au mois de novembre de l'an 1238, de la confirmation faite à
l'Abbaye du Miroir par Agnés, Dame de Cufeau, des dons provenans de la libéralité de
Hugues, Seigneur de Cufeau. Il engagea, l'an
1252, Jean, Comte de Bourgogne, à fe rendre garant des conventions faites autrefois entre

Chartu-
laire de
l'Abbaye
deBalerne

Ibidem.

Hiftoire
de la mai-
fon de Co-
ligny, aux
preuves, p.
62.

Chartul.
de l'Ab-
baye de
Balerne.

Humbert de Monnet son pere & l'Abbaye de Balerne. L'an 1257, il confirma à ce Monaſtére toutes les donations de ſes Prédéceſſeurs & celles de ſes vaſſaux, les déſignant chacune en particulier, & les fit approuver par Guillaume ſon fils. Cette même année il permit aux Habitans de Mont-ſous-Monnet d'aller moudre dans les moulins de Balerne, & ordonna à ceux qui cultiveroient des héritages proche les métairies de cette Abbaye, d'en payer aux Religieux la moitié de la dîme. Il eut d'Alix ſa femme,

1°. Guillaume, qui ſuit.

2°. Simon, Religieux au Monaſtére de Baume.

3°. Guyot, Religieux au même Monaſtére.

4°, 5°, 6°, 7° & 8°. Guye, Guillemette, Jacquette, Simonne & Huguette, Religieuſes en l'Abbaye de Chateauchalon, dénommées avec leurs freres dans le don fait à l'Égliſe de Bonlieu par Alix leur mere, l'an 1280.

VII. GUILLAUME, Sire de Monnet & de Montſaugeon, Vicomte de Salins, approuva, l'an 1257, les libéralités que ſes ancêtres avoient faites à l'Abbaye de Balerne. Vauchier, Sire d'Andelot, réserva la fidélité qu'il devoit à ce Seigneur dans l'hommage qu'il fit, au mois de mai 1259, à Jean, Comte de Bourgogne,

Aux preuves p. 31.

Chartul. de l'Abbaye de Balerne.

Aux preuves, pag. 31.

Arch. de la maiſon de Chalon.

de sa forêt de Myon, & de ce qu'il possédoit
à Déservillers & Éternoz. Le même Guillaume
de Monnet se reconnut, l'an 1268, au mois
d'août, homme lige de Perrin de Chalon, dit
Bouvier, *sauf la féauté* à Hugon, Comte de
Vienne, & Sire de Pagny. Il consentit, l'an
1280, à la donation du four de Charise, faite
à la Chartreuse de Bonlieu par Alix sa mere,
qui avoit déja obtenu l'agrément de Humbert,
Seigneur de Clervaux, Seigneur suzerain : Alix
n'ayant point de sceau, pria son fils d'apposer
le sien à cet acte. Il aliéna, au mois de septembre de cette même année, en faveur d'Otton,
Comte Palatin de Bourgogne, la moitié de la
Vicomté de Salins & de ses dépendances, tant
en fiefs qu'en arrière-fiefs, pour le prix de sept
cens livres étevenans ; l'autre moitié avoit été
donnée en mariage à son fils aîné. Ses enfans
furent,

1°. N . . . de Monnet, Vicomte de Salins,
pere de Simon de Monnet, Chevalier, mentionné dans un titre de la Maison de Chalon,
de l'an 1273 ; il mourut sans postérité, &
disposa de ses biens en faveur de Richard son
oncle.

2°. Richard, qui a continué la lignée.

3°. Jean de Monnet, Religieux de Baume,
Prieur de Sarmette, qui scella l'accord fait, l'an

*Arch. de
la Maison
de Chalon*

*Sur origi-
nal.*

*Aux preu-
ves, p. 27.*

1320, entre les Religieux de Balerne & son frere; il fut préfent, l'année fuivante, au traité de mariage de Jean de Montfaugeon son neveu: Il étoit Abbé de Baume, en 1333, & est rappellé en cette qualité dans le teftament de Renaud de Saint Louthain, Damoifeau : Il fut exécuteur de celui de Richard fon frere, l'an 1340.

Arch. de l'Officiali- té de Be- fançon.

VIII. RICHARD DE MONNET, Chevalier, Sire dudit lieu, Vicomte de Salins, Seigneur de Montfaugeon, Belmanoy, Mont, Saint Didier, Charcey, la Charme, Pelion, Marigny, Doucye, Cray, Crotenay & de la forte maifon des Montets près de Navilley, fit hommage, l'an 1272, à Jean Chalon, Sire d'Arlay, des Terres de Montfaugeon & de Crotenay pour deux cens livres étevenans qu'il en avoit reçues, réfervant la fidélité qu'il avoit jurée au Roi d'Angleterre; il confentit par le même acte à laiffer en gage entre les mains de ce Seigneur fa Seigneurie de Crotenay jufqu'au payement de la fomme de deux cens livres, au cas que les héritiers de Hugues, Comte Palatin de Bourgogne, ou les enfans de la Comteffe Ifabelle de Courtenay, prétendiffent la mouvance du Château de Montfaugeon. Il engagea, l'an 1273, à Laure de Commercy, Comteffe de Bourgogne, pour foixante livres, le fief d'Andelot que

Arch. de la maifon de Chalon

Ibidem.

Vauchier

Vauchier, Sire d'Andelot, tenoit de lui, à condition qu'il pourroit retirer ce fief en rendant la somme, & que Simon de Monnet, Chevalier, son neveu, qui avoit donné son consentement à cette aliénation, participeroit au même privilége. Il renouvella, au mois d'avril de l'an 1276, l'hommage de Montsaugeon & de Crotenay envers le Seigneur d'Arlay, réservant, comme il avoit fait, en 1272, la fidélité promise au Roi d'Angleterre. Il donna, la même année, à l'Abbaye de Balerne, pour le repos des ames de ses Prédécesseurs, le fief que Dame Julie, fille de Richard de Siroz, Chevalier, tenoit de lui à Champagnole, Siroz & Miége, & fit sçavoir à cette Dame de s'en reconnoître dans la suite vassale des Abbés de Balerne. Il est dénommé Vicomte de Salins & Sire de Montsaugeon dans une chartre de la Chambre des Comptes de Dole de l'an 1279. Renaud de Bourgogne, Comte de Montbéliard, lui manda, l'an 1304, de reprendre déformais de Jean de Chalon, Sire d'Arlay, les fiefs de Chamblay & de Marigny, dont il avoit fait cession à ce Seigneur qui étoit son oncle. Il fut exécuteur du testament d'Étiennette, veuve de Humbert de Monnet, Chevalier, l'an 1318 ; il fut témoin, la même année, de l'accord fait entre Hugues de Chalon, Sire d'Arlay, & Huguenin

Arch. de la Maison de Chalon.

Chart. de l'Abbaye de Balerne.

Arch. de la Maison de Chalon.

Ibidem.

C

de Champvans, Chanoine de Lausanne, & de
celui que le même Seigneur fit, l'année suivante,
avec Pierre de Granson, Seigneur de Belmont,
au sujet du Château de Francheftel. Il transigea,
l'an 1 3 2 0, par la médiation de Hugues de
Chalon, avec les Religieux de Balerne, touchant
des héritages qu'il prétendoit lui appartenir en
la Chatellenie de Chatelneuf, dont il se défista
moyennant la somme de deux cens livres tournois ; il scella de son sceau les lettres qui furent
dreffées à ce sujet, & y fit appofer celui de Jean
de Monnet son frere, Prieur de Sarmette.

L'an 1 3 2 1, il conclut le mariage de Jean
son fils avec Guyette, fille de feu Jean de Thoraife, Seigneur dudit lieu, & de Renaude d'Oifelet, du confentement d'Étienne, Sire d'Oifelet, d'Étevenet d'Oifelet, Damoifeau, fon
fils, d'Eudes & Huguenin de Thoraife freres,
Seigneurs de Torpes, oncles de Guyette : Le
traité en fut paffé au Château de Thoraife, le
mardi devant la Fête de Saint Hilaire, en préfence de Jean de Montfaugeon fon frere, Religieux de Baume, Jean de Chantrans, Thierry
de Vezet, Chevaliers, & Richard d'Éternoz,
Écuyer. Deux ans après il renouvella les devoirs
de fief pour fes Terres de Montfaugeon & Crotenay envers Beatrix de Viennois, en qualité
de tutrice de Jean de Chalon fon fils, en pré-

fence de Guillaume Galois, Jean de Nant, Chevaliers, Jean d'Yvory, Clerc, & Perrin de Siroz, Écuyer. Guyette de Thoraife, femme de Jean de Montfaugeon fon fils, le pria, l'an 1327, de faire exécuter fes dernières difpofitions. Il ne prend d'autre titre que celui de Richard de Montfaugeon, Chevalier, dans une chartre de Jean de Chalon, Sire d'Arlay, en faveur de l'Abbaye de Billon, de l'an 1331. Il fut préfent, l'an 1332, aux partages faits entre Poinçard & Guillaume de Thoraife freres; l'année fuivante, il fut témoin des reprifes de fiefs de Willemin de Nant & de Huguenin dit Galois, Écuyers, envers le Seigneur d'Arlay, & de l'acte par lequel Jean de Coublans fe fit vaffal de ce Seigneur pour cent livres qu'il en reçut : Il affifta, l'an 1334, à l'hommage des Terres de Montrivel, Champagnole & Saint Germain, rendu au Dauphin de Viennois par Jean de Chalon.

Titre de l'Abbaye de Billon.

Titre de la Terre de Thoraife.

Arch. de la Maifon de Chalon

Ibidem.

Hiftoire de Dauphiné par Valbonais tom. 2, p. 248.

Richard de Monnet, parvenu à une extrême vieilleffe, fongea à difpofer des biens dont il jouiffoit ; & comme il avoit aimé la paix lorfqu'il vivoit, il voulut la laiffer à fon époufe & à fes fils après fa mort, en leur partageant par fon teftament les riches Seigneuries qui lui appartenoient. Il affigna à Marguerite fa femme pour fon douaire la jouiffance du Château de Montfaugeon, Belmanoy, la forte maifon des

Sur original.

Montets près de Navilley, ce qu'il avoit acquis à Saint Didier de la Dame de Montrivel, ce que Jean de Navilley, Chevalier, avoit à Mont, & dix livres de rente sur les Salines de Salins; il confirma Marguerite sa fille dans la possession de mille livres qu'il lui avoit données en mariage : Guillaume, Prieur de Grandval, & Hugues, Grand-Chambrier de Baume, ses fils, eurent chacun cent soudéez de terre de rente viagére; Vautier, son jeune fils, fut apportionné de quarante florins de rente, dont trente furent assignés sur la Terre de Saint Didier, & les dix autres sur la part de Jean de Monnet son frere; les Terres de Charcey, la Charme, Pélion, & cinq cens livres faisant la moitié de mille que le Dauphin de Viennois lui devoit, formerent le partage de Jeanne sa fille cadette, au cas qu'elle s'alliât suivant son état; Jean, son fils aîné, fut institué héritier dans le Château de Monnet, dans la Terre de ce nom, celles de Marigny & de Doucye, avec les fiefs & arrière-fiefs qui en dépendoient dans la Vicomté de Salins, dans les biens situés sur le territoire de cette Ville, & après la mort de Marguerite sa mere dans le Château de Montsaugeon & les Terres de Belmanoy & de Cray; Estard, son second fils, eut la propriété de ses Terres d'ou-tre Joux, & après la mort de sa mere celle de la forte maison des Montets, & des Seigneuries de Mont & Saint Didier ; Guillaume de Vertamboz, Écuyer, qui avoit servi ce Seigneur, & qui avoit perdu un cheval à sa suite, eut un legs de vingt livres ; les Abbayes de Corneul, Bellevaux, Sainte Marie, Billon & Balerne reçurent des marques de la libéralité de Richard de Monnet dans ces derniers momens de sa vie ; il fonda dans cette dernière son anniversaire, pour lequel il affecta ses moulins de Billery sous Montsaugeon d'un cens annuel de vingt sols envers cette Abbaye ; celle de Baume, dans laquelle il voulut être inhumé, eut un don de trente livres pour les droits de sa sépulture : Cet acte fut passé en la Chapelle du Château de Montsaugeon, le 12 février 1340, & l'accomplissement de toutes les dispositions qui y étoient contenues en fut commis à Philippe de Vienne, Seigneur de Pymont, Jean de Montsaugeon, Abbé de Baume, Visin & Amey de Montagu, Licenciés en Loix, Jean de Monnet, Écuyer, & Marguerite, épouse du testateur.

Chartul. de l'Abbaye de Balerne.

Les enfans de Richard de Monnet furent,

1°. Jean, qui a continué la postérité.

2°. Estard de Monnet, Chevalier, Seigneur de la forte maison des Montets & des Terres d'outre Joux, prit le nom de Montsaugeon, sous lequel il fut témoin, l'an 1340, de la re-

prife de fief de vingt livres de rente fur les Sa-
Arch. de la Maifon de Chalon
lines par Jean de Faverney, Chevalier, envers
Jean de Chalon, Sire d'Arlay. Il s'engagea,
l'an 1374, à faire ratifier les traités qu'il avoit
Ibidem.
faits avec Hugues de Chalon, Sire d'Arlay, par
les parens & amis d'Étienne de Montfaugeon,
fon petit neveu, qui étoit pupille. Il contracta
alliance avec Renaude de Joux, fille de Jean de
Joux, Chevalier, Seigneur de Lievremont,
Hoftal & Dommartin, & d'Ifabelle d'Étrabonne,
de laquelle il eut Beatrix de Montfaugeon, Dame
defdits lieux, mariée à Henry de Lurefte, Che-
Ibidem.
valier, qui fit hommage, le 10 juillet 1388,
au nom de fon époufe, à Hugues de Chalon,
Sire d'Arlay, de la moitié de la garde de l'Abbaye de Montbenoit, de la garde du Temple
près de Pontarlier, des Seigneuries de Lievremont, Hoftal & Dommartin ; il protefta par
le même acte contre la vente de la plus grande
partie de ces Terres, faite à ce Seigneur par
Eftard de Montfaugeon fon beau-pere ; Bernard
de Lurefte, Écuyer, fon fils, la ratifia le 9
Ibidem.
avril 1402, en faveur de Jean de Chalon,
Prince d'Oranges, & y comprit la moitié de la
garde de Montbenoit, celle du Temple près de
Pontarlier, la Prévôté du Lac de Damvautier,
les fiefs que Guyot de Cicon & les ancêtres
de feu Pierre d'Ufie, Chevalier, tenoient des

Seigneurs de Joux à la valeur de six cens florins : Aymé de la Sarrée, Écuyer, Seigneur de Mont, Guillaume de Fromentes, Chevalier, Sire de l'Aigle, Lyon de Noseroy, Doyen de l'Église de Valence, Pierre du Pin & Guillaume Chevalet de Frasne, Écuyers, furent témoins de ce consentement.

3°. Guillaume de Monnet, Religieux en l'Abbaye de Saint Oyan de Joux, & Prieur de Grandval.

4°. Hugues de Monnet, Religieux & Grand-Chambrier en l'Abbaye de Baume.

5°. Vautier de Monnet, destiné à l'Église.

6°. Marguerite de Monnet, femme de Pancras de Thoraise, Chevalier, Seigneur dud. lieu, qui testa l'an 1353.

Dunod, tome 3, p 280.

7°. Jeanne de Monnet, mariée à Lons-le-Saunier, le 11 janvier 1342, à Étienne de Corent, Chevalier, Seigneur dudit lieu, la Motte & Lyonnieres, fils de Jean de Corent, aussi Chevalier.

Guichenon, Généalogie de Bresse, pag. 128.

IX. JEAN DE MONNET, Chevalier, Sire dud. lieu, Crotenay, Mont, &c. Vicomte de Salins, fut promis en mariage par son pere, l'an 1321, avec Guyette, fille de Jean de Thoraise, Chevalier, & de Renaude d'Oiselet, lorsqu'il seroit parvenu à un âge nubile : Ce traité ne

Inventaire des titres de la Maison d'Oiselet.

tarda pas d'avoir son exécution, mais les nœuds en furent rompus par la mort de Guyette arrivée l'an 1327. Elle se dit dans son testament, daté de cette année, femme de Noble Damoiseau Jean de Montsaugeon; veut être inhumée en l'Église de Grandfontaine, dans le tombeau de son pere; institue héritier Richard son fils, à qui elle substitue Odon de Thoraise, Chevalier, son oncle; nomme exécuteurs de ses dispositions l'Official de la Cour de Besançon, Étienne d'Oiselet son oncle, Richard de Montsaugeon, pere de son mari, & Otton de Vaitte, Chevaliers : Les témoins nommés dans cet acte sont Renaud de Busy, Chevalier, Monseigneur Droux de Cogne, Seigneur en Loix, Richard d'Éternoz, Écuyer, Willemin & Humbert de Monnet. Jean de Montsaugeon contracta, vers l'an 1334, une seconde alliance avec Jeanne de Vaudrey, & testa conjointément avec elle, l'an 1358, nommant son héritier Richard son fils, né de son premier mariage, auquel il substitua Jean son fils du second lit, destina Guy & Pancras, ses fils aussi du second mariage, à entrer en Religion, & chargea Jean d'Arbon, Chevalier, Seigneur de la Chaux, de l'accomplissement de ses volontés. Il vivoit encore en 1361, qu'il obtint un mandement de Marguerite, Comtesse de Flandres & de Bourgogne,

Arch. de l'Officialité de Besançon.

Ibidem.

Arch. de la maison de Bauffremont.

gogne pour la jurifdiction de fa Vicomté de Salins, & pour n'être pas troublé lorfqu'il s'emparoit de la fucceffion des bâtards qui mouroient à Salins pendant le temps qu'il y faifoit exercer fa Juftice : L'année fuivante, il fut exécuteur du teftament de Guillemin de Monnet Damoifeau. Il eut de Guyette de Thoraife, fa première femme, Richard, qui a continué la lignée ; & de Jeanne de Vaudrey, fa feconde femme, Jean de Montfaugeon, fubftitué à fon frere aîné, Guy & Pancras, deftinés à entrer en Religion.

Arch. de l'Officialité de Befançon.

X. RICHARD DE MONNET, II du nom, Chevalier, Seigneur dudit lieu, Montjay, Crotenay, Pupillin, Vicomte de Salins, quitta l'ancien nom de fa Maifon, pour prendre celui de Montfaugeon, fous lequel fes defcendans furent connus ; il fut inftitué héritier par le teftament de Guyette fa mere de l'an 1327, & par celui de fon pere de l'an 1358. Il époufa Guillemette de Beaufort, fille d'Étienne de Beaufort, Chevalier, & de Guillemette Chambier, dit Morel, de Salins, qui la défigna fon héritière par fes dernières difpofitions, en date du 21 novembre 1370. Richard de Montfaugeon étoit mort en 1374, fuivant un traité fait entre Étienne fon fils pupille, & Hugues

Ibidem.

Arch. de la Maifon de Chalon.

D

de Chalon , Sire d'Arlay : Ses enfans furent ;
1°· Étienne, qui fuit.

2°· Jean de Montfaugeon, Religieux de l'Ordre de Clugny , qui reprit en fief , le 26 mars *Arch. de* 1405 , de Jean de Chalon , Sire d'Arlay , la *la Maifon* Terre de Montjay , dont la jouiffance lui avoit *de Chalon* été accordée pendant fa vie , la propriété en ayant été réfervée à Antoine , Jean & Philippe, fils de feu Étienne de Montfaugeon fon frere.

XI. ÉTIENNE DE MONTSAUGEON, Chevalier, Seigneur dudit lieu, Crotenay , Montjay, Pu-*Ibidem.* pillin , &c. Vicomte de Salins , jouiffoit en 1388 de la Terre de Montfaugeon & de fes dépendances , fuivant le dénombrement de la Seigneurie de Montrivel, donné par Hugues de Chalon à Philippe , Duc & Comte de Bourgogne. Il fut témoin , l'an 1396 , de la Sentence qui condamna Marguerite , veuve de Hugues Defchamps , Chevalier , à contribuer aux réparations des murs de la Ville de Salins. Il ac-*Hiftoire* *de Bour-* compagna , la même année , le Comte de Ne-*gogne,tom.* vers en fon voyage de Hongrie , & fut du nom-*3 , aux* *preuves, p.* bre de ceux qui périrent miférablement à la fu-*174.* nefte journée de Nicopolis. Il avoit époufé Catherine , bâtarde de Flandre , (1) fille natu-

---

(1) Cathcrine de Flandre , femme d'Étienne de Montfaugeon , a été omife par Olivier de Vrée dans le nombre des enfans naturels de Louis de Mâle, qu'il rapporte en fa Généalogie des Comtes de Flandre, *tab. 16, p. 111.*

relle de Louis de Mâle, Comte de Flandre &
de Bourgogne, laquelle étant veuve, fit hommage, le 30 janvier 1409, tant en son nom,
que d'Antoine, Jean, Philippe & Marguerite
de Montsaugeon ses enfans, à Jean de Chalon,
Baron d'Arlay, des Châteaux de Montsaugeon
& de Montjay, en présence de Bertrand Jouffroy, Hugues d'Arlay, Étienne de Saint George,
Guillaume Bauduin & Othenin Grant, Écuyers.
Elle fonda, le 28 août 1433, une Chapelle
en l'Église de Saint Anatoile de Salins, sous
l'invocation de la Sainte Vierge & de Sainte
Catherine, en présence de Bonaventure de Falletans, Chanoine de Saint Michel, & de Jean
Loyte de Salins. Elle fut mere

1°. D'Antoine, qui suit.

2°. De Jean de Montsaugeon, Chevalier,
Seigneur de Montjay, témoin, l'an 1419,
de la reprise de fief d'Antoine de Montsaugeon
son frere envers Louis de Chalon, Prince d'O-
range, pour ce qu'il possédoit au nom de sa
femme dans la Chatellenie d'Arguel, & de celles
des Châteaux de l'Aigle & de Roulans envers
le même Seigneur, par Jean de Vaudrey, Sire
de Corlaou, & Jean de Vienne, Chevaliers. Il
assista, l'an 1422, à l'hommage du Château
de Mont Saint Sorlin, rendu au même Prince
par Jean de la Baume, Chevalier, Seigneur de

*Arch. de
la Maison
de Chalon*

*Arch. de
la Maison
de Bauf-
fremont.*

*Arch. de
la Maison
de Chalon*

Ibidem.

Ibidem

D ij

Dunod,
Tome 2,
pag. 611.

Valefin. Il fut du nombre des Gentilshommes
qui fe trouverent à la prife de poffeffion de,
Quentin Ménard, Archevêque de Befançon, l'an

Arch. de
l'Officiali-
té de Be-
fançon.

1440. Il fut témoin, vers ce temps, du traité
de mariage de Henry de Scey avec Cecile de
Grozon. Il eft mentionné au teftament de Henry
de Chay fon beau-frere, de l'an 1441. Il époufa,

Hiſt. de
Bourgogne
tom.2,p.
390.

l'an 1448, Thibaude de Rye, fille de Philibert
de Rye, Seigneur dudit lieu & de Charrin,
& d'Alix de Cottebrune; il eft qualifié Vicomte
de Salins dans fon contrat de mariage, étant
devenu poffeffeur de cette Vicomté par la mort
d'Antoine fon frere fans enfans mâles. Il n'eut
de fon mariage que Claudine de Montfaugeon,
Dame de Montjay, rappellée dans le teftament
de Louife de Montfaugeon fa nièce.

3.º De Philippe de Montfaugeon, Écuyer,
dénommé dans la reprife de fief de Jean de
Montfaugeon fon oncle, de l'an 1405. Il

Arch. de
l'Officiali-
té de Be-
fançon.

fut pere d'Antoine de Montfaugeon, auffi Écuyer,
qui eut de Guillemette, fille d'Antoine Pran-
dier, Citoyen de Befançon, Louife de Montfaugeon, fille unique, qui tefta, le 25 février
1482, & inftitua héritière fa mere, mariée
en fecondes nôces à Guillaume Perrenot d'Ornans, Notaire & Citoyen de Befançon, l'un
des ancêtres du Cardinal de Grandvelle.

4.º De Marguerite, femme de Henry de

Chay, nommée dans le teſtament de ſon mari, de l'an 1441, avec Antoine & Jean de Montſaugeon, Chevaliers, ſes freres. Outre ces enfans, Étienne de Montſaugeon eut un fils naturel, qui ſervoit, l'an 1413, en qualité d'Écuyer ſous la Bannière de Jean de Vergy, Seigneur d'Autrey.

Arch. de l'Officialité de Beſançon.

Hiſtoire de Bourgogne, t. 3, p. 587.

XII. ANTOINE DE MONTSAUGEON, Chevalier, Seigneur dudit lieu & de Pupillin, Vicomte de Salins, eſt mentionné dans la repriſe de fief de la Terre de Montjay, faite au Seigneur d'Arlay par Jean de Montſaugeon ſon oncle, l'an 1405, & dans celle du Château de Montſaugeon, de l'an 1409. Il n'a que la qualité d'Écuyer dans la repriſe de fief de Jean, Seigneur de Cottebrune, envers Jean de Chalon, de l'an 1415; il étoit Chevalier l'année ſuivante; il fut témoin ſous ce titre du teſtament de Guillaume Bauduin de Salins, Écuyer, daté de l'an 1419. Il fit hommage, la même année, à Louis de Chalon, Prince d'Orange, de ce qu'il poſſédoit à cauſe de ſon épouſe à Fontain, & dans la Chatellenie d'Arguel, en préſence de Henry de Doubs, Chevalier, Jean de Montſaugeon ſon frere & Jean de Champagnole, Écuyers.

Arch. de la Maiſon de Chalon

Archives de l'Officialité de Beſançon.

Arch. de la Maiſon de Chalon

Antoine de Montſaugeon, marchant ſur les

traces de ses ancêtres, suivit dès sa jeunesse le

Hist. de
Bourg. t.
3.p. 589.
parti des armes : Il servoit, en 1414, dans l'Armée du Duc de Bourgogne en Artois, sous la Bannière de Jean de Chalon, Seigneur d'Arguel. Il reçut, le 22 septembre 1418, une

Ibid. p.
498.
lettre de ce Prince, par laquelle il lui mandoit de venir le trouver incessamment avec ce qu'il pourroit rassembler de gens de guerre, pour aller au secours du Roi de France. Il étoit, en

Arch. de
la Ville de
Poligny.
1421, Capitaine & Gouverneur du Château de Poligny, suivant une Ordonnance de Guillaume de Vienne, Gouverneur du Comté de Bourgogne. Il reprit en fief de Jean de Chalon,

Arch. de
la Maison
de Chalon
Prince d'Orange, la Seigneurie de Montjay, le premier avril 1426, étant en la sale principale du Château de Noseroy, & ayant pour témoins Jean de Longvy, Sire de Rahon, Henry de Doubs, Sire de Four, Chevaliers, Humbert de Saubiez, Jean le Gaignarre & Gerard Loyte,

Arch. de
la Maison
de Bauffremont.
Écuyers. L'an 1436, il fit condamner un Particulier de Salins, pour avoir vendu du vin publiquement dans les limites & pendant les jours

Ibidem.
de la Vicomté. Il plaidoit, en 1438, contre les Arbalêtriers de Salins, qu'il vouloit obliger de le suivre en sa chevauchée avec leurs habits & arbalêtes. Il obtint, en 1440, un Arrêt

Ibidem.
du Parlement de Dole contre les Échevins du Bourg dessus de Salins, qui avoient appellé à

cette Cour de ce que le Vicomte, en fa chevauchée du mois de mai 1432, avoit fait
démolir une porte qui faifoit la féparation du
Bourg deffus, & qui avoit été nouvellement
édifiée. Il eft rappellé dans le teftament de Henry
de Chay fon beau-frere, de l'an 1441. Il
avoit époufé Jeanne de Vaitte, fille de Gerard
de Vaitte, Chevalier, Seigneur de Fontain,
de laquelle il eut Catherine qui fuit.

Arch. de l'Officiali-té de Be-fançon.

XIII. CATHERINE DE MONTSAUGEON, Dame
dudit lieu & de Pupillin, Vicomteffe de Salins,
contraƈta alliance avec Louis de Cufance, Seigneur dudit lieu & de Fedry, fils puîné de
Jean, Sire de Cufance, Chevalier, Baron de
Belvoir & de Saint Julien, & de Jeanne de
Beaujeu. Ce Seigneur eut une difficulté, l'an
1445, au nom de fon époufe, avec Louis de
Chalon, Prince d'Orange ; le fief de Marigny
en fut la fource : Il avoit été acquis par Jean
de Chalon, pere de Louis, d'Antoine de Montfaugeon, qui l'avoit déclaré de fa mouvance.
Louis de Chalon, trop fier pour vouloir dé-
pendre de fes inférieurs, commit Guigue de
Crevecœur, Écuyer, pour deffervir ce fief felon
fa nature ; ce choix ne plut pas à Louis de
Cufance, qui, prétendant que le Prince ne pouvoit commettre à cet exercice une perfonne de

Arch. de la Maifon de Chalon

moindre rang que lui, s'empara du fief qui faisoit l'objet de la querelle : Philippe le Bon, Duc de Bourgogne, termina ce différend en faveur de Louis de Chalon, par ses Lettres-patentes datées à Gand le 15 janvier de la même année.

Catherine de Montfaugeon & Louis de Cusance son époux se firent, le 14 avril 1450, une donation réciproque de leurs biens, dans le cas où ils n'auroient point d'enfans; & dans le cas contraire, Catherine de Montfaugeon légua à son mari la jouissance de la Terre de Montfaugeon, en présence de Jean de Frasne, Guyot de Chaffoy d'Arbois, & Jean Jacquemard de Lanans, Écuyers. Louis de Cusance testa, le 23 octobre suivant, étant prêt à partir pour Rome en l'année du Jubilé; il fonda une Chapelle en l'Église de Cusance, qu'il dota de cinq cens livres pour acquerir des fonds; fit present à sa femme de ses meubles, & institua héritier l'enfant dont elle se trouveroit enceinte, lui substituant ses freres & sœurs. Catherine de Montfaugeon étant veuve de ce Seigneur, qui ne mourut qu'après l'an 1466, eut l'usufruit de ses biens en vertu de la donation qui lui en avoit été faite. Elle fit exercer, en 1473, la Justice de sa Vicomté par Jacques d'Estavayer, Écuyer. L'an 1482, elle fit son testament en faveur de Hugues de la Palud son neveu, Comte de

Varax,

Arch. de la Baronnie de Belvoir.

Ibidem.

Aux preuves, p. 21.

Arch. de la Maison de Poitiers

Varax, & lui légua sa Vicomté de Salins & ses Seigneuries de Pupillin & de Montsaugeon. Sa mort, arrivée peu après, donna lieu aux partages des biens de son mari, qui se firent en la Cité de Besançon, le 3 juin 1484, entre Noble & Puissant Seigneur Pierre de Bauffremont, Chevalier, Seigneur de Soye, qui en eut un tiers, Thiebaud de Cusance, Seigneur de Belvoir, tant en son nom que de ses freres & sœurs, & Chrétienne de Cusance, veuve de Guillaume de Saint Seigne, Seigneur de Charmoille, un autre tiers, & Barbe de la Palud, fille de Haut & Puissant Seigneur Hugues de la Palud, Comte de Varax, l'autre tiers.

Arch. de la Baronnie de Belvoir.

Branche des Seigneurs de Nay.

IV. RODOLPHE DE MONNET, Chevalier, second fils de Guy, Sire de Monnet, eut la Seigneurie de Nay en partage : Il fut témoin, vers l'an 1184, du consentement donné par Humbert, Hugues & Guy de Monnet, ses neveux, à l'accord que Roger leur pere avoit fait avec l'Abbaye de Balerne. Il assista, l'an 1189, à la confirmation faite par le même Roger des traités conclus avec ce Monastére ; & l'an 1195, à la ratification d'Aymé, surnommé Payen, de Lons-le-Saunier, des dons d'Aymé son pere en faveur de cette même Eglise. L'an

Tome 1, aux preuves, p. 74.

Ibidem, page 84.

Chartul. de l'Abbaye de Balernes.

E

Chart. de
l'Abbaye
de Balerne 1203, il fut préfent, avec Guy fon fils, à la donation faite par Ogier de Charney & Georgine fon époufe. Il laiffa

1°. Guy, qui fuit.

2°. Jean, qui a fait la branche des Seigneurs de Beauregard.

3°. & 4°. Willaume & Humbert.

V. GUY DE MONNET, Seigneur de Nay, eft nommé avec fon pere dans l'acte de 1203. Ibidem. Il tefta l'an 1231; fonda fon anniverfaire & celui de fon pere en l'Abbaye de Balerne, pour lefquels il légua à perpétuité quarante fols de rente fur fes tailles de Nay; il donna outre cela à cette Églife plufieurs héritages, la propriété d'un ruiffeau, avec le droit d'y conftruire un moulin, ce qu'il avoit à Nivy, fous la charge de tenir une lampe ardente devant l'Autel de la Sainte Vierge, ce qu'il fit du confentement de Gilette fa femme, qui étoit fille d'Illiette, Dame de Chateaurenaud. Il eut pour fils Jean qui fuit, & Poinçard.

VI. JEAN DE MONNET, Seigneur de Nay, Ibidem. donna, l'an 1257, à l'Abbaye de Balerne une montée de muire dans les Salines de Lons-le-Saunier, & un meix au Village de Doucye; il confirma à ces Religieux ce qu'ils avoient dans les dîmes de Charifie, & les libéralités qui leur

avoient été faites par fes Prédécefleurs ; il leur
céda ce qu'il demandoit au Village & fur leurs
fujets de Nay : Cette ceffion lui valut une fomme
de cent foixante-fept livres, & la remife des
quarante fols de rente que fon pere avoit affignés fur les tailles de Nay pour la fondation
de fon anniverfaire. Il fut pere, fuivant le temps,
de Humbert, qui fuit.

VII. HUMBERT DE MONNET, Chevalier, Sire
de Nay, fut arbitre, l'an 1253, des différends
qui étoient entre Jean, Comte de Bourgogne,
& Guillaume, Comte de Vienne, au fujet des
fiefs dont ils prétendoient la mouvance : Il étoit
mort en 1318, fuivant le teftament d'Étjen-
nette fa veuve, daté du mardi après la Fête de
Saint Mathieu, par lequel elle veut être inhumée dans le cimetière des FF. Mineurs de Salins, inftitue héritiers fes fils, & nomme exécuteurs de fes difpofitions l'Official de Befançon,
Richard de Monnet, Chevalier, Sire de Montfaugeon, & Jean de Monnet, Moine de Baume.
Les enfans de Humbert de Monnet furent,

Arch. de la maifon de Chalon.

Sur ori-ginal.

    1.º Richard de Monnet, Religieux de l'Ordre
de Saint François, Gardien du Couvent des
FF. Mineurs de Befançon.

    2.º Jean, qui a continué la poftérité.

    3.º & 4.º Guillaume & Gerard de Monnet.

5° Richard de Monnet le jeune, Clerc, qui

testa le 6 des Calendes de novembre de l'an
1336 ; élut sa sépulture en l'Églife des FF.
Mineurs de Salins, dans le tombeau de ses ancêtres ; légua à Richard son frere deux quartiers de muire dans le puits de Salins, & la
moitié de ses biens ; disposa de l'autre moitié
en faveur de Jean, Guillaume & Gerard ses
freres ; pria les Curés de Saint Anatoile & de
Saint Maurice de Salins, Beraud de Saint Quentin, Chanoine des Églifes de Saint Michel &
de Saint Maurice de la même Ville, & Jean de
Monnet son frere, de veiller à l'accomplissement de ses volontés.

6° Marguerite de Monnet, légataire d'une
fomme de quarante fols dans le testament de
fa mere, de l'an 1318, & d'une autre de
dix livres dans celui de Richard son frere, de
l'an 1336.

7° Agnès de Monnet, légataire d'une pa-
reille fomme dans les testamens de fa mere &
de fon frere.

VIII. JEAN DE MONNET, Damoifeau, fut
pere.

1° De Humbert, qui fuit.

2° De Nicole, femme de Jacques dit Saige,
Damoifeau.

3°. De Marguerite, None à Chateauchalon.

4°. & 5°. De Guyette & Étiennette, Religieuses à Migette.

IX. HUMBERT DE MONNET, Damoiseau, étoit mort en 1360, suivant le testament de Guillemette, femme de Guy de Montagu, Damoiseau ; il eut de son mariage avec N . . . de Bracon, niéce ou sœur de Jacques de Bracon, Chevalier, Arch. de l'Officialité de Besançon.

    1°. Jacques de Monnet, qui suit.

    2°. Alix, Religieuse en l'Abbaye de Juilly.

X. JACQUES DE MONNET, Damoiseau, Seigneur de Colondon, Malbuisson, &c. fut héritier pour un tiers, avec Alix sa sœur, de Jacques de Bracon, Chevalier, l'an 1354. Il testa, l'an 1361 ; choisit sa sépulture en l'Église des FF. Mineurs de Salins, auprès de ses Prédécesseurs ; fonda deux Chapelles, l'une dans l'Église de Mont Saint Sorlin, l'autre à Salins dans l'Hôpital de la Trinité ; institua héritier l'enfant qu'il pourroit avoir dans la suite d'Isabelle sa femme, fille d'Étienne Merceret de Salins, auquel il substitua Nicole de Monnet sa tante, veuve de Jacques, dit Saige de Charrin, Damoiseau, dans sa Terre de Colondon ; Marguerite de Malbas, épouse de Guillaume d'Ousay, dans ce qu'il avoit eu en partage dans la Terre de Malbuisson ; Guillaume de Bracon, Prévôt Ibidem.
Sur original.

du Chapitre de Saint Anatoile , & Hugues , dit
Perceval de Bracon , Damoiseau , son frere ,
dans ses biens maternels , & dans les prétentions
qu'il avoit contre Renaud Palouset de Salins ,
Damoiseau : Ces deux derniers furent chargés
d'accomplir ses volontés , avec Guillaume de
Montrichard , Écuyer , & Philippe Merceret ,
Clerc.

Branche des Seigneurs de Beauregard.

V. JEAN DE MONNET, fils puîné de Rodolphe , fut Seigneur de Beauregard & de Charise
en partie. Il fit don au Monastére de Balerne de
vingt mesures de froment dans ses dîmes de
Menay. Il avoit épousé Alix , qui , étant veuve ,

Chartul. de l'Ab-
baye de
Balerne.
échangea , l'an 1248 , ce qu'elle avoit dans
les dîmes de Boisse & de Charise contre la précédente donation de son mari. Elle fut mere ,

1.° D'Odon , qui suit.

2.° & 3.° D'Amédée & Gaucher de Monnet.

VI. Odon de Monnet , Chevalier , Seigneur
de Beauregard , Doucye , Villars , Marigny ,

Arch. du
Chapitre
de Saint
Claude.
Ibidem.
Ibidem.
Virechatel , &c. fit hommage , l'an 1252 , à
l'Abbé de Saint Oyan de Joux d'un meix situé à Mucia. L'an 1257 , il obligea envers
le même Abbé ce qu'il avoit à Sivria ; il céda ,
l'an 1260 , à ce Monastére la part qui lui

appartenoit dans les dîmes de Thoiria ; l'année suivante il reprit en fief du Seigneur de Chalon la Terre de Beauregard , & ce qu'il possédoit sous sa mouvance : Il assigna , l'an 1270, à l'Abbaye de Balerne douze mesures de froment sur ses Terres de Menay & de Beauregard. Ses enfans furent ,

Arch. de la Maison de Chalon.

Chartul. de l'Ab-baye de Balerne.

1.° Robert, qui suit.

2.° Catherine, qui consentit à l'acquisition d'une partie de la dîme du territoire de Blyez , faite par l'Abbaye de Saint Claude , l'an 1299.

Arch. du Chapitre de Saint Claude.

3.° Louis, Seigneur de Marigny , dont il fit hommage, en 1340 , à Renaud de Bourgogne. Il fut pere de Guillaume de Monnet , Seigneur de Marigny & Frontenay, qui acquit, l'an 1348 , pour la somme de trois cens quatre-vingt livres , ce que Jeanne d'Écrille, femme de Guyon de Montjouvent , avoit en ces deux Terres.

Arch. de la Cham-bre des Comptes de Dole.

VII. ROBERT DE MONNET , Seigneur de Beauregard, quitta le nom de sa Maison pour prendre celui de Beauregard, sous lequel il reprit , l'an 1290 , envers le Comte de Bourgogne ce qu'il tenoit de son fief ; il est dit dans cet acte fils d'Odon. L'an 1295 , il accorda la permission à un Religieux de l'Abbaye de Saint Oyan de Joux d'acheter deux meix à Mucia ;

Ibidem.

Arch. du Chapitre de Saint Claude.

il fit hommage, l'an 1308, à l'Abbé de ce Monaſtére des dîmes d'Honoz. Il eut de ſon mariage avec Marguerite de Commercy, fille de Gaucher de Commercy, II du nom, Sire de Chateauvilain & Montrivel, & de Marguerite de Bellevèvre.

Tome 1, p. 159.

Arch. de la maiſon de Chalon

1°. Jean, Sire de Beauregard, qui fit hommage, au mois de juin 1325, à Philippe de Vienne, Sire de Pimont, du Château de Beauregard. Il mourut ſans poſtérité.

Ibidem.

2°. Vauchier, Sire de Beauregard, qui reprit en fief de Philippe de Vienne ſon Château de Beauregard, au mois d'août 1327, en la forme contenue dans l'hommage rendu par feu Jean ſon frere, en préſence de Gile de Montagu, Humbert de Malarée, Malclerc de Beaufort, Guillaume de Marigny, Jean de Courbouzon & Guyenet de Vertamboz, Écuyers. Il fut vraiſemblablement pere de Guillemette

Arch. de la Chambre des Comptes de Dole.

de Beauregard, qui étoit veuve de Humbert de Savigny, Chevalier, en 1372, & avoit la tutelle de Jean & Jeannette ſes enfans. La Terre de Beauregard paſſa par cette alliance dans la Maiſon de Savigny. Jean de Savigny, Seigneur

Guichenon, Généalogie de Breſſe, pag. 33.

de Beauregard, fut témoin du mariage de Jean de la Baume, Seigneur de Peſmes, avec Jeanne de Chalon, l'an 1400.

Autres

AUTRES DESCENDANS de la Maison de Monnet.

GUILLEMETTE DE BEAUCHEMIN, veuve d'Étienne de Monnet, vendit, par acte du 2 avril 1295, à Geoffroy de Laye, Chevalier, un cens en bled & en vin dans l'étendue de la Paroisse de Saint Amour.

Arch. du Chapitre de Saint-Pierre de Mâcon.

JEAN DE MONNET, Damoiseau, fut exécuteur, l'an 1348, du testament de Jacquette de Bannans, femme de Guillaume de Vaux.

Arch. de l'Officialité de Besançon.

GUILLEMIN DE MONNET, Damoiseau, fait mention de Guy son fils dans son testament, de l'an 1362, & institue héritière Marie sa fille, qui épousa quelque temps après Étienne de Viremont, Chevalier, avec lequel elle vivoit en 1369. Jeanne, fille de feu Guillaume d'Épercy, Chevalier, testant cette même année, légua à Guy Galafin, Damoiseau, son beau-frere, ce que feu Guillaume de Monnet, Chevalier, avoit possédé pendant sa vie dans la Terre de Fontain.

Ibidem.

Ibidem.

PIERRE DE MONTSAUGEON, Chevalier, avoit épousé Agnés, fille de Jean, dit des Grands de Poligny, Chevalier, & de Simonette d'Arbonnay, dont il n'eut pas d'enfans, suivant le testament de cette Dame, du 25 août 1378.

Ibidem.

DENISOT DE MONTSAUGEON, Écuyer, fut du

F

Hift. de
Bourg. t.
3,p. 586.
nombre des Gentilshommes qui accompagnerent la Ducheffe de Bourgogne dans le voyage qu'elle fit à Paris, l'an 1411.

Ibid. p.
594.
GUYOT DE MONTSAUGEON, Écuyer, paffa en reyuë à Beauvais, l'an 1417, fous la Bannière du Sire de Chateauvilain.

Arch. de
la Maifon
de Bauf-
fremont.
CATHERINE, fille de feu Humbert de Monnet, Écuyer, eft mentionnée avec Jean, bâtard d'Écrille, Écuyer, fon mari, dans un titre de l'an 1425.

Les Armes de la Maifon de Monnet, repréfentées dans le fceau de Richard de Monnet, Vicomte de Salins, en l'an 1276, étoient d'azur à neuf befants d'argent.

SUITE des Vicomtes de Salins.

XIV. HUGUES DE LA PALUD, Chevalier, Comte de Varax, Vicomte de Salins, Seigneur de Chatillon, Richemont, Virechatel, Cufance, &c. Gouverneur & Maréchal de Savoye, Lieutenant Général pour le Roi Charles VIII en la Province de Dauphiné, inftitué héritier dans la Vicomté de Salins, & dans les Seigneuries de Montfaugeon & de Pupillin, par Catherine de Monnet fa tante, veuve de Louis de Cufance. Albert de Catanée lui donne le titre de

Marquis de Salins dans sa Chronique des Rois de France mise au jour par Godefroy, en son Histoire de Charles VIII. Il obtint, le 11 juillet 1492, un mandement du Comte de Bourgogne pour les droits de la Vicomté de Salins.

Arch. de la Maison de Bausfremont.

XV. JEAN-PHILIBERT DE LA PALUD, fils du précédent, Chevalier de l'Ordre de Savoye, Comte de Varax & de la Roche, Vicomte de Salins, Seigneur de Richemont, Villersexel, Cusance, &c. Lieutenant Général pour le Duc de Savoye au Gouvernement de Bresse. Il vendit, en 1520, la Vicomté de Salins à Laurent de Gorrevod son beau-frere, mari de Philiberte de la Palud sa sœur.

Ibidem.

XVI. LAURENT DE GORREVOD, Duc de Nôle, Comte de Pontdevaux, Vicomte de Salins, Baron de Montanay & de Corcondray, Seigneur de Gorrevod, Gerbaix, &c. Chevalier de la Toison d'or, Chambellan de l'Empereur Charles-Quint, Grand-Maître d'Espagne, Maréchal de Bourgogne, Gouverneur de Bresse. Il acquit, le 9 février 1520, la Vicomté de Salins & ses dépendances de Jean-Philibert de la Palud, pour le prix de trois mille cinq cens frans. Il fit tenir les jours de la Vicomté par Simon Bouveret de Salins, Docteur ès Droits, son Lieutenant, l'an 1527.

Ibidem.

Ibidem.

XVII. JEAN DE GORREVOD , Chevalier de Saint George au Comté de Bourgogne, Comte de Pontdevaux , Vicomte de Salins , Baron de Marnay , Gorrevod , Gerbaix , &c. Chambellan de l'Empereur Charles-Quint, mort le 10 septembre 1544. Il fut héritier de Laurent de Gorrevod , Comte de Pontdevaux , fon coufin.

XVIII. FRANÇOIS DE GORREVOD , Chevalier , troifième fils de Jean , Vicomte de Salins , Baron de Corcondray , Cordiron , Chiffey , Four , Buffard , Lielle , Gentilhomme de la Bouche du Roi Catholique, Capitaine de cinquante Lances des Ordonnances du Duc de Savoye. Il fit tenir la Juftice de la Vicomté , l'an *Arch. de la Maifon de Bauffremont.* 1555 , par Philippe Guyerche, Écuyer , Seigneur de Chenefvre & Pimont , fon Lieutenant. Il n'eut point d'enfans , & laiffa fes biens à Charles-Emmanuel fon neveu , fils de Laurent de Gorrevod, II du nom, fon frere.

XIX. CHARLES-EMMANUEL DE GORREVOD , Duc de Pontdevaux , Prince du Saint Empire, Marquis de Marnay , Vicomte de Salins , Baron de Corcondray , Gorrevod , Gerbaix , &c. Chevalier de la Toifon d'or , Grand Chambellan de l'Archiduc Albert , Baillif d'Amont au Comté de Bourgogne , Gouverneur & Capitaine Général des Duché de Limbourg & Pays d'ou-

tre-Meuse. Il fit revivre plusieurs droits de la
Vicomté de Salins, négligés par ses Prédécesseurs, & obtint à cet effet des Archiducs Albert & Isabelle des Lettres de relief contre la
prescription, datées de Bruxelles le 2 6 septembre 1 6 1 4.

Arch. de la Maison de Bauffremont.

XX. PHILIPPE-EUGÉNE DE GORREVOD, Duc
de Pont de Vaux, Prince du Saint Empire,
Vicomte de Salins, Baron de Gorrevod, Gerbaix, &c. mort en 1 6 8 6 sans postérité. Ses
biens furent adjugés, après de grandes contestations, par Arrêt du Parlement de Paris de l'an
1 7 1 2, à Louis-Benigne, Marquis de Bauffremont, en vertu de la substitution faite par Laurent de Gorrevod, I du nom.

XXI. LOUIS-BENIGNE, Marquis de Bauffremont, Mirebeau, Marnay & Clervaux, Seigneur
de Mandement du Duché de Pontdevaux, Vicomte de Salins & de Marigny, Baron de Sceyfur-Saône, & de Trave, Seigneur de Montsaugeon, Durne, Willaffans, Lielle, Chiffey, Buffard, Corcondray, Rans, Monnet, Chariey,
Pusey, Mont Saint Sorlin, Cordiron, Aumont,
&c. Grand Baillif d'Aval, Chevalier de la Toison
d'or, ancien Colonel de Dragons, Lieutenant
Général des Armées du Roi, mort à Paris au
mois d'août 1 7 5 5.

XXII. Louis, Prince de Bauffremont & du
Saint Empire, Marquis de Mirebeau & Cler-
vaux, Seigneur de Mandement du Duché de
Pontdevaux, Vicomte de Salins & de Marigny,
Baron de Scey-fur-Saône, Trave, Faucogney,
Melifey & Bourlemont, Seigneur de Montfau-
geon, Durne, Willaffans, Corcondray, &c.
Grand Baillif d'Aval, Colonel de Dragons, Lieu-
tenant Général des Armées du Roi, Gouver-
neur de Seiffel.

GÉNÉALOGIE
DE LA MAISON
DE SALINS-LA-TOUR.

ON ne peut douter que la Maison de Salins-la-Tour, ainsi nommée à cause de ses Armes, qui étoient d'azur à la tour d'or maçonnée de sable, n'eût été très-illustre dans son origine. Humbert de Salins, Chevalier, dit de la Tour, qui transigea, l'an 1202, en présence d'Amédée, Archevêque de Besançon, paroit en avoir été la tige. Il fut témoin, vers l'an 1170, avec Wide de Salins son pere, de la donation faite par Étienne, Comte de Bourgogne, à l'Abbaye de Chateauchalon d'un bouillon de muire dans les Salines de Lons-le-Saunier, en réparation des dommages que ce Comte avoit causés à ce Monastère. Ses descendans, inconnus pendant l'espace d'un siécle,

Arch. de l'Abbaye de Chateauchalon.

reparurent avec éclat au commencement du quatorzième, soit qu'ayant quitté autrefois leur Patrie, ils fussent venus de nouveau y fixer leur demeure, comme le suppose M. Dunod, soit, comme il est plus vraisemblable, que le défaut des titres nous en eût enlevé la connoissance.

Tome 3,
pag. 149.

I. DIMANCHE *ou* DOMINIQUE DE SALINS, Chevalier, Seigneur de Marchaut, Pleurre & Saint Martin, le premier dont la postérité est connue, n'avoit encore que la qualité d'Écuyer en 1 3 1 9 ; il assista sous ce titre à l'hommage de la forte Maison de Frontenay, rendu à Hugues de Chalon, Sire d'Arlay, par Étienne, dit Mellet de Frontenay, Chevalier. Il fut témoin, l'an 1 3 2 2, de la reprise de fief de Richard de Vauquaire, Sire de Frafne le Chatel, envers le même Seigneur ; & l'an 1 3 2 9, du codicille de Jacques de Rans, Chevalier. Il fit son testament le samedi après la Fête de Saint Hilaire, l'an 1 3 3 3 ; choisit sa sépulture en l'Église de Saint Anatoile de Salins, dans la Chapelle qu'il y avoit érigée, qu'il dota de vingt livréez de terre de rente annuelle ; fonda son anniversaire, ceux de Raynon son frere & de ses Prédécesseurs, dans la plus grande partie des Églises de Salins, & dans les Abbayes de Gouaille, Rosieres &

Arch. de
la Maison
de Chalon

Ibidem.

Arch. de
l'Officiali-
té de Be-
sançon.

Sur ori-
ginal.

la Charité ;

la Charité ; ratifia les donations particulières
qu'il avoit faites à ſes fils, pour conſerver l'u-
nion entre eux & Iſabelle leur mere ; fit différens legs à ſes filles ; inſtitua héritiers univer-
ſels ſes ſeuls enfans mâles, & nomma pour exécuteurs de ſes dernières diſpoſitions Hugues, dit
Jugler, Prêtre, Viſin de Montagu, Étienne de
Vaillant, Dominique, dit Bocquenoire, & Gerard, dit le Clerc d'Arbois. Dimanche de Salins
échapa des dangers de la maladie pendant laquelle il avoit fait ſon teſtament. Il fut préſent, l'an 1 3 3 4, à l'hommage des Terres de
Montrivel & Champagnole, rendu par Jean de
Chalon à Humbert, Dauphin de Viennois :
L'année ſuivante il reprit de fief les Seigneuries de Pleurre & de Saint Martin envers Huguette de Sainte Croix, Dame de Saint Laurent de la Roche, qui lui en promit la garantie
contre ceux qui prétendroient y avoir des droits.
Il ne mourut qu'après l'an 1 3 3 6, laiſſant d'I-
ſabelle de la Roche, Dame de Marchaut, ſa
femme, fille d'Otton, Sire de la Roche ſur l'O-
gnon, Chevalier,

1°. Jean, qui ſuit.

2°. Otton ou Othenin de Salins, Chevalier,
Seigneur d'Areſches, qui eut en préciput une
maiſon ſituée à Salins, acquiſe de Henry, dit
Breton de Salins, Damoiſeau : Il fut l'un des

Hiſtoire de Dau-phiné par Valbonais tom. 2, p. 248.

Arch. de la Maiſon de Bauffremont.

G

héritiers de Dimanche son pere, & de Guillaume de Salins, Chanoine de Besançon, son frere. Jeannette sa sœur, femme de Thierry de Mailley, Chevalier, le substitua en partie, l'an 1343, à Guillemette de Mailley sa fille : Il fut exécuteur du testament de Catherine de Thoraise, femme de Pierre de Moncley, l'an 1360, & de celui de Guillemette, veuve d'Étienne de Beaufort, Chevalier, l'an 1370. Il eut trois filles ; Isabelle de Salins, femme de Nicolas, Seigneur de la Sarrée ; Bonne de Salins, épouse de Guillaume de la Sarrée, Seigneur de Mont sous Vaudrey, & Jeanne de Salins, femme de Renaud de Montconis, Chevalier, Seigneur dudit lieu.

Arch. de l'Officialité de Besançon.

Ibidem.

Ibidem.

Arch. de la Chambre des Comptes de Dole.

3°. Ansel *ou* Anselme de Salins, qui aura son article.

Arch. du Chapitre de Besançon.

4°. Guillaume, Chanoine de Besançon, qui testa l'an 1360, institua héritiers ses quatre freres.

5°. Hugues, qui a fait la branche des Seigneurs de Rans, déduite après celle des aînés.

Sur original.

6°. Guye, femme de Guillaume de Champdivers, Chevalier ; son pere lui donna en mariage ce qu'il possédoit en la Terre de Charetes : Elle fut mere de Jean, Seigneur de Champdivers.

Arch. de l'Abbaye de la Charité.

7°. Alix mariée, 1°. A Guillaume d'Oiselet, fils de Jean d'Oiselet, Chevalier, Seigneur de

Flagey , & d'Edvige de Bauffremont. Les deniers de fon mariage furent affignés, l'an 1 3 2 5 , fur la Terre de Chafoy ; n'ayant point eu d'enfans de cette alliance, elle paffa, après la mort de fon mari, à de fecondes nôces, avant l'an 1 3 4 3 , avec Guillaume Graffet de Chafoy, Chevalier , dont elle eut Jean & Guillaume Graffet, à chacun defquels Anfel de Salins, Sire de Montferrand, leur oncle, légua par fon teftament une fomme de cinquante frans.

Arch. de l'Officialité de Befançon.

8°. Jeannette, époufe de Thierry de Mailley, Chevalier, mere de Guillemette de Mailley, qu'elle inftitua héritière, l'an 1 3 4 3 , lui fubftituant en la moitié de fa dot , qui étoit de deux mille livres, Jean de Salins , Chevalier, fon frere ; & en l'autre moitié , Anfel, Ottenin, Guillaume & Hugues de Salins , fes autres freres.

Ibidem.

9°. Guillemette de Salins , femme de Pierre d'Eftavayer, Chevalier, Seigneur dudit lieu.

1 0°. Guyette, Religieufe Cordelière à Befançon. Son pere lui donna par fon teftament vingt livréez de terre de rente en jouiffance, à percevoir fur les tailles du Village de Marchaut.

II. JEAN DE SALINS , Chevalier, Seigneur de Poupet, Flacey , &c. fils ainé de Dimanche de Salins , Chevalier , eut avant tous partages une maifon fituée à Salins dans la rue d'Orge-

mont : Il fut fubſtitué, l'an 1343, par Jeannette de Salins ſa ſœur, à Guillemette de Mailley
ſa fille, en la ſomme de mille livres, qui formoit la moitié de ſa dot. Il épouſa, vers ce
temps, Mahaut de Belvoir, fille de Thibaud de
Vergy, II du nom, Seigneur de Belvoir & de
Saint Julien, & de Jeanne de Montfaucon. Cette

Arch. de
la Baronnie de Bel-
voir.

Dame renonça, au mois d'octobre de l'an 1344,
en faveur de Vauchier & Henry, Seigneurs de
Belvoir, ſes freres, aux ſucceſſions de ſes pere
& mere, ſe réſervant ce qu'elle poſſédoit en la

Ducheſ-
ne. Hiſt.
de la Mai-
ſon de
Vergy, p.
382.

Seigneurie d'Ovans, en préſence de Poinçard,
Seigneur de Thoraiſe, Jean d'Abbans & Jean
de Cuſance, Chevaliers. Jean de Salins fut
choiſi, l'an 1355, avec Eudes de Vaudrey,

Arch. de
la Baron-
nie de Bel-
voir.

par Marguerite de la Roche, Dame de Longvy,
& Jacques de Vienne ſon époux, pour ètre le
médiateur des querelles qu'ils avoient avec Henry

Ibidem.

de Belvoir. Il fut témoin, l'an 1358, des
dernières volontés du mème Seigneur de Belvoir. Il alla, en cette année, au ſecours de Phi-

Hiſtoire
de Bour-
gogne, t.
2, p. 317.

lippe, dit de Rouvre, Duc de Bourgogne, ſous
la Bannière de Jean, Sire de Vaugrenans. L'an

Archives
de l'Offi-
cialité de
Beſançon.

1360, il fut exécuteur du teſtament de Guillaume de Thoraiſe, Chevalier, Seigneur de

Ibidem.

Torpes, & l'un des héritiers inſtitués par celui

Ibidem.

de Guillaume de Salins ſon frere ; il eſt dénommé ſous le titre de Sire de Flacey dans celui

de Pierre de Trenay, Écuyer, de l'an 1363.
Il cautionna, l'an 1364, Hugues & Louis
de Chalon envers Guy & Jean de Cicon, freres,
pour cinquante livres. Il fonda, l'an 1366,
en l'Église de l'Hôpital du Saint Esprit de Besançon une Chapelle en l'honneur de la Sainte
Trinité, qu'il dota de quinze livres de rente,
assignées sur les Salines de Salins, sous la charge
d'y célébrer trois Messes chaque semaine pour
le soulagement de son ame, de celles de Mahaut
sa femme qui étoit morte, & de ses Prédécesses-
seurs : N'ayant point eu d'enfans de cette première épouse, il contracta une seconde alliance
avec Marguerite de Coligny, veuve d'Aymar
de Beauvoir, Chevalier, Seigneur de la Palud,
& fille d'Étienne, II du nom, Seigneur de Coligny & d'Andelot, & d'Éléonore de Thoire-
Villars. Il étoit l'un des Conseillers de la Comtesse Douairière de Flandre & de Bourgogne,
& se trouva en cette qualité à l'assemblée tenue
à Salins, l'an 1382, après la mort de cette
Princesse, pour y recevoir les ordres du Comte
de Flandre son fils. Jean de Salins eut de Marguerite de Coligny, sa seconde femme,

1°. Henry, qui suit.

2°. Étienne, mentionné après son frere.

3°. Huguenin, institué héritier par Henry
de Salins son frere dans une partie de ses biens,

Arch. de la Maison de Chalon

Archives de l'Hôpi-tal du St. Esprit de Besançon.

P. Anselme. Hist. des grands Officiers, p. 618.

Du Bou-chet. Pr. de la Gé-néalogie de Coligny pag. 133.

Hist. de Bourg. t. 3, p. 68.

l'an 1396. Il fut tué à la bataille de Nicopolis.

Jean de Salins eut encore un fils naturel,
appellé Huguenin, qui étoit Chatelain de Montmoret, l'an 1395. L'année suivante il fut exécuteur du testament de Henry de Salins son
frere, & eut un legs, l'an 1411, dans celui
d'Étienne de Salins, aussi son frere.

III. HENRY DE SALINS, Chevalier, Seigneur
de Poupet, Flaccy, Boy, Yvrey, Combelle &
Sezenay, fit hommage, le 10 mai 1385, au
Seigneur d'Arlay du Château de Poupet : Il alla,
l'an 1387, avec neuf Écuyers joindre l'Armée
de la Duchesse de Brabant, qui avoit guerre
contre le Duc de Gueldres. Il fut du nombre
des Seigneurs qui solliciterent auprès du Duc
de Bourgogne l'élargissement de Jean de Chalon,
Seigneur de Chateauguyon, & qui le caution-
nerent par acte passé à Dijon le 7 mai 1392.
L'an 1395, ce Duc le nomma pour accompagner le Comte de Nevers son fils dans le
voyage de Hongrie : Avant que de partir, il
fit son testament, le 4 mai 1396, par lequel
il élut sa sépulture, s'il décédoit en son Pays,
en l'Église de Saint Anatoile de Salins, en la
Chapelle où avoit été inhumé Jean de Salins son
pere ; institua héritière Antoinette sa fille en

Arch. de
a Baron-
nie de Bel-
voir.

Arch. de
la Maison
de Chalon

Hist. de
Bourg. t.
3, p. 569

Ibidem,
pag. 123.

Ibidem,
aux preu-
ves, page
174.

Arch. de
l'Officiali-
té de Be-
sançon.

son Château & en sa Terre de Flacey seulement ;
& dans le cas où il n'auroit pas d'autres enfans,
il légua à Étienne & Huguenin ses freres ses
Châteaux, Bourgs & Chatellenies de Poupet,
Combelle, Boy, Yvrey & Sezenay, sa maison
de Salins & ses rentes sur les Salines. Il chargea de l'exécution de ses volontés Jean, Seigneur de Champdivers, Jean de Salins son cousin,
Sire de Rans, Chevaliers, Huguenin, bâtard
de Salins, son frere, Guyon de Montagu &
Étevenin de Beaufort. Henry de Salins, plus
heureux que tant de Chevaliers qui périrent
à la funeste journée de Nicopolis, où il s'étoit
trouvé, revint en sa Patrie ; il y étoit en 1400,
& fut témoin de la reprise de fief de Jean de   *Arch. de*
Germigney, Écuyer, envers Henry de Chalon,   *la Maison*
de Chalon
Seigneur d'Arguel. Il avoit contracté alliance
avec Huguette de Granson, fille de Jacques de
Granson, Chevalier, Sire de Pesmes, & de
Marguerite de Vergy, de laquelle il eut Antoinette de Salins, qui suit.

IV. ANTOINETTE DE SALINS, Dame de Saubertier, devoit recueillir de la succession de
son pere la Terre de Flacey, ainsi qu'il l'avoit
ordonné ; mais Étienne de Salins son oncle, en
la mariant avec Jean de Rye, fils aîné de Ma-   *Arch. de*
they de Rye, Chevalier, Seigneur de Balançon   *la Maison*
de Poitiers

& de Fraterans, & de Béatrix de Vienne, lui
affigna trois cens livres de rente au lieu de la
Terre de Flacey, pour lefquelles il lui céda dans
la fuite la Seigneurie de Saubertier : Faifant de-
Arch. de la maifon de Poitiers. puis fon teftament, l'an 1411, il lui donna
ce qu'il avoit à Diffey, Chamblans, Seurre &
en la Tour de Seurre, & la fubftitua à fes filles
en cas qu'elles n'euffent point d'enfans. Antoinette de Salins tefta l'an 1439 ; inftitua
héritiers Jean de Rye fon fils aîné en fa Terre
de Diffey, Louis fon fecond fils en celle de
Saubertier, & Antoine fon troifième fils, Chanoine de Befançon, en celle de Noires ; fit un
legs en argent à Louife de Rye fa fille, femme
de Jean de Saux, Seigneur du Meix. Elle mourut
peu après, & fut inhumée devant le grand Autel
de l'Abbaye d'Acey, en la fépulture des Seigneurs de Rye, avec cette épitaphe :

Hiftoire de Bour- gogne, t. 2, p. 391. CY GYEST *Noble & Puiffante Dame Dame* ANTOINETTE
DE SALINS, *Dame de Balançon & de Corcondray, femme
de feu Noble & Puiffant Seigneur Meffire* JEHAN DE RYE,
Chevalier, autrement dit DE NÉBLANS, *Seigneur de Balançon
& de Corcondray, laquelle trépaffa le VIII jour de mars, l'an
mil CCCC XXX & IX.* DIEU AIT SON AME.

BRANCHE de Poupet.

III. ÉTIENNE DE SALINS, Chevalier,
Seigneur de Poupet, Flacey, Beaufort, Prefilly,
Yvrey,

Yvrey, Boy, Combelle, Sezenay, Saubertier, Chamblans, la Pivodière, Diffey & la Tour de Seurre, fecond fils de Jean de Salins, Chevalier, Seigneur de Poupet, & de Marguerite de Coligny, eut la plus grande partie de ces Terres par la difpofition que Henry fon frere en fit n fa faveur, l'an 1396. Il affifta, l'an 1400, u traité de mariage de Jean de la Baume, Seigneur de Pefmes, avec Jeanne de Chalon, Comteffe d'Auxerre. Il fit hommage, le 31 décembre de la même année, du Château de Poupet, & de ce qu'il poffédoit à Salins, à Henry de Chalon, Seigneur d'Arguel, en préfence de Vauthier de Chauvirey, Seigneur de Chateauvilain, Guillaume de Fromentes, Seigneur de l'Aigle, Pierre d'Ufie, Chevaliers, Pierre du Pin & Guyot de Mont, Écuyers. Il fut témoin, l'année fuivante, de l'acte par lequel Jean de Blamont, Seigneur de Vellexon & d'Oricour, reprit en fief fon Château de Varre de Jeanne de Montbéliard, Dame de Montfaucon. Il fut exécuteur, l'an 1402, du teftament d'Antoine d'Andelot fon coufin, Chanoine & Comte de Lyon. L'an 1409, il fit hommage au Duc & Comte de Bourgogne de la Terre de Prefilly. Il tefta, le 18 août 1411; choifit fa fépulture en l'Églife de Saint Anatoile de Salins, en la Chapelle où repofoit

Guichenon, Généalogie de Breffe, pag. 33.

Arch. de la Maifon de Chalon

Ibidem.

Du Bouchet. Pr. de la Gen. de Coligny pag. 152. Arch. de la Chambre des Comptes de Dole. Arch. de

H

l'Officiali-
té de Be-
fançon.

le corps de Jean de Salins fon pere; augmenta
de quinze livres de rente les revenus de cette
Chapelle ; deftina une fomme de mille florins
d'or pour la fondation d'un Hôpital ; donna
à Louife de Rye fa femme deux cens livréez
de terre pour fon douaire ; partagea fes biens
entre fes quatre filles, leur fubftituant dans la
généralité Antoinette de Salins fa niéce, & à
celle-ci, dans différentes portions, Aymar de
Beauvoir, Sire de la Palud, fon neveu, les deux
fils aînés de Meffire Jean de Salins fon coufin,
Ifabelle, Bonne & Jeanne de Salins fes coufines,
& Huguenin le bâtard de Salins fon frere : À
cette première fubftitution il en ajouta d'autres
en faveur des Seigneurs d'Andelot, de Champdivers & d'Eftavayer fes parens ; laiffa à Renaud
de Tramelay fon oncle la jouiffance des Terres
de Beaufort & de Prefilly, & nomma exécuteurs
de fes dernières volontés Renaud de Tramelay,
Jean de Salins, Sire de Rans, Chevaliers, Guyon
de Montagu & Étevenin de Beaufort. La mort
d'Étienne de Salins ne fuivit pas immédiatement
fes difpofitions, puifqu'il fut inftitué héritier
quelque temps après par le teftament de Re-

Guiche-
non. Gén.
du Bugey,
pag. 230.

naud de Tramelay fon oncle, & que l'année
fuivante Alix de Villars fa tante, femme de
Henry de Vienne, Chevalier, Seigneur de Sainte
Croix, le chargea de l'accompliffement du fien.

Il avoit époufé Louife de Rye, fille de Mathey
de Rye, Chevalier, Seigneur de Balançon, &
de Béatrix de Vienne, fœur de Jean de Rye,
qui contracta alliance avec Antoinette de Salins
fa niéce. Louife de Rye étant veuve, repriten
fief, le 11 juin 1416, de Jean de Chalon, *Arch. de la maifon de Chalon*
Sire d'Arlay, la Terre de Flacey, au nom &
comme tutrice de fes quatre filles, & le 30
août fuivant, le Château de Beaufort qui appartenoit à Renaude fa fille. Cette Dame mourut,
après l'an 1423, & fut inhumée en l'Abbaye
d'Accy, dans le tombeau de fes ancêtres, avec
épitaphe rapportée dans les Recueils de Palliot, *Tome 2, p. 390.*
& dans l'Hiftoire de Bourgogne : Il y a erreur
dans la date qui y eft mife. De ce mariage fortirent,

1°. Louife de Salins, qui fut inftituée héritière par fon pere en fon Château de Poupet,
en fes Terres d'Yvrey, Boy, Combelle & Sezenay, en fa maifon de Salins, dans les cens
qui lui étoient dûs en cette Ville, & dans fes
rentes fur les Salines de Salins. Elle époufa Charles *P. An-felme, Hift. des grandsOf-ficiers, p. 1591.*
de Clermont, Chevalier, Seigneur de Vauflerre,
Hautefort & Saint Beron, fils de Geoffroy, II
du nom, Baron de Clermont en Dauphiné,
& d'Ifabelle de Montoifon. Ce Seigneur fit hom- *Arch. de la Maifon de Chalon*
mage, le 13 octobre 1419, à Louis de Chalon,
Prince d'Orange, du Château de Poupet, &

H ij

des biens provenans de son épouse, en présence de Lancelot de Luyrieux son beau-frère,
Antoine de Boige, Gauthier de Saint Géré &
Pierre Pleure, Écuyers ; il eut de son mariage
Gabrielle & Louis morts jeunes, Isabelle mariée au Seigneur de Montconis, & Jacques de
Clermont, Seigneur de Vausserre & de Poupet,
allié avec Jeanne de Poitiers. Cette branche de
la Maison de Clermont a subsisté pendant un
siécle & demi au Comté de Bourgogne.

2°· Renaude de Salins, Dame de Flacey,
Beaufort & Presilly, par le testament de son
pere qui lui avoit légué ces Terres, épousa Lan-
Arch. de celot de Luyrieux, Seigneur dudit lieu, Sené-
la maison chal de Beaucaire & de Nismes, Baillif de Sa-
de Chalon voye, Gouverneur de Nice, Lieutenant Général pour le Roi en Provence : Il étoit fils
Guiche- de Humbert de Luyrieux, Chevalier de l'Ordre
non, Gé- de Savoye, & d'Alix d'Amesin : Le traité de
néalog. du leur mariage fut signé en la Ville de Lons-le-
Bugey, p. Saunier, le 7 août 1 4 1 9, en présence de Louis
445. de Chalon, Prince d'Orange, de Jeanne de
Montbéliard sa femme & d'autres Seigneurs.
Leur postérité, qui fut nombreuse, est rapportée
par Guichenon en la Généalogie de la Maison
de Luyrieux.

3°· Guigonne de Salins, qui fut instituée héritière en deux cens livréez de terre de rente

annuelle qui devoient lui être assignées par Renaude sa sœur ; une partie de la Terre de Presilly & des rentes sur les Salines lui furent cé-
dées pour ses prétentions. Elle étoit mariée,
avant l'an 1432, à Nicolas Rolin de Poligny,
Licencié en Loix & Chevalier en armes, Chancelier de Philippe le Bon, Duc de Bourgogne.
Son époux ayant fondé un Chapitre en l'Église
de Notre-Dame du Château d'Autun, composé
d'un Prévôt & de douze Chanoines, elle donna
pour cette fondation, l'an 1459, huit cens
livres sur les Salines de Salins, en présence de
Jean Armenier, Écuyer. Jean Rolin, Évêque
de Chalon sur Saône, ensuite d'Autun, & Cardinal, fut un de ses enfans.

Palliot,
Généal. de
la Maison
de Bouton,
pag. 96.

Sur origi-
nal en la
bibliothé-
que de S.
Vincent de
Besançon.

4°. Antoinette de Salins, Dame de la Pivodière, apportionnée par son pere dans une somme
annuelle de deux cens florins, que Louise &
Renaude ses sœurs étoient chargées de lui donner
sur leurs partages. Elle eut pour époux Jacques
Bouton, Chevalier, Seigneur du Fay, Corbéron,
Marigny, &c. Chambellan du Duc de Bourgogne, Capitaine de Sagy, fils aîné de Jean-Ge-
nevois Bouton, Chevalier, Seigneur desdits
lieux, Baillif de Dole, & de Jeanne de Villers-
la-Faye. Elle fit son testament le 13 septembre
1467, par lequel elle désigna l'Abbaye de Molaise pour le lieu de sa sépulture ; légua douze

Palliot,
Généal. de
la Maison
de Bouton,
pag. 91.

frans à Isabeau d'Alaise sa Demoiselle ; fit des dons particuliers à Anselme son fils, & à Antoine, Guigonne & Huguette ses filles ; institua héritiers Aymar & Philippe Bouton ses fils, & nomma pour exécuteurs Étienne de Salins, Seigneur de Corrabœuf, Écuyer, Gerard Poinçot, Chevalier, Seigneur d'Esguilly, & Charles de Saux, Écuyer, Seigneur de Pressey. Sa mort arriva le 20ème. jour du même mois au Château d'Autume, d'où son corps fut apporté à Molaise, & inhumé dans l'Église de cette Abbaye sous une tombe sur laquelle on grava sa figure & ses armes avec cette inscription :

Palliot, Généal. de la Maison de Bouton, pag. 94 & suiv.

CY GIST *Noble Dame* ANTOINE DE SALINS, *jadis femme de Noble Seigneur Messire* JACQUES BOUTON, *Chevalier, Seigneur du Fay & de Corberon, laquelle trépassa le* XX *jour du mois de septembre l'an mil* CCCC LXVII. PRIEZ DIEU POUR ELLE.

BRANCHE de Montferrand.

II. ANSELME DE SALINS, Chevalier, Sire de Montferrand, Vaugrenans, Marchaut, Belmont, Villersfarlay, l'Abergement, &c. troisième fils de Dimanche de Salins, Chevalier, & d'Isabelle de la Roche, s'adonna à l'étude des Loix. Son pere lui prélégua, par son testament de l'an 1333, une maison située en la Cité de Besançon, appellée la maison

de Montferrand, & lui donna dans le reste de
ses biens une part égale à celle de ses freres :
Jeanne, Dame de Mailley, sa sœur, le rap-
pella, l'an 1343, dans la substitution qu'elle
fit. Les connoissances qu'il avoit acquises dans
les affaires, le firent entrer dans le Conseil du
Duc de Bourgogne ; il y étoit, l'an 1357, *Hist. de*
avec le Comte de Montbéliard, l'Abbé de Saint *Bourg. t.*
Benigne de Dijon, les Seigneurs de Granson, *2, p. 220*
de Blaisy & de Mussigny. Il assista, le 17 juin *Ibidem,*
1358, au traité d'alliance conclu à Cuisery *pag. 221.*
entre le Duc Philippe & Amey, Comte de Savoye. L'an 1359, il avoit reçu une lettre *Ibid. p.*
de ce Duc, qui le chargeoit de garder ses sceaux. *366.*

Ce Prince étant mort au Château de Rouvre,
l'an 1361, Anselme de Salins s'attacha à Marguerite sa veuve, Comtesse d'Artois & de Bourgogne, qui le mit au nombre de ses Conseillers. L'an 1364, Marguerite de France, Com- *Arch. de*
tesse douairière de Flandre, lui donna à per- *la Cham-*
pétuité, & en récompense de ses services, la *bre des*
Comptes
haute Justice, le péage & le four de Belmont *de Dole.*
sur la Loue, Villersfarlay, l'Abergement devant Aresches, & vingt-huit livres de rente sur
les Salines de Salins. Il est appellé Noble & *Arch. de*
Puissant Homme dans la chartre d'aliénation *la Maison*
du Château de Willaffans, faite par Isabelle, *de Chalon*
Comtesse de Neufchatel, en faveur d'Étienne,

Comte de Montbéliard, l'an 1373. Agnés & Clemence de Montferrand confentirent, le 24 janvier 1374, à la vente de la Terre de Montferrand qui lui avoit été faite précédemment par le Seigneur dudit lieu. Il fut préfent, le 2 août de cette année, à l'hommage rendu par la Comteffe de Bourgogne, étant en fon Château de Gray, à Guillaume de Vergy, Archevêque de Befançon.

La Comteffe douairière de Flandre s'étant retirée à Paris, Anfelme de Salins refta à la Cour de Louis, dit de Mâle, Comte de Flandre, fon fils, qui l'employa utilement à plufieurs négociations. Cette Princeffe étant décédée, l'an 1382, il fut envoyé dans le Comté de Bourgogne, pour y prendre poffeffion au nom de Louis de Mâle des Villes, & Châteaux qui lui étoient échus par cette mort; il eut pour adjoints dans cette importante commiffion, dont il étoit le chef, Joffe de Halewin, Humbert de la Platière, Chevaliers, & Henry de Donzy. Les Nobles & les Députés du tiers-État lui prêterent, au mois de juin de l'an 1383, le ferment de fidélite; il confirma leurs priviléges felon le pouvoir qui lui en avoit été donné; & après avoir affemblé le Confeil que la Comteffe Marguerite avoit établi dans cette Province, & lui avoir intimé les ordres dont il étoit chargé,

il retourna

Titre de la Terre de Montferrand.

Arch. de l'Archevêché de Befançon.

Hiftoire de Bourgogne, tom. 2, p. 61.

il retourna en Flandre ; il n'y jouit pas longtemps de la faveur de son Maître, qui mourut
le 23 janvier de l'an 1384. Froissard, faisant mention dans sa Chronique des cérémo-
nies observées aux obsèques de ce Prince, dit
qu'Anselme de Salins fut un des six Barons qui
portèrent son corps à l'Église de Saint Pierre
de Lisle, & qui l'inhumerent dans le tombeau
qui lui avoit été préparé : Il offrit, suivant le
rapport du même Auteur, pendant cette pompe
funèbre, avec Guillaume de Hornes, un des
casques que ce Comte portoit en guerre.

Philippe le Hardi, Duc de Bourgogne, successeur de Louis de Mâle dans ses Comtés de
Flandre, d'Artois & de Bourgogne, informé
des qualités d'Anselme de Salins, le retint dans
son Conseil, au mois de mai 1384 ; & pour
se l'attacher encore davantage, il lui accorda
une pension de trois cens livres, sous la condition de la tenir de son fief. Il fut député,
au mois de décembre de la même année, avec
l'Abbé de Saint Éloy de Noyon, le Seigneur
de Reneval & Jacques Duval, Maître des Requêtes, pour traiter à Cambray, avec les Ambassadeurs d'Aubert, Duc de Bavière, de l'alliance des enfans du Duc de Bourgogne. Il assista, le 26 janvier suivant, à la signature des
conventions du mariage de Jean, Comte de

L.

*Tome 2,
pag. 252
& suiv.
édition de
1552.*

*Histoire
de Bour-
gogne, t.
3, p. 75.*

*Ibidem,
pag. 79.*

Ibidem.

Nevers, avec Marguerite de Bavière. Le Duc Philippe le nomma l'un des exécuteurs de son testament, daté du 13 de septembre 1386, & le mit dans le Conseil qu'il forma pour le Comte de Nevers son fils, comme une personne dont la fidélité, la sagesse & le discernement lui étoient connus. Il fut l'un des arbitres choisis, l'an 1387, pour déterminer l'assignal de la dot & du douaire de Catherine de Bourgogne, qui alloit épouser Léopold, Duc d'Autriche. Il se trouva cette année au Parlement convoqué à Beaune, & à celui qui se tint en la Ville de Dole pendant les mois de mai & de juin de l'année suivante.

Anselme de Salins testa le 2 juillet 1391, ordonna que son corps fût inhumé en l'Église de Saint Anatoile de Salins, auprès de celui de son pere ; enjoignit à ses héritiers de payer à Isabelle de Becuit deux cens frans qu'il lui avoit promis lorsqu'elle épousa Othenin, bâtard de Vaugrenans, & d'entretenir en l'Abbaye de Chateauchalon Huguette, fille de ladite Isabelle, jusqu'à ce qu'elle y eût une prébende ; voulut qu'on remît à Jean de Salins son neveu ce qu'il lui devoit pour le rachat de trente livres de rente sur les Salines, qu'il avoit vendues pour trois cens livres à Hugues Deschamps, & que ledit Anselme avoit retirées en rendant la même

Hist. de Bourg. t. 3, p. 95 & 96.

Ibidem, pag. 102.

Ibidem, pag. 108 & 119.

Arch. de l'Officialité de Besançon.

fomme ; légua deux cens frans d'or pour le
mariage des deux autres filles d'Isabelle de Becuit, trois cens frans à Jean de Champdivers
fon neveu, à Jean d'Eftavayer, Jean & Guillaume Graffet fes neveux, à chacun cinquante
frans, deux cens vingt frans à Guillaume d'Eftavayer, auffi fon neveu, lui impofant l'obligation d'obferver l'accord fait entre lui & Raoul
de Gruéres ; inftitua héritières, le cas arrivant
qu'il n'eût pas d'enfans mâles, Antoine fa fille
aînée dans ce qui lui appartenoit depuis la rivière du Doubs jufqu'à Salins, & Jeanne fa fille
cadette dans ce qu'il avoit de l'autre côté de
cette rivière : Ceux à qui il confia l'exécution
de fon teftament furent Thibaud, Sire de Rye,
Humbert de la Platière, Chevaliers, Guillaume
Graffet, Junet du Soulier, Guyon de Montagu
& Nicolas de Blegny. Jeanne, Dame de Montferrand, fa femme, avoit difpofé de fes biens
au mois de mars 1388, & étoit morte l'an
1389 ; elle avoit partagé fa fucceffion entre
fes deux filles, donnant à Antoinette fon Château de Vaugrenans, & celui de Montferrand
à Jeanne, & leur avoit fubftitué à défaut de
poftérité Otte de Belmont, Chevalier, en fa
Terre de Montferrand, & Guillaume de Vil-
leffexel dans ce qu'elle poffédoit à Tavey : Thibaud de Rye, Otte de Belmont & Otte de Salins,

L iij

Archives de l'Offi-cialité de Befançon.

tous trois Chevaliers, & tous trois appellés ses freres, furent ses exécuteurs testamentaires. Anselme de Salins eut de son épouse, qui étoit fille & héritière de Jean, Sire de Montferrand, & de Marguerite, Dame de Vaugrenans,

1°. Antoine, dont l'article suit.

2°. Jeanne de Salins, Dame de Montferrand, alliée à Gerard, Seigneur de Trivier dans le Comté de Genéve. Elle consentit, le 20 octobre 1403, à l'hommage du fief de Marchaut rendu par Jean de Ville son oncle, Chevalier, Sire de la Roche sur l'Ognon, à Jeanne de Montbéliard, Dame de Montfaucon; elle mourut sans postérité, & la Terre de Montferrand passa à Charles de Vergy son neveu.

Arch. de la maison de Chalon.

III. ANTOINE DE SALINS, Dame de Vaugrenans, Montferrand, Pleurre, Marchaut, Montservin, &c. épousa en premières nôces Raoul de Gruéres, fils de Raoul, Comte de Gruéres en Savoye, qui reprit en fief, le 17 novembre 1391, d'Étienne, Comte de Montbéliard, & Sire de Montfaucon, ce qu'il avoit à Villersfarlay du chef de son épouse : Cette Dame en étoit veuve en 1414, & mere 1°. d'Antoine, Comte de Gruéres. 2°. de Catherine de Gruéres, femme de Pierre de Vergy, Seigneur de Champvans. 3°. de Jeanne de Gruéres,

Ibidem.

Duchesne. Hist. de la maison de Vergy, p. 251.

épouse de Humbert de Grolée, Seigneur de
Bressieu. 4°. de Guillemette de Gruéres, mariée avec Louis de Poitiers, Comte de Valen-
tinois & de Diois. Antoinette de Salins contracta une seconde alliance, le 11 octobre 1415,
avec Jean de Vergy, Chevalier, Seigneur d'Autrey, Pierrecourt, Arc, &c. fils de Jacques de
Vergy, Chevalier, Seigneur desdits lieux, &
de Marguerite de Vouflans; ce mariage ne fut
pas de longue durée, la mort du Seigneur de
Vergy, arrivée en 1420, en ayant rompu
les nœuds : Deux enfans furent le fruit de cette
union; Charles de Vergy qui eut deux femmes,
Clauda de la Trimouille & Marguerite de Cufance; & Louise de Vergy, alliée avec Jean de
Ray, Chevalier, Seigneur de la Ferrey & de
Prefligny.

*Duchef-
ne. Hift.
de la Mai
fon de Ver
gy, p. 255*

BRANCHE de Rans.

II. **HUGUES DE SALINS**, Chevalier, Sire
de Rans, Pleurre, Saint Martin & la Barre,
cinquième & dernier fils de Dimanche de Salins, Chevalier, reçut des bienfaits de son pere
une maison située en la Ville d'Arbois, qui
avoit été acquise de Jean de Fontenoy. Il fut
rappellé, l'an 1343, dans la substitution des
biens de Jeanne, Dame de Mailley sa sœur, &
dans le testament de Catherine de Cromary,

Dame de Rans, de l'an 1353. Il alla, l'an
1358, au secours de Philippe de Rouvre,
Duc de Bourgogne, sous la Bannière de Jacques
de Vienne, Seigneur de Longvy : Cette même
année il fut présent au traité d'alliance conclu
à Cuisery entre ce Duc & Amey, Comte de
Savoye. Il fut pourvu, le 22 juillet de l'an
1368, par Jean de Ray, Gardien du Comté
de Bourgogne, de l'Office de Capitaine des Salines de Salins, aux gages de cinq cens florins
& de cinq charges de sel par an, sous la condition d'entretenir un Gentilhomme armé &
à cheval. Tristan de Chalon lui donna, l'an
1373, ce qu'il avoit à la Barre près d'Orchamps, sous l'obligation de lui en faire hommage comme Seigneur du Château de Rochefort. Hugues de Salins avoit épousé Gilette de
Rans, fille de Poinçard, Seigneur de Rans, Chevalier, & de Catherine de Cromary : Cette Dame
étant veuve, contracta une seconde alliance avec
Louis de Joux, Chevalier, dont elle n'eut pas
d'enfans. Elle testa le 7 octobre 1390 ; choisit
sa sépulture en l'Église de Rans, au lieu où
avoit été inhumé Hugues de Salins son premier
mari ; fit un legs de vingt livres à Marie de
Salins sa fille, femme de Guillaume de Sandon,
Chevalier, indépendamment de ce qui lui avoit
été cédé en la mariant ; donna le reste de ses

Histoire de Bourgogne, tom. 2, p. 314. Ibidem, pag. 221. Arch. de la Chambre des Comptes de Dole. Ibidem. Arch. de l'Officialité de Besançon.

biens à Jean de Salins, Chevalier, son fils, lui
substituant Guillemette de Sandon sa nièce ;
nomma pour accomplir ses dispositions Louis
de Joux son second mari, Jean de Ville, Sire
de la Roche sur l'Ognon, & Renaud d'Andelot,
Seigneur de Cressia, son neveu, Chevaliers :
Guillaume, bâtard de Chatillon, fut témoin
de cet acte.

III. JEAN DE SALINS, Chevalier, Seigneur
de Rans, Pleurre, Saint Martin, la Barre, Es-
chevenon, obtint, l'an 1374, de Marguerite, *Arch. de*
Comtesse de Bourgogne, trente livres de rente *la Cham-*
bre des
sur les Salines de Salins en accroissement du fief *Comptes*
qu'il tenoit d'elle : Il fut exécuteur, l'an 1396, *de Dole.*
du testament de Henry de Salins, Seigneur de
Poupet, son cousin. Il donna, l'an 1403, à
Marie sa sœur les trente livres de rente qu'il
avoit reçues de la Comtesse Marguerite. Il fit
hommage, le 2 novembre 1404, à Jean de *Arch. de*
la Maison
Chalon, Sire d'Arlay, de la rente annuelle de *de Chalon*
vingt-cinq florins qu'il percevoit sur le partage
d'Arguel dans les Salines de Salins, & de ce
qu'il possédoit à Sagy à cause de Jeanne de Doicy
son épouse, en présence d'Aymonet d'Arc &
Jean de Champagnole, Écuyers. Le Duc de *Hist. de*
Bourgogne ordonna, le 24 juin 1407, au *Bourg. t.*
3. p. 245
Prévôt de Dole de faire abbatre le pont que ce

Seigneur de Rans avoit fait conftruire fur la rivière du Doubs, fous prétexte du préjudice qu'il portoit aux péages de la Loire, de Fraifans & d'Orchamps.

Arch. de la Maifon de Chalon

Jean de Salins reprit en fief du Seigneur d'Arlay fes Terres de Pleurre, Saint Martin & Efchevenon, le 14 avril 1415; il renouvella cet hommage le 7 mai 1417, le 28 août 1419, & le 18 novembre 1422. Henry d'Émars, Damoifeau, le chargea, l'an 1429, de l'accompliffement de fes volontés. Marie d'Émars ayant époufé, l'an 1436, Jacques, Seigneur de Flamerans, il donna fon confentement à ce mariage en qualité d'ayeul maternel de cette Dame : Il eut de Jeanne de Doicy fon époufe.

Arch. de l'Officialité de Befançon.

1°. Philibert, qui a continué la poftérité des aînés.

2°. Guillaume, qui a fait branche.

3°. & 4°. Hugues & Henry de Salins, Écuyers, qui pafferent en revue à Beauvais, au mois d'août 1417, fous la Bannière de Jean de Toulongeon.

Hift. de Bourgogne tom. 2, p. 891.

5°. Philiberte de Salins, femme de Henry d'Émars, Damoifeau.

IV. PHILIBERT DE SALINS, Écuyer, Seigneur de Rans, fut fubftitué, l'an 1411, fous la
qualité

la qualité de fils aîné de Jean de Salins, Sire
de Rans, par Étienne de Salins, Sire de Poupet,
à Antoinette de Salins, niéce de ce Seigneur,
dans le Château de Poupet & les Terres d'Yvrey, *Arch. de*
Boy, Combelle & Saifenay. Il étoit mort en *la Maifon de Bauf-*
1469, laiffant de Jeanne Poncy fa femme, *fremont.*
veuve de Jacques d'Eftavayer, Écuyer, & fille
de Noble Jean Poncy de Salins,

1°. Guillaume, qui fuit.

2°. Jean de Salins, Écuyer, Seigneur de
Ranchot, qui fut exécuteur du teftament de *Arch. de*
Jean Mafier, Curé de Pleurre, en 1472. Il *l'Officiali-té de Be-*
mourut fans alliance. *fançon.*

3°. Louis de Salins, mort fans poftérité.

4°. Dimanche de Salins, Chanoineffe en *Ibidem*
l'Abbaye de Baume.

V. GUILLAUME DE SALINS, Chevalier, Sei-
gneur de Rans, reprit en fief, le 27 septembre *Arch. de*
1469, conjointément avec Jean de Salins fon *la Maifon de Bauf-*
frere, du Seigneur de Neufchatel, ce qu'il pof- *fremont.*
fédoit à Lielle. Il contracta alliance, l'an 1499, *Palliot,*
avec Jacqueline Bouton, veuve de Claude de *Généal. de*
Brancion, Écuyer, Seigneur dudit lieu & de *la Maifon de Bouton,*
Vifargent, & fille d'Émart Bouton, Chevalier, *pag. 137.*
Seigneur du Fay, Chambellan du Roi Louis
XI, & d'Anne d'Oifelet. Cette Dame étant
morte, il paffa à de fecondes nôces avec Jeanne

K

de Vienne, qui se dit veuve de ce Seigneur,
en 1527. Guillaume de Salins eut de sa première femme,

1°· Jeanne, qui suit.

2°· Marguerite de Salins, femme de Jean
du Vernois, Chevalier, Seigneur de l'Étoile.

VI. JEANNE DE SALINS, Dame de Rans, épousa,
vers l'an 1524, Jean Fauquier, Chevalier,
Seigneur de Commenailles & Aumont, Grand
Arch. de Baillif de Dole : Il demanda acte, l'an 1534,
la Cham- tant au nom de sa femme que de Marguerite
bre des
Comptes de Salins, veuve de Jean du Vernois, de la sou-
de Dole. mission qu'il avoit faite de reprendre en fief du
Souverain la Seigneurie de Rans. Du mariage
de Jean Fauquier & de Jeanne de Salins sortit
Arch. de Claudine Fauquier, qui porta les Terres de Rans,
la maison Commenailles & Aumont à Hugues de Ville-
de Bauf-
fremont. lume, Chevalier, Vicomte de Marigny, &
Seigneur de Chatillon sur l'Oise, son mari, d'où
elles passerent, l'an 1588, dans la Maison
de Bauffremont par l'alliance de Claudine de
Villelume, petite-fille de Hugues, avec Guillaume de Bauffremont, Baron de Sombernon,
Scey-sur-Saône & Clervaux, Capitaine des Gardes
du Corps de l'Archiduc Albert.

BRANCHE de Corrabœuf.

IV. GUILLAUME DE SALINS, Écuyer,

second fils de Jean de Salins, Sire de Rans, & de Jeanne de Doicy, eut la Terre de Corrabœuf de la succession de sa mere ; il servoit en 1417 en l'Armée du Duc de Bourgogne, sous la Bannière de Guillaume de Champdivers. Il fut pere,

Histoire de Bourgogne, t. 2, p. 392.

1.° D'Étienne, qui suit.

2.° De Louise de Salins, femme d'Étienne de la Palud, Chevalier, Seigneur de Meilly.

Guichenon, Généalog. de Bresse, p. 302.

V. ÉTIENNE DE SALINS, Écuyer, Seigneur de Corrabœuf, fut chargé, l'an 1469, de l'éxécution du testament d'Antoinette de Salins, femme de Jacques Bouton, Seigneur du Fay. Il fut témoin, le 26 mai 1491, d'un traité fait entre Anselme Bouton & Anne d'Oiselet. Il eut de Claudine de Montjeu sa femme,

Palliot, Géneal. de la Maison de Bouton, pag. 95.
Ibid. p. 106.

1.° Jean, qui a continué la postérité.

2.° Jean de Salins le jeune, Seigneur du Vernoy & Mercey, marié, vers l'an 1500, à Catherine, fille d'Aléxandre de Saux, Chevalier.

Histoire de Bourgogne, t. 2, p. 454.

3.° Antoine de Salins, Doyen de Baume & Official de Chalon.

V I. JEAN DE SALINS, dit le Vieil, Écuyer, Seigneur de Corrabœuf, épousa, l'an 1478, Charlotte de Clugny, fille de Jean de Clugny, Écuyer, Maître des Requêtes de l'Hôtel du Duc

Généalogie de la Maison de Clugny p. 95.

de Bourgogne, & de Huguette Porteret. Il en eut Jean qui suit.

VII. JEAN DE SALINS, Écuyer, Seigneur de Corrabœuf, contracta alliance, vers l'an 1540, avec Jeanne de Choiseul, fille de Jean de Choiseul, Seigneur de Chevigny, & d'Anne de Choiseul-Lanques.

Anne de Salins, Dame héritière de Corrabœuf, fut mariée, l'an 1623, à Antoine de Rochefort, Baron de Frolois.

P. Anselme, Hist. des grands Officiers, p. 425.

Ibidem, pag. 708.

GÉNÉALOGIE
DE LA MAISON
DE SALINS-LA-BANDE.

ON a vu dans la Généalogie des anciens Sires de Salins que Gaucher de Salins, IV. du nom, avoit laiſſé un fils naturel, appellé Gerard, qui fit une donation, l'an 1 2 3 8, *Tome 1 pag. 303.* à Jean, Comte de Bourgogne, de la Terre de Le Muy, au cas qu'il mourût ſans poſtérité légitime : La Maiſon de Salins, qui portoit pour armes de gueules à la Bande d'or, a toujours été regardée comme iſſue de ce fils naturel ; l'entière reſſemblance de ſes armes avec celles des Seigneurs de Salins, a favoriſé cette opinion.

I. GERARD DE SALINS, Chevalier, fils naturel de Gaucher, IV du nom, Sire de Salins, donna, l'an 1 2 5 2, à l'Abbaye de Balerne quatre *Chartulaire de l'Abbaye deBalerne* bouillons de muire qu'il avoit dans les Salines de Salins ; en considération de cette aumône, les Religieux de ce Monastére lui accorderent la jouissance pendant sa vie de ce qu'ils avoient au Bourg de Cuseau & aux environs de ce Bourg. Il prend le nom de Gerard Chambier, Cheva- *Arch. de la Maison de Chalon.* lier de Salins, dans l'hommage qu'il rendit, l'an 1267, à Laure de Commercy, Comtesse de Bourgogne, pour ce qu'il possédoit à Marnoz, réservant la fidélité qu'il devoit à Étienne, Seigneur de Vaugrenans. Il eut pour fils Colin, qui suit.

II. Colin de Salins, Chevalier, étoit mort *Archives de l'Offi- cialité de Besançon.* en 1306, suivant le testament de Jean de Saint Louthain, Chanoine de Saint Michel. Il eut de Guyette de Saint Louthain son épouse,

1°· Gerard de Salins, dont on ignore la postérité.

2°· Guy, qui suit.

3°, 4° & 5°· Jean, Renaude & Alix de Salins, rappellés avec leurs freres en qualité de *Ibidem.* légataires dans le testament de Jean de Saint Louthain de l'an 1306.

III. Guy de Salins, dit Chambier, Chevalier, contracta alliance avec Étiennette Chambier, fille d'Étienne Chambier, dit Morel, Écuyer. Il est nommé avec son épouse dans le

teſtament de ſon beau-pere de l'an 1 3 0 8. Ses
enfans furent ,

1.° Odon de Salins, qui a continué la lignée.

2.° Jean de Salins, Clerc, mort avant 1 3 8 5.

IV. ODON DE SALINS, Chevalier, fut ſubſ-
titué, l'an 1 3 4 3, par Ottenin Morel ſon oncle,
Chanoine de Saint Anatoïle de Salins, à Odon
Chambier ſon neveu & héritier ; il fut exécuteur, l'an 1 3 6 0, du teſtament d'Étiennette
Morel, veuve de Jean de Naiſey, Écuyer, &
de celui de Catherine de Thoraiſe, femme de
Pierre de Moncley, Damoiſeau : Otton de Givry,
Damoiſeau, ſon neveu, lui légua un cheval
par ſes dernières diſpoſitions, datées de l'an
1 3 6 1. Odon de Salins eut pour fils,

1.° Jean de Salins, Damoiſeau, qui fut exécuteur du teſtament d'Alix Reſchet, veuve de
Roland Bauduin de Salins, en 1 3 4 9. Il fit
hommage, le 1 9 janvier 1 3 7 4, à Étienne,
Comte de Montbéliard & Seigneur de Montfaucon, de ce qu'il poſſédoit à Villersfarlay à
cauſe de Willemette de Noſeroy ſon épouſe,
fille de feu Aléxandre de Noſeroy, Chevalier.
Il teſta le 2 7 avril 1 3 8 8 ; choiſit ſa ſépulture en l'Égliſe de Saint Mauris de Salins, dans
la Chapelle de Saint George, où ſes Prédécef-
ſeurs avoient été inhumés ; légua ſa Terre de

Arch. de
l'Officiali-
té de Be-
ſançon.

Ibidem.

Ibidem.

Ibidem.

Ibidem.

Ibidem.

Arch. de
la maiſon
de Chalon

Sur origi-
nal.

Marnoz & sa maison de Salins à Huguenette sa
fille, veuve de Jean Galafin, Chevalier, Sire
de Coges; institua héritier Guillaume de Salins
son fils, & chargea de l'accomplissement de
ses volontés Ottenin Paloufet, Simon de Noferoy, Damoiseaux, Jean Nyellier, Licencié en
Loix, & Jean de Chenecey, ses amis. Huguenette de Salins, fille de ce Seigneur, passa après
la mort de son pere à de secondes nôces avec
Rolz de Vipens, Écuyer ; elle vivoit avec lui,
Arch. de en 1393, qu'elle fit hommage à Jean de Chalon,
la Maison Sire d'Arlay, tant en son nom qu'en celui de
de Chalon Jean Galafin son fils, de la moitié de la forte
maison de Coges.

2°· Perrin de Salins, qui a continué la postérité.

3°· Mahaut de Salins, femme de Jean d'Es-
Arch. de tavayer, Chevalier. Elle testa en 1385, &
l'Officiali- fonda l'anniversaire de Jean de Salins son oncle
té de Be- dans l'Église de Saint Anatoile.
sançon.

V. PERRIN DE SALINS, dit Chambier, Da-
Ibidem. moiseau, fut témoin, l'an 1349, du testament de Renaud d'Usie, Chevalier. Il paroit
qu'il contracta alliance avec une fille de la Maison
de Noferoy, de laquelle il eut,

1°· Guy, qui suit.

2°· Marguerite de Salins, femme de Hugues
Deschamps,

Deschamps, Chevalier, instituée héritière par le testament de son mari, de l'an 1388.

Arch. de l'Officialité de Besançon.

3°. Jeanne de Salins, femme d'Amédée de Noseroy, Damoiseau.

Ibidem.

4°. Alix de Salins, Abbesse de Migette.

Ibidem.

VI. GUY DE SALINS, dit Chambier, Chevalier, Seigneur du Pasquier, Nevy, Vincelle, Villers-Robert, Andelot, Frontenay, Champagnole, &c. reçut en fief, le 5 novembre 1378, de Guillaume de Vienne, Sire de Saint George, dix livréez de terre assignées sur les Salines de Salins. Il fut témoin, l'an 1381, de la reprise de fief de Guyonnet le Bernier envers Hugues de Chalon, Sire d'Arlay; & l'an 1388, de celle de la forte maison de Thonville, faite envers le même Seigneur par Simon de Sarrebruche, Sire de Commercy. Il fut exécuteur, la même année, du testament de Hugues Deschamps, Chevalier, son beau-frere. Il acquit l'an 1390, plusieurs biens de franc-aleu, situés dans la Terre de la Michaudière, de Tristan de Toulongeon & de Jeanne de Montrichard sa femme, pour une somme de trois cens florins. Il fit hommage, le 26 décembre 1398, à Jean de Chalon, Sire d'Arlay, de ce qui lui étoit échu par la mort de Marguerite de Salins sa sœur, veuve de Hugues Deschamps, Che-

L.

Arch. de la Maison de Chalon
valier ; il accorda à ce Seigneur , le 13 décembre 1400 , le droit de retrait pendant l'espace de cinq ans de la Seigneurie d'Andelot , qu'il avoit acquise de feu Othe de Granson , Chevalier , pour huit cens frans d'or : Il reprit

Arch. de la Chambre des Comptes de Dole.
en fief , en ce temps , du Duc & Comte de Bourgogne deux cens livres de rente qu'il percevoit sur les Salines de Salins. Il fut , cette même année , l'un des héritiers de Charles de Noseroy ,

Arch. de l'Officialité de Besançon.
Seigneur de Villers-Robert.

Guy de Salins ne fut pas un des moins expérimentés dans un art qui faisoit l'occupation la plus ordinaire de la Noblesse du Comté de Bourgogne. Jean de Vergy , Maréchal de ce

Histoire de Bourgogne, tom. 3, p. 192
Pays , lui manda , le 15 décembre 1402 , de se trouver au Village de Bonnay , & de s'y joindre aux gens de guerre qu'il y assembloit pour chasser du Comté la Corne de Rougemont , Gentilhomme Savoyard , qui y avoit déja pris quelques Châteaux. L'an 1411 , il étoit Con-

Ibidem, pag. 339.
seiller , Chambellan & Maître d'Hôtel du Duc de Bourgogne , qui le nomma pour passer en revuë les gens d'armes qui devoient accompagner la Duchesse en son voyage de Paris: L'année

Ibidem, pag. 345.
suivante il fut commis par le Duc pour faire l'inspection des Troupes que ce Prince conduisoit à l'Armée du Roi ; la Duchesse de Bourgogne l'honora cette année de la Charge de

ſon Chevalier d'honneur; il en reçut une lettre datée du mois de février, par laquelle elle lui marquoit de ſe rendre en la Ville de Dijon pour y dire ſon ſentiment ſur les traités faits entre le Duc ſon époux & les Citoyens de Beſançon : Il fut témoin, le 27 décembre ſuivant, de l'accord fait à Rochefort entre ce Duc & Catherine ſa ſœur, Ducheſſe d'Autriche. Il fut chargé, le 9 juillet 1414, de mener un renfort d'hommes d'armes au Château de Rouvre pour veiller à la ſûreté de ce lieu. La Ducheſſe l'envoya, le 4 février 1415, au-devant des Troupes de Savoye, qui revenoient de l'Armée du Duc en Flandre, & qui paſſoient par le Comté de Bourgogne pour retourner dans leur Pays.

Ce Gentilhomme teſta le 30 août 1416, conjointément avec Étiennette du Paſquier ſa femme, fille de feu Henry du Paſquier, Chevalier, Seigneur dudit lieu ; élut ſa ſépulture devant le grand Autel de ſa Chapelle fondée en l'Égliſe de Saint Jean de Salins ; ordonna que ſon cheval & ſes armes fuſſent offerts en cette Égliſe le jour de ſes obſéques ; inſtitua héritiers Huguenin, Jean & Pierre, ſes trois fils aînés, légua dix frans & un tonneau de vin chaque année à Alix ſa ſœur, Abbeſſe de Migette, & chargea Henry & Jacques ſes fils, & Jean

Hiſt. de Bourg. t. 3, p. 588

Ibidem, pag. 227.

Ibidem, pag. 411.

Ibidem, pag. 445.

Sur original.

L ij

Gouz de Louans, Clerc, Licencié en Loix,
de l'accompliſſement de ſes diſpoſitions. Étienne
ſon épouſe choiſit par le même acte ſa ſépulture en l'Abbaye de Roſières, dans le tombeau
de Henry du Paſquier ſon pere, & augmenta
de dix florins de rente les biens de la Chapelle
fondée par ſes Prédéceſſeurs en l'Égliſe de Nevy.

*Sur origi-
nal.* Par un codicille que Guy de Salins fit l'an 1417,
Philibert de Saint Leger, Chevalier, fut nommé
pour terminer les différends qui pourroient s'é-
lever entre les enfans de ce Seigneur, qui eut
de ſon mariage,

1º. Huguenin, qui a continué la poſtérité
des aînés.

2º. Guillaume, mort ſans alliance, & inhumé dans l'Égliſe de Louans.

3º. Jean, qui a fait la branche de Vincelles,

4º. Pierre de Salins, Écuyer, qui eut par le
Ibidem. teſtament de ſes pere & mere les Terres du
Paſquier, Champagnole & Le Muy, une berne
& cinq quartiers de muire dans les Salines de
Salins, & une part dans la Prévôté du Pont
d'Aval, ſitué à l'extrémité de cette Ville. Il
*Hiſt. de
Bourg. t.
3, p. 380* fut du nombre des Gentilshommes qui accom-
pagnerent la Ducheſſe de Bourgogne dans le
voyage qu'elle fit à Salins l'an 1411, & de
Dunod,
*Hiſt. du
Comté de* ceux qui aſſiſterent, l'an 1440, à la priſe
de poſſeſſion de Quentin Ménard, Arche-

vêque de Besançon. Il mourut sans postérité. *Bourg, t.*
2, p. 611.

5°. Henry de Salins, Religieux de l'Ordre de
Saint Benoît, Prieur de Notre-Dame de Lône
en 1416, Abbé de Beaume en 1434 & *Arch. de*
l'Abbaye
1448 : Il fit construire le portail de cette *de Beaume*
Abbaye, & y fit mettre ses armes.

6°. Jacques de Salins, Religieux en l'Abbaye
de Saint Oyan de Joux.

7°. Jeanne de Salins, alliée, le 12 juillet *Sur origi-*
1411, à Jean de Montrichard, Chevalier, *nal.*
Seigneur de Saint Aubin, Groson, &c.

8°. Marguerite de Salins, femme de Jean *Ibidem.*
de Chissey, Chevalier, Seigneur de Buffard.

9°. Alix de Salins, mariée 1°. à Jean Mangeroz de Salins, Licencié en Loix, fils de Nicolet Mangeroz, Écuyer ; 2°. à Jean de Poligny, Écuyer, Seigneur de Coges, qui testa, *Arch. de*
l'Officiali-
l'an 1434, fit des legs à Clauda, Guillemette *té de Be-*
& Jeanne de Poligny ses filles ; institua héritiers *sançon.*
Jean & Guyot de Poligny ses fils & d'Alix de *Arch. de*
Salins son épouse, le premier en sa Terre de *la Maison*
de Poligny
Coges, & le second en celles d'Augea & de
Menay.

VII. Huguenin de Salins, Écuyer, Seigneur de Nevy, Frontenay & Villers-Robert,
eut, par le partage que ses père & mere firent
de leurs biens, l'an 1416, les Terres de Nevy

& Frontenay, & une maison située à Salins, qui provenoit de la succession de feu Hugues Deschamps, Chevalier, à condition que ces choses lui tiendroient lieu de ce qui lui avoit été promis par son traité de mariage avec Marguerite de Tenarre, fille du Seigneur de Janly.

Archives de l'Officialité de Besançon.

Il reçut la Seigneurie & le Château fort de Villers-Robert de la libéralité de Charles de Noferoy, Damoiseau; ce Seigneur lui en fit don par son testament du premier août 1400, en considération de ses services, & de ceux de Guy de Salins, Chevalier, son père, & supplia Charles de Poitiers, Seigneur de Vadans, de l'admettre à l'hommage de cette Terre qui relevoit de son fief.

Histoire de Bourgogne, t. 3, p. 498.

L'an 1418, Jean, Duc de Bourgogne, lui ordonna de venir le joindre à Ys sous Trichateau, avec ce qu'il pourroit assembler de gens de guerre. Il fut témoin avec Jean son fils, le 19 août 1447, de la reprise de fief des Terres d'Annoires & de Beauchemin, faite par Guillaume de Vienne, Seigneur de Montbis, envers Jean de Longvy, Sire de Pagny.

VIII. JEAN DE SALINS, Écuyer, Seigneur de Nevy, Villers-Robert, l'Abergement, &c. épousa, par traité passé à Dijon en l'Hôtel de Philippe le Bon, Duc de Bourgogne, le 8 mai

1442, Jeanne, bâtarde de Bavière, Dame d'Honneur de la Duchesse de Bourgogne, & fille naturelle de Louis, Duc de Bavière. Le Duc de Bourgogne assista à ce contrat, en régla les conditions, & constitua en dot à la future épouse, qu'il appelle sa cousine, quatre mille salus d'or : Jean de Tenarre, Seigneur de Janly, Guillaume de Sagey, Seigneur dudit lieu, Guillaume de Vichy, Seigneur d'Augiencour, & Gerard de Plainne, Licencié en Loix, furent témoins de cet acte. La cérémonie des nôces se fit peu de temps après en la Ville de Besançon avec beaucoup d'appareil, selon le témoignage d'Olivier de la Marche ; elles furent accompagnées de joûtes & de tournois, qui sont décrits dans deux manuscrits de héros, l'un de Valencienne, l'autre de Lisle en Flandre : Ce dernier rapporte les noms & les armes des Soutenans, mais il est en erreur sur la date qu'il fixe.

Sur original à M le marquis de Montrichard.

L'AN 1440, furent célébreez en la Ville de Besançon en Bourgoigne les nopces de Messire Jehan de Salins, Chevalier Bourguignon, & de Jehanne, fille naturelle du Duc de Bavière, où furent faites joustes, & tournois par les suivans.

Le Seigneur Jehan, héritier de Cleves ; le Sieur Louis, Comte de Nevers ; Sieur Guillaume Roolin ; Sieur de Waurin, & Jacques de Lalain gagnerent le prix.

L'Escu des nouveaux Mariés étoit parti au premier de gueulles à la bande d'or, qui est de Salins. Le second, de Bavière, qui est fuselé en lozanges d'argent & d'azur en contrebande.

1. Jehan, héritier de Cleves, portoit de Cleves parti de la

Marck, cimier une tête de bœuf de gueulles coronée d'or, le cercle de la coronne fafcé de la Marck furmonté de deux cornes, la droite échiquetée d'argent & de gueulles de trois traits, la feneftre d'argent.

2. Louis, Comte de Nevers, femé de France, à la bande componée d'argent & de gueulles, cimier une double fleur de lys d'or fur un bourrelet d'or & de gueulles.

3. Guillaume Roolin, d'argent à trois clefs d'or 2 & 1; cimier un demi-ange, le vifage & les mains d'argent, la robbe & les ailes d'or fur un bourrelet d'or & d'azur.

4. Le Seigneur de Waurin, d'azur à un écuffon d'argent; cimier un licorne naiffant, de même la corne d'or bridée de gueulles fur un bourrelet d'argent & d'azur.

5. Jacques de Lalain. De Lalain & Heaume, couronné d'or, cimier une tête d'aigle d'or, coftoyée d'un vol d'argent.

6. Antoine de Saint Simon, de fable à une croix d'argent chargée de cinq coquilles de gueulles; cimier, un lion naiffant de gueulles, coftoyé d'un vol d'argent, fur un bourrelet d'argent & de fable.

Jean de Salins fut préfent, l'an 1447, avec Huguenin fon pere, à l'hommage rendu par Guillaume de Vienne à Jean de Longvy pour les Terres d'Annoires & de Beauchemin. Il fuc- *Arch. de la Cham-* céda, vers l'an 1466, dans la Charge de Grand- *bre des* Baillif de Dole à Henry Vallée, Chevalier; il *Comptes de Dole.* affifta, la même année, au traité de mariage de Jean de Montfort & de Simonne d'Oifelet, & fut exécuteur, l'an 1468, du teftament *Arch. de l'Officiali-* de Jean de Chiffey, Écuyer, Seigneur de Buf- *té de Be-* fard. Il étoit, en 1471, Confeiller & Cham- *fançon.* bellan du Duc de Bourgogne. L'année fuivante il fit condamner par l'Official de Befançon Guil- lemette de Rofay, veuve d'Othe Paloufet, Che- valier,

valier , à lui payer un cens annuel de quarante
fols , affecté fur une maifon du Bourg deffous
de Salins.

Il avoit contracté une feconde alliance , l'an
1453 , avec Perronne de Laitre , veuve de
Jean de Chaumergy , & fille de feu Boquet *Sur origi-*
de Laitre , Écuyer : La date de ce mariage eft *nal.*
connue par une Sentence de Gerard de Cife ,
Lieutenant du Baillif d'Aval , de l'an 1479 ,
qui maintient Perronne de Laitre , mariée depuis vingt-fix ans à Jean de Salins , Seigneur de
Villers-Robert, dans la poffeffion des biens qu'elle
avoit portés en dot à fon mari , eftimés quinze
mille frans ; Jean de Salins les avoit affignés fur
fes Terres de Villers-Robert & de Nevy , dont
un homme d'armes du Capitaine Odet , demeurant à Bracon , venoit de s'emparer , fous prétexte que Jean de Salins fervoit depuis fix mois
dans l'Armée de Maximilien contre le Roi Louis
XI fon Maître. Ce Seigneur eut des enfans de
fes deux femmes : La première le rendit pere
de Philibert , qui fuit ; il eut de la feconde-Ifa-
belle de Salins , mariée 1°, par traité paffé au
Château de Vaudrey le 12 juillet 1484 , à
Henry de Salins, Écuyer, Seigneur de Vincelles, *Ibidem,*
fon coufin ; 2°· à Jean de la Verchiere , Écuyer,
Seigneur dudit lieu , par contrat paffé à Louans *Ibidem.*
le 23 janvier 1491 , en préfence d'Antoine

M

de Sarron, Seigneur de Vareilles, Pierre, Seigneur de la Gonte, & Antoine Simon, Seigneur de Malpas, Écuyers.

IX. PHILIBERT DE SALINS, Écuyer, Seigneur de Nevy & Villers-Robert, est nommé dans un titre de l'Abbaye de la Charité, de l'an 1484, comme fils & héritier de Jean de Salins, Seigneur de Villers-Robert. Il s'allia avec Marguerite de Chaumergy, fille de feu Jean de Chaumergy, Écuyer, Seigneur dudit lieu, & de Perronne de Laitre, seconde femme de son pere. De ces deux époux sortirent,

1º. Antoine de Salins, mentionné en l'article suivant.

2º. Jeanne de Salins, femme de Jean de Longeville, Écuyer, Seigneur de Chevigney, fils d'Artaud de Longeville, Chevalier, Seigneur dudit lieu, & de Louise Morel. Elle testa à Willaffans le 8 octobre 1502 ; élut sa sépulture en l'Église de Longeville auprès des Prédécesseurs de son mari ; institua héritier Simon son fils dans la moitié de ses biens, Claudine & Anatoile ses filles dans l'autre moitié ; leur substitua Antoine de Salins son frere, & nomma exécuteurs de ses dispositions Étienne de Leugney, Écuyer, & Jean Bordey de Willaffans.

3º. Guillemette de Salins, mariée à Claude

Sur original.

de Fallerans, Écuyer, Seigneur de Frontenay, mere d'Alain, Anatoile, Henry & Antoinette de Fallerans. Les Terres de Nevy & Villers-Robert pafferent à fes defcendans par le défaut d'héritiers dans cette branche de la Maifon de Salins.

X. ANTOINE DE SALINS, Écuyer, Seigneur de Villers-Robert & Nevy, donna, le 2 1 novembre 1 5 0 3, le dénombrement de fa Seigneurie de Villers-Robert à Charles de Poitiers, Seigneur de Vadans. Il mourut fans poftérité. *Arch. de la Maifon de Poitiers*

GÉNÉALOGIE
DE LA MAISON
DE SALINS-VINCELLES.

VII. JEAN DE SALINS, Chevalier, Seigneur de Vincelles, troisième fils de Guy de Salins, Chevalier, & d'Étiennette du Pasquier, releva les armes de sa mere, qui étoient d'azur à trois fusées d'or mises en face, il chargea celle du milieu d'un écusson aux armes anciennes de sa Maison; ses descendans conserverent les pleines armes de la Maison du Pasquier, sans y ajouter celles de leurs ancêtres. Son pere lui prélégua, par son testament de l'an 1416, sa maison de Louans, ce qu'il possédoit, tant en fiefs qu'en autres biens, dans cette Chatellenie, à Saint Marcel près de Châlon, en la Ville de Tournus, à Rothalier, un Hôtel à Salins, & vingt-cinq livréez de terre sur les

Salines, de la mouvance du Seigneur de Saint George. Il reçut ordre, l'an 1402, de Jean de Vergy, Maréchal de Bourgogne, de se rendre armé au Village de Bonnay pour s'opposer aux incursions d'un Partisan ennemi qui s'étoit emparé de quelques Châteaux. Il fit hommage, le 13 mai 1420, à Hugues de Chalon, Seigneur de Cuseau, de ce qu'il possédoit en ce lieu. Il étoit Conseiller & Chambellan de Philippe le Bon, Duc de Bourgogne, en 1432. Il assista, l'an 1440, avec Pierre, Seigneur du Pasquier, son frere, à la prise de possession de Quentin Ménard, Archevêque de Besançon. Guillaume de Vienne, Sire de Saint George & de Sainte Croix, lui fit don, l'année suivante, de la haute Justice de Vincelles, pour le récompenser des services qu'il en avoit reçus aux batailles de Crevans & d'Anton, ce que Philippe, Duc de Bourgogne, confirma par ses Lettres-Patentes du 13 septembre 1449. Quentin, Archevêque de Besançon, érigea à sa priére, le 28 juillet 1455, la Chapelle de Saint George de Vincelles en Église paroissiale. Jean de Salins prenoit alors la qualité de Baillif de Dole, & de Maître d'Hôtel d'Isabelle de Portugal, Duchesse de Bourgogne. Il avoit épousé, avant l'an 1430, Jeanne Bouton, veuve du Seigneur de Sainte Croix, & fille de Guillaume Bouton,

Histoire de Bourgogne, t. 3, p. 192.

Arch. de la Maison de Chalon.

Journal de Paris, p. 214.

Dunod, Histoire du Comté de Bourg. t. 2, p. 611.

Arch. de M. Dutarire.

Ibidem.

Palliot, Généal. de la Maison de Bouton, pag. 56.

Écuyer, Seigneur de Seligny, & de Jeanne de Montmoret : Elle le rendit pere de Guy, qui suit.

VIII. GUY DE SALINS, Chevalier, Seigneur de Vincelles, transigea, le 24 février 1468, au sujet de la succession de Jeanne Bouton sa mere, avec Jean de Sainte Croix, Écuyer, Seigneur de Clemencey, son frere uterin; il fut chargé, l'an 1472, de l'exécution des dernieres volontés d'Isabelle de Clermont, Dame de Montconis. Jean d'Amboise, Évêque de Langres, Lieutenant pour le Roi Louis XI dans les Duché & Comté de Bourgogne, lui fit don de plusieurs fiefs arrivés au Roi par droit de commise sur un Bourgeois qui les avoit acquis sans permission de Huguenin de la Faye, Écuyer. Guy de Salins étoit mort en 1484, laissant de Marguerite de Fetigny sa femme, fille de Henry de Fetigny, Chevalier, Seigneur dudit lieu & de Nancuise,

1º Henry, qui a continué la lignée.

2º Guillaume de Salins, Écuyer, Seigneur en partie de Vincelles.

3º Gilbert de Salins, Religieux en l'Abbaye de Tournus; il mourut en 1511, & fut inhumé dans le Cloître de cette Abbaye sous une tombe sur laquelle on voit ses armes &

Arch. de M. Dutartre.

Ibidem.

Hist. de l'Abbaye de Tournus, aux preuves, p. 315.

celles de la Maison de Fetigny. On y lit cette
épitaphe :

*HIC Frater jacet GILBERTUS DE SALINS, hujus Conventûs
Profeſſus quandiù vixit, qui ab humanis diſceſſit hoc anno M.Vc.
XI. IIII decembris.* Rē IN PACE.

4°. Guy de Salins, Bachelier en Théologie,
Religieux & Chambrier en l'Abbaye de Tournus.
Son épitaphe, qui s'y voit, porte qu'il avoit fait
le voyage de la Terre ſainte, & qu'il avoit
vécu ſoixante-dix ans. Elle eſt conçue en ces
termes :

HIC ſub marmore dormit Frater GUIDO DE SALINIS, in Théo-
logia Baccalarius, hujus ſacri Cœnobii Camerarius. . . . . Vixit,
Terramque ſanctam devotè viſitavit : Vixitque annos LXX.
Debitum univerſa carnis ſolvit anno Domini M. Vc. 32,
die vero 22 menſis martii. ANIMA EJUS PACE FRUATUR.

Præſtolor hîc veniam, & poſtremi Judicis horam;
Speroque mellifluì Regna videre Dei.
Præſtolor in tumulo placidâ ſub pace quietus,
Ut dicat Dominus : *Guido Beate veni.*

Hiſt. de l'Abbaye de Tournus, aux preuves, p. 316.

IX. HENRY DE SALINS, Écuyer, Seigneur de
Vincelles, épouſa, par traité paſſé au Château
de Vaudrey le 21 juillet 1484, Iſabelle de
Salins ſa couſine, fille de Jean de Salins, Écuyer,
Seigneur de Nevy & Villers-Robert, & de Perronne de Laitre. Cette Dame étant veuve, contracta une ſeconde alliance, l'an 1491, avec

*Sur origi-
nal.*

Jean de la Verchiere, Écuyer, Seigneur dudit lieu : Elle donna à son premier mari les enfans suivans.

1°. Claude, qui a continué la postérité.

2°. Jean de Salins, Écuyer.

X. CLAUDE DE SALINS, Chevalier, Seigneur de Vincelles, Baillif du Charollois, Écuyer tranchant & Capitaine des Archers de la garde de Philippe, Archiduc d'Autriche, entreprit, le 6 du mois de mars de l'an 1511, de défendre un pas d'armes en la cour de son Château de Vincelles contre tous ceux qui voudroient l'attaquer. Cette fête fut brillante par la présence de l'Archiduc, & par le nombre des Dames & des Chevaliers qui s'y trouverent : Le Seigneur de Vincelles y soutint la réputation qu'il s'étoit acquise dans de pareils combats ; il triompha de la valeur des assaillans, parmi lesquels étoient le Comte de Tierstain, le Seigneur de Damas Thianges, le bâtard de Vienne, Louis de Chandioz, Pierre de Poligny, Seigneur de Coges, Amauri de Toléde, Claude de Somon, Philippe de Chauvirey, Lancelot Dupin & Jean de Viry. Le Comte de Tierstain & Pierre de Poligny s'y distinguerent, & remporterent les prix de l'attaque.

Claude de Salins transigea, l'an 1516, avec Jean

Arch. de M. Dutartre.

Voyez la description de ce tournois aux preuves.

Jean de Salins fon frere au fujet de la part que
ce dernier répétoit dans les fucceffions de fes
pere & mere. Il eft qualifié de Haut & Puiffant Seigneur dans une Sentence du Bailliage
de Châlon de l'an 1522. Il donna, l'an 1531,
à Charles Bouton, Seigneur du Fay, la Terre
de Suligny, pour fe décharger de la rente annuelle de cinquante livres qu'il lui devoit. Il
eut trois femmes : La première fut Jeanne de
la Roche-Baron, morte l'an 1508 ; la feconde,
Anne de Vaugrigneufe, Dame dudit lieu, fille
unique & héritière de Claude de Vaugrigneufe,
Écuyer, Seigneur dudit lieu, de Thol & de
Marigna, & d'Aymée de l'Aubefpin : Il l'époufa
le 19 juillet 1508. La troifième fut Antoinette de Seyturier, fille de Claude de Seyturier,
Écuyer, Seigneur de Cornod, & de Claudine
de Moyria : Elle fe remaria avec Pierre de
Dortans, Écuyer, Seigneur de Sorbier & du
Villars, le 16 feptembre 1538.

Claude de Salins eut des enfans de fes trois
femmes : la première le rendit pere de Guillemette de Salins, qui contracta alliance avec
Claude de Beaurepaire, Chevalier, Seigneur
dudit lieu ; elle eut pour fils Jean de Beaurepaire, Seigneur de Vorne, qui tranfigea pour
ce qui reftoit dû de la dot de fa mere avec
Jeanne de Balay, veuve de Philibert de Salins,

*Arch. de
M. le Mar
quis de
Raincour.*

Ibidem.

*Palliot,
Généal. de
la Maifon
de Bouton,
pag. 149.*

*Arch. du
Chapitre
de Saint
Pierre de
Mâcon.*

*Guiche-
non, Gé-
néalog. de
Breffe, p.
386.*

*Guiche-
non. Gén
du Bugey,
pag. 104.*

*Arch. de
M. du
Tartre.*

N

Seigneur de Vincelles , le 30 juin 1557.

Les enfans de Claude de Salins & d'Anne de Vaugrigneufe fa feconde femme furent ,

1°. & 2°. Claude & Charles de Salins , morts jeunes.

3°. Philibert, qui fuit.

4°. Jean de Salins , Seigneur de Vaugrigneufe , rappellé dans un acte de l'an 1526. Il fut témoin, l'an 1540 , du traité de mariage de Claude de Cufance , Seigneur de Bélvoir , & de Philiberte de Lugny. Il étoit mort en 1550 , que Palamede de Vaugrigneufe traita pour le legs que ce Seigneur lui avoit fait par fon teftament avec Philibert de Salins qui avoit été inftitué héritier.

Arch. de M. le Marquis de Raincour.

D'Antoinette de Seyturier , troifième femme de Claude de Salins , fortirent Magdelaine & Étiennette de Salins. Le mariage de la première fut conclu au Château de Vincelles, le 22 juillet 1551 , avec François de Poligny , Écuyer , Seigneur d'Augéa , fils de Hugues de Poligny , Chevalier , Seigneur d'Augéa , & de Guillemette de Chantrans , en préfence de Philibert de Salins fon frere , de Jean de Chantrans , Seigneur de Courbouzon , de Hugues de Brancion , Seigneur de Vifargent , & de Guillaume de Montmoret , Seigneur de Licona.

Arch. de M. de Poligny.

XI. PHILIBERT DE SALINS, Écuyer, Baron & Seigneur de Vincelles & de Marigny, fut de l'Armée que le Roi de France envoya en Italie sous le commandement du Marquis de Rothelin. Il obtint, l'an 1537, un ordre de ce Prince, adressé à ses Baillifs, pour suspendre la décision des procès qu'il avoit pardevant eux pendant le temps qu'il seroit à son service. Il donna au Seigneur de Louans, l'an 1548, tant en son nom qu'en celui de Magdelaine & Étiennette de Salins ses sœurs, le dénombrement de la Seigneurie de Vincelles. Il assista, l'an 1551, au traité de mariage de Magdelaine de Salins sa sœur avec François de Poligny, Seigneur d'Augéa. L'an 1556, il fut assigné pour comparoître à l'ouverture du testament de Jean Bouton, Chanoine d'Autun & de Beaune. Son épouse fut Jeanne de Balay, fille d'Aymé de Balay, II du nom, Chevalier, Baron de Longvy, & de Véronique de Courcelles : Il en eut,

Arch. de M. le marquis de Raincour.

Arch. de M. du Tartre.

Palliot, Généal. de la Maison de Bouton, pag. 310.

Arch. de M. le marquis de Raincour.

    1° Philibert, qui suit.

    2° Aymé de Salins, qui suivra.

    3° Jeanne de Salins.

XII. PHILIBERT DE SALINS, Écuyer, Baron de Vincelles, épousa, le 26 septembre 1573, Françoise de Stainville, fille de feu Jean de Stainville, Chevalier, Gouverneur de Seurre,

Ibidem.

N ij

& de Françoise Chabot, Dame de Pouilly : Les parens du Seigneur de Vincelles dénommés dans ce traité font Pierre de Courcelles, Chevalier de l'Ordre du Roi de France ; Philibert de Montconis, Seigneur dudit lieu, Chevalier du même Ordre, Gouverneur des Ville & Citadelle de Chalon fur Saône ; Philibert de Pra ; François de Poligny, & Joachim de Bernaut, Seigneur de Rofay fes oncles : Françoife de Stainville y eft autorifée par fa mere & par Charles de Stainville fon oncle, Chevalier de l'Ordre du Roi, Lieutenant de cent hommes d'armes des Ordonnances de Sa Majefté, & Chambellan de Monfeigneur le Duc d'Alençon. De ce mariage naquirent Charles & Jeanne de Salins, morts fans alliance.

XII. AYMÉ DE SALINS, Écuyer, Baron de Vincelles, Seigneur de Tours en Savoye, contracta alliance avec Adrienne Bernard, fille de Pierre Bernard de Monteffus, Écuyer, Seigneur de Ruilly, & de Barbe du Meix. Elle étoit veuve de François de Montagu, Seigneur de Boutavant, dont elle avoit eu plufieurs enfans : Elle eut de fon fecond mariage,

Arch. de M. le Marquis de Raincour.

1°. Claude de Salins, mort jeune.

2°. Catherine de Salins, mariée, par traité du 26 octobre 1622, à Jean-Charles du Tartre, Chevalier, Seigneur de Chilley, fils de Guillaume

Ibidem.

du Tartre, Chevalier, Seigneur du Boichot & de Parcey, Gentilhomme de la Maison du Roi, Commiſſaire Général des Guerres au Comté de Bourgogne, & d'Anne de Chiſſey. Catherine de Salins fut mere d'Anne-Marceline du Tartre, femme de Jean de Raincour, Chevalier, Seigneur de Falon; d'Aymé du Tartre, mort au Siége de Lerida; de Théréſe du Tartre, Religieuſe de la Viſitation à Dole, & de Guillaume du Tartre, qui, n'ayant point été marié, inſtitua héritier en la Baronnie de Vincelles Claude-Antoine du Tartre, Baron de l'Aubeſpin, ſon frere d'un ſecond lit.

Les titres rappellent pluſieurs autres Perſonnes du nom de Salins, dont quelques-unes ont occupé un rang diſtingué. Hugues, fils de Fromond de Salins, fut témoin de l'accord fait, l'an 1184, entre Roger, Sire de Monnet, & les Religieux de Balerne. Richard de Salins, Chevalier, aſſiſta à celui qui fut fait entre ces mêmes Religieux & ceux de Baume, en 1191. Amédée, Archevêque de Beſançon, déclara, par une chartre de l'an 1195, qu'Étienne, fils d'Adon, Chevalier de Salins, avoit donné à l'Abbaye de Billon la quatrième partie d'une chaudière dans les Salines de Salins. *Arch. de l'Abbaye de Balerne. Ibidem. Arch. de l'Abbaye de Billon.*

Renaud, fils de feu Thibaud de Salins, Chevalier, vendit, l'an 1260, à Jean, Comte *Arch. de la Maiſon de Chalon* de Bourgogne, pour douze livres estevenants, un Sujet à Déservillers. Enguerrand de Salins, Chevalier, eut de la fille de Henry, Sire de Ronchamps, Jean de Salins, Chevalier, mort, avant l'an 1285, sans postérité de Guillemette, fille de Gerard d'Aresche, Chevalier, & Bauduin de Salins, Chatelain de Bracon, qui traita, l'an 1262, conjointément avec son frere, avec Jean, Comte de Bourgogne, pour les droits qu'ils avoient dans les Salines de Salins. Hugues, dit Gros, de Salins, Chevalier, frere de Pierre, aliéna, l'an 1266, en faveur du même Comte ce qu'il avoit au verger de la Saule situé à Salins : Il fut pere d'Étienne, qui reconnut tenir en fief de la Comtesse Laure la moitié d'un quartier de muire dans les Salines de Salins, l'an 1272, & de Guillaume de Salins, Damoiseau, qui fit hommage, l'an 1281, de l'autre moitié de ce quartier de muire à Jean de Chalon, Sire d'Arlay, réservant la fidélité qu'il devoit au Seigneur de Pesmes. Otton, Comte Palatin de Bourgogne, & Jean de Chalon, Comte d'Auxerre, firent un accord, l'an 1279, au sujet du partage des fiefs de Fromond, Sire de Montferrand, & de Hugues de Salins, Chevalier. Jean de Salins, dit Chadéz, Damoiseau, testa au mois de juillet 1286, institua héritiers ses sœurs & les enfans de Viennet

Arch. de la Maison de Chalon

Ibidem.

Ibidem.

Ibidem.

Arch. de la Chambre des Comptes de Dole.

Arch. de l'Officialité de Besançon.

son frere , & nomma pour exécuter ses volontés Pierre Mangeroz, Chanoine de Saint Anatoile , & Gerard de Ceyz , Damoiseau. Hugues
de Salins , Chatelain de Chatelbelin , reprit en *Arch. de*
fief, la même année , d'Otton, Comte de Bour- *la Maison*
gogne , ce qu'il possédoit à Poligny. *de Chalon*

Simonnette de Salins , femme de Pierre de La
Tour Saint Quentin, est nommée dans le testament *Arch. de*
de son époux de l'an 1 3 0 4. Étiennette de Salins, *l'Officiali-*
femme de Guillaume de Champrougeroux, Che- *té de Be-*
sançon.
valier, est mentionnée dans celui de Marguerite, *Ibidem.*
veuve de Gerard Palouset de Salins, de l'an 1 3 4 1.

Jean de Salins fut Abbé de la Charité depuis *Arch. de*
1 3 5 9 jusqu'en 1 3 8 0. Étienne de Salins gou- *l'Abbaye*
vernoit la même Abbaye en 1 4 1 0 ; Guillaume *de la Cha-*
rité.
de Salins lui succéda en 1 4 3 0 , & mourut en
1 4 6 0. Laurent de Salins étoit Abbé de Billon *Arch. de*
en 1 4 1 2. Pernette & Gabrielle de Salins-Vin- *l'Abbaye*
celles étoient Religieuses au Monastére de Mi- *de Billon.*
gette en 1 4 1 9. Barbe de Salins l'étoit en celui
de Baume en 1 5 5 8.

Simon de Vesoul, Seigneur de Frotey, tes- *Ti. de la*
tant en 1 4 6 0 , fait mention de Jeanne de *Maison de*
Vesoul.
Salins sa femme. Guy de Salins , Chevalier,
Seigneur de la Nocle , fut député, l'an 1 5 2 2 , *Dunod,*
par les États du Duché de Bourgogne, pour signer *t. 3 , p.*
le premier traité de neutralité qui fut fait entre *149.*
cette Province & la Franche Comté.

Fin de la Troisiéme & derniere Partie.

PREUVES

DE LA

DISSERTATION

Sur l'indépendance de la Seigneurie de Salins.

CHARTRE de la fondation de l'Abbaye d'Agaune par Sigifmond, Roi de Bourgogne.

Tirée des archives de l'Abbaye de S. Maurice en Vallais.

IN nomine Domini noftri Jefu Chrifti. Cùm regnaret in Burgundiâ pius Rex Sigifmundus feliciter, convocatis fexaginta Epifcopis, totidemque Comitibus, pridie kalendas maii, venit Agaunum, quem locum fanctus Mauritius cum fuis Commilitonibus, pretiofi fui fanguinis effufione, celebrem reddiderunt; ibique à prædictis Epifcopis de falute animæ fuæ confilium expofcens, his verbis eos alloquitur : Audivi in Evangelio Dominum dicentem, ubi duo vel tres congregati fuerint in nomine meo, &c .... Ego Sigifmundus, gratiâ Dei Rex Burgundionum, cum affenfu prædictorum fexaginta Epifcopo-

a

rum, totidemque Comitum, in loco qui dicitur Agaunus, ubi fanctorum Thebeorum, qui fanguinem pro Chrifto fundere non dubitaverunt, corpora tumulata funt, Monafterium conftruere, in quo venerabilis Abbas Ymnemodus conftitutus eft, cœpi cogitare in memetipfo quid facerem de luminaribus vel ftipendiis Monachorum ibidem Deo fervientium, cum fubito venit in mentem illud quod Dominus nofter Jefus Chriftus, loquitur, dicens: *Beati mifericordes, quoniam ipfi mifericordiam confequentur; & date eleemofinam, & omnia munda funt vobis; & quicumque reliquerit domos aut agros propter nomen meum, centuplum accipiet, & vitam æternam poffidebit.* Hæc verba Redemptoris noftri fideliter mente pertractans, difpofui eidem Monafterio, pro remedio animæ meæ, dare de poffeffionibus meis. Dono itaque Deo & fancto Mauritio, & ibidem famulantibus, in Pago vel territorio Lugdunenfi & Viennenfi, & Gratianopolitano, & augufta Cameraria, curtes nuncupatas his nominibus, Briogia, Cacufa, Olgana, & in Pago Genevenfe, alias curtes ita nuncupatas, Communiacum, Marianum; & *in Pago Bifuntinenfi,* Salinum cum Caftro de Bracon Miegens; & in Pago Waldenfe, in fine Aventicenfe feu Juranenfe, alias curtes fic nominatas, Muratum, Auronum, Bo . . . Wadingum, Luliacum, Luftriacum, & in Pago Valenfi, alias curtes ita nominatas contextis, Sidnum, Leucam, Bramofium, Bemonam, Aulonum, Williacum, Wouregium, Actanni, Octunellum cum Silvano, & omnes Alpes à capite Laciufque Martiniacum; & in Valle Auguftana, quæ eft à finibus Italiæ in Civitate Turrini, unam quæ refpicit ad occidentem, & alias curtes ita nominatas, Cleura, Lagona, Gizoronis, Morgan. Hæc omnia donamus fancto Mauritio ad præfatum Monafterium cum omni integritate, cum appendiciis vel adjacentiis earum; id eft, terris, domibus, ædificiis, mancipiis, liberis, fervis, plebeis, acolibus, vineis, campis, pratis, filvis, aquis, aquarumque decurfibus, molib. decimis, totum ex integro, quidquid ad ipfas villas pertinere videtur, ad prædictum locum fancti Mauritii conferimus eâ ratione, ut ab hac die prædicta Cafa Dei, vel Rectores ejus, res fupra nominatas in luminaribus ipfius Ecclefiæ, vel ad ftipendia ibidem Deo defervientium, habeant, teneant atque poffideant; & quidquid exinde facere voluerint, libero perfruantur arbitrio. Præcipimus itaque, & omnino interdicimus ut nullus de fidelibus noftris,

(3)

feu de judiciariâ poteftate, ipfam Cafam Dei & beatorum Mar-
tyrum, & Rectores ejus, & eos qui ibidem Deo deferviunt, in-
quietare, vel calumniam inferre præfumat, &c.
Et ut hæc donatio auctoritate noftrâ firmior habeatur, & per
tempora confervetur, & per manus noftræ fignaculum omni
tempore obtineat firmitatem, figilli noftri impreffione corrobo-
ramus & communimus, & Epifcopos & Comites qui huic dono
præfentes fuerunt fubfcribere præcepimus. Viventiolus, Urbis
Lugdunenfis Archiepifcopus, fubfcripfit; Mauximus, Geneven-
fis Epifcopus, fubfcripfit; Victor, Urbis Gratianopolitanæ Epifcopus, fubfcripfit; Videmarus Comes fignavit; Fredebundus
Comes fignavit; Gondeulfus Comes fignavit; Benedictus Comes
fubfcripfit; Agano Comes fubfcripfit; Teudemondus Comes
fignavit; Fredeboldus Comes fignavit. Data fub die Madias, in
virorum fletu, propè Agaunum, Monafterio feliciter. Amen.

*EGO autem fubfignatus Notarius atteftor præfentem copiam in
parte quâ extractam fuiffe fideliter ex alterâ copiâ in archivis Abbatiâ Agaunenfis hactenus confervatâ, cujus antiquitas, judicio peri-
torum, undecimi aut faltem duodecimi fæculi dignofcitur effe; in
quorum fidem, die 30 junii anni 1753, in Abbatiâ Agaunenfi,
fubfcripfi. J. F. X. ODET, Notarius Apoftolicus.*

HOMMAGE *de la Seigneurie de Salins rendu à l'Abbé d'Agaune par Otton, Comte Palatin de Bourgogne, l'an* 1288.

Tiré des archives de l'Abbaye de S. Maurice en Vallais.

NOS *Otto, Comes Burgundiæ Palatinus, & Dominus de Salinis*, notum facimus univerfis, quod cùm intenderemus
feudum de Bracon recipere & habere à religiofo viro D. Gi-
rardo, Abbate fancti Mauritii de Chablafio; & nos, propter ini-
micitias capitales quas habemus diverfas & evidentes, & dictam
Ecclefiam fancti Mauritii perfonaliter accedere, tutò non aude-
mus; in quâ Ecclefiâ, pro recipiendo feudo, & ufagio faciendo de jure & confuetudine Ecclefiæ fupradictæ, debemus
venire, prædictus Dominus Abbas in hac parte gratiam faciens
fpecialem, ad preces & inftantiam noftram venit apud Pontar-

a ij

lie, ubi recepimus feudum noſtrum de Bracon, & fecimus uſagium quod debemus pro feudo ſupradicto; nec volumus, modo aliquo, ipſi Domino Abbati in poſterum, pro gratiâ ſupradictâ nobis factâ, præjudicium aliquod generari, quin teneamur, tàm nos quàm ſucceſſores noſtri, ad prædictam Eccleſiam perſonaliter venire, & recipere feudum quandocumque recipiendum erit. Fecimus autem, & debemus homagium ligium ſupradicto Domino Abbati, & fidelitatem; & pro fidelitate recognoſcimus à dicto Domino Abbate tenere Caſtrum de Bracon cum appendiciis ſuis, & omnibus quæ pertinent ad ejus Dominium, Vallem de Miege, illud quod habemus in Chalme de Alli, Areſchi, Chamblaſium, Uſie cum appendiciis ſuis, illud quod dicitur Caſtrum ſancti Mauritii, Cenſuarios de Pontarlie, Vallem des Vignes; & pro his omnibus debemus eſſe, & ſumus homo ligius Eccleſiæ & Abbati ſancti Mauritii, & fidelis eſſe in omnibus, & ſicut Domino devotum illi obſequium impendere. Quandò autem placuerit Domino Abbati ut veniat ad Caſtrum de Bracon ſupradictum, debemus ipſum honorificè ſuſcipere, & in expenſis ſibi & ſociis ſuis ſufficienter providere, & claves Caſtri debemus in manu ejus reddere, & ipſe debet eas portario commendare. In cujus rei teſtimonium ſigillum noſtrum duximus præſentibus apponendum. Datum apud Pontarlie, die jovis poſt feſtum B. Laurentii, anno Domini milleſimo ducenteſimo octogeſimo octavo.

LETTRES *de Mahaut, Comtesse Palatine de Bour-*
gogne, à l'Abbé d'Agaune, au sujet de l'hom-
mage de la Seigneurie de Salins. Des années
1314 & 1327.

Tirées des archives de l'Abbaye de S. Maurice en Vallais.

A Religieux homme & honnête Monsieur, par la
grace de Dieu, Abbé de S. Maurice.

MAHAUT, Comtesse d'Artois & de Bourgogne Palatine, & Dame de Salins, SALUT.

SIRE, *nous avons reçu vos lettres, par lesquelles vous nos reque-*
rés que comme par la grace de Dieu vous soyés nouvellement
élu Abbé après la mort de Monsieur votre Prédécesseur, que notre
Sire absoilve, & le Château de Bracon soit tenu de votre Monastère,
& plusieurs avés nos en fações envers vos, ce qu'un sujet doit faire
à son Seigneur. Si faços sçavoir que vrayment il nous greve moult
de la mort de Monsieur votre Prédécesseur, volussions bien que
nos eussions été en tel lieu que nous pussions avoir été à son ensève-
lissement, car volontiers y eussions fait ce de bien que nous puissions ;
& puisqu'il a plu à Notre-Seigneur lui avoir pris en sa compagnie,
& vous par sa grace & votre mérite a élu & exhaussé à cette Di-
gnité, nous sommes en bonne volonté de faire ce que nous devons,
& d'entrer en votre foi & en votre hommage dudit Chatelet, de ses
fiefs. Mais si comme vous sçavés nous ne nous sommes mis en lieu
que nous le puissions faire maintenant, ne a été ce notre besogne
par-deçà, ne désire pas que nous puissions de par-deçà partir quand
aurés, si vous en donnés rescrit, Sire, si il vous plait, & vrayment
sitost, comme nous pourrons, & que notre besogne sera en état que nous
le puissions faire, tant que nous n'en devrons être reprise, & qu'il
vous suffira de cet Hôpital dont vous nous avés écrit. Sçachez, Sire,
que comme vous dites en vos lettres que nous y sommes tenue, sauf
votre grace, de rien nous y sommes tenue, s'il ne nous plait ; ainsi
y est tenue la Royne notre fille, qui est hoire de Bourgoigne.

fors que tout il est bien vrai que nous avons été exécutresse de son testament ; mais de ce appellons-nous Dieu en témoin que nous en avons bien fait notre devoir, & pour accomplir son testament y avons mis assés du nôtre. Toutesfois nous avons parlé de cette chose à notre fille la Royne ; si croyons qu'elle y mettra conseil ; & vrayment si Dieu avoit mis nos besognes en point, au cas que notre fille n'y voudroit conseil y mettre, si sommes-nous certaine qu'elle l'y mettra ; si avons-nous en propos, tant pour l'amour de Dieu & Monsieur saint Maurice, comme pour accomplir la volonté, Monsieur, de parfaire ledit Hôpital du nôtre propre. Se vous en ayies excuse, s'il vous plaît ; & vrayment si nous eussions sçu l'autre année, quand nous fumes en Bourgogne, que vous eussies été élu nouvellement, nous eussions volontiers fait envers vous notre devoir de cet hommage dont vous nous requerés. Or ainsi comme nous y sommes tenue, mandez-nous toujours votre volonté, car vrayment nous le ferons volontiers. Notre-Seigneur vous garde. Donné à Paris le XXVIII jour de juin M. CCC. XIV.

A Religieux . . . . . par la grace de Dieu, Abbé de S. Maurice.

SIRE, nous sçavons bien & connoissons que de vous devons tenir notre Chastel de Bracon en fief & en hommage ; & pour ce que nous voudrions faire envers vous ce que nous devons ; sçavoir vous faisons que nous sommes nouvellement venus en ce Pays, & volontiers fussions allé pardevers vous pour faire notre devoir. Mais nous sommes moult travaillés du chemin, & avec ce votre lieu est si loingtain des parties par-deçà, & le chemin si mauvais, se nous dit-on, que nous ne voyons mie, selon l'âge où nous sommes, que bonnement nous puissions aller pardevers vous ; se vous en ayies excuse, s'il vous plaît, & vous prions, tant comme nous pouvons, que pour l'amour de nous, & de grace spéciale, vous nous vouliez par-deçà à nos causes & à nos dépens, ou en Bracon, ou à Pontarlie, lequel il vous plaira ; & vrayment nous ferons volontiers envers vous ce que nous devons de l'hommage en la manière que nous y sommes tenue, & qu'il vous plaira, & qu'apportiez avec vous s'il vous plaît, les lettres que vous avez de nous & de nos dévanciers de reconnoissance sur ce, pourquoi nous vous pussions faire semblable ; & sur ce vous plaise à *nous écrire votre volonté, & le jour & le lieu qu'il vous plaira venir. Notre Sire vous . . . . . . En Bracon, le Mercredy devant la fête de Pentecoste. De part la Comtesse d'Artois & de Bourgogne.*

Au Religieux homme & honnête Monsieur, par la grace de Dieu, Abbé de S. Maurice.

SIRE ABBÉ, nous avons vu vos lettres, par lesquelles vous nous avés écrit que vous serés pardevers nous à Bracon dedans la Toussaint, & que vous envoyerés vos messagers deux jours ou trois devant, par quoi nous vous fassions avoir sauf-conduit par mon Châtelain de Pontarlier. Sçachez, Sire, que nous le ferons moulx & volontiers; si vous prions, quand vous viendrez, vous apporterez avec vous lettres que vous avés de nos devanciers, pour ce que nous ne sçavons mie bien les fiefs ni la manière; & notre fille la Royne y sera aussi, si vaudra mieux. Notre-Seigneur soit garde de vous. Donné à Salins le V. octobre M.CCC.XXVII. Signé, la Comtesse d'Artois & de Bourgogne.

HOMMAGE de la Seigneurie de Salins rendu à l'Abbé d'Agaune par Mahaut, Comtesse Palatine de Bourgogne, l'an 1327.

Tiré des archives de l'Abbaye de S. Maurice en Vallais.

NOS *Mathildis, Comitissa Atrebatensis & Burgundiæ Palatina,* notum facimus universis, quod cum intenderemus feudum de Bracon recipere & habere nomine nostro & serenissimæ Dominæ *Joannæ filiæ nostræ, Reginæ Francorum & Navarræ,* à viro religioso Domino *Bartholomæo,* Dei gratiâ Abbate sancti Mauritii Agaunensis in Chablasio, & nos, propter quasdam occupationes, quædam impedimenta, adpræsens ad dictam Ecclesiam sancti Mauritii personaliter accedere commodè non possemus, in quâ Ecclesiâ, pro recipiendo dicto feudo, & usagio faciendo de jure & consuetudine Ecclesiæ supradictæ debetur venire. Prædictus Dominus Abbas nobis & dictæ Reginæ in hâc parte gratiam faciens specialem, ad preces & instantiam nostram,

& dictæ Reginæ, venit apud Bracon, ubi ad preces & instantiam prædictæ Reginæ infrà scriptæ, à nobis & dicto J. Abbate, quantùm sua interest, requirentis de gratiâ speciali, recepimus nominibus quibus suprà, præsente dictâ Reginâ, ab ipso Domino Abbate dictum feudum de Bracon, & fecimus usagium quod debetur pro feudo supradicto; nec volumus, modo aliquo, ipsi Ecclesiæ, vel Domino Abbati in posterum, pro gratiâ supradictâ, nobis & dictæ Reginæ factâ, præjudicium aliquod generari, quin teneamur, tàm nos, quàm successores nostri, in dicto feudo ad prædictam Ecclesiam personaliter venire, & recipere feudum quandocumque recipiendum erit. Fecimus autem nominibus quibus suprà, & debere confitemur hominium ligium dicto Domino Abbati & fidelitatem; & per fidelitatem recognoscimus esse de feudo Ecclesiæ sancti Mauritii supradictæ ea quæ sequuntur; videlicet, dictum Castrum de Bracon cum appendiciis, & ea quæ pertinent ad ejus dominium, Vallem de Mieges, illud quod habemus in Chaudalie, Areschi, Chamblasium, Usies cum appendiciis suis, in Cicon, illud quod dicitur Castrum sancti Mauritii, Censuarios de Pontarlie, Vallem des vignes; & pro his omnibus confitemur hominium ligium debere Ecclesiæ & Abbati sancti Mauritii prædictis, & illis in omnibus deberi devotum obsequium impendi. Quando autem Domino Abbati placuerit ut veniat ad Castrum de Bracon prædictum, debemus ipsum honorificè recipere, & in expensis sibi & sociis suis sufficienter providere, & claves Castri debemus in manu ejus reddere, & ipse debet eas portario commendare. In cujus rei testimonium sigillum nostrum præsentibus litteris duximus apponendum. Datum in dicto Castro de Bracon, die festo omnium Sanctorum, anno Domini millesimo CCC° vigesimo septimo.

HOMMAGE

HOMMAGE *de la Seigneurie de Salins rendu à l'Abbé d'Agaune par Jeanne, Reine de France, & Comtesse Palatine de Bourgogne, l'an 1327.*

Tiré des archives de l'Abbaye de S. Maurice en Vallais.

NOs *Joanna, Dei gratiâ, Franciæ & Navarræ Regina, Comitissaque Burgundiæ Palatina, & Domina Salinensis,* notum facimus universis præsentes litteras inspecturis, quod cùm religiosus vir D. Bartholomæus, Abbas sancti Mauritii Agaunensis in Chablasio, à quo & prædictâ Ecclesiâ sancti Mauritii tenentur in feudum ligium Castrum, videlicet de Bracon, cum appendiciis suis, & ea quæ pertinent ad ejus dominium, Vallis de Mieges, illud quod spectat ad Comitem Burgundiæ in Chaudalie, Areschi, Chamblasium, Usies cum appendiciis suis; in Cicon, illud quod dicitur Castrum sancti Mauritii, Censuarios de Pontarlie, & Vallis des vignes, prout hæc audivimus & vidimus, tàm in litteris charissimæ Dominæ & genitricis nostræ *D. Mathildis, Comitissæ Atrebatensis, & Burgundiæ Palatinæ, ac Dominæ Salinensis,* quàm in aliis litteris quorumdam prædecessorum nostrorum Comitum Burgundiæ contineri, ad instantiam & rogatum ipsius Dominæ & genitricis nostræ, ac de gratiâ speciali, prout ipse nobis retulit vivâ voce, venerit apud Bracon pro recipiendo dicto feudo, & usagio consueto in talibus faciendo ; dictaque Domina & genitrix nostra, quamvis Castrum de Bracon, cum ejus appendiciis, & ea quæ pertinent ad ejus dominium, Chamblasium, in Cicon, illud quod dicitur Castrum sancti Mauritii, Censuarios de Pontarlie, & Vallem des vignes, tantummodò teneat ad vitam suam, ratione sui dotalitii ; & nos residuum, videlicet Vallem de Mieges, illud quod spectat ad Comitem Burgundiæ in Chaudalie, Areschi & Usies, cum appendiciis suis, tanquàm hæres & proprietaria Comitatûs Burgundiæ, teneamur hominium ligium & fidelitatem ipsi Domino Abbati, nomine suo & Ecclesiæ suæ prædictæ, ad sequestam nostram, & in præsentiâ nostrâ fecerit integraliter de prædictis. Nos, licèt aliqua de prædictis teneamur, ut dictum est, nolumus aliquod præjudicium ipsi Domino Abbati & ejus Ec-

b

clefiæ in pofterùm, modo aliquo, propter hoc generari, quod
nos & fuccessores noftri possemus dicere, vel in futurum alle-
gare prædicta; videlicet, Vallem de Mieges, illud quod spectat
ad Comitem Burgundiæ in Chaudalie, Arefchi & Ufies cum
appendiciis fuis, nunc in manu noftra tenemus, ut prædicitur,
in feudum ipfius Domini Abbatis & Ecclefiæ prædictæ fancti
Mauritii. Nos tenere imò recognofcimus, tàm per diligentem
infpectionem litterarum prædictarum, quàm per dictam charif-
fimam Dominam & genitricem noftram plenius informata,
quod prædicta, quæ nunc tenemus in manu noftra, una cum
aliis quæ, ut dictum eft, tenet ad vitam fuam dicta Domina &
genitrix noftra, tenentur in feudum ab ipfo Domino Abbate
& Ecclefia fancti Mauritii fupradictis; & quod nos & fuccessores
noftri, poft obitum dictæ Dominæ & genitricis noftræ, teneamur & teneantur facere de prædictis integraliter prædicto Domino Abbati & ejus fuccefforibus hominium ligium & ufagium
in litteris dictæ Dominæ genitricis noftræ, & prædecefforum
noftrorum declaratorum. In cujus rei teftimonium figillum fe-
creti noftri, in abfentia magni noftri figilli, duximus apponendum; & promifimus bona fide, ac per præfentes litteras promittimus prædicto Domino Abbati nos eidem tranfmittere ad
expenfas noftras ipfas litteras, magno noftro figillo, fub eifdem
forma & tenore, de verbo in verbum, infra Nativitatem Domini proximam, figillatas. Datum in Caftro Braconis in fefto
omnium Sanctorum, anno Domini M. CCC. XXVII.

✙✚✙✚✙✚✙✚✙✚✙✚✙✚✙✚✙✚✙✚✙✚✙✚✙✚✙✚✙✚✙✚

PREUVES
DE L'HISTOIRE
DE LA VILLE DE SALINS.

CHARTRE *des franchiſes accordées aux Habitans du Bourg deſſus de Salins, par Jean, Comte de Bourgogne, de l'an 1249.*

Tirée des archives de la Ville de Salins.

NOS *Joannes, Comes Burgundiæ, & Dominus Salinenſis,* omnibus volumus eſſe notum, quod nos, ſpontaneâ voluntate & certâ ſcientiâ, proprio motu & non per errorem, noſtro, terræque noſtræ honore, utilitate ac incremento perſpectis, liberamus, abſolvimus & franchimus omnes & ſingulos habitantes & habituros in Burgo noſtro Salinenſi, ſicut diſcernitur per foſſata & clauſuras, eorumque filios & deſcendentes uſque ad infinitum, ab omni conditione, colonariâ, ſedentitiâ, manenticiâ, aſcripticiâ, inquilinâ, quibus iidem nobis, vel anteceſſoribus noſtris modo aliquo tenebantur. Item ab omni cenſu, talliâ, penſione, hoſte & cavalcatâ, angariâ & pro-angariâ, & corveis quæ ipſi vel alter, ſeu aliqui eorum, nobis vel anteceſſoribus noſtris dare vel facere conſueverunt, ſeu debent juſtè vel injuſtè, uſu, vel ab uſu voluntarii vel coacti. Prætereà volumus & concedimus quod omnes domos, vineas, hortos, viridaria, terras, poſſeſſiones, & res quas ipſi & quilibet eorum, aut alius ſive alii pro eis, vel altero eorum habent, tenent & poſſident, & ſunt in dicto Burgo habituri, vel ejus territorio habeant, teneant & poſſideant, & de eiſdem diſponant prout anteceſſores eorum uſque nunc ipſas habuerunt, tenuerunt & poſſiderunt, & de eiſdem diſponere conſueverunt ſine noſtrâ, noſtrorumque hæredum, vel alterius moleſtiâ, vel contradictione cujufquam. Item damus & concedimus eis liberam poteſtatem eligendi annuatìm quatuor de bonis hominibus dicti Burgi in eorum Echevinos, feu Confules & Rectores ; qui quatuor, unà cùm noſtro Præpofito, qui pro nobis in dicto Burgo fuerit, & libertatem & franchifiam juraverit dicti Burgi, poteſtatem habeant Burgum ipfum & Habitatores ipfius legaliter gubernandi, & cognofcendi, & diffiniendi omnes caufas, & quaffibet quæſtiones inter Habitatores præfatos movendas fuper franchifiâ & libertate hujufmodi ; in quibus liberatione, franchifiâ & libertate præfatis, excipimus nobis & noſtris hæredibus, & fucceſſoribus refervamus quod pro quâlibet domo de dictâ franchifiâ, quâlibet feptimanâ, unus operarius tantummodò veniat ad corveiam ad firmandum Burgum præfatum & Caſtra noſtra ; videlicet, Braconem & Belinum, nec alibi pro corveiâ faciendâ poſſint trahi. Item, quod Habitatores infra muros Braconis de dictâ franchifiâ effe non poſſint ; & quicumque de foris venerit habitaturus in dictum Burgum & dictam franchifiam juraturus, teneatur nobis quinque folidos ſtephanienſes folvere pro ingreſſu. Item, quod fi nos, vel noſtri hæredes ac fucceſſores haberemus guerram, prædicti, commune jurati franchifiæ, teneantur ſtare octo diebus eorum fumptibus in calvacatâ noſtrâ ; fed ab octo diebus in anteâ nos debemus eis decentes expenfas facere, ficut Præpofitus dicti Burgi, & unus ex Echevenis prædictis viderit expedire ; quod fi non faceremus, liceat eis, fine petitione licentiæ, ab ipfo fervitio & calvacatâ recedere, & liberè reverti Salinis. Baliſtariis autem, & baliſtas habentibus debemus, dùm in noſtro fervitio fuerint, facere fumptus exhiberi decentes ; alioquin liceat eis inde recedere & reverti, ficut juratis prædictis. Item refervamus nobis, & excipimus de prædictis, quod annuatìm femel tantùm poſſimus facere exactionem, feu cenfam accipere in dicto Burgo, vel exigere fexaginta folidos ſtephanienſes à quolibet de Dictatoribus, & non ultrà ; & ab aliis minimè habentibus fexaginta folidis inferius, & à quinque folidis fuperius, juxtà eorum facultates, ficut dicti Præpofitus & Echevini, qui pro tempore fuerint, eorum juramento viderint exigendum ; quæ exactio, feu cenfa, infrà octavas fancti Andreæ folvi debeat annuatìm. Prætereà refervamus nobis, & excipimus quod quicumque excefferint infrà muros, qui perpetuò claudent bernas noſtras Salinis, tàm jurati praedictae franchifiae, quàm non jurati, nos eos poffumus, pro noftrâ voluntate, punire ; fi verò extrà muros excederint, puniri debeant per Praepofitum & Echevinos praedictos. Item excipimus quod fi nos, vel haeredem noftrum, feu fucceflorem in dominio Salinenfi contingeret transfretare, vel aliquam filiam maritare, feu magnas adquirere Baronias vel Terras, homines dicti communis nos adjuvare convenienter debeant, prout dicti Praepofitus & Echeveni viderint expedire. Tenentur etiam homines praedicti communis, eorum juramento, corpus noftrum & uxoris noftrae, haeredumque noftrorum ac fucceflorum, & honorem bonâ fide confervare, & de ferio & de telâ armaturam habere fecundùm facultates eorumdem, ad arbitrium, five confiderationem Praepofiti & Echevinorum praedictorum. Et fi quis furtum commiferit, vel homicidium fecerit in dicto Burgo Salinenfi, vel ejus territorio, vel aliquis talis ibidem venerit, vel refugerit quilibet de Communitate praedictâ, ejus juramento tenetur, pro poffe fuo, corpus ipfius impedire & tradere Praepofitis & Echevinis praedictis. Praefatae etiam franchifiae & libertati adjungimus, quod nos vel fucceflores, feu haeredes noftri, aliquem de dictâ franchifiâ, pro pecuniâ extorquendâ ab eo, vel aliquâ aliâ caufâ, perfonaliter capere, vel capi facere nequeamus, nifi talia commififfet, propter quae ipfum Praepofitus & dicti Burgi Communitas condemnaffet, fed totaliter condemnatos capere poffimus, & fit omnium exceffuum noftra & noftrorum haeredum emenda. Quae omnia & fingula, ut fuperius fcripta funt, firmiter obfervare promittimus, & corporali juramento firmamus, fub obligatione bonorum noftrorum praefentium & futurorum. In cujus rei teftimonium & munimen figillum noftrum praefentibus litteris duximus apponendum. Infuper, nos *Elizabeth, Comitiffa Burgundiae, & Domina Salinenfis,* praedicti viri noftri confenfu, omnibus praedictis & fingulis voluntariè confentimus, & ea obfervare corporali juramento firmamus, renunciantes exceptioni Senatûfconfulti Velleyam, & omni alii. In cujus rei teftimonium nos, praedicta *Elizabeth,* figillum noftrum, cum figillo viri noftri, praefentibus litteris duximus apponendum. Actum anno Domini M. CC. XL. nona.

PRIVILÉGES *accordés aux Habitans du Bourg de ssus de Salins par Philippe, Roi de France, l'an 1318.*

Tirés des archives de la Ville de Salins.

*P*HILIPPUS , *Dei gratiâ, Franciæ & Navarræ Rex* , notum facimus præsentibus & futuris , quod nos considerantes & attendentes quod oppressi mole caliginum , per compatientis Dei clementiam , ad commorandum sub ipso Domino attrahuntur per libertates mansionnariis attributas , tàm Dominorum , quàm subjectorum locupletatio adaugentur , mansionnariis , habitatoribus , seu incolis Burgi nostri Salinensis , qui dicitur Burgus Comitis , ejusque pertinentiarum & appenditiarum , auctoritate & potestate quibus , ratione Comitatûs Burgundiæ , possumus , dedimus & concessimus , damus & concedimus libertates & franchisias in modum qui sequitur , sibi , successoribus perpetuò valituras : In primis quod ipsi sunt quitti & liberi de omnibus talliis & omnibus prisiis quibuscumque. Volumus etiam & concedimus quod prædicti habitatores , mansionnarii seu incolæ , eorum quilibet , teneant & possideant omnia sua bona mobilia & immobilia , tàm propria , quàm ipsis communia , liberè ; pro quibus habuimus & recepimus ab eisdem mille ducentas libras turonenses , de quibus nos tenemus pro contentis. Tenebuntur etiam , loco octoginta librarum turonensium , quas ratione talliæ seu prisiæ annis singulis ad terminos subscriptos nobis solvere tenebantur , reddere & solvere nobis singulis annis ; & pro præmissis centum libris turonensibus perpetui redditûs , videlicet in festo Beati Michaëlis quinquaginta libras turonensium ; & in subsequenti mediâ Quadragesimâ , alias quinquaginta libras turonensium , à nobis & successoribus nostris percipiendas & habendas quousquè de prædictis centum libris turonensibus perpetui redditûs certam assignationém & competentem assisiam nobis fecerint , incolis sufficientibus & congruis ; quam assisiam nos recipere tenebimur quandò à prædictis mansionnariis nobis oblata fuerit , dùm tamen infrà quinquennium ; reservantes etiam nobis & successoribus nostris exercitum & équitaturam pro nobis & gentibus nostris , solvendo tamen à nobis expensas illis quibus ab antiquo in talibus solitum est ministrari. Item

volumus & concedimus quod habitatores feu manfionnarii prædicti poffint creare & eligere quatuor Scabinos, viros probos &
fideles de loco, tamen quofcumque voluerint, & ut viderint expedire; qui quidem Scabini poffint regere & congregare Villam
cum fuis appendiciis, & habitatores ejufdem Villæ fupradictæ.
Item, quod iidem Scabini poffint facere collectam fuper bonis
& perfonis dicti loci fibi fubjectis quibufcumque, quotiefcumquè ad opus dicti loci bonum & expediens fuerit, & levare.
Item Scabini prædicti, nomine dictæ Villæ, poffint facere &
conftituere Procuratores-Sindicos vel Auctores, unum vel plures, femel vel pluries, & eos vel eum revocare quotiefcumquè
neceffe fuerit, & fibi viderint expedire pro neceffitate nego-
tiorum dictæ Villæ & caufarum. Item quod omnes & fingulas
caufas, feu cafus Juftitiæ dicti loci noftri, locum tenentes in
dictâ Villâ, & Scabini prædicti, vel eorum alter, five duo ab aliis
electi, conjunctim & infrà dictam Villam judicabunt & deter-
minabunt ibidem de prædictis, exceptis duntaxat cafibus exceffuum in nos commifforum, vel noftri locum tenentium in
dictâ Villâ, familiamque & noftros Officiales; in quibus cafibus
nos cognofcere & corrigere poterimus foli & in folidum, exe-
cutionique debitè demandare. Item quod nullos habitatores vel
manfionnarios in dictâ franchifiâ poffumus vel poterimus à
modo imprifionare vel tenere pro quovis pecuniario fore facto,
dùm tamen idem velit fufficienter cavere, juxtà qualitatem fui
delicti, & confuetudinem dicti loci, coràm mandato noftro in
dictâ Villâ, & Scabinis prædictis ftare juri. Item non poffumus
vel poterimus habitatores & manfionnarios prædictos, pro quovis cafu criminali, ducere vel detinere extrà Burgum Comitis
prædictum; fed in ifto cafu, detentos, nofter locum tenens in
dictâ Villâ, & Scabini prædicti, unà cum bonis viris dicti loci,
confulentes, ad hoc judicantibus fecundùm antiquas confuetu-
dines ejufdem loci, vel fecundùm jura, fi non extaret ibidem
confuetudo de commiffo crimine, infrà dictam Villam judicabunt. Item fi contingeret aliquos quofcumque de prædictâ franchifiâ, vel eorum bona capi violenter, licebit eis de dictâ franchifiâ impunè refiftere, & recuperare quoquo modo; nos etiam
tenemur, pro poffe noftro, malefactores hujufmodi infequi &
cogere in perfonis, & bonis fuis ad reftitutionem fic injuriato-
rum vel captorum. Item tenemur, & fucceffores noftri Comites

Burgundiæ tenebuntur in suo novo adventu, requisiti promittere bonâ fide prædictis Scabinis, nomine dictæ Villæ & ejus appenditiarum, omnes & singulas franchisias, & quæcumque sunt suprà scripta, manu tenere, & fideliter observare; omnesque locum nostrum tenentes in dictâ Villâ successivè, priusquàm suum exerceant officium, præmissas franchisias observare, jurare solemniter tenebuntur. Tenebuntur etiam dicti Scabini, nomine dicti loci, nobis & successoribus nostris jurare portare fidelitatem cum reverentiâ & honore; nolumus tamen, nec intendimus per præmissas, vel aliquod præmissorum, usus & consuetudines dicti loci infringi, vel eis in aliquo derogari; imò volumus & intendimus eas in suo robore permanere; & etiam volumus prædictas franchisias, libertates & concessiones à nobis & successoribus nostris teneri & inviolabiliter observari, & ea quæ sub verbis præmissis intelligi seu concipi possint, ac si nominarentur expressè. Quæ, ut perpetuæ stabilitatis robur obtineant, præsentibus litteris sigillum nostrum duximus apponendum. Et nos *Joanna*, *Dei gratiâ*, *Franciæ & Navarræ Regina*, *Comitissa Burgundiæ Palatina*, *dominaque de Salinis*, de cujus hæreditate præmissa movere noscuntur, prædictis omnibus & singulis nostrum præbemus assensum, eaque volumus, laudamus, approbamus, & etiam confirmamus. In quorum testimonium, ut perpetuam habeant roboris firmitatem, unà cum sigillo charissimi Domini nostri præfati, nostrum fecimus iis præsentibus apponi. Actum apud Longum Campum, propè sanctum Claudoaldum, anno Domini M. CCC. XVIII. mense martii. *Signé sur le repli*: Rescripta de mandato vestro alia signata per Dominum Regem & Bartheolomæum, MOLINUS; per Dominam Reginam, OTHO de Gevri.

TRAITÉ & association entre plusieurs Habitans de Salins pour défendre leur Ville contre l'ennemi, du 14 mai 1475.

Tiré des archives de la Ville de Salins.

AU nom de Notre-Seigneur, amen. Parce que présentement divisions & guerres sont ès Pays de notre très-redouté & souverain Seigneur, Monsieur le Duc & Comte de Bourgogne, & que les ennemis

mis d'icelui, tant Allemands, François, que d'autres, se perforcent
d'envahir & gaster iceux, & les mettre en totale destruction, comme
déja ils ont fait Pontaillie, le Pays à l'entour & autres Places, &
qu'ils se ventent semblablement ainsi faire la Ville de Salins, a été
avisé, conclu & délibéré entre nous les ci-après nommés, meure délibération précédant, d'y résister & obvier à notre pouvoir, tant aud.
Salins, sur les murailles, que dehors, se mestier est pour la conservation de nos propres personnes, ce que bonnement
peut, sinon que préalablement un chacun de nous soit délibéré de secourir l'un l'autre, garder, maintenir & observer par foi & serment
les points & articles suivans.

1°. Afin que Dieu notre Créateur soit plus enclin à bailler aide,
conseil & force en cette partie, toutes injures & violences faites &
perpétrées les uns aux autres de tout le temps passé, sont perpétuellement quittées & remises, & avec ce un chacun de nous en droit soi,
en sa conscience, se disposera de vivre doresenavant le plus catholique-
ment que faire le pourra ; & aussi s'abstiendra de dire & faire aucun vilain serment, soit par couroux, legéreté de parole ou autrement ; & si aucun de nous fait le contraire, mesmement en la campagne où la pluspart de nous sont congrégés, il sera tenu de payer
réalement trois deniers estevenans toutes fois & quantes fois qu'il
en sera reprins par l'un de nous.

Item, Semblablement un chacun de nous, sous ombre de la présente association & alliance, ne fera ou souffrira être fait ni dit
à son pouvoir, aucune chose qui soit contre l'autorité, Seigneurie &
Souveraineté de notre présent Prince & à venir, ne contre ses Officiers exerçans leurs Offices ; ains seront tenus les obéir, servir, honorer ainsi que droit & raison le veulent & requierent.

Item, Pour & afin de entretenir fermement & perpétuellement la
présente compagnie, alliance & association, un chacun de nous, par
le serment cy-après, & peine d'icelui, est & sera tenu de, à toujours,
à son pouvoir, garder & préserver l'honneur, fâme, renommée, prouffit,
avancement & utilité l'un de l'autre, lui manifester & faire sçavoir
incontinent ses pertes, dommages & déshonneur ; & de n'en faire
les uns aux autres ; ne souffrir être dit ne fait aucune violence, in-
jure, ne déshonneur, tant sur lui, ses biens, famille & maignies,
à son pouvoir.

Item, Et s'il avenoit que aucuns de nous eussent querelle & discors
les uns aux autres, icelle sera pacifiée & appaisée par les Commis

& Députés ayant le bail & gouvernement de ladite présente alliance & association ; le dit & rapport desquels, la pluspart étant du même accord, seront tenus d'avoir pour ferme & agréable par le serment & peine d'icelui ; & auxquels Commis, en exerçant leurs offices, seront tenus leur obéir & porter honneur & révérence.

Item, Seront tenus d'être & comparoir ès lieux & places que par lesdits Commis nous seront ordonnés, toutes & quantes fois qu'ils le feront duement sçavoir, se excusation légitime n'y étoit ; & ce sur peine de trois gros vieux pour une chacune fois.

Item, Tout ce que sera conclu, avisé & délibéré en ladite compagnie, la pluspart étant d'une opinion, la moindre sera tenue de l'avoir pour ferme & agréable, & à icelle acquiescer.

Item, Seront tenus d'être incontinent prêts & appareillés, & en points, toutes & quantes fois qu'il nous sera ordonné être, & ainsi le faire par lesdits Commis, pour la tuition, résistance & deffense des choses dessus dites ; & ce ou lieu & place que par lesdits Commis sera conclu, avisé & délibéré, sans y faire faute, sous la peine dudit serment.

Item, S'il avenoit que pour la résistance de ce que dit est, & aussi de nos propres personnes, nous y employer par voye de fait, un chacun de nous présent sera tenu sur ledit serment de soy vigoureusement y employer, secourir l'un l'autre en tenant pied ferme, sans soy retraire, départir, ne de reculer jusqu'à la mort inclusivement, se autrement n'y étoit ordonné.

Item, Et pour ce que par avanture en ce faisant, les aucuns de nous pourroient être blessés, prisonniers, mis à rançon ou en perte de leurs biens, un chacun de nous sera tenu d'y contribuer des deniers de ses garnisons, perte & rançon, ainsi & selon qu'il sera avisé, conclu & délibéré par lesdits Commis, sur la peine comme dessus.

Item, Tous les biens qui seront acquis par ceux de la compagnie sur lesdits ennemis, mesmement quand ils auront acquis iceux par l'avis & ordonnance desdits Commis, le bien & le mal seront à leur péril, & partis par égale portion ; & s'il avenoit qu'ils acquerissent lesdits biens sans ladite licence ne ordonnance, le bien & le mal seront à leur péril, charge & fortune que leur en pourroit sordre & advenir.

Item, Se aucun de ladite compagnie étoit oppressé par quelque personne que ce soit, autre que de lad. présente compagnie, par injures violence, œuvres de fait ou autrement, en manière que ce soit, les présents de cette association seront tenus par ledit serment, & peine d'icelui, d'eux employer, & y mettre paix & concorde le plus convenablement & prudemment que faire le pourront ; & se voye de fait y avenoit, ils seront tenus d'y résister & obvier tellement, que celui de ladite compagnie ne demeure point foulé ni injurié à leur pouvoir ; & si ledit débat méhu ou soit à tort de celui de ladite compagnie, icelui en sera puni & corrigé au dit & rapport desdits Commis, & sans ce que, à l'occasion de la présente association, ils se doivent ou puissent tenir forts de faire ou mouvoir aucuns débats & différents.

Item, Ceux de la présente compagnie qui feront aucuns débats entr'eux dont ils ayent grandement tort, ils seront punis à l'avis & délibération desdits Commis.

Item, Seront tenus lesdits Commis élus au gouvernement de cette présente association & alliance, par ledit serment, de bien & loyalement régir & gouverner icelle, sans faire aucune chose qui soit contre ne au préjudice d'icelle ; & seront tenus eux assembler une fois ou deux la semaine, se n'ont excusation légitime ; & durera leur commission un mois seulement.

Item, Seront tenus tous ceux de la présente compagnie faire dire & célébrer une Messe après la mort de l'un de cette compagnie, incontinent qu'il sçaura icelle.

Lesquels points & articles cy-après écrits & souscrits promettons tenir & avoir perpétuellement fermes & agréables, sous le serment par nous & un chacun de nous fait & presté sur les saints Évangiles, & peines entre nous y portées, non jamais aller au contraire, tacitement ou en apparence, en renonçant à tous droits, dispensation de foi & serment. FAIT & arrêté le jour de fête de l'Ascension Notre-Seigneur, quatrième jour de mai, l'an mil CCCC. septante-cinq, sous nos seings manuels, & les seings manuels des Notaires souscripts. Simon D'ESTAVOYER, Jean DE ST. MORIS, Guy DAVID, Henry DE GERMIGNY, P. SAVONET, Jean SAIGET, Guyot BOURDON, Claude MARCHANT, Jean D'ORBE, Guyon DES FORCES, Jean DE GILLEY, Jean PERRET, Jean BOUDET, G. DELAULE, Jean QUANTEAL, J. PERRET, J. DAVID, Perrenin COULON, Simon BUSIN, Jean VIENOT, Girard MACHERE, Hudelet BOBAN, Guillaume BERTRAND, Huguenin SAULE, Pierre BONDI, Jean CLERC, S. DE LALLIER de Fallon, C. VAUCHARD, C. DE VILLE, COQUET, DEMANGEOT, VIGOUREUX, GRANT, DE FALLETANS, Jean COLIN.   c ij

PREUVES

DE L'HISTOIRE
DE LA VICOMTÉ DE SALINS.

VENTE faite par Guillaume, Sire de Monnet, à Othon, Comte Palatin de Bourgogne, de la moitié de la Vicomté de Salins, l'an 1280.

Tirée des archives de la Chambre des Comptes de Dole.

JE Guillaume, Sire de Monnet, *fais ſçavoir à tous qui verront & orront ces préſentes, que j'ai vendi & vendu en héritaige perpétuelle à noble Prince & puiſſant mon très-chier Seigneur Otte, Comte Palatin de Bourgoigne, & Seigneur de Salins, & à ſes hoirs, la moitié du Vicomté de Salins, de tous les droits, de toutes les raiſons, & de toutes les appertenances dudit Vicomté, en rentes, en prels, en vignes, en hommes, en Juſtice, en bois, en aigues, en plain, en fied, en rerefied, & en toutes autres choſes, pour le prix de ſept cens livres eſtevenans, bons & loyaux, leſquels j'ai reçu entièrement dudit Comte; lequel dit Vicomté je connois de ſon fied, & promets en bonne foi, ſur l'obligation de mes hoirs & mes échouettes, & de tous mes biens, meubles & non meubles, préſents & à venir audit Comte & aux ſiens, la choſe deſſuſdite garantir contre tous les gens & en tous lieux; & pour ce que ce ſoit choſe certaine & eſtable, j'ai fait ſaeler ces préſentes lettres du ſceel du Chapitre ſaint Michiel de Salins & du mien; & nous ledit Chapitre, aux priéres dudit Sieur de Monnet, avons mis notre ſceel à ces préſentes lettres avec le ſien ſceel en témoignage de vérité. Ce fut fait à Salins l'an Notre-Signour M.CC. & octante, ou mois de ſeptembre.*

Extrait de l'inventaire des titres de la Chambre des Comptes de Dôle.

LETTRES par lesquelles le Comte de Bourgogne cède à Dame Jeanne de Joux, Dame d'Estavoyer, & à Messire Jean Ferrier son mari, la moitié indivise de la Vicomté de Salins pour dix livres de rente sur la Saunerie de Salins. Le Vendredi après la Saint George 1304.

RECONNOISSANCE des droits de la Vicomté de Salins faits en l'année 1473.

Tirée des archives de la Maison de Bauffremont.

CE sont les droits de la Vicomté de Salins, appartenant à noble Dame, Dame Catherine de Monnet & de Montsaugeon, Vicomtesse de Salins, faits & poursuivis par Jacques d'Estavahier, Écuyer, & dont ledit Jacques est possesseur ; & ce fait le quinzième jour de mai mil CCCC. septante-trois.

Et premièrement à ladite Vicomtesse, à trois jours au mois de mai, toute Justice, haute, moyenne & basse, telle que Monsieur le Duc a en son Bourg, & plaide-t'on trois fois le jour ; & commence ladite Seigneurie le Dimanche plus près du quinzième jour du mois de mai à heure de Vépres ; & vat la trompette & quatre Sergents, ou deux pour l'accompagner dez le bief de Bicheraudi jusqu'au bief Berchot, au Bourg dessus, devant l'hôtel de Guillaume de Poupet, Seigneur de la Chaux, en criant & courant par tous les carrefours & croisées de chemin, le Dimanche, aux plaids généraux de Madame la Vicomtesse ; Lundy, Mardy & Mercredy les plaids généraux ; & peut aller, & doit aussi, & est tenu ladite trompette, ensemble desdits Sergents, aller crier à son de trompette trois fois le jour desdits Lundy, Mardy & Mercredy desdits trois jours desdits plaids généraux de madite Dame la Vicomtesse, en signifiant à tous ceux qu'ilz auront à faire, qu'ils viennent, ou ils feront défaut ; & font toutes amendes, grosses & petites, à ladite Vicomtesse ; & icelle peut, ou son Lieutenant, ses journées tenir en quel hôtel il lui plaira au Bourg dessous dudit Salins ; & le Mardy desdits trois jours tous-

Taverniers originaux, & qui vendent vin pour autrui depuis la porte de Malpertuis jusqu'à l'hôtel dudit Seigneur de la Chaux & bief y étant ; c'est à sçavoir tout le Bourg dessous, & depuis la grande porte devant la Saunerie, la rue devers S. Anatoile, en tirant par-devant les hôtels anciennement appellés les Lombards, jusqu'au bief, doivent à ladite Vicomtesse trois sols apporter ledit jour à heure que ladite Vicomtesse ou son Lieutenant tient ses journées, à peine de trois sols d'amende en cas de défaut, & iceux trois jours durant. Les Prévôt & Chapitre de Saint Maurice de Salins sont tenus de bailler Clerc bon & suffisant pour tenir le papier desdites journées ; se ainsi ne le font, ladite Vicomtesse ou son Lieutenant en y peut commettre un autre, bon, idoine & suffisant, tel qu'il lui plaira.

Item, Le Mercredy, dernier jour de ladite Seigneurie, ladite Vicomtesse ou son Lieutenant dois le bief dessusdit jusqu'à l'autre bief étant devant l'hôtel ou Seigneur de la Chaux, en criant à son de trompette que tous les sujets de la bannière viennent accompagner madite Dame la Vicomtesse, ou son Lieutenant & Commis de part elle, à peine de soixante sols d'amende au profit de madite Dame la Vicomtesse, en faisant les cris par ladite trompette par toutes les rues & carrefours de ladite Ville de part Monseigneur le Comte. Mais, & madite Dame la Vicomtesse s'il y a aucuns ou aucunes qui se plaignent d'aucuns édifices que l'on ait fait de nouvel sur le communal de ladite Ville, viennent devers ladite Vicomtesse ou son Lieutenant, & il lui fera raison ; & si aucun plaintif venoit en chevauchant ladite Vicomté, tant de chemin, de vignes, comme de vergiers ou de maisons de pierres, de bois ou de gy, ou de bornement, étant en lad. Seigneurie, ladite Vicomtesse ou son Lieutenant ont ce droit de pouvoir tout en chevauchant ladite Vicomté, de eux informer incontinent des choses dessusdites ; & s'il lui appart par deux ou trois témoins suffisans des meffaix des nouveaux sur les communaux de la Ville, ou ès champs dedans lesdites limites, ladite Vicomtesse ou son Lieutenant peuvent descendre & férir d'une vergette contre ledit meffaut ; & tous les sujets de ladite bannière incontinent après ce sont tenus de le démolir & un chacun, à peine de soixante sols, nonobstant quelconque opposition ni appellation sur ce faites.

Item, Esdits trois jours durant peut ladite Vicomtesse ou son Lieutenant donner Sentence selon droit & qu'il appartient des droits des Parties. Celui ou celle qui aura Sentence à son profit pourra dire : Monsieur le Lieutenant, je requiers que ma Partie soit arrêtée

& faite prisonnière céans par vertu du plaid généraux. *Ledit Lieutenant le peut & doit arrêter & faire prisonnier, nonobstant quelques appellations qu'il fasse ; & ne peut partir de prison jusqu'à ce qu'il ait satisfait à sa Partie ; & s'il avient qu'il rompe l'Arrêt à lui fait , il est amendable de soixante sols au profit de ladite Vicomtesse.*

Item , *Le Mercredy que ladite Vicomtesse ou son Lieutenant chevauchent , tous les Mareschaux du Bourg doivent quatre fers garnis de cloux , dont Jacques d'Estavahier , Lieutenant de ladite Vicomtesse , a requis d'avoir lesdits quatre fers fournir auxdits Mareschaux ; lesquels ont répondu que de ce en ont procès en Parlement , & qu'ils n'en bailleroient point ; & eux & un chacun d'eux leur porte & ouvrement ont fermé , dont ledit Jacques a demandé instrument.*

Item , *Compéte à ladite Vicomtesse que se aucun désavoue ladite Vicomté , il convient qu'il la désavoue le Dimanche que ladite Seigneurie entre , & bailler petit blanc au Clerc ; & incontinent que la trompette a sonné pour faire sçavoir le plaid généraux , ils n'y seront jamais reçus ; & ceux qu'il apparoîtra qui auront désavoué icelle Vicomté , se ils retournent coucher en leurs lits lesdits trois jours durant , ladite Vicomtesse , ou son commandement & Lieutenant , peuvent aller en leurs hôtels , & tabusser à la porte ; & se l'on leur dit qu'ils demandent, ils doivent répondre,* nous allons querour celui qui a désavoué la Justice de Madame la Vicomtesse ; *& si on ne leur ouvre , ils la peuvent rompre sans préjudice ; & s'ils tiennent la Partie qu'ils vont querant , qu'il soit parti de son lit , & que le lit soit encore chaud , les gens de ladite Vicomtesse peuvent prendre ledit lit , & avec ce d'être amendables de dix sols.*

Item , *Toutes amendes échues & avenues au long de l'année de soixante sols, compéte & en appartient la tierce partie à madite Dame la Vicomtesse , & n'en peut faire le Prévôt, fermier de Monsieur le Comte de Bourgoigne , aucun accord que ladite Vicomtesse ne ait & doit avoir ladite tierce partie d'une chacune desdites amendes qui se font & adjugent en ladite Prévôté.*

Item , *Compéte & appartient à ladite Vicomtesse le droit de prendre & percevoir chacun an , huit jours devant la S. André Apôtre , & huit jours après , & le jour de la S. André , qui sont dix-sept jours , toutes Seigneuries que M. le Comte de Bourgoingne a en son Bourg dessous de Salins , appellé le Bourg le Comte , pour tenir toutes jour-*

nées ; & font toutes groffes amendes & menues, ventes & autres ci-
après déclarées.

C'eft à fçavoir, fur une chacune bale qui entre en la Juftice du
Bourg deffusdit defdits dix-fept jours, le Vicomte y prend VIII den.

Item, Sur une chacune tonnette d'harans, ledit Vicomte y prend
& doit avoir quatre petits blancs, & autant au Bourg franc communal, pour ce par tonnette . . . . IIII petits blancs.

Item, Sur chacune tonnette d'harens que l'on mene dois le Bourg deffous
au Bourg deffus, achetés par les Habitans dudit Bourg deffus ou autres,
doibt le péage que l'on dit le petit péage, doibt IIII deniers oboles.

Item, Sur un chacun fardeau lié de cordes, doibt VIII deniers.

Item, Sur un chacun gris blanchet qui entre au Bourg franc, tout
enroullé, doit à ladite Vicomteffe . . . . . . III deniers.

Item, Et généralement tout ce qui fe poife au poids de l'hâle du
Bourg deffous dudit Salins, ladite Vicomteffe a la vente à la manière ci-après déclarée ; & tous les Habitans du Bourg deffous, deffus
dit, & autres, après que lefdites denrées cy-après déclarées font pefées, & que ledit marchand ou vendeur aura payé la vente, & lefd.
denrées ainfi pefées, fi elles font vendues ou tranfportées au Bourg
deffus dudit Salins par aucuns marchands ou autres d'icelui Bourg,
doivent le péage à ladite Vicomteffe un chacun an, lefdits dix-fept
jours durants.

C'eft à fçavoir, sur un chacun drap de couleur doit pour la vente
à ladite Vicomteffe IIII deniers ; & s'il fe vend & tranfporte au
Bourg deffus, pour le péage auffi . . . . . . IIII deniers.

Item, Prend ladite Vicomteffe pour la vente fur un chacun barroil
d'huile qui entre audit Bourg . . . . IIII deniers.

Item, Sur un cent d'oing & de fayn . . . . II deniers.

Item, Sur chacune douzaine de courduant . . . II deniers.

Item, Sur chacune douzaine de bafaine . . . II deniers.

Item, Sur chacun porc, grands & petits . . . . I denier.

Item, Sur chacun cent de bacons . . . . . . II deniers.

Item, Sur chacune bête qui fe vend, fors chevaux & bœufs, II den.

Item, Sur chacun quarteron de cire qui fe poife . . . II deniers.

Item, Sur chacun cent de poix . . . . I denier.

Item, Sur chacun bâton d'acier . . . . . . I denier.

Item Sur chacun cent de fer . . . . I denier.

Item, Sur chacune menue bête, comme chaftrons, brebis, agneaux
ou chièvres, doivent une obole.

Item,

Item, *Sur toutes chofes qui fe vendent au poids généralement, le droit du Vicomte y eft.*

Item, *Sur chacun drap employé ornelier, le droit de la Vicomteffe y eft.*

Item, *Pour le reverchement du poiffon qui viendra audit Bourg durant lefdits dix-fept jours & les trois jours de may ; & fe ladite Vicomteffe ou fon Lieutenant l'achetent, fi elle veut ou fondit Lieutenant, aura vingt jours de refpit de payer ; & femblablement de toutes autres denrées, quelles qu'elles foient.*

Item, *Sur chacune chofe qui doit péage à huit lieues autour de Salins, doit le droit à la Vicomteffe.*

Item, *Compéte & appartient à ladite Vicomteffe que tous vins qui entreront audit Bourg deffous, & qui n'eft du crut dudit Bourg, & qui foit charroyé ou amené au Bourg deffus ou autre part, doit par muid un petit blanc ; & par refus de payer, l'on peut arrêter vin, chevaux & harnois durant lefdits dix-fept jours.*

Item, *Doit un chacun Cordonnier étranger, & qui n'eft dudit Bourg, qui amenent denrées de leur meftier, cuirs & fouliers ès deux marchies qui fe tiennent durant lefdits dix-fept jours de ladite Vicomté, par marchie, un bon denier.*

Item, *Tous Drapiers qui viennent déployer draps oudit Bourg efdits deux marchies de ladite Vicomté, un chacun Drapier doit par chacun marchie un bon denier.*

Item, *Tous Bouchiers dudit Bourg doivent d'une chacune groffe bête qu'ils tuent un bon denier, & d'un chacun porc une bonne maille; d'un mouton ou brebis une bonne maille, & d'une chièvre auffi une bonne maille, qui font pour lefdits porcs, moutons & chièvres un niquet.*

Item, *Auffi que durant lefdits dix-fept jours de ladite Vicomté, en reverchant tant le poiffon que baccon, ou autres chofes, s'il y avoit aucun ou aucune qui commît l'emende de LX fols, ladite Vicomteffe la peut modérer à fa volonté & plaifir ; & a de la vente d'un chacun poiffonnier qui vend, iceux dix-fept jours durants, un bon denier ; & s'il s'en vat fans payer, il eft émendable de LX fols.*

ACTE *public de la chevauchée du Vicomte de Salins,* en l'année 1555.

Tiré des archives de M. le Marquis de Bauffremont.

PHILIPPE GUIERCHE, *Écuyer, Seigneur de Chenesvre, Pimont, &c. Commis-Lieutenant de Monsieur Monsieur le Vicomte* au lieu de Salins, sçavoir faisons que le présent jourd'huy Mercredy quinzième jour de may, l'an quinze cens cinquante-cinq, heure d'environ midy dudit jour, allant & procédant à la chevauchée & visitation des rues, places & chemins communaux du Bourg dessous dudit Salins, accompagné de plusieurs notables Personnages dudit Salins, selon & suivant qu'il est en tel cas accoutumé, durant lesquels procéda Claude Moyron, trompettier audit lieu, pour convoquer & appeller avec la trompette tous les Habitans dud. Bourg dessous, pour sçavoir & entendre d'eux s'il aucungs avoir commencé puis un an en çà nouveaux édifices sur le communal & . . . . au lieu & place dite au bas de Simon, près le plain Saint Pierre audit lieu, avons fait sonner la trompette par réitérées fois pour assembler lesdits Habitans ; & ce fait, avons fait lire le rolle d'iceux par le Scribe d'icelle Vicomté ; quoi fait, retournant audit Salins avec ladite compagnie, étant sur le pont Saint Pierre près les Fauxbourgs dudit Salins, d'abondant avons fait sonner ladite trompette, & lire ledit rolle desdits Habitans, & les non comparans avons mis & tenons en défaut ; & icelui avec exploit deu avons donné & octroyé à honorable homme Guillemin Guillaume, Procureur dudit Seigneur Vicomte, illec étant & assistant ; après laquelle lecture dudit rolle sont été plusieurs desdits Habitans qu'ils ont dit & déclaré qu'ils se douloyoient & griesoient de certains nouveaux édifices, & vente faitte puis un an en çà sur le communal par Henry Boutaillon emprès les moulins appellés les moulins Felix, scis ès prels & dernier pont dudit plain de Saint Pierre ; pourquoi, accompagné desdits Habitans, nous sumes transpourté sur ladite place ; & illec étant, après avoir vu ladite place, bien & dehuement montré, en présence d'honorable homme Guillaume Marteaul dudit Salins, Bourgeois, Juge & Gouverneur de la Justice dudit Sieur Vicomte, avons prins & reçu le serment de plusieurs desdits Habitans, même de Guy Euffard, Vigneron, âgé d'environ cinquante ans; Jean Noirey, dit Robert, âgé d'environ quarante ans; Guy Roilland, âgé d'environ foixante ans; Philippe Daïllefoz, âgé d'environ cinquante ans, & Henry Camu, âgé d'environ quarante ans; lefquels, par leur ferment par eux prêté fur & aux faints Évangiles de Dieu, par nous diligemment & fecrettement examinés, ont dit & dépofé que la place barrée & clofe par ledit Boutaillon dez le bout de la volte de . . . . . . dudit molin Felix, du côté dudit molin jufqu'audit pont Saint Pierre, barrée & clofe puis un an en çà, eft place commune & du communal, propre pour la defcente faire du beftiaux que autrement en la rivière, proche & contigu à ladite place, & telle l'ont vus puis tout le temps de leur connoiffance; après laquelle dépofition, & par nous fur ce interrogés ledit Henry Boutaillon, illec étant, s'il vouloit aucune chofe dire contre ce que lui étoit objecté par lefdits Habitans, & s'il vouloit maintenir ladite place lui compéter & appartenir, & qu'il n'a dit chofe vaillable au contraire, fur ce déhuement avoir le tout pefer, & heu l'avis, tant dudit Juge en lad. Juftice, que des Notables illec étants, avons condampné & condampnons ledit Henry Boutaillon à hofter & defmolir ladite barre & cloifon par lui y faite & conftruite dois le bout de la volte de la crod dudit molin du couffé d'icelui jufqu'audit pont; & en figne de ce avons gertés mettre verges en ladite place, ordonnant auxdits Habitans illec étans de incontinent & promptement démolir ladite cloifon, ce qui a été fait en notre préfence, dont ledit Boutaillon a protefté d'appeller, difant & alléguant plufieurs chofes que lui avons ordonné bailler par écrit fe faire le veut; & ce fait, dès ledit lieu accompagnés comme devant, nous fumes tranfpourtés du long de la Ville dudit Salins, & jufques en la fontaine étant devant la maifon de noble Seigneur Jehan de Poupet, Chevalier, Seigneur de la Chaux, &c. oudit Bourg deffus de Salins, & avons fait cris & fonner par voix de trompe, à fon de trompe, par tous les carrefourgs dudit Salins, de part mondit Seigneur le Vicomte, s'il y avoit perfonne qui fût intéreffé audit Salins & diftric d'illec d'aucuns nouveaux édifices, qu'il . . . . avant, & l'on lui adminiftreroit bonne & briéve Juftice. Defquelles chofes ledit Guillemin Guillaume, Procureur dudit Seigneur Vicomte, a quis acte, que nous lui avons octroyé pour lui fervir ci-après, comme de raifon.

D ij

PREUVES
DE LA GÉNÉALOGIE
DES SEIGNEURS DE MONNET.

TRAITÉ fait entre l'Abbaye de Balerne & Roger
de Monnet, l'an 1189.

Tiré du chartulaire de ladite Abbaye.

THEODORICUS, divinâ miseratione, Bisuntinæ Sedis humilis
Minister, veritatem diligentibus rei gestæ notitiam. Nove-
rint, tàm præsentes quàm futuri, quòd *Rogerius, Dominus de
Monnet*, ad præsentiam nostram accedens, recognovit Ecclesiæ
& Conventui de Balerna quasdam investituras de quibus erat
investita; scilicet, grangiam de Ebe cum omnibus appenditiis suis,
grangiam de Rortorf cum omnibus appenditiis suis, terram cul-
tam de Fageto, grangiam de Essarflot cum omnibus appenditiis
suis, & quidquid habebat & utebatur in valle de Chamblu tempore Domini *Guidonis & Rogerii* filii ejus; muriam de Salins, de
quâ pacem & garantiam promisit; prata & terras apud Glenum,
vineas & terras apud Poloigney, pascua de Narges; & quidquid
habebat apud Dulceium, tàm in terris, quàm in aquis & silvis &
pascuis; hæc omnia, & omnes investituras ejusdem domûs, tàm
in terris, quàm in pascuis & silvis, & piscationibus, & hominibus, & usualia totius terræ suæ quæ ad Dominum de Munnet
spectare videntur. Recognovit se & filios suos, *Humbertum,
Hugonem, Guidonem* laudasse & concessisse se, & pacem se super his tenere juravisse; & etiam uxorem suam *Petronillam* si-
militer hæc omnia laudasse & concessisse. Insuper, & de fide-
jussione pacis Guillermum Comitem, & Gualcherum D. Sali-
nensem; ipsi Domini posuisse responsuros. Testes, Guido, sancti
Stephani Decanus; Humbertus, Salinensis Archidiaconus; Joannes, Cambellarius & Archidiaconus Rubeimontis; Hugo de

Palma ; Stephanus, Scriptor noster ; Hugo , Miles de Majorâ.
Cùm igitur hæc in præsentiâ nostrâ sunt recognita , veritati super
his testimonium perhibentes , præsentem paginam rei gestæ con-
tinentem veritatem , sigilli nostri præsentiâ fecimus insigniri.
Actum anno Incarnationis Dominicæ M°· C°· LXXXVIIII°·
Data per Amedeum Cancellarium nostrum.

_____

EXTRAIT du chartulaire de l'Abbaye de Balerne.

CHARTRE *en langue latine , par laquelle Guillaume , Comte de
Vienne & de Mâcon, accorde l'immunité de péage à l'Abbaye de Balerne , en présence de Gaucher, Sire de Salins , de* Roger *&* Rodolphe *de Monnet , sans date.*

PRIVILÉGE *accordé à ladite Abbaye par Otton , Comte Palatin
de Bourgogne, en présence de* Roger de Monnet *; Savaric de Poligny,
Chevalier ; Humbert , Prevost de Monnet , l'an 1199.*

_____

TRAITÉ entre l'Abbaye de Balerne & Humbert de
Monnet , l'an 1202.

Tiré du chartulaire de ladite Abbaye.

A. Dei gratiâ , Bisuntinus Archiepiscopus. Omnibus Archi-
diaconis & Decanis , atque universis Capellanis in Bisuntinâ Diœ-
cesi constitutis , spiritum consilii & fortitudinis. Noverit uni-
versitas audientium *Humbertus , filius Domini de Monnet ,*
post multa mala quæ domui de Balerna , tàm in bobus , quàm
in . . . . . & fœno grangiarum violenter intulerat , ad nostram
veniens præsentiam ad ultimum post multas quærelas ab Abbate
delatas , jam dictus Humbertus in manu nostrâ promisit , & bonâ
fide firmavit , quod nunquam de cætero domum Balernæ , vel
homines Monasterii , ubicumquè fuerint , infestabit , capiendo
per violentiam res ipsorum contra voluntatem Abbatis , & quod
manu tenebit , pro posse suo , quidquid pertinet ad jam dictum
Monasterium , & hominium faciet omnibus Abbatibus quandiu
vixerit , & fidelitatem servabit. Quod si aliquando , suadente
diabolo , aliquoties res domûs Balernæ , vel hominum ipsius vio-

lenter cœperit, & requisitus, reddere noluerit, universitati nostræ districtè præcipimus, quatenùs personam ejus excommunicationi, & terram interdicto subjectam publicè denuncietis, si tamen usque ad decem solidos summa contigerit computata. Volumus etiam in præsenti scripto, coram sigillo nostro, utriusque Capituli, videlicet sancti Joannis & sancti Stephani, imponatur sigillum, & quotidiè sæpè dictus Humbertus in utrâque Ecclesiâ excommunicetur, sicut per totum Bisuntinum Archiepiscopatum, & tamdiù sententiam inviolabiliter observari, donec Humbertus de Muntner, vel homines sui, ablata restituerint, aut ad voluntatem Abbatis qui in domo fuerit congruè satisfecerint. Actum anno ab Incarnatione Mᵒ· CCᵒ· IIᵒ· apud Villam de Regnez.

Traité entre Humbert de Monnet & les Chanoines Réguliers de Granvaux, l'an 1224.

Tiré des archives du Chapitre de Saint Claude.

PRÆSENTIS scripturæ testimonio notum sit omnibus præsentibus, pariter & futuris, quòd ego *Humbertus* de *Monnet*, & Hugo filius meus, de omnibus quærelis & controversiis quæ vertebantur inter nos ex unâ parte, & domum Grandisvallis ex alterâ parte, pacem bonam & ratam & firmam invicem fecerimus in præsentiâ Domini Willelmi, tunc Abbatis, per manum P. Prioris Boniloci, & Joannis de Monnet, & R. Domini de Borna, & Jacobi de Binant, & R. Canonici Grandisvallis, & Hugonis de Campanolâ, & Willelmi Ministralis Grandisvallis, exceptâ terrâ quam prædicto Abbati & Canonicis suis calomniabamur; supra quam, cùm eos conveniremus, promiserunt se nobis, secundùm quod jus fuerit, respondere. Actum est hoc anno ab Incarnatione Domini Mᵒ· CCᵒ· XXᵒ· IIIIᵒ· in Villâ de Doctie, feriâ IIIᵃ· ante festum sancti Thomæ Apostoli; quod ut ratum & firmum permaneat, insignum testimonii præsentem cartulam, sigillo proprio, & sigillo P. Prioris Boniloci munitam, prædicto Abbati & Canonicis tradidimus conservandam; Abbas vero & Fratres sui nos & nostros in bonis suis spiritualibus collegerunt.

CHARTRE *par laquelle Hugues de Monnet confirme à l'Abbaye de Balerne les dons de ses prédécesseurs, l'an* 1257.

Tirée du chartulaire de ladite Abbaye.

NOs HUGO, *Dominus de Monneto*, notum facimus univerſis præſentes litteras inſpecturis, quod bonâ & merâ, & ſpontaneâ voluntate recognovimus & tradidimus, & reddidimus Abbati & Conventui de Balernâ omnes poſſeſſiones, elemoſinas & uſagia, & omnes terras quas dicti Abbas & Conventus de Balernâ habebant, vel habere debebant in toto dominio de Monnet; videlicet, molendinum quod pater meus dederat Abbati & Conventui pro anniverſario ſuo faciendo in feſto Apoſtolorum Philippi & Jacobi; & in Vermelieres, prata & terras; in Faola, campum Alberti quinque jugerorum; in Molerea, duo jugera; tres laſcera, circâ ſex jugera de elemoſinâ *Dominæ de Monnet*; manſum Agrepat, de elemoſinâ Hugonis Durandi; Albericus, tres denarios annuales; Conſtantinus Daniez, duos in terram de Roſey, & quidquid habebat in territorio illo, tàm in decimis, quàm terrâ . . . . . . medietatem dedit Monaſterio Balernæ; de elemoſinâ Humberti Renel inter duos Raſors, circâ quatuor jugera; manſum Algrepat per medietatem, inter domum Balernæ, de elemoſinâ *matris Domini Rogerii*; & ipſum Rogerium in combâ à Salnigroz, & duas carratas; in coſtâ de Viners, circâ quatuor jugera; à Cinquenpeſt, unum jornale; in campo de coſtâ Eſtignaz, unum jornale; caſale à Tardiz, quod debet duos panes domui Balernæ: retrò domum, unum jornale de terrâ Alberici de Monte. Item, de manſo Algrepat, in prato Germani ad carratam unam; à la Leſchere, quartum jornale; ſuprà fontem de Pradens, tria jugera; in campo de la Perra, unum jornale; in combâ, alium campum; de la Fremuys, quatuor jugera; & ou Conter, duo jugera; in campo Dumboz, unum jornale; juxtà pratum de Munnez, quatuor jugera; à la Doraſi, duo jugera; ad ſeneſtram Alberti filium Elevraz, duo jugera dederunt, quæ ſunt propria domûs Balernæ; & ou Contor, de terrâ quam tenebat, dederunt duo jugera; de elemoſinâ

Hugonis Ferrol & fratris fui Gileberti, fubtùs Lagye, ad tres carratas ; in Puteſſer, duo jugera, tres ; Foſta, duo jugera ; in campo quartum jornale apud Monnez ; Ogerius Chaux, quartum caſale ; fubtùs Ecclefiam de Monnez, duo jugera ; in combâ Loveri, duo jugera ; curtile Boni Amici, apud Montaney, manfum Rogerii de Darbonnay. Recognovimus etiam quod quid anteceſſores noſtri habebant, vel habere debebant apud Dulceium in terris, in pratis, in nemoribus, in piſcationibus, & in omnibus appenditiis ejuſdem Villæ, qualibuſcumque, tàm in decimis, quàm in rebus aliis, & in valle de Chamblu, & in Sinigyſum, & en Eſſarflot, & in Villâ de Olla & Deſtalyer versùs Jurem, & in valle de Iſuz, & in Fioger & in Biolle, & in omnibus appendentiis & pertinentiis prædictorum locorum, dederunt & conceſſerunt, & tradiderunt abſque ullâ calumniâ domui fupradictæ. Et nos hæc omnia ſupradicta, ab anteceſſoribus prædictæ domui data, tradita & conceſſa, laudamus & conceſſimus, & confirmamus ; confirmamus etiam quidquid jam dicti Abbas & Conventus habent, vel habere debent in Villâ de Monte, & in toto territorio ipſius Villæ ; ſcilicet, manſum Laborel, manſum Aſalogret, manſum Aymonis de Livruz, & elemoſinam Domini Hugonis, dicti Pillot, & cætera omnia, tàm in pratis, quàm in terris & paſcuis, & nemoribus, & uſagiis totius Villæ, & de injuriis quas fecimus in omnibus fupradictis, nolumus ut vertatur in præjudicium aut gravamen, ſed omnia de cætero habeant & poſſideant pacificè & quietè. Damus & confirmamus domui fupradictæ, Abbati & Conventui ejuſdem, omnia uſuagia, & in omni dominio de Monnet, in nemoribus omnibus pro animalibus qualibuſcumque, & pro aliis omnibus ſibi neceſſariis, & paſcua totius terræ noſtræ ; & ſi ipſi, vel homines eorum forìs fecerint, Chaſtallum tantùm reddant, legem autem ſolvere minimè teneantur ; & omnia à nobis & noſtris data & conceſſa laudamus, concedimus & confirmamus prædictis Abbati & Conventui, & omnibus ſuis lege in poſterum valiturâ. Actum anno Domini M° CC° quinquageſimo ſeptimo. In teſtimonio hujus rei, de laude & conſenſu filii noſtri *GUILLERMI*, præſentibus litteris ſigillum noſtrum duximus apponendum.

PREUVES

DE LA GÉNÉALOGIE

DE LA MAISON DE SALINS-VINCELLES.

RELATION *du Tournois fait au Château de Vincelles l'an 1511.*

Tirée du manuscrit original appartenant à M. Dutartre de Chilly.

L'AN mil cinq cent & onze, le Dimanche de mi-Carême, sixième jour du mois de mars, Noble Seigneur Claude de Salins, Seigneur de Vincelles Bailly de Charollois, & Capitaine des Archiers du Corps de Monseigneur l'Archiduc d'Autriche, Duc de Bourgogne, Prince de Castille, Roi de Grenade, de Léon, de Valence, &c. aussi son souverain Seigneur, & à l'aide de Dieu, de Monseigneur Saint George son Patron, audit jour porta une amprinse à son col vingt-quatre heures durant pour recevoir & combattre tous Nobles hommes qui jouster y voulurent, & à un chacun il donnoit ou recevoit d'un chacun d'eux un coup de lance à fer émolu, & après onze coups d'épée à une main & à pied, gardant une barrière assise au milieu de la cour du Château de Vincelles, & les armes achevées, tous lesdits nobles hommes revinrent à lad. barrière, la lance au poing, l'épée au côté, & par l'ordonnance des Juges à ce commis, furent mis la moitié avec l'Entrepreneur, & l'autre de l'autre part, & d'un commun accord vinrent les uns contre les autres, & se donnèrent deux coups de lance, & après tant de coups d'épée jusqu'à ce que par lesdits Juges furent départis, le tout entièrement accompli ledit jour, & fut combattu par Comtes, Barons, Chevaliers & Écuyers, dont les blasons de leurs armes sont cy-dessous mis & attachés, & par six Nobles hommes Jugés à ce ordonnés furent délivrés deux prix à deux qui mieux l'avoient desservis, dont le premier fut donné à Monseigneur le Comte de

E

Tierstain , & l'autre à Pierre de Poligny , Seigneur de Coges, dont
Dieu soit loué & Monseigneur Saint George.

OR OUYEZ.

EN l'honneur de Dieu & de sa glorieuse Mere, & de Monseigneur
Saint George, bon Chevalier, conduiseur de tous Nobles hommes qui
veuillent faire armes, & aussi Patron de l'Eglise de Vincelles.

Un Ecuyer, Sujet & serviteur domestique de deux les plus excel-
lens Princes de Chrétienté, c'est à sçavoir le très-Chrétien Roi de
France, & Monseigneur l'Archiduc d'Autriche, ses deux Souverains
Seigneurs.

Ledit Ecuyer a sçu que Dimanche de ce mi-Caresme au Château
de Vincelles se devoient trouver & assembler plusieurs Nobles hommes,
& aussi grand nombre de Dames, tous parens & alliés, pour illec
leur trouver, & faire bonne chiere chrétienne.

Et pour mieux récréer la compagnie, ledit Gentilhomme a entre-
prins, à l'aide de Dieu & de Monseigneur Saint George son Patron,
faire une arme à pied en la maniere que s'ensuit.

Ledit Gentilhomme entend se trouver ledit Dimanche de mi-
Caresme au Château de Vincelles, & au matin devant toute la
compagnie, & sera connu entre tous les autres, pour ce qu'il portera
une emprinse à son col, que sera un riche diamant mis en une verge
d'or, que la Dame au monde qui l'aime le plus lui a donné.

Ledit Ecuyer entend de porter son emprinse cedit jour de mi-Caresme,
depuis soleil levant, jusques au soleil mussant, pour recevoir tant de
Nobles hommes que toucher y voudront pour les combattre, garder une
barriere tous l'un après l'autre en harnois de guerre, portant armes de
guerre, la lance au poing, l'épée au côté, pour recevoir d'un chacun ou
donner un coup de lance, & après onze coups d'épée, & à une main.

Outre plus entend ledit Entrepreneur de se trouver ledit Dimanche de mi-Caresme au lieu de la cour du Château de Vincelles pour
après dîner & de bonne heure armé de toutes piéces, gardant la
barriere comme dit est, & sera dudit Château le pont tenu baissé,
la grande porte ouverte pour y laisser entrer tous Nobles hommes qui
combattre le voudront, & qui à son emprinse auront touché, &
par les Juges à ce commis leurs seront présentés lances & épées de
mesure, dont les venants de dehors auront le choix.

Item, entend ledit Ecuyer en combattant, que l'estoc de l'épée soit
défendu, la livre de l'un & l'autre aussi ; mais s'il avenoit que le

Gentilhomme de déhors en faifant fes armes perdît fon épée, ledit Gentilhomme ne le pourra recouvrer fans en demander licence à l'Entrepreneur, & moyennant fon congier, la pourra ravoir pour parfournir fes armes, & non autrement.

Item, entend ledit Ecuyer que s'il avenoit, que Dieu ne veuille, qu'en faifant fes armes il fût bleffé, en façon qu'il ne pût parfournir fes armes, ledit Ecuyer entend que celui qui l'aura bleffé parfournira lefdites armes; & fi un autre le bleffoit auffi femblablement, jufqu'à la fin des armes.

Item, entend ledit Ecuyer que après qu'il aura combattu tous ceux que à fon emprinfe auront touchié, que tous lefdits Gentilhommes reverront tous enfemble la lance au poing, l'épée au côté, & par les Juges à ce ordonnés feront mis la moitié defdits avec l'Entrepreneur, & l'autre moitié de l'autre côté pour venir l'un contre l'autre à la barriere, & là fe pourront donner l'un contre l'autre deux coups de lance tant feulement, & après remettront la main à l'épée pour fe donner tant de coups qu'il plaira aux Juges.

Item, entend ledit Ecuyer que le Gentilhomme de tous ceux du déhors qui aura le mieux combattu feul à feul, il gaignera une riche hameraude de la valeur de mille écus ou au-deffous, que les Dames lui préfenteront par l'Ordonnance des Juges.

Ledit Ecuyer entend auffi que celui de tous qui aura le mieux combattu à la foule, gaigneroit une riche trechoife, de femblable valeur que deffus, que les Dames femblablement lui préfenteront.

Item, entend ledit Ecuyer que tous lefdits Nobles hommes que à fon emprinfe auront touchiés avant qu'ils fe combattent, que un chacun d'eux fera tenu de faire pourter devant lui le blafon de leurs armes, pour être mifes & attachiés auprès de ceux de l'Entrepreneur, pendant le temps que les armes s'acheveront.

Item, l'Entrepreneur requiert & fuplie aux Dames que céans font, que celles veuillent commander, & prier à leurs ferviteurs, & aux Gentilhommes qui en cette affemblée font, qui veuillent toucher à l'emprinfe de l'Ecuyer, afin qu'il pût mieux exécuter fon emprinfe & être bien déchargié du fien qu'il a fi longuement porté.

A L'honneur de la Trinité, de la glorieufe Vierge Marie, & de Madame Sainte Anne, je, celle qui croit avoir puiffance fur vous, Claude de Salins, Ecuyer tranchant de très-excellent Prince Monfeigneur l'Archiduc d'Autriche; pour ce que je défire la augmentation de votre honneur & renommée, & que soyiez diligent de exécuter le très-noble & vertueux metier d'armes, à quoi tous Nobles hommes doivent mettre leur vouloir & entente; aussi pour voir, sçavoir & connoître si obéirez à mes commandemens, j'ay avisé & délibéré certains chapitres d'armes que je veux être par vous exécutés en la présence de mondit Seigneur l'Archiduc, lui suppliant vouloir être Juge en cette partie.

Premièrement, je vous envoye un volet de blanche soye, fait à la mode du Pays de ma nativité, lequel veux que vous chargiez & le portiez à votre bras senestre, jusques que aurez trouvé Noble homme pour vous le lever, ou faire lever, en faisant promesse de accomplir à l'encontre de vous les armes selon le contenu des articles ci-après écrits.

C'est que pour certaines causes je veux & ordonne que les armes s'accomplissent & fournissent le quatorzième jour de septembre prochainement venant, en la présence de mondit Seigneur, & que obéissiez, & celui qui combattera contre vous à mondit Seigneur en tout ce qu'il ordonnera touchant lesdites armes.

Pour le premier chapitre, les Champions compariront devant le Prince & Juge aux lieu & heure qu'il leur sera ordonné, montés & armés en harnois de guerre, en la manière que l'on a accoutumé de courir & combattre en lisse close, & en tels cas.

Le second chapitre, vous seront présentées deux lances ferrées d'acier esmolus, dont j'entends que vous, Salins, fournirez lesdites lances, qui seront présentées aux Juges, & des Juges à nous deux, dont le venant du déhors aura le choix.

Le troisième chapitre, courrez d'icelle lance l'un à l'encontre de l'autre trois courses, au cas que de la première ou seconde course l'une desdites lances, ou toutes deux, ne fussent rompues, auquel cas les trois courses seront achevées.

Le quatrième chapitre, après les courses des lances achevées, vous, Salins, ferez présenter au Prince quatre épées tranchants & pointus, garnis comme il appartient, lesquelles par le Juge vous seront délivrées, & d'icelles le venant de déhors aura le choix.

Le cinquième chapitre, vous deux saisis de vos épées, s'encommencera la bataille d'entre vous deux; & pour éclaircir le fondement de cette emprinse, qui est telle que votre bataille se fera sur ce que vous maintiendrez par mon commandement, que une œillade d'Espaigne j'aïe à préférer devant une de Naples, & à cette vous combattrez jusqu'à ce que l'un de vous dise : Je quitte la quérelle.

Le *sixième chapitre*, & est défendu l'atteinte des chevaux, tant de lances que d'épées, sur peine de l'amende audit Juge.

Le *septième chapitre*, & est défendu de prendre l'un l'autre à la cornemuse ne autrement, attache de l'homme à la selle, & de arracher l'épée l'un de l'autre, mais vous ordonne qu'à cette bataille se fasse & parfournisse de coups d'épée, & non autrement.

Le *huittème chapitre*, si l'un de vous rompoit ou perdoit ses épées, en ce cas autres épées seront mises ès mains du Juge pour en faire rendre à celui qui en aura de besoin, depuis laquelle perte ou rompeture d'épées, l'autre sera tenu de cesser, jusqu'à temps que son compaignon soit saisi d'une épée.

Item, & s'il avenoit, que Dieu ne veuille, que d'une course de lances vous, Salins, fussiez blessé, en façon que ne puissiez parfaire la bataille des épées, je veux que preniez un de vos compaignons pour icelle parachever.

Et semblables, s'il avenoit au venant de dehors, pourra faire parfournir par un autre Gentilhomme.

Le *neuvième & dernier chapitre*, s'il survient en ces présentes armes aucune chose qui ne soit esd. chapitres déclarée, vous avez Juges qui de tout pourront ordonner leur bon plaisir; & sur tout le plaisir que vous, Salins, m'y pourrez faire, mettez-vous en devoir que comme homme bien renommé en armes vous fournissiez cette emprinse écrite & signée de celle que croit avoir puissance & être maitresse de votre volonté. Le premier jour de juin l'an 97.

Et ensuivant le commandement de Madame, je Claude de Salins, devant nommé, promets de faire fournir & accomplir de ma personne lesdites armes selon le contenu des chapitres ci-dessus, si Dieu me garde d'encombrier & léale ensoigne; & pour plus grande sûreté, & que je le veuille faire & accomplir, j'ai signé cettes de ma main, & scellé du sceau de mes armes, le dix-septième jour de juin l'an quatre-vingt & dix-sept dessus-dit.

L'honoré & très-recommandé Chevalier, pour la bonne renommée de vous & de vos nobles faits, sur espoir & désir de vous faire plaisir & honneur, & dont j'espere à l'aide de Dieu que je n'en vaudrai de rien pis, je Claude de Salins, Écuyer tranchant de très-excellent Prince Monseigneur l'Archiduc d'Autriche, & son Baillif du Comté de Charrolois, pour ce que je suis chargie & contraint de celle qui vaut que je ne lui dois rien refuser, laquelle m'a baillé certains chapitres d'armes écrits de sa main, pour les fournir & accomplir de ma personne ; & en ampliant son commandement, m'a donné & enchargie de porter un volet attaché à mon bras senestre par manière d'emprinse ; & est le désir de madite Dame que je fasse mes armes selon le contenu desdits chapitres qu'elle m'a baillé à l'encontre des Chevaliers ou Nobles hommes renommés en vertus & vaillance.

Et pour ce que de prompte mémoire vous êtes Chevaliers de noble renommée, & mesmement que à ce noble pas exécuté à Molins en Bourbonnois, vous avez parti au grand honneur & bienfait de l'exécution d'icelui noble pas, je vous ai choisi & élu vous . . . . tant d'honneur que de venir lever mon emprinse, & exécuter à l'encontre de moi le commandement de Madame, & les chapitres à moi ordonnés ; & suis contraint de vous requérir par le commandement d'icelle, que ce soit devant la Noble Personne de Monseigneur l'Archiduc, qui m'a accordé d'être Juge de ces présentes armes, lesquelles j'entends être faites & accomplies en cette bonne Ville de Bruxelles, le quatorzième jour de septembre prochainement venant ; & en me faisant cet honneur & plaisir de moi venir décharger de cette pesante charge, & une autre fois me voudriez d'aucune chose requérir, je rendrai peine de l'accomplir à mon pouvoir, si Dieu me garde d'encombrier & de léale ensoigne ; & afin que sçachiez les faits pour lesquels je suis obligé à Madame, je vous envoye le double des chapitres signés de ma main, & scellés du sceau de mes armes, vous priant & requérant que à cestuy mon besoin ne me veuilliez faillir, & vous avoir un Gentilhomme & moi pour vous faire tout le service qu'il me sera possible, priant Dieu, honoré & très-recommandé Chevalier, qu'il vous donne bonne aventure, & la garde de votre Dame.

Et au cas que pour vos grandes affaires, voyez le temps ou l'oportunité de moi accomplir mon désir.

O que je crois & ne fais doute que avez connoissance de plusieurs gens de bien qui ont désir de accroitre leur honneur, je me suis avisé de vous requerre & prier, jaçoit-il qu'en rien il m'est tenu que tant vous plaise faire pour moi ce que sçavant Noble homme que me voussit tant faire d'honneur que de venir lever mon emprinse, & me décharger d'icelle, que il vous plaise l'avertir d'icelle mon emprinse ; & en ce faisant, je me sentirai obligé à vous accorder une semblable requête quand il vous plaira le me faire.

S'enfuit les Blafons des Nobles gens qui ont combattu au prix qui a été fait au Château de Vincelles le Dimanche de my-Carême l'an 1511.

Et premièrement celles de l'Entrepreneur.

Celles du Comte de Tierftain.

Celles de Monfeigneur de Thianges de Damas.

Celles du Bâtard de Vienne.

Celles de Louis de Chandyoz.

Celles de Pierre de Poligny, Seigneur de Coges.

Celles de Amaury de Tholede.

Celles de Claude de Simon.

Celles de Philippe de Chauvirey.

Celles de Lancelot Dupin.

Celles de Jean de Viry, Seigneur de Dyombes.

PREUVES

DE LA GENÉALOGIE

DE LA MAISON DE BOURRELIER,

DITE DE MALPAS.

Extrait de l'hiftoire du Parlement de Bourgogne de Palliot, *pag.* 19.

GUILLAUME BOURRELIER, *Seigneur de Givry, Procureur fifcal du Duc ès Bailliages de Dijon, Chalon & Charrolois, qui y affifta en 1435 & 1438. Il avoit fuccédé au même Office en la Chambre du Confeil à Girard Vyon en l'année 1428 : Il fut depuis Maître des Requêtes de l'Hôtel du Duc, lequel, pour le récompenfer des divers fervices qu'il lui avoit rendus, lui donna les Greffes des Parlemens par le décès de Jean Bafan, avec pouvoir de le faire exercer par Guillaume de Bercy, par Lettres données à Lifle le 19 janvier 1448. Il portoit d'azur, à une face d'or, accompagnée de trois treffles d'argent, & pour devife, Loyal & gay.*

LETTRES écrites par Philippe le Bon, Duc de Bourgogne, à Guillaume Bourrelier, Procureur Général de ses Parlemens de Bourgogne.

De par le Duc de Bourgougne, de Brabant & Lembourg, Comte de Flandres, d'Artois, de Hollande, de Zélande & de Namur.

TRÉS-CHER & bien amé, Nous avons entendu que les *Habitans de notre Ville d'Auxonne, ou temps que les gens de campagne, que l'on appelle escorcheurs, ont été loigies en nos Pays de Bourgougne, ont fait & commis de grands rébellions & désobéissances à l'encontre de Nous & de notre Seigneurie, à la personne de notre très-chier & féal cousin, Gouverneur & Capitaine Général de Bourgougne, le Comte de Fribourg & de Neufchatel; & pareillement, nous a été relaté que les Habitans de notre Ville de Beaune en ont fait & commis de plus grands contre Nous & notredit Seigneur, lesquelles rébellions & désobéissances ne voulons passer sous dissimulation, ou demeurer impugnies. Pourquoi vous mandons, & très-expressément commandons, que diligemment & secrettement vous vous informiés desdits excès & rébellions faits & commis, tant par lesdits d'Auxonne comme par ceux de notredite Ville de Beaune; & pour vous avertir, avons entendu, que six ou huit personnes des Habitans dudit Beaune ont été cause principale desd. rébellions & désobéissances qui y ont été faites & commises, dont touchant lesdits de Beaune pourriez être informé & sçavoir la vérité par Messire Jehan de Vaulmarcoul & Antoine de Vaudrey, par notre cousin le Seigneur de Neufchatel, Messire Henry Vallée, notre Baillif d'Aval, qui furent devers lesd. de Beaune, & aussi par Messire Girard Rolin, notre Baillif de Mâcon, Jehan Mairet, notre Gruyer de Bourgougne, & par les personnes & témoins qu'ils vous nommeront & déclaireront, lesquels dessus nommés, & ceux qu'ils vous nommeront, voulons que sur ce interrogés & examinés secrettement & bien au long, & sur tout requeriez & sçaichiez au vrai la vérité, & de ceux qui furent principaux & plus coupables desdites rébellions & désobéissances; & lesdites informations ainsi par vous faites féallement clauses & scellées, rapportées & envoyées diligemment pardevers Nous tout le plus brief que faire se pourra, pour en être fait & ordonné au surplus comme*
                                                          il appartiendra

il appartiendra par raison, & gardez que ce que dit est ne fasse aucune faute. Très-chier & bien amé, Notre-Seigneur soit garde de vous. Écript en notre Ville de Douay le dernier jour de mai.

P. S. Nous avons entendu que semblablement ceux de notre Ville de Nuys, & aussi de notre Ville de Pontalier sur Saône, ont fait & commis de grands rébellions & désobéissances à l'encontre de Nous, que lesdits Ecorcheurs ont été logiez en nosdits Pays de Bourgoingne : Si vous mandons comme dessus que vous en informiez, & l'information nous renvoyiez close & scellée avec celle desdits d'Auxonne. Ecrit comme dessus. Signé, PHILIPPE. La superscription est telle : A notre amé & féal Conseiller, Procureur Général de Bourgoingne, Maître Guillaume Bourrelier.

De par le Duc de Bourgoingne, &c.

TRÈS-CHIER & bien amé, Nous vous mandons, & très-expressément commandons, que soigneusement & diligemment vous vous travailliez & employiez à garder, souffrir & deffendre nos Droits, Domaines, Hauteurs & Seigneuries selon que avez accoutumé sans crainte de nul; car en ce faisant toujours vous soutiendrons & deffendrons envers & contre tous, & ne vous laisserons point fouler, comme autrefois vous avons dit de bouche. Très-chier & bien amé, Notre-Seigneur soit garde de vous. Écrit à notre Ville de Douay le VI. de juillet. Signé, PHILIPPE.

De par le Duc de Bourgoingne, &c.

TRÈS-CHIER & bien amé, Nous avons ordonné & commis notre amé & féal Chevalier, Conseiller & Chambellan, le Seigneur de Ternan, à la garde & Gouvernement du temporel de l'Archevêchié de Besançon, ainsi que par nos Lettres sur ce faites vous pourra à plain apparoir; & pour ce que voulons icelles nos Lettres être mises à exécution plénière, Nous voulons, & expressément vous commandons, que audit Seigneur de Ternan & à ses Commis & Députez en cette partie, vous faites & bailliez, en mettant à exécution nosdites Lettres, tout le conseil, aide, confort & assistance que pourrez sans y faire comment qu'il soit faute. Très-chier

F

&‑bien amé, notre Seigneur soit garde de vous. Ecrit en notre Ville de Bruxelles le premier jour de janvier. Signé, *PHILIPPE*.

De par le Duc de Bourgoingne, &c.

A Notre bien amé Maître Guillaume Bourrelier, notre Procureur Général. Nous vous mandons que des biens de Maître Jehan Prevost, étant en notre main, vous bailliez & délivriez à Maître Jehan de Salives, notre Conseiller, la somme de soixante frans que nous lui avons tauxé pour ses dépens, peines & salaires, d'être allé à trois chevaux, par notre Ordonnance, aux lieux de Besançon, de Berne & de Tornon, devers notre très-chier & bien amé oncle le Duc de Savoye, & devers Nous à Dijon, pour nous dire & rapporter ce qu'il avoit fait, sçû & besougné sur le fait des instructions par Nous à lui envoyées touchant le fait dudit Maître Jehan Prevost; & en rapportant ces présentes vous demeurerez déchargé de lad. somme, & gardez que en ce n'ait faute, car ainsi l'avons ordonné, & voulons être fait. DONNÉ à Dijon le dernier jour du mois de mars l'an mil IIIIᶜ XXXIIII. Signé, *PHILIPPE*.

LETTRE écrite par les Échevins & Conseillers de la Ville de Dole, à Guillaume Bourrelier, Procureur Général de Bourgogne & de Charolois, pour la fondation & dotation de l'Université de Dole.

TRÉS-CHIER & espécial ami, nous nous recommandons à vous tant que plus pouvons, & vous plait; sçavoir, que depuis que vous êtes parti, par le moyen de Mr. l'Arcediacre de Langres, qu'est venu à Dole, à l'effet de l'Université, pour vous recommander Maître Henry de Splins, a pris son propos d'en aller avec vous pardevers Monsieur pour le fait de ladite Université, comme en votre présence & de votre consentement, il fut conclu pour le bien de la besougne; si vous prions qu'il vous plaise avoir le fait d'icelle Université pour recommandé, ainsin comme nous en avons parfaite fiance en vous sur tous autres, & de advertir & conforter ledit Maître Henry en tout ce que sera à faire en ceste partie. Jean Cornuot a aucunes instructions pour ceste matière qu'il baillera à vous & audit Maître Henry, lesquelles vous aviserez, s'il vous plaît, sur le chemin, ou quand il vous plaira, pour toujours être mieux avertis, & ce que vous aviserez d'être à faire en outre lesdites instructions se le faites, car nous le remettons en votre discrétion ; Nous avons baillé de l'argent audit Maître Henry & Jehan Cornuot pour faire leurs dépenses, & vous prions, que s'il leur faut rien, que vous leur faites avoir, & nous le vous rendrons, & se Dieu plaît desservirons tout envers vous à votre retour ; Nous vous certifions que Guyot Vurry n'a plus d'argent de ladite Université, car il a baillé ceste semaine IIc frans pour les Régents en ladite Université, & ainsi l'avons vû par son état, & par ce est nécessaire que ladite Université soit brièvement fondée, sans y prendre autre délay, autrement ils s'en iront, & se ainsin se faisoit jamais ne retourneroient ; & s'il vous semble expédient de faire Lettres ou nom de l'Université ou de la Ville de Dole, si la faites à ceux que bon vous semblera, voir aussi s'il y faut donner par-delà aucun présent de vivres ou autrement, ordonnez le ès dessusdits, & ils le feront, car du tout nous nous en remettons à vous, très-chier Sieur. Se aucune chose vous plaît que nous puissions, mandez le nous, & de bon cœur l'accomplirons, &c. Notre-Seigneur par sa sainte grace vous doint bonne vie & longue. Ecrit à Dole c'est lundy XXVI. jour de juin. Les Échevins & Conseillers de la Ville de Dole tous vôtres.

ATTESTATION de la Noblesse de la Maison de Bourrelier, par Claude de Bauffremont, Gouverneur du Comté de Bourgogne, & par quatre Chevaliers du même Pays, en l'année 1640.

NOUS Messire Claude Antoine, Baron de Poitiers, de Vadans, la Fertey, Ourzieres, Chantirin, Comte de Saint Valier, Seigneur de Molamboz, Chevalier au Parlement de Bourgongne, Colonel d'Aval, &c. Messire Louis de la Verne, Chevalier du Conseil de Guerre du Roy, Grand Gruyer de Bourgongne, Mestre de Camp d'un terce de trois mille Bourguignons, Commandant dans la Ville de Dole, & illustre & généreux frere Philibert de Cleron, Chevalier de l'Ordre de S. Jean de Hierusalem, Sergent Major au terce dudit Sieur de la Verne, &c. Et Messire Claude-Antoine de Vaudrey, Chevalier, Seigneur de Betoncour, Velchevreux, &c. Capitaine d'une Compagnie de deux cens Fantassins Bourguignons

pour le Service de Sa Majesté, députés par Monsieur le Baron de
Scey, Commis au Gouvernement de Bourgogne, pour voir les titres
& papiers de Nobles Sieurs Denis, Nicolas & Aymé Bourrelier,
dits de Malpas, freres, & eu égard à la saison de guerre, pendant
laquelle les papiers s'égarent facilement, leur donner attestation de
ce que nous reconnoîtrons, à laquelle devra être ajoutée foy comme
aux originaux desdits titres & papiers, ensuite d'un appointement
portant notre Commission en date du trente & unième janvier mil
six cent & quarante, sur requête présentée par eux à son Excellence, dont la teneur, ensemble dudit appointement, sera insérée ci-
après. Disons, déclarons & attestons, qu'étant cejourd'hui assem-
blez, Nous avons vu diligemment & exactement les titres & papiers
que lesdits Sieurs de Malpas nous ont produits, & par lettres
missives du Duc de Bourgogne Philippe le Bon, de Madame Isabelle sa femme & des Souverains, par Lettres-Patentes desdits
Ducs, de Madame Marie de Bourgogne, de Madame Marguerite
d'Autriche, de Philippe second, d'heureuse mémoire, Roy d'Espagne
& autres, par reprises de fiefs, par fondation de Chapelle en
l'Eglise de S. Vincent de Châlon, par présentations faites de personnages à la Cure de Quingey, dont ils sont Collateurs, par
attestations de Généraux d'Armées & de Gouverneurs de Provinces, par les rooles des Nobles qui ont comparu aux arrieres-bans,
par traité de mariages, testamens & autres enseignemens, nous
avons reconnu, premièrement, que lesdits Sieurs Bourrelier, dits de
Malpas, sont fils du fut Sieur Nicolas Bourrelier, dit de Malpas,
Seigneur de Mantry, Mauffans, &c. & de fut Dame Clauda
Franchet, jadis Dame de Chateau-Rouillaud; que ledit Sieur Nicolas
leur pere étoit fils du Sieur Simon Seigneur de Lizine, & de
D. Françoise Fauche; que ledit Simon leur ayeul étoit fils du Sr.
Renobert, Sr. de Germigney, Gouverneur & Capitaine de Rochefort,
& de D. Pierrotte de Boisset; que ledit Renobert leur bisayeul étoit
fils du Sieur Jean, Ecuyer, Commandant dans le Château de
Quingey, & de D. Marie de la Fertey; que ledit Jean leur trisayeul étoit fils du Sieur Jean, Ecuyer, & de Dame Jeanne de
Druley; que ledit Jean, pere de leur trisayeul, étoit fils du Sieur
Guillaume, Seigneur de Givry, & de D. Jeannette de Rozey, lequel Guillaume vivoit du tems du Duc Philippe de Bourgongne,
étoit employé par lui en grands affaires, & étoit fort aimé de son
Prince, & par la preuve que nous ont fait lesdits Sieurs Bourrelier,

lier , dit de *Malpas* , de leur Généalogie par les *susdits titres & pa-*
piers , il nous a consté clairement & évidemment , qu'ils font descendus de pere à fils de personnes qui ont rendus de fidels services
aux Ducs de Bourgogne & aux Roys d'Espagne leurs Successeurs ,
étants employez en de belles Charges ; que leurs Prédécesseurs ont
toujours fait profession de Noblesse , les uns servants leurs Princes
dans leurs Maisons ou dans les Conseils , les autres ayants Charges
& avantages dans les Armées , ou Commandants dans les Places ;
qu'ils ont possédez de beaux Fiefs & Seigneuries , même en l'an mil
trois cent octante-sept, Etienne de Malpas , Ecuyer, les Terres &
Seigneuries de Malpas , de Doucey , de Bornay , de Chilley , & autres fiefs qui ne peuvent être tenus en Bourgogne que par Personnes nobles , & qu'ils ne se sont jamais alliez par mariage
qu'à des femmes de noble condition , par le moyen desquelles lesd.
Sieurs de Malpas attouchent à beaucoup de Maisons nobles & illustres , de dedans & de dehors ceste Province ; ainsi ledit Sieur
Denis ayant épousé D. Anne-Françoise de Blyez , & ledit Sr.
Nicolas D. Claudine-Guyonne Cecile , tant à cause de leurs femmes que de leur mere , grand'mere & rière-grand'meres, ils sont
alliez aux Maisons de Vienne , de Grammont , de Ray , de Saux-
Tavannes , de Poupet , de Salenove , de Domballe , de Villeneuve ,
de Plainne , de Fetigny , de Bougne , de Vaugrenans , & à plusieurs
autres de considération. En confirmation de ce que dessus , & en
signe de vérité , Nous avons mis chacun au bas de la présente attestation , nos seings manuels , & y avons apposé nos armes. A Dole
le dix-huitième Febvrier mil six cent quarante.

S'ensuit la teneur de la Requête. A son Excellence Monseigneur
le Baron de Scey , Commis au Gouvernement de Bourgongne , du
Conseil secret de Guerre de Sa Majesté, Bailly d'Aval. Remontrent
humblement Nobles Sieurs Denis , Nicolas & Aymé Bourrelier , dits
de Malpas, freres , & fils de Noble Sieur Nicolas Bourrelier , dit
de Malpas, Seigneur de Mantry , Maufans , &c. Qu'ils ont en
main plusieurs titres & enseignemens par lesquels ils peuvent justi-
fier qu'ils sont descendus de pere à fils de personnes qui ont rendu
de fidels services aux Ducs de Bourgogne Philippe le Bon , Charles
le Hardy & aux Roys d'Espagne leurs Successeurs , étant employez
en de telles Charges que leursdits Prédécesseurs ont toujours fait
profession de Noblesse , servants leurs Princes Souverains dans les
Conseils ou dans les Armées , Commandants dans des Places &

G

Chasteaux de ceste Province, possédants de tems à autre de beaux
fiefs & Seigneuries qui ne peuvent être tenus en Bourgogne que par
Personnes nobles, & ne s'étants jamais alliez par mariage qu'à
des femmes de noble condition ; & comme lesdits titres & enseignemens ont couru déja fortune par plusieurs fois d'être perdus, &
qu'il est plus à craindre que jamais qu'en ce tems de guerre ils ne
viennent à s'égarer, ce que tourneroit au grand désavantage desd.
Sieurs de Malpas, & pour ce ils sont contraints de recourir à
Votre Excellence comme Commis au Gouvernement de Bourgongne, &
la suplier, comme ils font très-humblement, de déclarer que les
Sieurs de Malpas feront voir leurs titres & papiers à quatre Gentils-hommes députez de sa part, qui attesteront ce qu'ils reconnoî-
tront par lesdits titres & papiers, authorisant dois à présent, &
pour lors, au nom de Sa Majesté, l'attestation qu'ils en feront pour
servir auxdits Sieurs de Malpas & à leurs Successeurs la part où
ils trouveront convenir, avec déclaration que même foy devra être
ajoutée à ladite attestation ou à copie d'icelle, comme aux originaux desdits titres & papiers. S'ensuit la teneur de l'appointement.
Veu la présente Requête, prenant égard à l'exposé d'icelle & à la
saison de guerre regnant en ce Pays, Nous déclarons que les Sieurs
Suplians feront voir les titres & papiers y mentionnez, au Seigneur de Poitiers, Baron de Vadans, Chevalier au Parlement de
Dole, au Sieur Louis de la Verne Grand Gruyer de Bourgogne
pour le Service de Sa Majesté, au Sieur Chevalier de Cleron,
Sergent Major au Régiment dudit Sieur de la Verne, & au Sr.
de Vaudrey, Capitaine audit Regiment, que Nous députons pour reconnoître le contenu auxdits titres & papiers, autorisant dez maint-e-
nant, & pour lors, au nom de Sa Majesté, l'attestation qu'ils en
feront pour servir auxdits Sieurs Suplians & à leurs Successeurs,
la part qu'ils trouveront convenir, avec déclaration que foy devra être ajoutée à ladite attestation ou à copie d'icelle, comme aux
originaux desdits titres & papiers. En témoignage de quoi Nous avons
signé la présente Déclaration de notre nom & seing manuel, & fait
apposer à icelle le scel de nos armes, avec le seing manuel de notre
Secrétaire. A Dole le trente & unième janvier mil six cent quarante. Signé, C. DE BAUFFREMONT, le Baron DE SCEY, avec son
petit sceau. Et plus bas, Signé, Par Ordonnance, Normand
Signé, DE POITIERS, DE LA VERNE, le Chevalier de CLERON,
C. DE VAULDREY, & ANATHOILE DE SCEYS, comme
présent.

Nous Claude de Bauffremont, Baron de Scey fur-Saône, Bailly d'Aval, du Conseil secret de Guerre de Sa Majesté, & Gouverneur des Armées en Bourgogne, fur requête à Nous présentée par les Sieurs Denis, Nicolas & Aymé Bourrelier, dits de Malpas, freres, tendant à ce qu'il Nous plût voir l'attestation ci-dessus, & ensuite l'approuver & ratifier au Nom de Sa Majesté, pour leur valoir & servir la part qu'ils trouveront convenir, avec déclaration que foy y doit être adjoustée ou à copie d'icelle comme aux originaux des titres & papiers y mentionnés, bien souvenant de la Commission par Nous donnée aux Sieurs de Poitiers, de la Verne, de Cleron & de Vauldrey, pour recognoître & examiner le contenu desdits titres & papiers; & vuë l'attestation ci-dessus, qu'ils en ont donnée auxdits Sieurs Supplians, signée de leurs noms & seings manuels, & scellée de leurs cachets; Nous avons de nouveau ratifié, aprouvé & authorisé, ratifions, aprouvons & authorisons, au Nom de Sad. Majesté, icelle attestation, pour valoir & servir auxdits Sieurs Supplians & leurs Successeurs la part qu'ils trouveront convenir, avec déclaration que foy y doit être ajoutée ou à copie d'icelle comme aux originaux desdits titres & papiers y mentionnez. En témoignage de quoi Nous avons signé les présentes authorisation & déclaration de nos nom & seing manuel, & fait apposer à icelles le sceel de nos armes, avec le seing manuel de notre Secrétaire. A Besançon le vingt-huitième mars mil six cent quarante. Signé, Claude DE BAUFFREMONT, le Baron DE SCEY. Et plus bas: Par Ordonnance de son Excellence, Normand.

ÉRECTION de la Terre de Mantry & de ses dépendances, en Comté, en faveur d'Henry-François Bourrelier de Malpas, du mois de mars 1716.

LOUIS *par la grace de Dieu, Roi de France & de Navarre, à tous présents & à venir : Salut. Notre cher & bien aimé Henry-François Bourrelier de Malpas, Gentilhomme de notre Comté de Bourgogne, Nous a fait représenter qu'il est propriétaire de la Terre & Seigneurie de Mantry, située près de Poligny dans ledit Comté, laquelle Seigneurie s'étend sur les Villages de Mantry, Mauffans, Boisgelot & les Monceaux, consistans en terres, prels, vignes & bois qui en dépendent, & dans lesquels il a seul le droit* de Justice haute, moyenne & basse, relevant immédiatement de Nous à cause de notredite Comté de Bourgogne, avec plusieurs beaux droits, dîmes, prises de vin, four bannal, courvées, censes, rentes viagéres & fonciéres; droit de collation de Chapelle, & généralement tous les droits utiles & honorifiques qui peuvent décorer une Terre; qu'il y a un château bien bâti, accompagné de cour, basse-cour, vergers, jardins, écuries & autres bâtimens, le tout enclos de murailles; & qu'il posséde en outre dans lesdits lieux de Mantry, Mauffans, Boisgelot & les Monceaux, plusieurs autres fonds, domaines & rentes considérables, & d'un revenu plus que suffisant pour soutenir le titre & dignité de Comte; qu'il Nous a très-humblement fait supplier de vouloir bien lui accorder nos Lettres sur ce nécessaires; à quoi ayant égard, & mettant en considération l'ancienne Noblesse dudit Sieur Bourrelier de Malpas, qui s'est perpétuée sans aucune interruption depuis Guillaume Bourrelier, Sieur de Lisine & de Givry, dont il est descendant direct au huitième dégré, lequel en mil quatre cent trente-quatre étoit Conseiller & Maître des Requêtes de l'Hôtel, & Procureur Général de Philippe le bon Duc de Bourgogne, & laissa pour fils Jean I. pere de Jean II, Gouverneur du Château de Quingey, & sur-Intendant de la Grurie de Bourgogne; que Renobert Bourrelier, Sieur de Germigney, fils dudit Jean II, trisayeul de l'Exposant, fut Gouverneur de Rochefort, & eut pour fils Simon Bourrelier, Sieur de Lisine, qui fut Conseiller & Avocat Général au Parlement de Dole, & laissa pour fils Nicolas Bourrelier, Sieur de Mantry, Mauffans, & Malpas, dont est issu Nicolas Bourrelier de Malpas, pere de l'Exposant: Que frere Denis-François Bourrelier de Malpas, qui a été pendant quarante-huit ans Chevalier de l'Ordre de Malte, & est mort l'année dernière Commandeur de Sainte Anne & de Nabevron en Limosin, étoit germain de l'Exposant, auquel voulant donner des marques de la satisfaction que nous avons des services qu'il nous a rendus en divers emplois considérables, particulièrement en la Charge de Maire de la Ville de Salins, en laquelle il a été élu sept fois; & qui jusqu'à présent n'a pu être possédée que par des Gentils-hommes; & sçachant que sa famille est alliée aux Maisons de Vienne, de Poupet, de Domballe, de Vaugrenant, de Ray, de Saux, de Tavannes, de Fetigny & autres des plus distinguées du Comté de Bourgogne. A ces causes & autres bonnes considérations à ce nous mouvans, de l'avis de notre très-cher & bien aimé

aimé oncle le Duc d'Orléans, Régent, & de notre grace spéciale, pleine puissance & authorité Royale, Nous avons créé, érigé, élevé & décoré, créons, élevons & décorons par ces présentes signées de notre main, ladite Terre de Mantry & lesdits Villages de Maussans, Boisgelot & les Monceaux, en titre, prééminence & dignité de Comté, sous le nom de Mantry, pour en jouir & user par ledit Henry-François Bourrelier de Malpas, & ses enfans & descendans, mâles & femelles, nez & à naître en loyal mariage audit nom, titre & dignité de Comté de Mantry; Voulons & Nous plaît qu'ils puissent se dire & qualifier Comtes de Mantry en tous actes, tant en Jugement que dehors; qu'ils jouissent des mêmes honneurs, armes, blazons, autorités, prérogatives, prééminances, assemblées d'État & de Noblesse, que les autres Comtes de notre Royaume, encore qu'ils ne soient ici particulièrement exprimés & spécifiés; que tous les vassaux, arrieres-vassaux & autres tenants noblement ou en roture des biens dépendans dudit Comté de Mantry, les reconnoissent pour Comtes, fassent les foy & hommage, donnent leur aveu, dénombrement & déclaration, le cas y échéant, sous ledit titre, nom & qualité de Comtes de Mantry, & que les Officiers exerçants la Justice dudit Comté de Mantry, intitulent leurs Sentences, Jugemens & actes du même nom, titre & qualité, sans toutefois aucun changement ni mutation de mouvance ou de ressort, ni contrevenir aux cas royaux dont la connoissance apartient à nos Baillifs & Sénéchaux, ni qu'à cause de la présente érection ledit Sieur Bourrelier de Malpas & sesdits enfans & descendans, mâles & femelles, soient tenus vers nous ou autres Seigneurs de qui lesdits fiefs, Terres & domaines, pourroient relever, ni lesdits vassaux envers eux, à autres & plus grands droits & devoirs que ceux qu'ils doivent à présent, & qu'à défaut d'hoirs mâles nous puissions, ou nos Successeurs Roys, puissent prétendre lesdites Terres & fiefs être réunis à notre Domaine nonobstant toutes Ordonnances & Règlemens sur ce intervenus, auxquels nous avons dérogé & dérogeons par cesdites présentes; mais audit cas retourneront seulement en leur premier état & titre. Si donnons en Mandement à nos amés & féaux Conseillers les Gens tenans nos Cours de Parlement à Besançon, Chambre des Comptes, Aydes & Finances à Dole, & à tous autres nos Officiers & Justiciers qu'il appartiendra, que ces présentes nos Lettres d'érection en Comté de ladite Terre de Mantry, ils

faſſent enrégiſtrer , & du contenu en icelles jouir & uſer ledit
Sieur Bourrelier de Malpas & ſes enfans & deſcendans, mâles
& femelles , nez & à naître en légitime mariage , pleinement , paiſiblement & perpétuellement , ceſſant & faiſant ceſſer tous troubles & empêchemens quelconques , nonobſtant toutes Ordonnances,
Statuts , Règlemens , Loix , Coûtumes , Uſages , Édits , Déclarations,
Arrêts & autres choſes à ce contraires , auxquelles Nous avons dérogé & dérogeons , pour ce regard ſeulement , par ces préſentes , en
faveur dudit Sieur Bourrelier de Malpas , & de ſes enfans &
poſtérité , & ſans tirer à conſéquence : car tel eſt notre plaiſir. Et
afin que ce ſoit choſe ferme & ſtable à toujours , Nous avons fait
mettre notre ſcel à ces préſentes. Donné à Paris au mois de mars
l'an de grace mil ſept cent ſeize , & de notre Règne le premier ,
Signé , LOUIS. Et plus bas , Par le Roy : Le Duc D'ORLEANS,
Régent préſent. FLEURIAU. Viſa , VOISIN. Et ſcellée du grand
Sceau de cire verte.

PREUVES

DE LA GÉNÉALOGIE

DE LA FAMILLE DE BOUTECHOUX.

LETTRES-PATENTES de Maître des Requêtes de Charles, Duc de Bourgogne, en faveur de Jacques Boutechoux de Gray, l'an 1471.

CHARLES par la grace de Dieu, Duc de Bourgoingne, de Lotier, de Brabant, de Lembourg, de Luxembourg, Comte de Flandres, d'Artois, de Bourgogne, Palatin de Hainault, de Hollande, de Zélandes & de Namur, Marquis du Saint Empire, Seigneur de Frise, de Salins & de Malines; à tous ceux qui ces présentes Lettres verront, Salut. Sçavoir faisons, que pour la bonne & notable relation que faite nous a été de la personne de Messire Jacques Boutechoux, Licencié en Loix, & de ses sens, discrétion & souffisance, icelui confiant à plain de ses loyauté, prudhomie & bonne diligence, avons aujourd'hui retenu & retenons par ces présentes, en notre Conseiller & Maître des Requêtes de notre Hôtel, pour nous servir dores-en-avant oudit état de Conseiller & Maître des Requêtes de notredit Hôtel, aux honneurs, droits, prérogatives, libertés, franchises, proussits & émolumens accoûtumés & qui y apartiennent, sur quoi il sera tenu de faire le serment à ce pertinent ès mains de notre très-chier & féal Chevalier & Chancelier le Seigneur de Saillans & du Liz, que commettons à ce. Si donnons en Mandement à notredit Chancelier, que par lui reçu dudit Messire Jacques Boutechoux ledit serment, il & tous autres nos gens de Conseil qu'il apartiendra, le facent, souffrent & laissent d'icelui état de notre Conseiller & Maître des Requêtes de notredit Hôtel, ensemble des honneurs, droits, prérogatives, libertés, franchises, proussits & émolumens dessusdits, plainement & paisiblement jouir & user, sans lui faire ou donner, ne souffrir

être fait ou donné quelconque deſtourbier ou empêchement au contraire. En teſmoing de ce, Nous avons fait mettre notre ſeel à ces
préſentes. DONNÉ en notre Ville de Bruges, le darrier jour de
Janvier l'an de grace mil CCCC. ſoixante & onze. Signé, Par
Monſeigneur le Duc, LE MUET. Avec paraphe.

Aujourd'hui neuvieme jour de février l'an mil CCCC ſoixante
& onze, Meſſire Jacques Botechou dénommé ou blanc de ceſte,
a fait le ſerrement de Conſeiller & Maître des Requêtes de l'Oſtel
de Monſieur le Duc de Bourgoingne, dont oudit blanc eſt faite
mention, ès mains de Monſieur le Chancelier de Bourgoingne à ce
commis. Moy préſent. Signé, LE MUET, avec paraphe.

LETTRES-PATENTES de Conſeiller de Philippe, Archiduc d'Autriche, accordées par ce Prince à Jacques Boutechoux, Licencié en Loix, l'an 1500.

PHILIPPE par la grace de Dieu, Archiduc d'Auſtriche, Duc de
Bourgogne, &c. A tous ceux qui ces préſentes Lettres verront,
Salut. Sçavoir faiſons, que pour la bonne & notable relation que
faite nous a été de la Perſonne de noſtre bien-aimé Maiſtre Jacques Boutechoux, Licencié en Droits, & de ſes ſens, diſcrétion,
& ſuffiſance, icelui Maiſtre Jacques, confiant à plain de ſes loyauté,
prud'hommie & bonne diligence, avons retenu & retenons par ces
préſentes en notre Conſeiller, aux honneurs, droits, prérogatives,
libertés, franchiſes, prouffits & émolumens accoûtumés, & y appartenant, ſur quoi ledit Maître Jacques ſera tenu faire le même
ſerment à ce pertinent ès mains de notre très-cher & féal Chevalier
& Chancelier le Sieur de Maigny, que commettons à ce. Si donnons
en Mandement audit Sieur de Maigny notre Chancelier, que par
lui reçu dudit Maiſtre Jacques Boutechoux le ſerment en tel cas
pertinent, il, les gens de notre Conſeil, & tous nos autres Juſticiers
& Officiers, cui ce peut & pourra toucher & regarder, & chacun d'eux en droit ſoy, & ſi comme à lui appartiendra, le facent,
ſouffrent & laiſſent dudit état de notre Conſeiller, ès honneurs,
droits, prérogatives, libertés, franchiſes, proffits & émolumens deſ-
ſuſdits, pleinement & paiſiblement jouir & uſer, ſans lui faire,
mettre ou donner, ne ſouffrir être fait, mis ou donné aucun deſtourbier ou empêchement au contraire. Car ainſi Nous plaît-il.

E ij

En teſmoing de ce Nous avons fait mettre notre ſcel à ces Pré-
ſentes. Donné en notre Ville de Bruxelles ce vingt-ſixième jour du
mois de juillet, l'an de grace mil cinq cent. Signé ſur le replis,
Par Monſeigneur l'Archiduc à votre relation, N. HANNETON.

LETTRES-PATENTES *de Secrétaire d'État de Philippe*
I, Roi d'Eſpagne, accordées par ce Prince à
Jean Boutechoux.

Du 3 Octobre 1505.

PHILIPPE, *par la grace de Dieu, Roi de Caſtille, de*
Léon, *de Grenade, Archiduc d'Auſtriche,* &c. *A tous ceux*
qui ces préſentes Lettres verront, Salut. Sçavoir faiſons, que pour
la bonne relation que faite Nous a été de la perſonne de notre
bien amé Jehan de Botechou, & de ſes ſens, diſcrétion & ſouf-
fiſance, iceluy Jehan confiant à plein en ſes loyauté, prud'hommie
& bonne diligence, avons retenu & retenons par ces Préſentes
notre Secrétaire, aux honneurs, droits, prééminences, prérogatives, libertés, franchiſes, prouffits & émolumens accoûtumés &
y appartenans. Si donnons en mandement à notre très-chier &
féal Chevalier & Chancelier le Sieur de Maigny, que par luy
prins & reçu dudit Jehan de Botechou le ſerrement à ce deû &
pertinent, il le mette & inſtitue, ou face mettre & inſtituer depar
Nous en poſſeſſion dudit État de Secrétaire, & d'iceluy, enſemble
des droits, honneurs, prééminences, prérogatives, libertez, franchiſes, prouffits & émolumens deſſus dits, il & tous nos autres
Juſticiers, Officiers & Sujets cui ce regardera, le facent, ſouffrent
& laiſſent pleinement & paiſiblement jouir & uſer, ſans luy faire,
mettre ou donner, ne ſouffrir être fait, mis ou donné aucun deſtourbier ou empêchement contraire : Car ainſi Nous plait-il. En teſmoing de ce Nous avons fait mettre notre ſcel à ces Préſentes. Donné
en notre Ville d'Anvers le IIIᵉ jour d'octobre, l'an de grace mil
cinq cent & cinq, & de notre Règne le premier. Signé, Par
le Roy, HANETON, avec paraphe.

Autres Lettres de Secrétaire d'État de Charles, Roi de Castille, en faveur de Jean Boutechoux.

Du 14 Juillet 1517.

CHARLES, par la grace de Dieu, Roy de Castille, de Léon, &c. A tous ceux qui ces présentes Lettres verront, Salut. Sçavoir faisons, que pour le bon & louable rapport que fait Nous a été de la personne de notre bien amé Jehan Boutechou, & de ses sens, vertu & souffisance, iceluy Jehan confiant à plein de ses loyauté, prud'hommie & bonne diligence, avons retenu & retenons par ces Présentes notre Secrétaire, aux honneurs, droits, prérogatives, prééminences, libertés, franchises, prouffits & émolumens accoutumés & y appartenans; sur quoy ledit Jehan Boutechou sera tenu faire le serrement à ce deu & pertinent ès mains de notre amé & féal Chevalier & Chief de notre Conseil, pour en l'absence de notre Chancelier le Sieur de Solre sur Sambre, que commettons à ce. Si donnons en mandement à iceluy Sieur de Solre que ledit serement fait par le dessusdit Jehan Boutechoux, comme dit est, il & tous nos autres Justiciers, Officiers & Sujets, qui ce peut & pourra touchier & regarder, leurs Lieutenans, & chacun d'eux en droit soy, & si comme à luy appartiendra, le facent, souffrent & laissent dudit État de Secrétaire, ensemble des droits, honneurs, prérogatives, prééminences, libertés, franchises, prouffits & émolumens dessus dits, pleinement & paisiblement jouir & user, cessant tous contredits & empêchemens au contraire: Car ainsy Nous plait-il. En témoing de ce Nous avons fait mettre notre scel à ces Présentes. Donné en notre Ville de Middelbourg en Zélande le XIIIIe jour de juillet, l'an de grace mil cinq cent & dix-sept, & de notre Règne le second. Signé, Par le Roy, PERDERUE, avec paraphe.

LETTRES-PATENTES *de la Charge de Président au Parlement de Dole par Philippe II, Roi d'Espagne, en faveur de Claude de Boutechoux, Seigneur de Batterans.*

Du 13 d'Octobre 1575.

PHILIPPE, *par la grace de Dieu, Roy de Castille, de Léon, d'Arragon, &c. A tous ceux qui ces Présentes verront, Salut. Sçavoir faisons, que pour le bon rapport que fait Nous a été de la personne de notre chier & féal Messire Claude de Boutechoux, Sieur de Batterans, Conseiller ordinaire de notre Cour de Parlement à Dole, estant plainement informé de ses sens, vertu & prudence, iceluy confiant à plein de ses léaulté, prud'hommie & bonne diligence, avons retenu, commis, ordonné & institué, recevons, commettons, ordonnons & instituons par ces Présentes, en l'État de Président de notredite Cour de Parlement à Dole, au lieu de feu Messire Pierre Froissard, Sieur de Broissia, dernier possesseur dudit État de Président, en donnant audit Sieur de Batterans plein pouvoir, authorité & mandement espécial d'iceluy État dorésenavant tenir, exercer & desservir, présider en icelle notredite Cour, & mettre en délibération toutes les affaires, questions & différends que y surviendront, iceux conclure & appointer selon droit; faire raison & bonne justice à tous ceux & celles qui l'en requereront, & y auront à faire; de conclure & prononcer tous Arrêts, Sentences & autres appointemens d'icelle Court, soit en Audiences publiques, en Chambre & autrement, & généralement de faire bien & duement toutes & singulières les choses que bon & léal Président de notredite Court de Parlement peut & doit faire, & que audit État compétent & appartiennent, & tout selon la forme & teneur de nos Ordonnances sur ce faites, & l'institution d'icelle Court, aux gages, droits, honneurs, prérogatives, prééminences, libertés, franchises, prouffits & émolumens accoûtumés & audit Office appartenans, & tels & semblables que les a eu ledit Sieur de Broissia, tant qu'il Nous plaira; sur quoy ledit Sieur de Batterans sera tenu faire le serment à ce deu & pertinent ès mains de notre très-chier & féal le Comte de*

I ij

Champlitte, Seigneur de Vergy, Lieutenant Général & Gouverneur de notre Pays & Comté de Bourgogne, que commettons à
ce. Si donnons en mandement, &c. Donné en notre Ville de Madrid, Royaume de Castille, le treizième jour du mois d'octobre,
l'an de grace mil cinq cent septante-cinq, de nos Règnes, à sçavoir, des Espagnes, Sicille, &c. le vingtième, & de Naples le
vingt-deuxième. Signé, PHILIPPE. Et sur le replis : Par le Roy,
Duc & Comte de Bourgogne, DENNETIERES, avec paraphe.

LETTRES-PATENTES de *Philippe II, Roi d'Espagne,*
par lesquelles il accorde une pension annuelle de
six cens frans à Claude Boutechoux, Président
du Parlement de Dole.

Du 12 Décembre 1584.

PHILIPPE, par la grace de Dieu, Roy de Castille, d'Arragon, &c. A nos très-chiers & féaulx les Chief, Tréforier
Général & Commis de nos domaines & finances, Salut & dilection. Sçavoir vous faisons que pour la bonne connoissance que Nous
avons des longs, continuels & agréables services que Nous a fait
en diverses Charges & Etats de Justice notre très-chier & féal
Conseiller, Président de notre Court de Parlement séant à Dole
en notre Comté de Bourgoingne, Messire Claude Boutechoux, depuis que par Nous il a été honoré de l'Etat de notre Avocat fiscal
audit Parlement, & depuis de Conseiller en iceluy, & finable-
ment de la Charge de Président qu'il y tient encoires, durant quoy
même pour la diversité du tems, il a eu beaucoup de peine, &
néanmoins rendu grand devoir à conserver en son entier notre Religion catholique, apostolique, romaine, ensemble l'obéissance à Nous
deue conséquemment, la tranquillité de nos vassaux & sujets aud.
Bourgoingne, s'acquittant aussi louablement en ce qui touche la
droiturière administration de Justice. Nous, pour ces causes, &
prins égard aux bons services cy-devant rendus par les dévanciers
dudit Président Boutechoux aux de très-recommandée mémoire nos
Prédécesseurs, dois le bon Duc Philippe notre grand bisayeul, que
Dieu pardoint, & pour l'intercession à Nous en faite par notre
très-chier & très-amé bon neveu le Prince de Parme & de Plai-

ſance, pour Nous Lieutenant, Gouverneur & Capitaine Général de nos Pays d'embas & de Bourgoigne, & afin d'uſer envers luy de faveur & reconnoiſſance de ſeſdits ſervices, ſous eſpoir qu'il continuera en iœux avec même zèle & affection, luy avons octroyé, donné & accordé, octroyons, donnons & accordons de grace ſpéciale par ces Préſentes une penſion de ſix cens frans, monnoye courante audit Bourgoingne, par chacun an, dont voulons qu'il ſoit payé, contenté & dreſſé par les mains de notre amé & féal Receveur Général de notredit Comté, François de Gruyeres préſent, ou autres à venir, de demy an en demy an, par égale portion, & des deniers de ſa recette & entremiſe, à commencer & avoir cours du jour de la date de ceſdites Préſentes, & dès là en avant ſa vie durant. Si vous mandons, que faiſant ledit Préſident Boutechou, jouir de notredit accord de penſion de ſix cens frans, monnoye que deſſus, par an, vous la luy faites payer, bailler & délivrer, ou à ſon commandement pour luy, par notredit Receveur Général de Bourgoingne préſent & à venir, & des deniers de ladite recette & entremiſe, à commencer aux termes, & à durer comme dit eſt, auquel notredit Receveur Général de Bourgoingne mandons ainſy le faire ſans aucun contredit, & par rapportant ces mêmes Préſentes, vidimus ou copie autentique d'icelles pour une & la première fois, & tant de fois que meſtier ſera, quittance dudit Préſident Boutechou, ſur ce ſervant ſeulement, Nous voulons tout ce que payé & délivré luy aura été d'icelle penſion, être paſſé & alloué ès comptes, & rabbatu des deniers de ladite recette & entremiſe de notre Receveur Général de Bourgoingne qu'il appartiendra & payé l'aura, par nos amés & féaulx ceux de nos Comptes à Dole, ou autres commis ou à commettre à l'audition de ſes comptes, auxquels mandons ſemblablement ainſy le faire ſans aucune difficulté : Car ainſy Nous plaît-il, nonobſtant toutes & quelconques Ordonnances, reſtrictions, mandemens ou deffenſes au contraire. Donné ſoubz notre nom, en notre Ville de Madrid, Royaume de Caſtille, le douzième jour du mois de décembre, l'an de grace quinze cent octante-quatre, & de nos Règnes, à ſçavoir, de Naples & Hieruſalem le trente-unième, de Caſtille, Arragon, Sicille & des autres le XXIXᵐᵉ. & de Portugal le cinquième. Signé, PHILIPPE. Et plus bas : Par le Roy, Duc & Comté de Bourgoingne, A. DE LALOO, avec paraphe.

LETTRES-PATENTES de Chevalerie accordées par
Philippe II, Roi d'Espagne, à Antoine Boutechoux, Seigneur de Batterans, de l'an 1594.

PHILIPPE, par la grace de Dieu, Roy de Castille, d'Arragon, de Léon, des deux Siciles, &c. A tous ceux qui ces
Présentes verront, Salut. Sçavoir faisons que pour le bon rapport
que fait Nous a été de notre amé & féal Antoine de Boutechoux,
Sieur de Batterans en notre Comté de Bourgogne, qu'il Nous auroit servi en nos Pays d'embas par l'espace de quinze années continuellement en fait de guerre, & esté des premiers sorti de notred.
Comté pour venir trouver à Luxembourg feu notre bon frere Don
Jean d'Autriche, que Dieu pardoint, où il avoit continué à
rendre service jusqu'à son trépas, & esté par luy employé en plusieurs Charges pour notre service, même avoit passé en Angleterre
avec feu le Sieur de Gastel son oncle, & depuis s'étoit trouvé en
toutes occasions que lors seroient présentées, si comme à la défaite
de Gemblour, prise de la Ville de Louvain, & autres que se
rendirent à l'occasion de la susdite défaite; qu'il avoit continué
le même durant la Régence du feu notre bon nepveu le Duc de
Parme, & s'étoit trouvé en toutes les routes, rencontres & prinses
de Villes advenues dois douze ans, signamment à la prinse de
Audenarde, & autres plusieurs escarmouches que s'étoient présentées contre les François devant Gand & Berghes, Saint Wygnocq,
où il s'étoit signalé si particulièrement, que, à la vuë des deux
Camps & de son Général, il combattit seul à seul un Capitaine
François qui défioit tous ceux du Camp, & s'y comporta si bien,
que par un coup que luy donna de pistolet en la tête, en demeura
victorieux au grand contentement de sondit Général; s'étoit en
outre trouvé en tous autres assiégemens de Villes & exploits, tant
en notre Comté de Flandres, Duché de Brabant, qu'en autres
lieux, même à la route des François à Rosendael & Steemberg-
ghem, où il perdit deux chevaux; s'étoit aussi trouvé sur l'estacade
de la rivière pour serrer la Ville d'Anvers, où il avoit continué
de Nous servir jusqu'à la reddition d'icelle, & depuis s'étoit trouvé
devant la Ville de Berghes sur le Zoom, où par Ordonnance dudit
feu Duc de Parme il avoit charge de sortir de nuit de ses quar-

tiers pour découvrir les desseins de l'ennemy, & en donner adver-
tance, comme le fit si bien & dextrement, que tous en reçurent
grand contentement, & qu'il avoit continué en semblables devoirs
& services jusques à ce que, sentant sa personne pressée de mala-
dies & autrement, il fut forcé se retirer pour quelque tems en sa
maison. Nous, pour ces causes, & informé que ledit Antoine
de Boutechoux s'est toujours conduit en Gentilhomme d'honneur &
vertu, & que à toutes occasions il Nous a rendu bon service, &
afin l'extimuler à y continuer plus avant, même pour le bon &
particulier témoignage que Nous en a rendu par diverses lettres
ledit feu Duc de Parme, prenant aussi considération aux services
faits par le pere dudit Antoine feu Messire Claude de Boutechoux,
Chevalier, Sieur de Batterans, en son vivant Président de notre
Cour de Parlement dudit Bourgoingne, désirant partant ledit Antoine de Boutechoux favorablement traiter, eslever & honorer, l'a-
vons cejourd'hui fait créer Chevalier en notre présence de la main
de notre très-cher & bien amé bon fils le Prince, & le tenons
fait & créé tel, comme si de la nôtre propre l'eussions ainsi fait
& créé, veuillant & entendant que doresnavant il soit tenu &
réputé pour tel en tous ses actes & besougnés, & jouisse des droits,
priviléges, libertés & franchises dont jouissent & ont accoûtumé de
jouir tous autres Chevaliers par tous nos Pays, Terres & Seigneuries, signamment en nos Pays d'embas & Comté de Bourgoingne;
mandant & commandant à tous nos Lieutenans, Gouverneurs,
Mareschaux & autres Ministres, Officiers & Sujets à qui ce
peut toucher en quelque manière que ce soit, que ledit Antoine de
Boutechoux ils laissent, permettent & souffrent de tout le contenu
esdites Présentes, pleinement, entièrement & paisiblement jouir &
user, sans en ce luy faire, mettre ou donner, ne souffrir être fait,
mis ou donné aucun destourbier, obstacle, contredit ou empêchement au contraire : Car ainsi Nous plait-il. En tesmoing de ce
Nous avons signé ces Présentes de notre main, & fait mettre notre
grand scel à icelles. Donné en notre Ville de Madrid, Royaume
de Castille, le huitième jour du mois de juin, l'an de grace quinze
cent nonante-quatre, & de nos Règnes, à sçavoir, de Naples &
Hierusalem le quarante-unième, de Castille, Arragon, Sicille
& des autres le trente-unième, & de Portugal le quinzième.
Signé, P H I L I P P E. Et sur le replis : Par le Roy, Duc &
Comte de Bourgogne, A. DE LALOO, avec paraphe.

INSTITUTION de Capitaine du Château de Saint
Asne en faveur d'Antoine Boutechoux, Chevalier,
Seigneur de Batterans, de l'an 1599.

ALBERT & ISABEL CLARA EUGENIA, *Infante d'Es-*
pagne, par la grace de Dieu, Archiducs d'Austrice, &c.
A tous ceux qui ces Présentes verront, Salut. Comme à cause de
la cession & transport qu'a fait à Nous Infante feu de très-
haute & immortelle mémoire le Roy mon Seigneur & Père, que
Dieu ait en sa gloire, de ses Pays & Comté de Bourgoingne,
tous les États & Offices ayants été auparavant desservis par com-
mission de Sa Majesté, tant de Justice qu'autres, soient vaquez
& échus à notre disposition, & même l'État de Capitaine du
Château de Saint Asne, que sous Sa Majesté a tenu notre chier
& féal Messire Anthoine de Boutechoux, Chevalier, Sieur de
Batherans, & le dessert encoire présentement en vertu de la gé-
nérale continuation qu'avons fait de tous États jusqu'à ce que au-
trement en aurions ordonné, & partant Nous appartient en dis-
poser à notre plaisir. Sçavoir faisons, que pour le bon raport que
fait Nous a été dudit Sieur de Batherans, mesment de sa bonne
conduite audit État, iceluy confiant à plein de ses léauté, pru-
d'hommie & bonne diligence, avons commis, ordonné & insti-
tué, commettons, ordonnons & instituons par ces Présentes audit
État de Capitaine du Château de Saint Asne, en luy donnant
plein pouvoir, authorité & mandement espécial dudit État dores-
navant tenir, exercer & desservir, vaquer & entendre soigneu-
sement & diligemment à la garde, nuition, seureté & deffense
dudit Château de Saint Asne; y faire bon guet & garde, de
jour & de nuit, toutes & quantes fois que besoin sera; de aud.
guet & garde contraindre tous ceux & celles qui tenus y sont réa-
lement & de fait, comme l'on est accoûtumé faire en cas sem-
blables & généralement faire bien, dûement & léalement toutes
& singulières les choses que bon & léal Capitaine susdit peut &
doit faire, & que audit État compétent & appartiennent, aux
gages, droits, honneurs, prérogatives, prééminences, libertés, fran-
chises, prouffitz & émolumens accoûtumés & y appartenans, &
tels & semblables qu'il les a eu jusques à oires, tant qu'il Nous
plaira. :

plaira, *fur quoy, & de foy bien & dûement acquitter en l'exercice dudit Etat , ledit Sieur de Batherans fera tenu de faire &
prefter le ferment à ce deû & pertinent ès mains de notre très-chier
& féal Gouverneur de notre Comté de Bourgogne le Comte de Cham-
plite, que commettons à ce, auquel mandons que ledit ferment fait,
&c. Donné en notre Ville de Bruxelles le vingt & unième d'octobre, l'an de grace mil cinq cent nonante & neuf. Signé Par
les Archiducs, Ducs & Comtes de Bourgogne, DE BOODT, avec
paraphe.*

K

✱✱✱✱✱✱✱✱✱✱✱✱✱✱✱✱✱✱✱✱✱

PREUVES

DE LA GÉNÉALOGIE
DE LA MAISON D'ESTERNO.

CHARTRE *par laquelle Jean, Archevêque de Besançon, confirme la donation du patronage des Églises d'Esterno & Colans, faite à l'Abbaye de Billon par Étienne d'Esterno, Damoiseau, frere de Guy d'Esterno, Chevalier, de l'an* 1243.

IN nomine Patris, & Filii, & Spiritûs Sancti. Amen. Nos Joannes, permissione divinâ, Electus Bisuntinus, notum facimus omnibus præsentes Litteras inspecturis, quòd Nobilis. Vir Dominus Richardus de Ceys, dictus de Montbeliart, laude & consensu Alix uxoris sue, & Petri filii sui, pro remedio anime patris sui & prædecessorum suorum, dedit & concessit Monasterio Bullionis, Cisterciensis Ordinis, & Fratribus ibidem Deo famulantibus, in eleemosinam perpetuam quicquid habebat & possidebat, vel de jure, vel de facto, vel de consuetudine, in omnibus proventibus pertinentibus ad Altaria Ecclesiarum de Clarons & de Deffervillers, in oblationibus mortuariis, minutis decimis & omnibus aliis usibus & commodis que proveniunt vel possunt provenire ad Altaria supradicta, cum jure patronatûs; Lambertus quoque dictus Pepin de Fertans, & Guido frater ejus Balbus & Willelmeta mater eorumdem, contulerunt in eleemosinam perpetuam prædictis Monasterio & Fratribus Bullionis quicquid habebant & possidebant, vel de jure, vel de facto, vel de consuetudine, in proventibus Altariorum Ecclesiarum de Fertans, & de Clarons, & de Deservillers, in oblationibus mortuariis, minutis

decimis & aliis omnibus usibus & commodis que proveniunt
vel provenire possunt ad Altaria prædictarum Ecclesiarum, cum
jure patronatûs; & hanc eleemosinam & donationem lauda-
verunt & ratam habuerunt Pontia, uxor prædicti Lamberti,
& Henrieta, & Simoneta filie ejusdem Lamberti, & hæc omnia supradicta promiserunt dicti fratres Lambertus & Girido,
& mater eorum, garantire & pacificare contrà omnes; & etiam
ad preces eorum præfatus Nobilis Vir Dominus Richardus de
Ceyz, dictus de Montbeliart, hæc omnia supradicta promisit
fide datâ dictis Fratribus & Monasterio Bullionis garantire &
pacificare, & in perpetuum in pace tenere & facere teneri &
possideri Monasterio Bullionis ante dicto. Abbas verò & Conventus prædicti Monasterii Bullionis, accepti beneficii & elee-
mosine, non immemores nec ingrati, consideratâ devotione
prædictorum L. & G. & matris eorum, & etiam prædicti Domini R. proindè mutuâ charitate dederunt dictis Fratribus &
matri eorum XXXIII libras Stephanienses, & prædicto Domino R. XIII libras. Ad hæc quoque sciendum est, quòd
Stephanus d'Esterno, Domicellus, frater Domini Guidonis, Militis,
dedit in eleemosinam in perpetuum habendam & possidendam
sæpè dicto Monasterio Bullionis & Fratribus ibidem comoran-
tibus, laude & consensu Milesane uxoris sue, Willelmete &
Clementie filiarum suarum, quicquid habebat & possidebat de
facto, vel de jure, vel consuetudine, in Altaribus de Esterno
& de Colans, in oblationibus mortuariis, minutis decimis &
omnibus aliis usibus & commodis que proveniunt vel possunt
provenire ad Altaria prænotata de Esterno & de Colans, cum
jure patronatûs; & hanc donationem promisit prædictus Stephanus garantire & pacificare contra omnes; unde Abbas &
Conventus Bullionis proindè mutuâ charitate dederunt eidem
Stephano XV libras Stephanienses. Nos verò ad preces & re-
quisitionem prædictorum omnium, nè in posterum quæstio
posset oriri super præmissis & malignorum obviare perversitas,
præsentes Litteras sigillo nostro fecimus communiri in testimonium veritatis, & prædictas eleemosinas ratas habuimus &
habemus, confirmavimus & confirmamus, inhibentes, sub pœnâ
excommunicationis, nè quis aliquo tempore contra hujusmodi
eleemosinas & donationes venire audeat vel præsumat. Data
per manum Pontii, Cancellarii nostri. Actum anno Domini
M. CC. XLIII.   K ij

DONATION faite par Jean, Comte de Bourgogne, à Eudes d'Esterno, Chevalier, de dix livrées de terre de rente, de l'an 1259.

NOUS JEHANS, Cuens de Bourgoingne, & Sire de Salins, faisons sçavoir à tous ceux qui verront ces Présentes, que Nous, en accroissement du fiez que notre amé & féal Messire Hudes d'Esternoz, Chevalier, tient de Nous, luy avons donné à sa vie dix livres à estevenans, à avoir & recevoir chacun an en notre rente de notre Pays de Salins, loyaulment & à bonne foy, à la Feste Saint Michier. En tesmoignaige de ceste chose, Nous avons mis notre scel pendant en cestes présentes Lettres. Ce fut fait l'an de l'Incarnation Nostre-Seigneur qui corroit per M. CC. LIX ou mois de septembre.

CHARTRE par laquelle Jean, Comte de Bourgogne, donne aux enfans qu'il a de la Comtesse Laure le fief qu'Eudes d'Esterno, Chevalier, tient de luy, de l'an 1263.

NOS JEHANS, Cuens de Borgogne & Sires de Sallins, façons sçavoir à tos ces qui verront ces présentes Lettres que Nos havons doné & ouctroié as enfans que Nos havons & haurons de la Comtesse Lore notre fame, en lor loyale partie que doné leur havons de nos biens & de nos honours après Nos, le fied que de Nos tient Messire Heudes d'Esterno, Chevalier, Châtelain de Montmayor, & per nostre comandement est entré ledit Heudes en homaige à ladite Lore, Comtesse, notre fame, & est à sçavoir que Nos volons & comandons audit Heudon que se de Nos défailloit, que il rendit & baillât le Chastel de Montmayor à ladite Lore, ou à son certain comandement, se ainsy étoit que ledit Heudon fut à donc Châtelain doudit Chastel. En tesmoignage de ceste chose Nos havons mis notre scel pendant en ces présentes Lettres. Ce fut fait l'an de l'Incarnation Notre-Se-

gnor qui corroit per mil & dous cent & sexante & trois, le ven-
redy après Feste St. Jean décollaié.

CHARTRE par laquelle Etienne de Chalon, Sire de
Vignory, confirme à Guyot d'Esterno, Écuyer,
fils de feu Eudes d'Esterno, Chevalier, le don
de dix livrées de terre qui avoit été fait à son peré
par Jean, Comte de Bourgogne, de l'an 1299.

NOS ESTIENNES DE CHALONS, Sire de Veignory, façons sçavoir à tos, que comme nostre chier pere Jehans,
Cuens de Chalons, eût donné à Monseignour Oede d'Esterno,
Chevalier, dix livrées de terre chescun an, à panre ou puis de
Salins, à la vie doudit Oede tant seulement, & ledit Oede soit
trespassé de cest siegle, & lesdites dix livrées de terre soient ve-
nues ès hoirs de nostredit pere, à nos, à nos hoirs & à ses autres hoirs. Nos, regardans les services que ledit Oede a fait à
Nos ou tems passé, en recompensation desdits services, Nos do-
nons & avons doné por Nos & por nos hoirs, à Guyot d'Esterno,
Escuyer, fil doudit Oede, por luy & por ses hoirs, à toujours,
en hyretaige tout le droit que nos est venu desdites dix livrées de
terre. C'est à sçavoir, la sexte partie, qui vaut trente-trois sols,
& quatre deniers de petits tournois. Et ledit don Nos promettons
en bonne foy tenir fermement sans rapel par Nos & par nos hoirs
audit Guyot, por luy & por ses hoirs, en tel meniere se nostre
personnier li volant doner audit Guyot & à ses hoirs la lor partie
desdites dix livrées de terre. En tesmoignaige de laquel chouse Nos
havons mis nostro scel en ces présentes Lettres, qui furent faites
en l'an de grace mil II^C. LIIII^{XX}. & dix & neuf, ou mois de
septembre.

*V*ENTE *des dîmes d'Esterno, Collans, Montmahou & Nant, faite par Richard de Chatillon, Écuyer, à Jean d'Esterno, Écuyer, de l'an* 1345. *Ces dîmes appartiennent encore à la Maison d'Esterno.*

*J*E RICHART, *dit de Chataillon, Escuier, fais sçavoir à tous cex qui verront & orront ces présentes Lettres, que je, de certaine science, de ma boune & franche volonté, sans coherction de nulle persoune en ce fait, regardant & considérant mon grant & évident prouffit, & le deschargement de mes debtes, hay vendu, quitté & outroye, baillé & délivré, vend, quitte, outroye, baillé & délivre perpétuelment & franchement à Jehans d'Esterno, Écuyer, & ès suens & à ses hoirs, & à tos ces qui de luy hauront cause, la siexte partie por non devis, & le plus se il trouve, por quelque cause, egere ou condition que ce soit, que je il ehusse de tous les dymes, quel qu'ils soient, que je havoie ou pooie havoir, tant ou Paroichaige d'Esterno, de Colans, de Montmahour, come des doux Nanz, & ès appartenances desdits lieus, por le prix de sexante & dix florins de Florence, de bon or & de loyal poids, laquelle somme de florins j'ay ehus & recchus doudit Jehans en bons deniers loyalement nombrez à temps de ceste vendue faite, & me tiens & suis tenu pour bien payez & comptant, sans jamais rien demander de moy ne des miens; & por ce je, por moy & por les miens & por mes hoirs, de ladite siexte partie, & dou plus se il y est, de tous les dîmes des leux dessus nommés, & des appartenances desdits leux, me suis devestu & deveste de tous droits de propriété, & de possession sans rien retenir, & ledit Jehans pour luy & pour les suens, & pour ses hoirs, & pour tous ces qui cause auront de luy, en ay envestu & enveste, & mis & meste en veray & corporalx possession ou auxi par la vaillance de ces présentes Lettres, & l'y en ay promis & promets porter loyal garantie contre toutes gens, en tous leus, en toutes Cours; & par devant tous Juges à mes propres missions & dépens, & de mes hoirs par mon soirement de mon corps pour ce jurés, & touchez corporellement sus Saints Evangiles de Dieu par stipulation solempnelle; & sus l'expresse obligation de tous mes biens, mobles & non mobles, présents*

& advenir & de mes hoirs, & que contre cesté venduë faite, ne contre la teneur de ces présentes Lettres, je n'iray, ne vendray par moi ne pas autruy en appart ne en reſcondiz, en plait ne fuers de plait, ne conſentirai ne nuls autre il viengne. Et eſt à ſçavoir que ſe à tous étoit que par le tems advenir demandoit ou demandiſſiens à tous chouſe ou à tous ſervituz en ladite ſiexte partie, ou en plus ſi eſtoit trovez eſdits dimes, je por moy & por les miens promets par mon devant donné ſoirement, prendre la charge de la tençon & tanceſt à la ſimple requeſte doudit Jehans ou des ſuens faire le plait mien, & ay promis & promets aud. Jehans & ès ſuens payer, rendre & reſſarcier tous coſt, domaiges, miſſions & intérêts, ſe lidit Jehans ou li ſiens les faiſoient ou mettoient en deffendre ladite ſiexte partie deſdits dimes franche & quitte de tous ſervituz de tous fiez & rierefiez, contre tous, en contre à tous je tiens, il voloient demander deſquels coſtz, domaiges, miſſions & intérêts, ſe fait ils étoient, lidit Jehans ou li ſuens ſara crehu par ſon ſimple ſoirement ſans autre preuve faire, & renonçois quant à ces faits par mon devant doné ſoirement à toutes exceptions de mal, barat, leſion, deception en aucune meniere, ou que autre choſe ſoit faite, autre choſe écrite ou convenancié par ces préſentes Lettres ou en ceſte préſente venduë, à la exception de la ſomme de florins deſſus dite que ne me ſoit payée, nombrée & préſentement delivrée, à toute leſion, circonvention, à toute condition ſans cauſe & cauſe moins ſouffiſant, à toutes exceptions, raiſons, droits, deffenſions & allegations que moy ou ès miens de droit, de fait ou de coſtume pourroient aidier ou proffetier, & audit Jehan ou ès ſuens nuyre ou grever & à droit que dit que général rénonciation ne vaut. Et coignois & confeſſe toutes les choſes devant dites, & une cheſcune dicelles être veraies & enſi être faites, ſtipulées & promiſes, & les promet tenir & garder fermement ſans jamais venir en contre, par mon devant doné ſoirement. En teſmoignage de laquel chouſe j'ai requis venerable Perſonne & diſcrette Monſiour l'Official de la Court de Beſançon par Eſtevenin dit Quatet, d'Arbois, Clerc, & par Renaut dit de la Platiere, d'Arbois, Prêtre, Notaires jurés de ladite Court de Beſançon, qui facent mettre en ces préſentes Lettres le Scel de ladite Court de Beſançon, & ay auſſi requis & fait mettre en ces préſentes Lettres le Scel de très-haut Noble & puiſſant Prince Monſiour le Conte de Flandres, duquel l'on uſe en Arbois, ſoubs leſquelx Cours, Juridicions &

*cohercions je submets moy & tous mes biens presens & advenir &
de mes hoirs, pour contraindre par voye d'exécution touz de plaint
par Sentence d'excommuniement, & par la capcion de mesd. biens,
à tenir & garder fermement, ceste venduë, & toute la teneur de
ces présentes Lettres. Et Nous Official de la Court de Besançon,
à la priére & requeste doudit Richart faites à Nous, par nos devant ditz Notaires, esquelx quand à ces choses, & à plus grans,
nous ajostons foy pléniére, & lour havons commis nos voyes & commettons par ces présentes Lettres ; avons fait mettre en ces présentes
Lettres le Scel de notredite Court de Besançon, ensemble le Scel
doudit Conte de Flandres, douquel l'on use en sa Ville d'Arbois.
Ce fut fait, présents Radet de Myon, Jehan Chapoy d'Ornans,
& Aymé de la Grange d'Arbois, Escuiers, à ce tesmoins appellés &
requis. Donné le XVIIe. jour dou mois de may, l'an de grace corrant
mil trois cent quarante & cinq : Signé Ita est R. DE LA PLATIERE.*

TESTAMENT de Jean d'Esterno, Chevalier, de l'année 1410.

IN nomine sancte & individue Trinitatis, Patris, & Filii, &
Spiritûs Sancti. Amen. Ego *Johannes* D'ESTERNOL, *Miles*, fa-
nus mente per Dei gratiam, & bene mei compos, ac bone me-
morie existens, licèt infirmus corpore, timens casus mortis for-
tuitos, quibus humana fragilitas subesse cothidie dignoscitur,
attendens autem & considerans quod nihil est certius morte,
nihil incertius ejus hora ; idcircò, nè decedam intestatus, dùm
ratio regit mentem, testamentum meum seu ultimam volóntatem
meam, condo, facio, & de bonis meis mihi à Deo collatis dif-
pono & ordino in hunc modum. In primis animam meam
nunc, & cùm exuta fuerit à corpore meo, suo recommendo
altissimo Creatori. Item, sepulturam corporis mei eligo in Eclesiâ
Parochiali d'Esternol, videlicèt in Cappellâ Sancti Juliani, ante
Altare ipsius Cappellæ. Item, do & lego semel Curato meo Ecle-
sie d'Esternol, pro eleemosinâ meâ, sex florenos. Item fondo,
constituo & ordino unam Cappellaniam, seu unum Prestimo-
nium in dictâ Eclesiâ d'Esternol, ad dictum Altare Sancti Juliani,
in honore Dei Patris Omnipotentis, Filii & Spiritûs Sancti
glorioseque Virginis Marie, ac ipsius Sancti Juliani ; & ipsam

doto,

doto ; dotatamque effe volo de centum folidis Stephanienfi-
bus, quos quidem centum folidos Stephanienfes affigno & affideo ipfi Capellanie ; feu Capellano ejufdem, qui pro tempore fuerit inftitutus in ipfam Capellaniam, videlicèt quadraginta folidos Stephanienfes, ipforum centum folidorum
fuprà pratum meum fitum in prateriâ d'Alaife, in loco qui dicitur
ès Cheches, juxtà terram que quondam fuit Johanni de Mori-
nant, quondam Scutifero ex una parte, & juxtà terram Regnadi
dicti Voiturux d'Alaife ex altera parte. Item fuprà pratum
meum fitum in territorio de Bolando, in loco dicto aulx De-
veges, juxtà terram liberorum Regnadi quondam dicti Popom,
ac etiam fuprà totam terram meam quecunque fit, & quocunque
nomine cenfeatur, quam habeo, poffum & debeo habere in toto
territorio de Bolando ; item de voluntate & confenfu *Joannete*
matris mee prefentis, volentis & laudantis, in prefentia Notarii
& teftium infrà fcriptorum, alios viginti folidos Stephanienfium bonorum dictorum, centum folidorum Stephanienfium affigno & affideo, ac in apparenti pono fuprà totam terram dicte *Joannete* matris mee exiftentem in territorio d'A-
mondans, quam modo excolunt Perrinus dictus Jehan, & Guil-
lelmus dictus Marefchaulx dicti loci d'Amondans, quos quidem viginti folidos Stephanienfes volo quolibet anno perpetuò
folvi per dictam matrem meam & fuos heredes tenementarios
dicte terre, die fefti Sancti Martini hyemalis. Item alios quadraginta folidos dictorum centum folidorum Stephanienfium
affigno & affedeo, ac in apparenti pono fuprà unam meam
peciam terre, tàm in prato quàm in campis, fitam in territorio
d'Efferten, vocatam gallicè *le Champ de l'Abepin*, continentem
circà feptem vel octo jornalia terre, juxtà terram ex uno latere, & de fuprà quondam liberorum Vuillelmi dicti Borrechon
d'Arefche ex una parte, & terram ex alio latere quondam Ri-
chardi dicti Belle d'Arefche ex alia parte, quam acquifivi à
Domina Johanna de Plateria, relicta quondam dicti Domini
Johannis Bonivaleti, quondam Militis ; & volo quod fi dicta
Domina Johanna voluerit redimere, feu rehabere dictam peciam terre, quod heredes mei infrà fcripti teneantur, & ipfos
volo effe obligatos affignare ipfi Capellanie, qui pro tempore,
& Capellano ipfius ad opus ipfius Capellanie, qui pro tempore
in ipfa Capellania fuerit inftitutus, & quod per ipfum Capellanum

I.

qui pro tempore fuerit, pro se & suis successoribus Capellanis ipsius Capellanie, compellantur heredes mei in dicto casu assignare alibi dictos quadraginta solidos benè & decenter ac melius; & quod ipsi heredes mei teneantur solvere quolibet anno perpetuo dicto Capellano, qui pro tempore erit in dicta Capellania, usquequò fuerint assignati alibi benè & decenter, & dictos centum solidos Stephanienses modo prædicto & assigno, assedeo ipsi Capellano qui pro tempore fuerit institutus in ipsa Capellania, ac successoribus suis Capellanis ipsius Capellanie ut supra, scilicèt supra terras prædictas & supra fundum, pertinentias & appenditias ipsarum terrarum universas, quam Capellaniam onero & oneratam esse volo de duabus Missis, videlicèt una de *Requiem*, & altera de Beatâ Virgine Mariâ, in qualibet hebdomada cujuslibet anni perpetui per Capellanum ipsius Capellanie, aut per alium Capellanum sufficientem & idoneum, in dicta Capellania ad Altare ipsius celebrandis pro remedio anime mee, animarumque patris mei & matris mee, ac omnium antecessorum & successorum meorum, quam Capellaniam do & confero pro ista & prima vice *Johanni* vel *Petro* liberis meis, videlicèt illi qui prius ad sacros Ordines sacerdotales voluerit ascendere seu promoveri; ita tamen quod ille dictorum liberorum meorum qui ad sacros Ordines sacerdotales voluerit ascendere seu promoveri, teneatur benè & fideliter deservire dicte Capellanie in divinis per Capellanum idoneum & sufficientem usquequò sit Presbyter; & si casu adveniente, unus dictorum liberorum meorum noluerit, seu non voluerint, ad dictos sacros Ordines promoveri, seu esse Presbyter, volo quod hæredes mei infrà scripti in ipso casu habeant, ipsam conferre alicui Capellano idoneo & sufficienti, qui teneatur deservire in divinis ipsi Capellanie, prout suprà dictum est, hujus quidem Capellanie quando vacaverit, & totiens quotiens vacaverit, volo quod donatio & collatio, seu presentatio & omnimoda dispensatio ipsius deveniat heredibus meis infrà nominatis, & eorumdem successoribus, qui quidem heredes mei & eorum successores habeant ipsam conferre totiens quotiens vacaverit, cuidam Capellano sufficienti & idoneo, à quo recipiant juramentum de manutenendo dotem ipsius Capellanie, ac ipsam in divinis benè & fideliter deserviendo per se aut per alium Capellanum, prout dictum est superiùs. Item dono & lego ad reparationem Ecclesie d'Esternol semel quatuor florenos, videlicèt unum florenum ad emendum unum pannum aptum ad ponendum suprà corpora mortuorum in dicta Ecclesia d'Esternol, & tres florenos ad ædificationem & reparationem tecti seu cooperture dicte Ecclesie d'Esternol. Item volo & ordino quod heredes mei infrà nominati teneantur administrare Perrino dicto Morelz d'Esternol, tandiù quamdiù idem Perrinus vixerit, in humanis victum & vestitum secundùm facultatem ipsius, sic & taliter ut continetur in quibusdam litteris super hoc confectis. Item volo & ordino quod heredes mei infrà nominati, die obitûs Domini Johannis dicti Macon, Presbyteri d'Esternol, seu die in qua de medio sublatus fuerit, teneantur facere celebrare Missas pro remedio anime ipsius Domini Johannis, usque ad summam quatuor florenorum. Item do & lego pro exoneratione animarum parentum meorum mee Ecclesie d'Esternol, pro lampadibus Altarium Sanctorum Laurentii & Juliani, quadraginta pintas olei, semel ad mensuram de Salinis, reponendas in dolio seu vase inferiùs nominando. Item volo & ordino quod heredes mei infrà nominati teneantur quolibet anno perpetuò ponere in lampadibus Altaris predicti Sancti Laurentii dicte Ecclesie d'Esternol, & Altaris predicti beati Juliani in dicta Ecclesia, ad illuminandum dicta Altaria, oleum usque ad summam quatuor pintarum olei, ad mensuram de Salinis; & ad custodiendum dictum oleum, volo quod dicti heredes mei emant, seu emare teneantur, unum vas de quercu, ad reponendum dictum oleum, cum quadraginta pintis olei supradictis, de quo quidem vase dicti heredes mei habebunt custodiam; & hoc est tàm pro oleo quod *Johannis d'Esternol Miles quondam pater meus dederat* ad opus ipsarum lampadum, tempore quò vivebat, quàm pro oleo quod & presens do & lego ipsi Ecclesie pro dictis lampadibus, seu ad opus ipsarum; quod quidem oleum assigno & assedeo, ac in apparenti pono suprà totam terram quam acquisivi à Johanne dicto Goval & uxore ejus, sitam tàm in territorio de Colans quàm de Refranche, in qua quidem acquisitione associavi Dominum *Guidonem d'Esternol Presbyterum fratrem meum*, & huic legato se consentiit dictus frater meus, qui erat presens in factione hujus mee presentis ultime voluntatis. Item in remissionem omnium peccatorum meorum do & remitto omnibus debitoribus meis, ut ipsi teneantur effundere preces ad Dominum pro me & pro remedio anime mee, decimam partem omnium debitorum seu horum in quibus mihi tenentur. Item do & remitto omnibus illis qui excommunicati sunt, tàm auctoritate Domini Officialis Curie Bisuntine, quàm aliarum, ad instantiam mei pro contumaciâ tantùm, omnes missiones ipsorum factas per me contra ipsos, ut ipsi teneantur deprecare Deum pro remedio anime mee. Item do & lego Guillelmete uxori Odini dicti Nycholenet, omne illud in quo mihi ex causa suarum tailliarum tenetur, & ultrà hoc do & lego sibi Guillelmete tres florenos semel. Item do & lego Stephanete filie Guidonis dicti Nycholenet, & Perrino ejus filio, duos florenos semel. Item do & lego Domino Johanni dicto Macon Presbytero, unam tunicam de tunicis meis, & unum caputium de caputiis meis, unà cum novem grossis in quibus mihi tenetur, tàm in litteris quàm extra. Item do & lego Perrino dicto Belet de Saint Aigne, unum florenum semel. Item volo & ordino quod *Margareta*, *Johanna*, *Hugueta* & *Guillelma* *filie* *mee*, ad ordinationem meorum consanguinorum amicorum conjugentur, seu maritentur, quas quidem filias meas, & quamlibet ipsarum mihi heredem instituo in centum francis, & volo quod quelibet ipsarum sit contenta de dictis centum francis pro omni jure, portione & reclamatione quam possent habere in omnibus bonis meis & successione mea, & iis mediantibus, quamlibet ipsarum filiarum mearum volo esse contentam de omnibus bonis meis, ita quod mihi amplius per se seu alteram ipsarum, aut alios ab aliis liberis meis & heredibus infrà scriptis, petere seu exigere valeant seu valeat altera ipsarum in bonis meis sepe dictis, & in hoc quamlibet ipsarum heredem mihi instituo & facio. Item volo & ordino quod die obitûs mei vocentur triginta vel quadraginta Presbyteri, Missas celebrantes, si commodè fieri possit, & quod quilibet ipsorum habeat quatuor parvos albos, unà cum refectione cujuslibet ipsorum. In ceteris autem bonis meis, de quibus superius non ordinavi, aut inferius non ordinabo, heredes mihi instituo & facio dilectos filios meos naturales & legitimos *Johannem* & *Petrum*, videlicèt quemlibet ipsorum pro media parte; & si contingat quod absit alterum dictorum filiorum & heredum meorum decedere absque herede de corpore suo matrimonialiter procreato , in ipso causu , alterum ipsum superviventem instituo , & mihi heredem substituo , & volo quod tota hereditas & successio mea ad dictum sic superviventem deveniat , & quod alter ipsi supervivens alteri decedenti succedat , ita quod dicti heredes mei teneantur debita, & legata mea solvere , & clamores meos pacificare. Item volo & ordino quod *Johanneta* dilecta mater mea sit domina omnium bonorum meorum quandiù vixerit , & sit tutrix, curatrix & administratrix dictorum liberorum meorum , corporumque, bonorum & rerum ipsorum , & quod dicti liberi mei obediant dicte matri mee tanquàm eorum matri quandiù vixerit in humanis ; & volo & ordino quod dicta mater mea non teneatur facere inventarium de dictis bonis meis , sed ipsam ab inventarii confectione relevo. Hujus autem testamenti mei seu extreme voluntatis mee executores mihi facio & ordino dilectos & speciales amicos meos, videlicet Dominos *Guidonem d'Esterno fratrem meum* , & Joannem d'Amondans , Presbyteros , & eorum quemlibet in solidum qui in hac executione hujus mei testamenti vacare voluerit , in quorum executorum meorum , seu alterius eorumdem qui in hoc vacaverit , manibus & ordinatione pono & relinquo hæredes meos omniaque & singula bona mea quecumque que bona ipsi executores mei , seu unus ipsorum , teneant & possideant , seu teneat & possideat , sine Juris & Judicis strepitu , quousquè hec mea extrema voluntas fuerit plenariè & totaliter executa, dans & concedens ipsis executoribus meis , & ipsorum cuilibet in solidum, plenariam & generalem potestatem & mandatum speciale prædicta exequendi , adimplendi , declarandi , interpretandi clamores meos, eleemosinas certas & legata pacificandi, reddendi & persolvendi bona , res meas qualescumque apprehendendi , tenendi , distrahendi , alienandi pro hac extrema voluntate mea exequenda. Si verò prædicti executores mei in hac executione dicti testamenti mei , seu extreme voluntatis mee, in simul vacare non voluerint seu non potuerint , volo quod unus ipsorum , qui onus dicte executionis in se suscipere voluerit , vacet , & prædicta omnia & singula , ac si omnes interessent , plenius exequatur , & ipsum de ipsius probitate confidens relevo ab inventarii confectione & computo reddendo. Hoc autem presens testamentum meum , seu hanc extremam voluntatem meam volo valere jure teſtamenti in ſcriptis, vel jure teſtamenti nuncupativi, aut ſaltèm jure codicillorum, aut ſecundùm ſtilum Curie Biſuntine, ac aliàs eo jure, modo & formâ quibus teſtamentum ſeu ultima voluntas cujuſlibet decedentis ſane mentis de jure vel de conſuetudine valere poteſt melius & debet ; & ſi non valet ſecundùm Leges, volo ſaltèm quod valeat ſecundùm canonicas ſanctiones ; Juris Canonici manſuetudinem & benignitatem inſequendo & implorando, & Juris Civilis rigorem totaliter obmittendo. Et ut hoc meum preſens teſtamentum, ſeu hec preſens mea ultima voluntas, robur obtineat perpetue firmitatis, rogavi & rogo venerabilem & circonſpectum virum Dominum Officialem Curie Biſuntine per Dominum Stephanum d'Arcon Preſbyterum, Notarium dicte Curie Biſuntine, ut ipſe ſigillum dicte Curie huic preſenti teſtamento meo ſeu extreme voluntati mee dignum ducat apponendum in ſignum veritatis premiſſorum, roburque teſtimonium & munimen. Et nos Officialis Curie Biſuntine, ad preces & requiſitionem dicti teſtatoris nobis factas per dictum Dominum Stephanum de Arcon, Preſbyterum, Notarium Curie noſtre Biſuntine, juratum mandatum noſtrum ſpeciale, cui quantùm ad hæc & majora vices noſtras commiſimus & committimus per preſentes litteras ; & eidem ſuper hoc & majora fidem plenariam adhibemus, ſigillum dicte Curie Biſuntine præſentibus litteris duximus apponendum. Datum viceſima prima die menſis ſeptembris anno Domini milleſimo quadringenteſimo decimo ; preſentibus ibidem Domino Guidone d'Eſterno Preſbytero, Pariſio d'Areſche de Silley, Johanne dicto Curie, Johanne dicto Roy d'Eſterno, & Petro dicto Quihotet de Fertans, teſtibus ad præmiſſa vocatis & rogatis. STEPHANUS D'ARCON.

E X T R A I T *de la deſcription du Comté de Bourgogne par Gilbert Couſin,* pag. 29.

Circiter autem annum Chriſti milleſimum quadringenteſimum, Joannes à Chalon, Aurengiæ Princeps, & Maria de Baul, ejus uxor, in Xenodochio pene vetuſtate collapſo, novum D. Antonio dedicatum Templum ; unius Decani &

sex Canonicorum conventiculo adjecto, posuerunt quod post
ea amplis donativis accumulaverunt, quodque partim à Lodo-
vico horum primo genito, partim à *Guidone ab Esternol Eques-
tris Ordinis*, & *Parocho in Coulans*, locupletatum, & multis
prærogativis sub annum 1424 stabilitum est : Illi quoque
juris communis vacationem & privilegium à Theobaldo, urbis
Bisuntinæ Archiepiscopo, collatum fuit anno 1422.

VENTE faite par Huguenin d'Usie, à Jean &
Pierre, fils de feu Jean d'Esterno, Chevalier,
d'un cens annuel de 117 sols, de l'an 1413.

EN *nom de Notre Seigneur. Amen. Je Huguenin d'Usies, fils de
feu Noble homme Messire Pierre d'Usies, jadis Chevalier, fais
sçavoir à tous que je, tant en mon nom comme de Guillaume
& Jehan mes freres, enfans de feu led. Messire Pierre, desquels
je me fais fort & prends en moy la charge, & promets de les
faire louher, consentir, jurer & promettre à tous le teneur de ces
présentes, par espécial ledit Guillaume, dans huit jours prochains
venans, & ledit Jehan, quand il sera en aige, que fait & souffisant sans contrainte, barat, déception ou circonvention aucunlx;
mais de ma pure & liberal voulenté, pour succourre & subvenir aux
besougnes & nécessités de moy & de mesd. freres, pour moy &
en nom de mesd. freres & de nos hoirs, & les ayans cause de
nous à temps advenir, ay perpétuellement vendu, cédé, transpourté
& délivré, & par la teneur de ces présentes Lettres, dois maintenant pour le temps advenir, vends, céde, transpourte & délivre
purement & perpétuellement, sans espérance de jamais rappeller,
à Jehan & Pierre, enfans de feu Jehan d'Esterno, Chevalier,
Messire Guy d'Esterno Prêtre, oncle desd. enfans, & comme
tuteur d'iceux enfans, présent & achetant pour & en nom
desdits Jehan & Pierre ses neveurs, & pour leurs hoirs, & ceux
qui d'eux auront cause à temps advenir, & cuil ouctroyer les
voudront, cent dix-sept sols & seix deniers estevenans censaulx,
loux, loy, emende, retenue & signerie pourtant, pourter sans requerir
chascun an perpétuellement en l'Ostel desdits Jehan & Pierre,
enfans de feu led. Jehan d'Esterno ou Bourg dessus de Salins, &c.*

En témoignage de vérité, je ledit Huguenin d'Uffies, ay prié &
requis, & obtenu par ledit Perrin Vauchart, Notaire & Coad-
juteur deffufdit, le fcel de la Court, Monfieur l'Official de
Befançon être mis en ces préfentes Lettres, enfemble & avec le
fcel de Monfieur le Duc & Comte de Bourgoingne, duquel l'on
ufe en fa Ville de Salins. Faites & données le cinquième jour
du mois de décembre, l'an de grace de Notre Seigneur courant,
mil quatre cent & treize. Signé, VAUCHART.

PENSION de 4 fols par jour, accordée par Philippe
II, Roi d'Efpagne, à Simon d'Esterno, Écuyer,
de l'an 1556.

P HILIPPE par la grace de Dieu, Roy de Castille, de Leon,
d'Arragon, d'Angleterre, de France, &c. A nos très chiers
& féaux les Chiefs, Tréforier Général, & Commis de nos domaines
& finances, SALUT & DILECTION. Sçavoir vous faifons que en
confideration des fervices que notre chier & bien amé Simon d'Es-
terno, Écuyer, a fait par aucunes années en Estat, fuivant la
perfonne de l'Empereur Monfeigneur, defirant à cefte caufe le
favorablement traiter à fa retraite, que Sa Majesté luy a préfen-
tement accordé, Nous, heû . . . . . advis, luy avons donné & accordé,
donnons & accordons de grace efpéciale par ces préfentes, la penfion
de quatre fols eftevenans, monnoye courant en notre Comté de
Bourgoingne par chacun jour, dont voulons & ordonnons qu'il foit
payé & contenté par les mains de notre amé & féal Confeiller
& Receveur Général de notred. Comté, Conftance de Maranches
préfent, ou autre advenir, & des deniers de fa recette & entre-
prife de demy en demy an par égale portion, à commencer avoir
cours dez le jourd'huy date de ceftes, & dois là en avant fa vie
durant, où tant qu'il Nous plaira, auquel notredit Receveur pré-
fent & advenir, mandons auffy ainfy le faire; & par rapportant ces
préfentes, vidimus ou copie autentique d'icelles pour une & la pre-
mière fois, & pour tant de fois que meftier fera, quittance dud. Simon
d'Esterno, fur ce fervant feulement, Nous voulons, & tout ce que payé
luy aura été d'icelle penfion de quatre fols eftevenans par chacun
jour, être paffé & allouhé és comptes, & rabattu des deniers de

la

la recette de notredit Receveur Général de Bourgoingne, présent & advenir qu'il appartiendra & payé l'aura, par nos amés & féaux les Présidens & Gens de notre Chambre des Comptes à l'Ille, ou autres commis & à commettre à l'audition d'iceux, auxquels semblablement mandons ainsy le faire sans nulle difficulté, car ainsy Nous plaît-il, nonobstant quelconques Ordonnances, restrictions, mandemens ou défenses faites ou à faire au contraire. Mandons en outre à tous nos Justiciers, Officiers & Sujets cui ce regardera, que des droits, libertés, franchises & exemptions dont nos serviteurs domestiques comptés par les écrits de notre Hôtel ont accoûtumé jouir & user, ils fassent, souffrent & laissent ledit Simon d'Esterno pleinement & paisiblement jouir & user, cessants tous contredits & empêchemens au contraire. DONNÉ en notre Ville de Gand le dixième jour de septembre, l'an de grace mil cinq cent cinquante-six, & de nos Règnes le premier. Signé, par le Roy, Duc & Comte de Bourgogne, LAVE, avec paraphe.

ATTESTATION du Conseil de la Ville de Salins, en faveur de Pierre d'Esterno, Seigneur d'Alaise, &c. de l'an 1611.

LES Mayeur, Capitaine, Eschevins & Conseil de la Ville de Salins, sçavoir faisons, que sur requeste verbale à nous faite par Pierre d'Esterno, Sieur aud. Lieu, d'Alaise, Refranche, Salegret, &c. co-Echevin d'icelle, disant que puis quelques années il auroit plu à leurs A. A. S. S. pourvoir le Sieur Mayeur de ladite Ville de l'Estat de Capitaine, & qu'il n'étoit besoin d'avoir Lieutenant en icelle, à raison que les Sieurs Eschevins, co-Juges en ladite Ville, étoient de droit Lieutenans en son absence; & comme luy étoit pourvu dudit Estat par le Sieur Gouverneur Général du Pays, il ne pouvoit honnestement quitter ladite Charge, qu'il n'eût attestation de ses bons & fidels déportemens, & pour ce requeroit & prioit mesd. Sieurs luy vouloir octroyer en forme probante ladite attestation, comme de même des autres Charges à luy commises par notre Magistrat. Nous par ces raisons à tous notoires, déclarons & attestons en vérité ledit Sieur d'Esterno avoir exercé par environ cinq années l'Estat du Lieutenant du Capitaine de notre Ville, avoir

M

eu charge pendant l'incursion des Lorrains , conduits par d'Aussonville & Tremblecourt , de Capitaine & Lieutenant d'une Compagnie conjointément avec le Sieur Amyot , Escuyer , Eschevin pour lors en ce lieu , comme aussitots après avoir eu charge d'une autre Compagnie de deux cens hommes par nous envoyés au secours de Messieurs de Polegny nos voisins , laquelle Compagnie fut tirée dud. Lieu par le commandement du Seigneur de Sombarnon , Lieutenant du Gouverneur au Bailliage d'Aval , pour aller assieger Chastel-Chalon surpris par nos ennemis , lequel s'y comporta en homme d'honneur , comme aussi en toutes ses autres charges ci-dessus rapportées. Et pour ce avons ordonné à notre Secrétaire ordinaire de signer les présentes & y apposer le scel de ladite Ville. FAIT au Conseil le dix-huitième jour du mois de juin mil six cent & onze. Signé par Ordonnance, VERNIER.

LETTRES-PATENTES de Comte en faveur de Lambert , Seigneur d'Esterno , de l'an 1724.

LOUIS par la grace de Dieu , Roy de France & de Navarre. A tous présens & à venir , salut. Notre cher & bien amé LAMBERT D'ESTERNO , Seigneur d'Esterno , Pitgam, Hames, Herbellerie , de Latre, le Perroy & de Refranche , Chevalier de notre Ordre Royal & Militaire de St. Louis , Lieutenant-Colonel d'Infanterie , nous a fait représenter que ladite Terre & Seigneurie de Pitgam est un Bourg situé dans la Châtellenie de Bergues , relevant de Nous à cause de notre Châtellenie de Bergues , avec droit de haute, moyenne & basse Justice , qui a cinquante-deux fiefs dans sa mouvance , & donne à son Seigneur le rang de second Vassal de cette Châtellenie , & la seconde place dans les assemblées d'État qui s'y font , & qui a un Magistrat composé de sept Eschevins qui exercent la Justice , avec un Bailly & un Greffier , laquelle Terre est d'une étendue & d'un revenu considérable , & se trouve disposée à recevoir la dignité de Comte , s'il Nous plaisoit l'en décorer sous la dénomination du Comté d'Eternoz , & pourvoir à cet effet aud. Sieur Exposant de nos Lettres qu'il Nous a très-humblement fait supplier de luy accorder. A CES CAUSES , & voulant marquer aud. Sieur d'Esterno notre estime & la distinction qu'il merite , non seulement par sa naissance & par les services qu'il a rendus dans les différens emplois militaires dont il a été honoré, & dans lesquels il a signalé son zéle, sa valeur & son attachement à la gloire de notre État, mais encore par les services qu'ont rendu ses ayeux, dont la famille est une des plus anciennes de notre Province de Franche-Comté, puisque dès le treizième siécle Eudes d'Esterno, Gouverneur du Château de Montmahou, s'y rendit si recommandable par ses services qu'il fut qualifié du titre de Chevalier par Jean, Comte de Bourgogne, qui regardoit ce titre comme la plus digne récompense qu'il put accorder à des services signalés: Guy, Richard & Jean d'Esterno, descendans d'Eudes, furent honorés du même titre dans les siécles suivans. Guyot d'Esterno, Écuyer, petit fils dud. Jean, servit aussi dans les armées, & avoit épousé Gerarde de Noseroy. Antoine d'Esterno, Écuyer, leur successeur, fut tué à la bataille de Pavie où il étoit allé avec les autres Nobles de la Province. Simon d'Esterno son fils, Seigneur dud. Lieu, Alaise, Goux-lès-Vercel & Dornon en partie, fut Gentilhomme de l'Empereur Charles-Quint, de qui il eut pension & le Gouvernement du Château d'Usie. Pierre son successeur, Seigneur dud. Lieu, Alaise, Refranche, Lisine & Salegret, servit en Flandre & en Espagne, & commanda les Troupes destinées à la garde de Salins dans le tems qu'elles étoient menacées d'un péril évident, & repoussa & battit deux fois les ennemis. Claude son fils, fut Gouverneur du Château d'Ornans. Guy d'Esterno, Seigneur desdits Lieux, ayeul dud. Lambert d'Esterno, Capitaine dans le Terce de Saint Maurice, étoit destiné au Gouvernement de Saint André sur Salins lorsqu'il mourut, & eut deux fils tués au Service. Alexandre d'Esterno son fils, fut Capitaine au Régiment de Bourgogne, & eut des commandemens aux deux sièges de Salins, quoique retiré du service, & y fut fait prisonnier dans le Fort de la Ratte, après avoir soutenu longtems l'effort des troupes ennemies & avoir perdu son Germain qui fut tué auprès de luy. Ledit Sieur Exposant son fils, a commencé à servir en 1691 dez l'âge de 16 ans, & s'est trouvé à la bataille de la Marsalle & en plusieurs autres occasions pendant les deux dernières guerres. La naissance, les services & le fidéle attachement dud. Sieur Lambert d'Esterno, nous engageant à lui marquer notre satisfaction, nous avons crû ne pouvoir le faire plus dignement qu'en lui accordant un titre d'honneur qu'il puisse transmettre à sa postérité, & qui soit à ses descendans un motif qui les engage à servir notre État avec le même zéle & la même

M ij

fidélité ; Nous avons pour ces considérations créé, érigé & élevé
& de notre grace spéciale créons, érigeons & élevons par ces présentes, signées de notre main, ladite Terre & Seigneurie de Pitgam,
ses circonstances, appartenances & dépendances, en titre, nom,
prééminence & dignité de Comté, sous la dénomination du Comté
d'Esterno, pour être à l'avenir tenue & possédée auxdits titres &
dignités de Comté par ledit Sieur Lambert d'Esterno & ses enfans,
postérité & descendans mâles, nés & à naître en légitime mariage,
Seigneurs & propriétaires de ladite Terre, Seigneurie & Comté :
Voulons & Nous plaît qu'ils puissent se dire, nommer & qualifier,
& qu'ils soient nommés & qualifiés Comtes d'Esterno en tous actes
& en toutes occasions, tant en jugement que dehors, & qu'ils
jouissent des mêmes honneurs, armes, blasons, droits, prérogatives,
autorités, prééminences en fait de guerre, assemblées d'Etat &
de Noblesse, & autres avantages & priviléges dont jouissent ou doivent jouir les autres Comtes de notre Royaume, encore qu'ils ne
soient ici particulièrement exprimés ; que tous Vassaux, arrière-
Vassaux, Justiciables & autres tenant noblement ou en roture des
biens mouvans & dépendans dud. Comté, les reconnoissent pour
Comtes ; qu'ils fassent les foi & hommages, fournissent leurs aveux,
déclarations & dénombremens, le cas y échéant, sous lesdits nom, titre
& qualité de Comtes d'Esterno, & que les Officiers exerçant la
justice dud. Comté, intitulent à l'avenir leurs sentences & autres
actes & jugemens auxd. nom, titre & qualité de Comtes, sans
toutefois aucun changement ni mutation de ressort & de mouvance,
augmentation de justice, & connoissance des cas royaux qui appartient à nos Baillys & Seneschaux, & sans que pour raison de la
présente érection led. Sieur Comte d'Esterno, & ses enfans, postérité
& descendans, soient tenus envers Nous & leurs Vassaux, &
tenanciers envers eux & autres, de plus grands droits que ceux dont
ils sont actuellement tenus, ne qu'au défaut d'hoirs mâles, nés en
légitime mariage, nous puissions, ou les Rois nos successeurs, prétendre
lesd. Terre, & Seigneurie & Comté, leurs circonstances & dépendances, être réunis à notre Couronne nonobstant tous Édits, Déclarations, Ordonnances & Réglemens sur ce intervenus, & notamment
l'Édit du mois de juillet 1566, auquel nous avons dérogé & dérogeons
par ces présentes pour ce regard seulement, & sans rien innover aux
droits & devoirs qui pourroient être dûs à d'autres que nous, si
aucuns y a, à la charge toutefois que led. Sieur Comte d'Esterno, &

ses enfans, postérité & descendans, Seigneurs & propriétaires desdites Terre, Seigneurie & Comté, de relever de nous en une seule foi & hommage, & de nous payer, & aux Rois nos successeurs, les droits ordinaires & accoûtumés, si aucuns sont dûs pour raison de la dignité de Comte, tant que ladite Terre & Seigneurie s'en trouvera décorée, & qu'au défaut d'hoirs mâles, ladite Terre & Seigneurie retournera aux même & semblable état & titre qu'elle étoit avant ces présentes. Si donnons en mandement à nos amés & féaux Conseillers les Gens tenant notre Cour de Parlement à Douay, Chambre de nos Comptes à . . . . Présidens & Trésoriers de France, & Généraux de nos finances aud. Lieu, & à tous autres nos Officiers & Justiciers qu'il appartiendra, que ces présentes ils ayent à faire régistrer, & de leur contenu jouir & user led. Sieur Comte d'Esterno, & ses enfans & descendans mâles, pleinement, paisiblement & perpétuellement, cessant & faisant cesser tous troubles & empêchemens, & nonobstant tous Édits, Déclarations, Ordonnances, Arrêts & Réglemens à ce contraires, auxquels, & aux dérogatoires des dérogatoires y contenus, Nous avons dérogé & dérogeons par cesdites présentes pour ce regard seulement, & sans tirer à conséquence, sauf toutefois notre droit en autres choses, & l'autruy en tout : CAR tel est notre plaisir. Et afin que ce soit chose ferme & stable à toujours, Nous avons fait mettre notre scel à ces présentes. DONNÉ à Chantilly au mois de juillet, l'an de grace mil sept cent vingt-quatre, & de notre Règne le neuvième. Signé, LOUIS. Et par le Roy, Signé, PHELIPPEAUX. Et sur le replis, Visa, Signé, FLEURIAU.

Enrégistrées au Greffe de la Cour de Parlement de Flandres, oui & ce consentant le Procureur Général du Roi, pour jouir par l'Impétrant de l'effet & contenu en icelles suivant leur forme, & teneur, conformément à l'Arrêt de cejourd'hui seize avril mil sept cent vingt-cinq. Signé, CAMBIER.

PREUVES
DE LA GÉNÉALOGIE
DE LA MAISON DE PORTIER.

REPRISE de fief de Thiebaud Portier envers
Jean de Chalon, Prince d'Orange, en 1499.

JEAN DE CHALON, *Prince d'Oranges, Comte de Tonnerre
& de Pointhievre, Seigneur d'Arlay & de Chatel Belin,
Lieutenant Général de Monseigneur l'Archiduc notre Souverain,
Seigneur & Gouverneur de ses pays de Bourgoigne: Aux Baillys
d'Amont, d'Aval & de Dole, leurs Lieutenans & à chacun d'eux,
SALUT. Sçavoir vous faisons que aujourd'huy, Thiebaud Portier,
Escuyer, est venu devant Nous, & de bouche & main a fait à
notre Personne pour & au nom de notredit Seigneur, les foy,
hommage & serment de fidélité qu'il est tenu de faire pour les biens
& chevances qu'il tient au nom & comme mari de Jeanne de
Faletans sa femme, fille & heritière de feu Guillaume de
Faletans, Escuyer, étant du fief d'iceluy, Seigneur en ce Comté
de Bourgoingne, ausquelles foy & hommage, Nous, en vertu du
pouvoir à Nous sur ce donné par notredit Seigneur, & par ses
Lettres-patentes, à ce l'avons reçû, sauf en autres choses son droit
& l'autruy. Sy vous mandons de par notredit Seigneur que faites,
souffrés & laissés ledit Thiebaud jouir & user desdits biens &
chevances, ainsy que dit est, pleinement & paisiblement; & si à
faute dudit fief non fait la main d'iceluy Seigneur etoit déja mise à
iceux biens, la levez & le tout mettez incontinent à pleine délivrance,
pourvû que dans six mois après la date de cestes ledit Thiebaud
sera tenu de nous en bailler, ou en l'absence de nous à notre Lieutenant, la déclaration & dénombrement en forme deue pour
l'envoyer à notredit Seigneur, & ne ait faute. DONNÉ à Salins
sous notre sceel le XIIe jour de septembre, l'an mil CCCC. quatre
vingt dix-neuf. Par Monseigneur le Gouverneur. GRAND.*

LETTRES-PATENTES *de Comte Palatin, accordées par l'Empereur Charles V à Guillaume Portier, en* 1530.

CAROLUS QUINTUS AUGUSTUS, divinâ favente clementiâ Romanorum Imperator, ac Germaniæ, Hispaniarum, utriufque Siciliæ, Hierufalem, Infularum Baleariumque, fortunatarumque & novi orbis Indiarum Rex, Archidux Auftriæ, Dux Burgundiæ & Galliæ Belgicæ Dominus, &c. Nobili devoto & Imperii facri fideli dilecto *Guillelmo Porterii*, Confiliario noftro, facri Lateranenfis Palatii, Aulæque noftræ Cæfareæ & Imperialis Confiftorii Comiti, gratiam noftram Cæfaream & omne bonum. Liberalitatis officia tametfi homines, & præcipuè Principes, ad Dei Optimi Maximi imaginem inftitutos efficiant immortales, eò tamen clariores reddunt, quò clariora decorumque ejus in quem conferuntur merita exiftunt, illic enim munificentia tantum, hic autem judicium fimul cum liberalitate laudamus; accedit quod eadem ipfa officia atque certè ornamenta majora immorare non tam dantis quàm accipientis merito fiunt, itaut qui fibi quantum eft munificentia comparare nituntur, hominum merita non minori ftudio quàm judicio expendant neceffe fit, quò fit ut quæ omnia fummi Principis teftimonio exornari debeant, cùm in te uno conjecta videamus prudentiam atque dexteritatem in rebus agendis, aliafque fingulares virtutes, ingeniique dotes quas in te perquàm plures annos, non obfcuris argumentis fitas cognovimus. Præcelfam originem, antiquam & egregiam nobilitatem opere pretium nos facturos exiftimavimus, fi hujufmodi virtutes tuas apud omnes atteftamur. Motu igitur proprio, animo deliberato, ex certa noftra fcientia, fano quoque Principum, Comitum, Baronum, Procerum & aliorum noftrorum ac facri Imperii fidelium dilectorum, accedente Confilio & Imperialis plenitudine poteftatis te prænominatum Guillelmum Porterii, facri Lateranenfis Palatii, Aulæque noftræ Cæfareæ & Imperialis Confiftorii Comitem fecimus, creavimus, ereximus, & Comitatûs Palatini titulo clementer infignivimus, prout tenore præfentium facimus, creamus, erigimus, attullimus & infignimus, aliorumque Comitum Palatinorum numero & con-

fortio gratanter aggregamus & adfcribimus : decernentes &
hoc Imperiali ſtatuentes Edicto, quod ex nunc in antea omnibus
& ſingulis privilegiis, gratiis, juribus, immunitaribus, hono-
ribus, exemptionibus & libertatibus uti, frui & gaudere poſſis
ac debeas, quibus cæteri ſacri Lateranenſis Palatii Comites
hactenùs uſi ſunt, &c. Datum in Civitate noſtra Imperiali
Auguſtâ, die ultimâ menſis octobris anno Domini milleſimo
quingenteſimo trigeſimo, Imperii noſtri decimo, aliorumque
Regnorum quinto decimo.

Lettres de convocation aux Etat pour Guillaume Portier, des années 1523 & 1528.

DE part l'Archiducheſſe & Comteſſe, &c. Très-chier &
féal, Nous avons conclu faire raſſembler les Etats du Comté
en notre Ville d'Arbois, ce ſecond jour de janvier prochain pour
aucunes cauſes que lors leur feront de notre part déclarées ; ſi vous
requerons vous y trouver avec les autres deſdits Etats, & ſur ce
que de notre part ſera requis à iceux vous employer, ſi que l'iſſue
ſoit de bon effet ſelon que avès bien le moyen, & que en avons en
vous l'entière fiance, & vous nous ferez plaiſir & ſervice fort
agréable. Très-chier & féal, Dieu vous ait en ſa ſainte garde.
De notre Ville de Malines le dernier jour de novembre 1523.
Signé, MARGUERITE. Et plus bas, DESBARRES.

De part l'Archiducheſſe & Comteſſe, &c. Très-chier & féal,
Nous avons aviſé & conclu de faire aſſembler les Gens des trois
Etats de nôs Pays & Comté de Bourgoigne en notre Ville de Salins,
au XV.º jour de mars prochain venant, pour leur faire dire & remon-
trer aucunes choſes, dont vous avertiſſons, requérant & néantmoings
ordonnant vous trouver aud. lieu, jour & aſſemblées avec les autres
deſd. Etats, & ſur ce que lors vous ſera propoſé, rendre telle &
ſi fructueuſe réponſe que ayons cauſe vous en avoir gré, & que
l'affaire de ſoy le requiert pour l'univerſel bien de toute la cheſtienté.
A tant, très-chier & féal, Notre Seigneur vous ait en ſa ſainte
garde. Ecrit en notre Ville de Malines le XIIᵐ jour de février
1528. Signé, MARGUERITE. Et plus bas, VAITET.

La ſuperſcription eſt : A notre très-chier & féal Guillaume de
Portier, de Lons-le-Saunier.

LETTRE par laquelle l'Empereur Charles-Quint commet Louis-Philibert Portier pour le recouvrement des sommes accordées par les États du Comté de Bourgogne, de l'an 1552.

CHARLES, par la divine Clémence Empereur des Romains, toujours Auguste, Roy de Germanie, de Castille, Leon, Grenade, Navarre, d'Arragon, de Naples, Sicile, Maillorque, Sardanne, des Isles, Indes & Terre-ferme de la mer océane, Archiduc d'Autriche, Duc de Bourgogne, Lothier, Brabant, Comte de Flandres, d'Artois, de Bourgogne, Palatin & de Haynau, d'Hollande, Zelande, Ferrette, du Haynau, Namur & de Zutphen, Prince de Suabe, Marquis du Saint Empire, Seigneur de Frise, Salins, de Malines, Dominateur en Asie & Affrique. A nos très-chiers & féaux Dom Simon de du May, Abbé de Bithaine, Louis-Philibert de Portier, & Guyon Mouchet, Seigneur de Chaftel-Rouillauld, Escuyers, SALUT & DILECTION. Comme nous avons entendu que les Gens des trois États de notre Comté de Bourgogne ont puis quarante ans en ça accordé, tant à feuë Madame l'Archiduchesse d'Autriche notre tante, que à Nous, plusieurs dons gratuits & contributions volontaires, & pour lequel . . . . ces derniers impôts députés divers personnages, & aussy comme autres pour ouir les comptes d'iceux, Députés & Receveurs, par l'arrest & clôture desquels comptes appert qu'il y reste grandes sommes de deniers ès mains d'iceux Deputez & Receveurs, provenant d'iceux impôts, & étant notre intention que iceux deniers soient recouvrez & employez au bénéfice & utilité dud. Pays, tant aux Fortifications de nos Villes de Dole & Gray, en munitions y nécessaires, que autres frais journellement subvenus, nous confians à plain de vos sens, loyauté, distriction & bonne diligence, vous avons commis & députés, commettons & députons par ces présentes, que appellés pardevant vous tous Députés & Receveurs, ou leurs héritiers qui dois lesdits quarante ans en ça ont égalés, levés & reçus iceux impôts, leur faites commandement exprès de par Nous, de exhiber en vos mains iceux comptes, les contraignant, quant à ce si besoin est précisément,

N

réalement & de fait, de incontinent & sans délay, fournir & mettre ès mains de notre Receveur Général oudit Comté, les sommes des deniers, qui par l'arrest desd. comptes trouverés être encoire en leurs mains, & de ce faire quittance & donner acquit souffisant à la décharge desd. Députés & Receveurs, y procedans par vous sommairement & de plain, & sans figure de procès, & tous commandemens tenans nonobstant opposition ou appellation, & sans prendre d'icelles comme de mes privilégiés, vous donnant de ce faire les circonstances & dépendances, plein pouvoir, authorité & mandement espécial, mandant au premier notre Huissier ou Sergent sur ce requis faire tous ajournemens, commandemens & autres exploits à ce nécessaires, & à tous autres nos Justiciers, Officiers & Sujets, que à vous, en ce faisant, ils obéissent & entendent diligemment : CAR ainsy nous plaît-il. DONNÉ en la Ville de Landau, le vingt-septième de septembre, l'an de grace mil cinq cent cinquante-deux, de notre Empire le trente-troisième, & de notre Regne de Castille & autres le trente-septième. Signé, par l'Empereur & Roy, Duc & Comte de Bourgogne, BAVE, avec paraphe.

Lettre de l'Empereur Charles-Quint concernant une négociation de Louis-Philibert Portier en Suisse, de l'an 1551.

NOUS Charles, par la divine Clémence Empereur des Romains, toujours Auguste, Roy de Germanie, &c. A nos très-chiers & féaux, & du Saint Empire, tous les quantons des Lighes, ou leurs Ambassadeurs & Conseillers où ils seront assemblés, toute grace, dilection & tout bien.

Très-chiers & féaulx, nous avons dépesché devers vous notre très-chier & féal Loys-Philibert de Portier, & à luy ordonné vous faire sçavoir & entendre choses importantes, comme vous entendrés d'iceluy, & desirons sur ce bien, & à cestes & soigneusement de vous, que à notre Commis & Député, vuilliés adjouter & donner foy à ce qu'il vous dira, & le croire comme si propre & en personne estions devers vous, & vous nous ferés chose très agréable avec grace envers les communs quantons desdites Lighes. DONNÉ en notre Ville Imperiale d'Ausburg le huitième jour du mois de juillet, l'an

quinze cent cinquante & un, de notre Empire le trente-sixième.
Signé, CHARLES. *Et au bas :* Ad mandatum Cæsareæ & Catho-
licæ Majestatis proprium, J. OBERUBURGER.

LETTRE des Archiducs, par laquelle ils com-
mettent Claude-Philibert Portier à l'audition des
comptes des Salines, de l'an 1600.

LES *Archiducq, Ducq & Comte de Bourgoingne,* &c. *Très-
chier & féal, comme par plusieurs témoignages qu'avons eu
& reconnu de votre zéle & affection à notre Service, & que
l'avés fait paroître à tout les occasions, nous assurans de la volonté
& envie qu'avés d'y continuer de bien en mieux., nous avons trouvé
convenir de vous ordonner d'assister avec les Maîtres de notre Chambre
des Comptes à Lisle, Jehan Sterete & Jehan d'Ennetiéres, aussy
notre Procureur Général de Bourgogne, à l'audition des Comptes,
tant des jadis que nouveaux Administrateurs de notre Pays à
Muire, au Bourg dessoubz de Salins, leur ordonnant à ce vous
recevoir & admettre avec notre Trésorier de Salins, & autres
qu'il appartient. A tant, très-chier & féal, Notre Seigneur vous
ait en sa sainte garde. De Bruxelles, ce X.ᵉ novembre 1600.*
Signé, ALBERT. *Et plus bas,* DE BOODT. *La superscription :*
A notre très-chier & féal Claude-Philibert de Portier.

LETTRE du Duc de Lorraine à Hugues Portier,
du 18 juin 1634.

MONSIEUR, *je n'ay pas voulu sortir de ceste Province sans
vous en donner avis, & par même moyen vous assurer
qu'ayant reçu tant d'effets de vos bonnes volontés, je témoigneray
aussy partout l'estime que je fais, & de votre affection & de vos
mérites, vous priant de croire que je continueray toujours d'être,
Monsieur, votre très-affectionné. Signé,* CH. LORRAINE.
La *superscription :* A Monsieur Hugues de Portier, *Gentilhomme du Comté de Bourgogne.*

Passeport donné par Ferdinand, Infant d'Espagne, à Louis Portier, de l'an 1635.

FERDINAND, *par la grace de Dieu Infant d'Espagne, Lieutenant, Gouverneur & Capitaine Général des Pays-Bas & de Bourgoingne.*

Vous Lieutenans, Gouverneurs, Chiefs, Capitaines & Gens de guerre, tant de cheval que de pied, ensemble à tous Lieutenans, Officiers & Sujets du Roy, mon Seigneur, & ceux de ses amis, alliés & bienveillans qui ce regardera, & ces présentes seront montrées, SALUT. Comme nous avons donné & donnons par cestes congé & licence à notre très-chier & féal Louis de Portier, Gentilhomme du Comté de Bourgoingne, de se pouvoir transporter dois le Royaume de France en ce Pays & Comté de Bourgoingne, Nous mandons & commandons, au nom & de la part de Sa Majesté, à vous de son obeïssance, prions & requerons les autres de le laisser librement passer & retourner, tant par mer que par terre, avec ses hardes & bagages, sans lui faire ou donner, ny souffrir être fait ou donné aucun trouble, destourbier ou empeschement, ains toute aide, faveur & assistance. . . . . se à durer le présent Passeport le terme de deux mois. FAIT à Bruxelles le quatorzième de février mil six cent trente-cinq. Signé, par Ordonnance de son Altesse, VERREIKEN.

LETTRE du Duc de Lorraine à Louis Portier, datée de Bruxelles le 21 juillet 1650.

MONSIEUR, *j'ay reçu les vôtres avec une particulière satisfaction de votre souvenir; l'estime que j'en fais vous oblige à me le continuer, & de croire que par la recognoissance que je vous en doibs, j'auray toujours une parfaite inclination, & prendray plaisir à vous témoigner aux occasions que vous serez naitre, comme je suis par effet, Monsieur, votre très affectionné. Signé, CH. LORRAINE. La superscription: A M. Louis de Portier, Gentilhomme du Comté de Bourgogne.*

FIN du second & dernier volume.

✳✳✳✳✳✳✳✳✳✳✳✳✳✳✳✳✳✳✳✳✳✳✳✳

SUPPLÉMENT

Aux Preuves de la Généalogie de la Maison
de Portier.

Acte par lequel Maximilien, Duc d'Autriche
& de Bourgogne, nomme Hugues Portier, dit
de Frolois, pour traiter en son nom la paix
avec les Cités d'Allemagne, de l'an 1477.

Maximilianus & Maria, Dei gratiâ Austriæ, Burgundiæ,
Lotharingiæ, Brabanciæ, Stiriæ, Carinthiæ, Carniolæ,
Lymburgiæ & Gelriæ Duces, &c. Universis præsentes litteras
inspecturis, Salutem. Cùm pro pacificandis guerris & discen-
tionibus quæ pridèm viguêre inter felicis memoriæ Dominum
Carolum, Burgundiæ, &c. Ducem, Socerum ac Genitorem
nostrum carissimum ex unâ, & illustres Civitates & Commu-
nitates veterum & novarum Ligarum superioris Alamaniæ ex
alterâ partibus, inter Oratores nostros seu Provinciarum nos-
trarum Burgundiæ, & Oratores sivè Deputatos prædictarum
Civitatum & Communitatum fuerunt interceptæ certæ dietæ
in Oppido de Thurego, in quibus, cùm nihil concludi po-
tuerit super finali pace, conventum sit inter ipsos Oratores
utriúsque partis quòd die primâ mensis proximi jannuarii mit-
terentur hinc indè ad ipsum Oppidum de Thurego Oratores
cum plenâ potestate tractandi de ipsâ pace, cui rei pro parte
nostrâ satisfacere volentes, confidentes ad plenum de fidelitate, legalitate, sensu, prudentiâ & discretione Reverendissimi
in Christo Patris Domini Caroli, Archiepiscopi Bisuntini, con-
sanguinei nostri carissimi, Dominorum Horrici & Hugonis,
Comitum de Montfort, Domini Almini, Comitis de Saules,
Domini Claudii de Thoulonjon, Domini de la Bastye, Do-

O

mini Antonii de Rupe, Prioris Mortuæaquæ, Domini Guillelmi de Ruperforti, Præsidentis Luxemburgi, Domini Hugonis Porterii, dicti de Frolois, Philippi de Vauldrey, Symonis de Cleron, Guillermi d'Angoulvans, Magistri Guillermi de Nanto, Præpositi Sancti Anatolii in Salinis, Domini Petri de Claravalle, Magistri Johannis de Salive, Magistri Johannis de Chauvirey, Magistri Vienoti Mayneneti, Magistri Theobaldi Mathelie, Domini Stephani Vincentii, Magistri Gerardi Batault & Magistri Bisuntii Philiberti, ipsos omnes & quemlibet eorum nostros facimus & creamus Oratores, Procuratores & Nuntios speciales, dantes eis, sivè quatuor eorum, plenam potestatem, auctoritatem & mandatum speciale, nomine nostro, comparendi in ipsa dieta, necnon tractandi de dicta pace, & ad ipsum finem concludendi, ratificandi sivè approbandi omnia ea quæ fuerint in ipsis dietis novissimè celebratis aperta, prolocuta sivè deducta, aut eadem mutandi, in toto vel in parte, vel quæcumque alia de novo ineundi, concludendi, tractandi sivè etiam ampliandi, & pro effectu eorumdem omnes eas obligationes & securitates quæ necesse fuerint præstandi sivè concludendi; præterea ineundi, contractandi & concludendi cum ipsis illustribus Civitatibus & Communitatibus veterum & novarum Ligarum superioris Alamaniæ omnes eas honnestas amicitias, ligas, confederationes sivè intelligentias quæ etiam pro majori securitate & bono pacis, aut aliàs videbuntur expedire, & generaliter omnia & singula in hiis & eorum dependentibus dicendi, faciendi & agendi quæ nos ipsi faceremus aut facere possemus si præsentes adessemus, etiamsi mandatum exigerent magis speciale, promittentes quæcumque ipsi Oratores nostri, aut quatuor eorum, ità concluserint, inierint, composuerint sivè transigerint, grata & rata habere, & super hiis Litteras nostras corroborationis facere expediri quamprimum fuerimus indè requisiti. In cujus rei testimonium has nostras præsentes Litteras sigillo quo Nos Maximilianus, Dux prefatus, antè nostri matrimonii celebrationem utebamur, & adhuc Nos ipsi Maximilianus & Maria, Duces, in presentiarum utimur nostris aliis sigillis absentibus fecimus communiri, nostrisque propriis manibus subsignavimus. Datum in Oppido nostro Lovaniensi die duodecimâ mensis decembris anno Domini millesimo CCCCmo. septuagesimo septimo.

Lettres de naturalité accordées par Louis XI, Roi de France, à Hugues Portier, dit de Frolois, en 1480.

A Tous ceux qui ces présentes Lettres verront ; Jacques d'Estouteville, Seigneur de Beurc, Baron d'Yvry & de Saint Andrieu en la Marché, Conseiller Chambellan du Roi notre Sire, & Garde de la Prévôté de Paris : SALUT. Sçavoir faisons nous le lundy vingt-quatrième jour du mois d'avril après Pâques l'an mil quatre cens quatre-vingt, avoir veu & leu mot après autre une lettre du Roi notredit Seigneur, scellée de son grant scel en cire vert sur laps de soye sain & entier, en seal & en écriture comme de prime face pouvoit apparoir, & desquelles la teneur en suit, & est telle : LOYS, par la grace de Dieu, Roi de France, sçavoir faisons à tous présents & à venir, que Nous, ayant considération à ce que notre amé & féal Conseiller Hugues Portier, dit de Frolois, natif de la Ville de Lons-le-Salnier en notre Conté de Borgoingne, s'est puis un an en çà, ou environ, libéralement porté & employé en notre service, & de son pouvoir nous a aidé & servi au recouvrement & réduction en notre obéissance de la Cité de Besançon & de ladite Ville de Lons-le-Salnier ; & de plusieurs bonnes & fortes Places, Seigneuries, Baronnies & Capitaineries de notredit Comté de Bourgoingne à nous rébelles & désobéissants, ouquel notre service notredit Conseiller Hugues Portier, dit de Frolois, s'est depuis occupé & occupe continuellement à l'entour de Nous, en nos plus grants conseils & affaires, en grant cure & sollicitude ; & espérans que plus face au temps advenir à icelui notre Conseiller, qui sur ce Nous a suplié & requis pour ces causes, & pour la sûreté de lui & de ses héritiers, avons octroyé & octroyons, voulons & Nous plaît, que les biens dont il jouit & pourra jouir en cestuy notre Royaume il puisse tenir & posséder, & que en icelui notre Royaume il puisse acquerir tant de biens meubles & immeubles qu'il y en pourra licitement acquester & disposer desd. biens, & aussi de ceux qu'il y a ja acquis, par testament, ordonnance de dernière voulenté ou autrement, ainsi que bon lui semblera, tout ainsi que s'il étoit natif de notredit Royaume, &

quant à ce l'avons habilité & habilitons de grace espécial , pleine
puiſſance & authorité royale par ceſdites préſentes , nonobſtant ordonnances royaux ou défenſes quelconques à ce contraires , ſans ce
qu'il , ne autre pour luy , Nous ſoit pour ce tenu payer aucune finance ,
laquelle finance , à quelconque ſomme qu'elle puiſſe monter , Nous
luy avons donné & quitté , donnons & quittons par ceſdites préſentes , leſquelles Nous avons pour ceſte cauſe ſigné de nôtre main.
Si donnons en mandement par ces mémes préſentes à nos amés &
féaulx les Gens de nos Comptes & Tréſorier , au Prévôt de Paris ,
Bailly de Rouen & de Caen , & à tous nos autres Juſticiers &
Officiers , ou à leurs Lieutenans préſents & avenir , & à chacun
d'eux , ſi comme à luy appartiendra , que ledit Hugues & ſes enfans & héritiers ils facent , ſouffrent & laiſſent jouir & uſer paiſiblement de notre préſente grace , habilitation , voulenté , don ,
quittance & ouctroy , ſans luy faire ne ſouffrir être fait , ores ne
pour le temps advénir aucun empéchement au contraire , car ainſi
Nous plait-il être fait , nonobſtant comme deſſus que ladite finance
qui par iceluy Nous pourroit être dûë pour ladite habilitation , né
ſoit ici exprimée & déclarée , que d'icelle ne ſoit levée décharge
par le Chargeur de notre Tréſor , ne quelconques autres ordonnances,
reſtrictions , mandemens ou défenſes à ce contraires : Et afin que
ce ſoit choſe ferme & eſtable à toujours , Nous avons fait mettre
notre ſcel à ceſdites préſentes , ſauf en autres choſes notre droit &
l'autrui. DONNÉ au Pleſſis du Parc les Tour ou mois d'avril , l'an
de grace mil CCCC quatre-vingt , après Pâques , & de notre Règne
le dix-neuvième. Ainſi ſigné ſous le replis deſdites Lettres , LOUYS.
Et deſſus ledit replis , vers le haut , étoit ainſi ſigné : Par le Roi ,
le Bailly de Rouen & autres préſents ; & Nous au préſent tranſcrit
ou vidimus , en témoin de ce Nous avons mis le ſcel de ladite Pre-
voſté de Paris. Ce fut fait les jour & an deſſus premiers dits.